Die hier in sechzehn als selbständige Texte verfaßten Thesen vorliegende Klärung des Methodischen Konstruktivismus nach innen und außen, seiner gegen den Naturalismus gerichteten Erkenntnis- und Rechtfertigungsinteressen und ihre Anwendungen in vier exemplarischen Fällen zeigen eine Entwicklungstendenz, die den Methodischen Konstruktivismus alter Erlanger (und jüngerer Konstanzer) Prägung fortführt und über sie hinausweist. Schon die Entwicklung von der »Logischen Propädeutik« von W. Kamlah und P. Lorenzen zum »Lehrbuch der konstruktiven Wissenschaftstheorie« von P. Lorenzen läßt sich so interpretieren, daß eine ursprünglich am linguistic turn orientierte, methodische Philosophie eine pragmatische Wende zu handlungstheoretischen Begründungen und Rechtfertigungen genommen hat. Aber diese Entwicklung ist auf Wissenschaftstheorie beschränkt geblieben.
Janichs Texte machen eine Verschiebung der Gewichte deutlich: vom »Konstruktivismus« zum »Kulturalismus«. Das bedeutet zwar keinen Bruch mit der konstruktiven Tradition, jedoch eine notwendige und – im Blick auf naturalistische Strömungen sowohl in der gegenwärtigen Philosophie als auch in der gegenwärtigen Naturwissenschaft – auch wichtige Veränderung.

Peter Janich ist Professor für Philosophie an der Universität Marburg. In der stw hat er den Band herausgegeben: *Entwicklungen der methodischen Philosophie* (stw 979).

Peter Janich

Konstruktivismus und Naturerkenntnis

Auf dem Weg zum Kulturalismus

Suhrkamp

Die Deutsche Bibliothek – CIP-Einheitsaufnahme
Janich, Peter:
Konstruktivismus und Naturerkenntnis :
auf dem Weg zum Kulturalismus /
Peter Janich. –
1. Aufl. – Frankfurt am Main :
Suhrkamp, 1996
(Suhrkamp-Taschenbuch Wissenschaft ; 1244)
ISBN 3-518-28844-X
NE: GT

suhrkamp taschenbuch wissenschaft 1244
Erste Auflage 1996

Druck: Wagner GmbH, Nördlingen
Printed in Germany
Umschlag nach Entwürfen von
Willy Fleckhaus und Rolf Staudt

1 2 3 4 5 6 – 01 00 99 98 97 96

Inhalt

Vorwort 7

KAPITEL I
Aspekte des Methodischen Konstruktivismus

1. Voluntarismus, Operationalismus, Konstruktivismus. Zur pragmatischen Begründung der Naturwissenschaften 21
2. Konstitution, Konstruktion, Reflexion. Zum Begriff der »methodischen Rekonstruktion« in der Wissenschaftstheorie 53
3. Dialog und Naturwissenschaft 73
4. Ist der (philosophische) Konstruktivismus ein »Forschungsprogramm«? 87

KAPITEL II
Verhältnis zu anderen Ansätzen

1. Die methodische Ordnung von Konstruktionen. Der Radikale Konstruktivismus aus der Sicht des Erlanger Konstruktivismus 105
2. Erlanger Schule und Konstruktiver Realismus 123
3. Evolution der Erkenntnis oder Erkenntnis der Evolution? Konstruktivismus und evolutionäre Erkenntnistheorie 135
4. Gestaltung und Sensibilität. Zum Verhältnis von Konstruktivismus und Neuer Phänomenologie . . 154

KAPITEL III
Natur, Naturalismus und Konstruktivismus

1. Naturgeschichte und Naturgesetz 181
2. Grenzen der Naturerkenntnis 200
3. Biologischer versus physikalischer Naturbegriff 214

4. Visuelle und taktile Wahrnehmung in der Naturerkenntnis 224

KAPITEL IV

Konstruktive Wissenschaftstheorie

1. Protochemie. Programm einer konstruktiven Chemiebegründung 237
2. Hirnforschung als philosophisches Problem 259
3. Das Experiment in der Psychologie 275
4. Der Informationsbegriff in der Morphologie 290

Vorwort
Vom Methodischen Konstruktivismus zum Kulturalismus

1.

Der vorliegende Band vereint 16 Aufsätze und Reden aus den letzten acht Jahren. Die jeweils in den ersten beiden Kapiteln zusammengefaßten vier Texte sind Klärungen gleichsam nach innen und nach außen. Eine Klärung nach innen versucht in einem eher definitorischen Anliegen der erste Aufsatz. Das philosophische Erbe Hugo Dinglers und Paul Lorenzens zum historischen Ausgangspunkt nehmend, pointiert er die leitenden Grundvorstellungen des Methodischen Konstruktivismus etwa zur Zeit der Gründung der Erlanger Schule durch Paul Lorenzen und Wilhelm Kamlah (in den Vorarbeiten zur »Logischen Propädeutik«), um einerseits Abstand von voluntaristischen Zügen bei Dingler und andererseits Präzisierung von dessen Operationalismus zu leisten. Es sind dann die Kernthemen einer Wissenschaftstheorie von Mathematik und Physik, die sich, aus der Sicht der Mitte der 80er Jahre ergeben, in denen die Protophysik in wesentlichen Teilen fertig vorlag.
Der zweite Aufsatz diskutiert den Begriff der methodischen Rekonstruktion, der einerseits ein zentraler konstruktivistischer Begriff seit der methodischen Rekonstruktion von Wissenschaftssprachen nach den Vorschlägen der »Logischen Propädeutik« war, andererseits in Anwendung des Programms auf Einzelwissenschaften zumindest das folgende Problem aufwarf und immer noch aufwirft: Was genau soll an Fachwissenschaften methodisch rekonstruiert werden, wenn z.B. eine Kritik an methodischen Lücken oder Zirkeln historisch vorfindlicher Theorien zu Rekonstruktionen führt, die sich von den de facto anerkannten Theorien der Fachwissenschaften unterscheiden? Mit welchem Recht wird dann behauptet, eben diese Theorien oder das Wissen der Fachwissenschaften seien methodisch rekonstruiert? Und wie ist darauf zu reagieren, wenn Gründe auftauchen, daß sich Theorien methodisch nicht einholen lassen, sondern sich anderen Umstän-

den, z. B. Ad-hoc-Entwürfen oder Übernahmen aus anderen Disziplinen verdanken? Der Begriff der methodischen Rekonstruktion, obgleich im Methodischen Konstruktivismus viel benützt und gelegentlich kurz definiert oder erläutert, spielt eine ähnliche Rolle wie die im wesentlichen ungeklärten Verfahrens-Grundbegriffe der »logischen Analyse« oder »logischen Rekonstruktion« in der Philosophie des Wiener Kreises. Der genannte Aufsatz versucht, Ziele und Mittel der methodischen Rekonstruktion in der Wissenschaftstheorie nach verschiedenen Aufgaben einzuteilen und zu präzisieren.

Der dritte Aufsatz des ersten Kapitels greift eine gewisse Unverbundenheit zwischen der dialogischen Logik einerseits und der konstruktiven Wissenschaftstheorie der Physik andererseits auf. Da der wesentliche philosophische Unterschied der dialogischen Logik nach P. Lorenzen und K. Lorenz zu klassischen, formalistischen Logiken in ihrer argumentations- und begründungstheoretischen Interpretation liegt, wird untersucht, ob darin nicht ein Mittel auch für eine methodische, argumentative Begründung von Aussagen der empirischen Naturwissenschaften gewonnen ist. Im Ergebnis läßt sich Begründbarkeit naturwissenschaftlicher Aussagen als ein Durchführen von Argumentation bis auf nicht begründungsbedürftige Anfänge oder Grundlagen in der Tat für Naturwissenschaften nach dem Vorbild der dialogischen Logik gewinnen.

Der vierte und letzte Aufsatz des ersten Kapitels nutzt einen aus der Tradition des Kritischen Rationalismus genommenen, wissenschafts-geschichtstheoretischen Terminus, nämlich »Forschungsprogramm«, um zu zeigen, daß die Grundzüge des Methodischen Konstruktivismus anders zu verstehen sind, als dies in der Kritik vor allem durch empiristische, deskriptivistische und realistische Opponenten erscheint.

Das zweite Kapitel unternimmt Klärungen nach außen, indem es nachbarschaftliche Verhältnisse zu vier Positionen oder Richtungen diskutiert, nämlich zum Radikalen Konstruktivismus, zu dem ihm nahestehenden Konstruktiven Realismus, zur Evolutionären Erkenntnistheorie und zur Neuen Phänomenologie.

Die beinahe zufällige Namensgleichheit des (älteren) Methodischen Konstruktivismus und des (jüngeren) Radikalen Konstruktivismus hat in der gegenwärtigen Etikettenkultur zu Mißverständnissen und Verwechslungen geführt. Im ersten Aufsatz dieses zweiten Kapitels geht es um eine Kritik an normativen und pragmatischen Defiziten des Radikalen Konstruktivismus. (Daß damit eine prinzipielle Opposition von naturalistischer und kulturalistischer Sicht verbunden sein kann, wird in Teil II dieses Vorworts angesprochen.)

Der Kerngedanke des Konstruktiven Realismus liegt in einer Unterscheidung einer erkannten und im Erkenntnisprozeß zugerichteten, verfügten Wirklichkeit gegenüber einer davon verschiedenen Realität. Er stellt gleichsam eine Verweigerung eines erkenntnistheoretischen Realismus dar mit Argumenten, die auch ein Methodischer Konstruktivist akzeptieren kann. Beiden genannten Richtungen, dem Radikalen Konstruktivismus und dem Konstruktiven Realismus ist die Ablehnung der gleichen Gegenpositionen, nämlich der Abbildtheorie naturwissenschaftlicher Erkenntnis bzw. der Korrespondenztheorie der Wahrheit zu eigen.

Ganz anders das Verhältnis zur Evolutionären Erkenntnistheorie. Die hier vorgetragenen Kritik, die als eine Stimme im Konzert der antievolutionistischen philosophischen Stellungnahmen zu werten ist, hebt am Beispiel der evolutionistischen Auffassungen von der primären Erkennbarkeit des Mesokosmos vor dem Mikro- und Makrokosmos auf sein wohl wichtigstes Prinzip, das Prinzip der methodischen Ordnung, ab: Die biologisch-evolutionstheoretische Erklärung des Erkennens wird zurückgewiesen mit dem methodischen Argument, daß der These der Angepaßtheit menschlichen Erkenntnisvermögens an die zu erkennende Wirklichkeit eben diese Erkenntnis der Wirklichkeit methodisch vorausgehen muß, und zwar wiederum in der methodischen Reihenfolge der lebensweltlichen vor der wissenschaftlichen Erkenntnis.

Markiert die evolutionäre Erkenntnistheorie vielleicht die schärfste Gegenposition zum Methodischen Konstruktivismus, so ist das Verhältnis zur Neuen Phänomenologie ein ganz anderes, am ehesten wohl als komplementär zu beschreibendes. Bei diesem Ansatz wird diskutiert, ob der Eindruck zutrifft, eine methodisch konstruktive Erkenntnis- und Wissenschaftstheorie folge ausschließlich dem Vico-Prinzip, wonach wir nur erkennen können, was wir selbst herstellen. Gerade die handlungstheoretische Orientierung methodischer Rekonstruktionen leistet, gegen diesen Einseitigkeitsverdacht gerichtet, mit dem Begriff des Widerfahrnischarakters von Erfolg und Mißerfolg menschlicher Handlungen, einen Zugang auch zu den nicht aktiv, sondern nur sensibel zugänglichen Phänomenen.

Das dritte Kapitel thematisiert die Bereiche Natur, Naturerkenntnis und Naturalismus. Im ersten Beitrag über Naturgeschichte und Naturgesetz, der die ersten programmatischen Formulierungen zu einer Protobiologie in dem Vorschlag enthält, Naturgeschehen methodisch über das Kausalwissen der Züchtung zu rekonstruieren, kritisiert den naturalistischen Blick auf die Naturgeschichte durch Aufweis einer methodischen Abhängigkeit der Naturgeschichtsschreibung vom jeweils historisch aktuell verfügbaren Kausalwissen, das in Naturgesetzen formuliert wird. Er wendet sich damit gegen die methodologisch allzu liberale Vermengung des aktualen, jederzeit erneut von Naturwissenschaften experimentell überprüfbaren Kausalwissens mit einer Rekonstruktion vergangener, prinzipiell nicht beobachtbarer, sondern nur ex post aus (selbst erst aufzuweisenden) Indizien nacherzählten Entwicklung.

Der zweite Aufsatz ist eine Analyse und Kritik verschiedener Formen des gegenwärtig vertretenen Naturalismus. Gängige Argumentationsmuster über Erkenntnisgrenzen, seien sie biologisch auf das Erkenntnissubjekt Mensch bezogen, seien sie physikalisch auf die Grenzen der Erkenntnismittel gerichtet, seien sie mit der These zu großer Komplexität des Erkennntisobjekts verbunden, werden als Kurzschlüsse ausgewiesen und einem kulturalistischen Verständnis der Naturerkenntnis gegenübergestellt.

Der dritte Aufsatz versucht, einen Unterschied der Naturbegriffe von Physik und Biologie herauszuarbeiten, der im wesentlichen darauf abhebt, daß die Physik als Wissenschaft der Energietransformationen einen Naturbegriff im Anschluß an eine höchst erfolgreiche, theoriengeleitete technische Verfügung über Natur entwickelt, also gleichsam auf den Objektbereich technischer Zivilisation gerichtet ist, während die Biologie als Wissenschaft vom Lebendigen eine Natur betrifft, für die die Leiblichkeit des Menschen außerhalb mechanistisch-physikalischer Vorstellungen einen wesentlichen Aspekt bildet.

Der vierte Text verdankt sich einem besonderen Anlaß, nämlich dem Eröffnungsvortrag zu einem Kongreß von Blindenlehrern. Erlebnisse mit blinden Studenten und den Schwierigkeiten, z. B. im Rahmen einer Logikvorlesung visuelle Unterrichtsmittel zu verwenden, waren Anlaß, auf die Qualität von Naturerkenntnis, bezogen auf unsere Sinnesmodalitäten, zurückzukommen; Hintergrund war meine schon 1969 in der Protophysik der Zeit aufgestellte These vom methodischen Primat des Haptischen vor dem Optischen, und die, selbstverständlich an der Elektrodynamik orientierte, aus der Physik kommende Kritik an dieser These. Der Beitrag dokumentiert, die Rolle der Poiesis, des handwerklich herstellenden Handelns für die Naturerkenntnis als Besonderheit des Methodischen Konstruktivismus aufnehmend, daß nicht das rationale Augentier Mensch, sondern die taktile Kontrolle der Poiesis durch den homo faber für Naturerkenntnis entscheidend ist.

Im vierten Kapitel werden vier neuere Arbeiten zu Anwendungsfällen des Methodischen Konstruktivismus in der Wissenschaftstheorie vorgestellt. Die Protochemie als methodische Grundlegung der Chemie zeigt, wie weit eine traditionelle Labordisziplin, die für die heutige technische Zivilisation eine zentrale Rolle spielt, ihre Grundlagen in poietischen und sprachlichen Handlungen der forschenden Chemiker hat.

Der zweite Beitrag, der die Hirnforschung betrifft, setzt sich zu vielen Mehrheitsmeinungen auf dem Gebiet des Körper-Geist-Problems in Gegensatz, und zwar vor allem dadurch, daß Konstitutions- und Geltungsfragen für die tatsächlich in den Naturwissenschaften betriebene Hirnforschung methodologisch diskutiert werden, ein Gebiet, das z. B. in der aktuellen Philosophie des Geistes so gut wie vollständig ausgespart worden ist.

Das Experiment, das als zweckgerichtete menschliche Veranstaltung zur kontrollierten Erfahrungsgewinnung von Anfang an ein Hauptthema methodisch konstruktiven Philosophierens war und in der englischsprachigen Philosophie derzeit entdeckt wird, als hätte es nicht bereits eine hoch entwickelte Diskussion im deutschsprachigen Raum (seit E. Mach und H. Dingler) gegeben, wird am Beispiel der Psychologie diskutiert, um dort dem Zusatzproblem gerecht zu werden, ob der autonom handelnde Mensch nicht nur als Experimentator, sondern auch als Objekt experimenteller Forschung erkenntnistheoretisch und ethisch etabliert werden kann.

Am Beispiel des biologischen Teilgebiets Morphologie wird im vierten Text exemplarisch der moderne Kernbegriff »Information« diskutiert, um naturalistischen Formen seines Gebrauchs und den darin enthaltenen Verkürzungen einen Ansatz entgegenzustellen, in dem der Herkunft des Informationsbegriffs aus menschlicher, wahrheitsfähiger Kommunikation ebenso gerecht zu werden versucht wird wie der fortbestehenden Abhängigkeit einer nicht-redundanten informationstheoretischen Sprache von der Kulturleistung des Menschen, Ansprüche auf die Geltung seiner Rede zu erheben.

II.

Die in den sechzehn, als selbständige Texte verfaßten Thesen vorliegende Klärung des Methodischen Konstruktivismus nach innen und außen, seine gegen den Naturalismus gerichteten Erkenntnis- und Rechtfertigungsinteressen und ihren Anwendungen in vier exemplarischen Fällen zeigen eine Entwicklungstendenz, die den Methodischen Konstruktivismus alter Erlanger (und jüngerer Konstanzer) Prägung fortführt und über sie hinausweist. Schon die Entwicklung von der »Logischen Propädeutik« von W. Kamlah und P. Lorenzen zum »Lehrbuch der konstruktiven Wissenschaftstheorie« von P. Lorenzen läßt sich so interpretieren, daß eine ursprünglich am linguistic turn orientierte methodische Philosophie eine pragmatische Wende zu handlungstheoretischen Begründungen und Rechtfertigungen genommen hat. Aber diese Entwicklung ist immer noch geradezu emphatisch auf Wissenschaftstheorie beschränkt geblieben, erkenntlich etwa daran, daß weder Erkenntnistheorie getrieben noch zu erkenntnistheoretischen modernen Entwürfen Stellung bezogen wurde. Ebensowenig wurde im Methodischen Konstruktivismus der Lebenswelt, die seit Dingler (und wohl unter phänomenologischem Einfluß) immer als der Ort von Wissenschaft und als ihre vor- bzw. außerwissenschaftliche Grundlage angesehen wurde, philosophische Reflexion zuteil.
Die vorliegenden Aufsätze können, mit sich verstärkender Tendenz in Kapitel II und III, als Hinweis für eine Verschiebung der Gewichte genommen werden, die vom »Konstruktivismus« zum »Kulturalismus« geht. Das bedeutet zwar keinen Bruch mit der konstruktiven Tradition, aber doch eine notwendige und, im Blick auf naturalistische Strömungen sowohl in der gegenwärtigen Philosophie als auch in der gegenwärtigen Naturwissenschaft, auch wichtige Veränderung.

In der Philosophie hat sich die Wissenschaftstheorie der logisch-empiristischen und der kritisch-rationalistischen Tradition ebenso von ihren ursprünglichen Programmen verabschiedet, wie dies die analytische Sprachphilosophie – bedauerlicherweise – von den meisten Zielen der Väter des »linguistic turn« inzwischen getan hat. In der Wissenschaftstheorie sind realistische Positionen in vielen Spielarten hoffähig geworden, die sich in ihren ontologisch-metaphysischen Resten derart fest etablieren konnten, daß selbst sogenannte instrumentalistische Positionen innerhalb dieser Tradition noch realistische Züge aufweisen. Sie verhindern dadurch, daß der Instrumentalismus der methodischen Konstruktivisten überhaupt adäquat verstanden wird. Mit Quine als Leitfigur hat, unter zusätzlichem Einfluß empiristisch verstandener Psychologie und Evolutionsbiologie, das Programm einer zu naturalisierenden Erkenntnistheorie eine breite Anhängerschaft gewinnen können.
Eine zweite, naturalistische Tendenz ist in den vielen Spielarten der Evolutionären Erkenntnistheorie und ihrer Integration der Wissenschaftstheorie entstanden. Ihre Popularisierungen, etwa anhand der Schriften von Konrad Lorenz, hat ein ganzes biologistisches Autorenkollektiv inauguriert. Evolutionistische Aspekte der Definition von Erkennntis streuen von dieser Quelle aus in alle Bereiche naturwissenschaftlicher Kognitionsforschung, von der Physiologie über die Neurowissenschaften bis zur Kognitionspsychologie.
Am krassesten aber ist der Naturalismus dort zu Hause, wo er von der Positionsbezeichnung und, bei einigen Vertretern, auch vom Programm her am wenigsten zu vermuten wäre, nämlich beim sogenannten Radikalen Konstruktivismus. Zwar darf man nicht übersehen, daß sich die Positionen etwa von U. Maturana, F. Varela und den – »philosophischeren«-Autoren wie v. Glasersfeld, v. Förster und anderen Vätern dieser Richtung schon philosophisch erheblich unterscheiden. In der Maturana-Varela-Form (und ihren Bremer Modifikationen (z. B. G. Roth)) aber liegt ein mit den Mitteln der Systemtheorie arbeitender, lupenreiner Biologismus vor, der die Resultate einer ganz bestimmten Biologie in einer ganz bestimmten Interpretation als nicht hinterfragbare Grundlage annimmt. Das Gehirn bzw. das Zentralnervensystem in einer bestimmten biologischen Beschreibung (und damit aufruhend auf einem historisch gewachsenen naturwissenschaftlichen

Kenntnisstand) wird als Konstruktionsanfang für kognitive und nicht kognitive Prozesse gewählt, die dem Anspruch nach auch die sprachlichen, sozialen und historischen Komponenten von Kognition einholen sollen. Die Wahl des »Konstruktionsanfangs« wird dabei, teilweise begleitet vom ausdrücklichen Bedauern, daß sprachliche Darstellungen nun einmal nicht mehrdimensional oder system-ganzheitlich, sondern nur in einer linearen Abfolge von Wörtern erfolgen könnten, dem Bekenntnis nach als nicht zentral oder wirklich konstitutiv betrachtet, sondern gleichsam nur vermittlungstechnisch aus der Sicht des Biologen als ein Darstellungsanfang, der doch, als solides Wissen des eigenen Faches, Anerkennung beanspruchen dürfe.

Dieser »systemtheoretische« Ansatz verkennt aber – wie übrigens auch seine Adaptation auf sozialwissenschaftliche Fragen durch N. Luhmann –, daß er zumindest eines nicht mehr einholen kann, nämlich die kommunikative und moralische Position ihres eigenen Vertreters, seinen Ansatz mit Geltungsansprüchen versehen vorzutragen.

Wenn es auch unzutreffend wäre, alle Autoren, die sich selbst in die Tradition des Radikalen Konstruktivismus gestellt haben, als Naturalisten einzustufen (so gilt dies z. B. nicht für S. J. Schmidt), so zeigen doch die systematischen Darstellungen des Radikalen Konstruktivismus wie z. B. die im ersten Beitrag des zweiten Kapitels dieses Buches besprochene von G. Rusch, daß hier ein geradezu ontologisierender Naturalismus vorliegt, der im Raster wissenschaftlicher Theorien von der Elementarteilchenphysik bis zur Soziologie und Anthropologie sowohl erkenntnistheoretische wie wissenschaftstheoretische Kulturleistungen auf das Wirken der gesetzlichen Natur zurückführen möchte.

Dem Naturalismus in den philosophischen Ansätzen der analytisch-empiristischen, der evolutionistischen und der radikal-konstruktivistischen Tradition korrespondiert ein Naturalismus in den Naturwissenschaften selbst, sobald diese ihre Erkenntnisziele und ihre methodologischen Grundlagen artikulieren.

Vorreiter in historischer wie systematischer Hinsicht dürfte hier die Physik gewesen sein, die mit der relativistischen Revision der klassischen Physik eine Intepretation ihrer eigenen Erkenntnismittel (Messung, Beobachtung, Experiment) geliefert hat. Danach seien es die durch die Physik erkannten Naturgesetze, die die Funktion der für Naturerkenntnis benötigten Instrumente erklär-

ten. Nur dieser Argumentationszirkel erlaubte es, die – übrigens bis heute – nach klassischen Prinzipien hergestellten Geräte der Laborforschung und der Naturbeobachtung nachträglich im Sinne der relativistisch revidierten Theorie umzuinterpretieren.
Der Naturalismus der Biologie zeigt sich nicht nur darin, daß kognitive Fähigkeiten und, allgemeiner, alle Kulturleistungen des Menschen im Rahmen von Organismustheorien als Organismusleistungen naturwissenschaftlich erklärt werde sollen, sondern auch darin, daß die Naturgeschichte weithin ohne Methodenbewußtsein geschrieben wird. Es wird kaum gesehen, daß ein vom Menschen nicht nur nicht beeinflußtes, sondern auch nicht beobachtetes Geschehen nicht behandelt werden darf als etwas, was unmittelbarer Sinneswahrnehmung und methodischer Kontrolle einer Gemeinschaft diskursiv kommunizierender Forscher gegeben ist, sondern durch Erklärungszwecke geleitet rekonstruiert werden muß. Am Ende sei, sogar diese den Naturalismus auf die Spitze treibende These ist in der Biologie vertreten worden, z. B. die für eine nach ästhetisch-Goetheschen Kriterien verfahrende Morphologie und Paläontologie sogar die dabei eingesetzte Gestaltwahrnehmung des Natürlichen dem Biologen durch die Naturgeschichte selbst zugewachsen. Überlagert werden die organismus- und die evolutionstheoretischen Strömungen der Biologie durch die optimistische Einschätzung, sie im Bereich der Molekularbiologie und der Genetik auf technisch beherrschbare Gesetzlichkeiten im Mikrobereich zurückführen zu können. Die analysierenden und reduktiven Zugänge vom Phänomenbereich zum hypothetisch erklärenden Mikrobereich bestimmt zwar die tatsächliche Forschung, wird aber in der Konzentration auf die Kausalketten einer sich angeblich emergent ausdifferenzierenden Höherentwicklung der Systeme nur noch als Leserichtung vom Gen zum Phän betrachtet. Ihren Höhepunkt erreicht diese programmatische Beschreibungs- und Erklärungsrichtung der Biologie in den Neurowissenschaften, in denen – immer auf der Grundlage der als gültig unterstellten Naturgesetze – der Bereich des Natürlich-Materiellen kausal den Bereich des Künstlich-Kulturellen hervorbringen und bewirken soll.
Wichtigstes sprachliches und methodologisches Vehikel dieser naturalistischen Ansätze, die sich durch Beispiele der Chemie vervollständigen ließen, ist die nachrichtentechnische oder informationstheoretische Sprache. Hatten die Naturwissenschaften bis

dahin nach den Gesetzen von Transformation und Transport von Stoff und Energie gesucht, so hat sich inzwischen die Leitvorstellung etabliert, Naturvorgänge seien primär Teile eines gigantischen Informationsverarbeitungssystems. Ob die Ersetzung kausaler durch informationstheoretische Beschreibungen – man vergleiche den letzten Aufsatz dieses Buches – einfach redundant sind oder nicht, spielt dabei keine Rolle. Ja, es ist nicht einmal mehr ein Verständnis dafür anzutreffen, daß informationstheoretische Beschreibungen, für viele Zwecke höchst sinnvoll, Strukturzuschreibungen zu künstlichen und natürlichen Systemen sind, für die kommunikative Kompetenzen von Menschen methodisch konstitutiv sind. Wir hätten keinen – es sei denn einen überflüssigen kausalistischen – Informationsbegriff, wenn wir dabei nicht rekurrierten auf den Austausch und die Verarbeitung von Informationen, wie sie schon in elementarster menschlicher Kommunikation vorkommen und dabei von Intentionalität auf seiten des Senders wie des Empfängers getragen sind (auch daß die Wörter Sender und Empfänger heute eher an elektronische Geräte als an den Schreiber und den Adressaten eines Briefes erinnern, ist ein Indiz für den naturalistischen Verlust desjenigen Konstitutionszusammenhangs informationstheoretischer Rede, der ihr auch heute noch systematisch ihren Geltungsanspruch sichert).
Der Zeitgeist ist also in gewichtigen Strömungen der Philosophie und der Naturwissenschaften entschieden naturalistisch. Daß es auch entschieden entgegengesetzte Strömungen geben mag, braucht nicht bestritten zu werden, nur ist an ihnen nicht zu erkennen, daß sie sich mit den Naturwissenschaften und ihrer philosophischen Ausdeutung befassen oder ihr gar gerecht werden könnten. Wenn die ausgelaugte Formulierung von den »zwei Kulturen« – nach H. Weinrich zu Recht »Snow von gestern« – einen neuen und brauchbaren Sinn gewinnen sollte, die Opposition von Naturalismus und Kulturalismus könnte ein Vorschlag dafür sein. Die naturalistische Kultur blendet den gesamten Kontext des Beanspruchens und Einlösens von Geltungsansprüchen aus zugunsten von Erklärungen, für die sie nur die von der logisch-empiristischen Tradition des Wiener Kreises vorgesehenen Mittel zuläßt, nämlich die der logischen Ableitung und die der empirischen Kausalbeziehungen. Sie übersieht damit, daß nicht nur für den Entdeckungszusammenhang in den Naturwissenschaften, sondern auch für den Rechtfertigungszusammenhang

die Leistung zweckrationalen menschlichen Handelns konstitutiv sind, weil transsubjektive Aussagen über die natürliche und die künstliche Wirklichkeit immer angewiesen sind auf die normative Bereitstellung und kulturelle Akzeptanz sprachlicher wie nichtsprachlicher Mittel. Jede Erfahrung ist (vgl. den zweiten Beitrag des dritten Kapitels) Widerfahrnis des Erfolgs oder Mißerfolgs im zweckrationalen Handeln der naturwissenschaftlichen Forschung.

Die Entwicklung vom Methodischen Konstruktivismus zum Kulturalismus erweist sich damit gewissermaßen u. a. von außen induziert, weil sie sich in Auseinandersetzung mit den Zeitströmungen von Philosophie und Wissenschaft einer fahrlässig geduldeten, einer frei gewählten oder einer emphatisch verteidigten Ausblendung der Bedingungen ihres eigenen Zustandekommens verschließt. Naturalismus und Kulturalismus sind weder symmetrische Gegensätze noch komplementäre Perspektiven. Der Naturalismus kommt nicht ohne Aussagen über Natur, Naturgesetze und Naturwissenschaften aus, aber auch nicht ohne Ansprüche, daß diese Aussagen ernst genommen werden und Geltung haben sollen. Das heißt, der Naturalist ist als Teilnehmer der Lebenswelt und als Teilnehmer der Kulturwelt immer schon (und unabhängig davon, was er leisten möchte oder de facto leistet) kulturabhängig. Ein naturalistischer archimedischer Standpunkt außerhalb der Welt ist philosophisch nicht zu legitimieren.

Der Weg vom Methodischen Konstruktivismus zum Kulturalismus ist neben den Einflüssen von außen auch durch innere Entwicklungen vorgezeichnet: Kultur (von der ursprünglichen Wortbedeutung cultura, Ackerbau, her als Eingriff in das natürlich Vorgefundene zu Zwecken menschlicher Lebensbewältigung) ist bis zu seinen Formen in Sprache, Kunst, Recht, Wirtschaft und Wissenschaft, und in ihren Schwerpunkten philosophischen Interesses als die Kulturleistungen von Erkenntnis und Moral, nicht begrenzt auf die Bereiche, auf die sie der Wissenschaftstheoretiker und der Ethiker, der in seiner Ethik nur noch die Aufgaben der Kulturwissenschaften bestimmen möchte, beschränken. Kultur findet auch außerwissenschaftlich statt. Wo sich, nach dem Vorbild der Aufbruchstimmung im »linguistic turn«, Naturphilosophie und Erkenntnistheorie in die Wissenschaftstheorie der Naturwissenschaften zurückgezogen hat, wird nicht mehr kompetent über den Bereich von Erkenntnissen der außerwissenschaftlichen Lebenswelt gesprochen, obgleich auch diese den Charakter der öffentlichen und sicheren Nachvollziehbarkeit haben können. Mehr noch, wo die Wissenschaften als Hochstilisierungen lebensweltlicher Techniken und Wissensbestände durch Methoden nach dem Ziel der Transsubjektivität begriffen werden, wird Erkenntnistheorie zur methodischen Voraussetzung der Wissenschaftstheorie. Es sind nicht die durch wissenschaftliche Verfahren (sprachlicher wie nichtsprachlicher Art) allein geleisteten Ergebnisse der Wissenschaften, die der Wissenschaftstheoretiker begreifbar machen muß, sondern auch die in sie einfließenden Erkenntnisleistungen von Menschen, die als vorwissenschaftliche konstitutive Grundlagen die Wissenschaften erst ermöglichen. Insofern findet der Methodische Konstruktivismus im Kulturalismus seine (übrigens auch methodisch) konsequente Fortsetzung. Daß dabei sowohl die grundsätzliche Auseinandersetzung mit dem Naturalismus als auch die Bearbeitung neuer Problemfelder wie Erkenntnistheorie, Naturphilosophie, sowie die Wissenschaftstheorie vieler bisher vernachlässigter Disziplinen einen neuen Aufgabenbereich bilden, dürfte daraus ersichtlich sein. Der vorliegende Band enthält eine Reihe erster Schritte in diese Richtung.

Peter Janich Mai 1995

Kapitel 1
Aspekte des Methodischen Konstruktivismus

1. Voluntarismus, Operationalismus, Konstruktivismus
Zur pragmatischen Begründung der Naturwissenschaften

1. Einleitung

Die exakten Wissenschaften waren um die Wende zum 20. Jahrhundert in Grundlagenkrisen geraten (Entdeckung mengentheoretischer Antinomien in der Mathematik, Auswirkungen operationaler Defizite der klassisch physikalischen Auffassungen von Raum, Zeit und Kausalität für die Formulierung einer einheitlichen, die Elektrodynamik, die Thermodynamik und die Strahlungsgesetze umfassenden Theorie), die vielfältige philosophische Bemühungen in Gang setzen und historisch zum Motor einer neuen philosophischen Teildisziplin werden sollten: der Wissenschaftstheorie. Durch die Arbeiten von H. Poincaré, P. Duhem und E. Mach war der Boden fruchtbar gemacht für Fragen nach dem Verhältnis von Empirie und Konvention, Experimentierkunst und Theorienbildung, Beobachtung und Mathematik. Zwar hatten schon Entwicklungen der Physik in der zweiten Hälfte des 19. Jahrhunderts, vor allem der Thermodynamik und der physikalischen Chemie, Anlaß zu naturphilosophischen Bemühungen wie denjenigen L. Boltzmanns und W. Ostwalds gegeben; aber es war wohl erst die »revolutionäre« Umdeutung der klassischen Begriffe von Raum und Zeit durch die Arbeiten von H. A. Lorentz, H. Minkowski und vor allem A. Einstein sowie der Entwurf der speziellen Relativitätstheorie, die ein breites philosophisches Interesse an der Physik hervorriefen. Dieses traf, programmatisch orientiert an der These B. Russells einerseits, daß nur noch analytische und empirische Sätze als wissenschaftsfähig gelten sollten, und am Ziel einer Metaphysikkritik andererseits, für die (im Blick auf) die Physik ohnehin nur noch die Theorie Kants vom synthetischen Apriori in Frage zu kommen schien, auf ein neues Verständnis der Mathematiker von der Geometrie, die nach dem Vorschlag D. Hilberts nur noch »formal axiomatisch«, d. h. ohne Anspruch auf explizite Definition ihrer Grundbegriffe, betrieben werden sollte. Die Geometrie hatte damit selbst in ihrer synthetischen Darstellung jeden Sonderstatus gegenüber anderen mathematischen Teildisziplinen wie der Arithmetik und der Analysis verloren. Euklidische und nichteuklidische Geometrien waren, allein noch beurteilt nach dem Postulat der logischen Widerspruchsfreiheit, gleichberechtigt geworden, und die Frage nach der Realgeltung von Geometrie für oder ihre Anwendbarkeit auf Gegenstände der Erfahrung galt als definitiv aus der Mathematik ausgegliedert.

Die Hauptthemen der neuen Wissenschaftstheorie, nämlich die logische Syntax von Theorien, in der Probleme der Begriffsbildung aufgehoben schienen, sowie die Bestimmung des empirisch Sinnvollen waren damit für die Philosophie des Wiener Kreises und des Kritischen Rationalismus vorgegeben.

Von dieser Entwicklung (bis an sein Lebensende) unbeeindruckt begann H. Dingler – etwa von 1907 an – nach einer methodischen Begründung der exakten Wissenschaften zu suchen und dabei einen eigenen Typus von Begründung herauszuarbeiten, der sich nicht an vorherrschenden Mathematik- und Physikverständnissen orientieren sollte. Zu viele Fragen ließen der Formalismus, der Axiomatizismus und der Neoempirismus offen, zu sehr ging die relativistische Umdeutung der Physik entgegen ihrem eigenen Anspruch über eine eindeutige und gesicherte Bestimmung der in die Krise geratenen Grundbegriffe der klassischen Physik hinweg. Dingler suchte nach einer lückenlosen, zirkelfreien »Vollbegründung« eines Systems der Wirklichkeitswissenschaften mit einem Vollständigkeitsanspruch in zwei Richtungen: seine Philosophie sollte erkenntnistheoretisch alle Bereiche menschlichen Wissens abdecken (und hierbei auch dessen historische Dimension nicht außer acht lassen), und sie sollte an die allerersten Anfänge oder Wurzeln menschlicher Erkenntnis im systematischen Sinne heranreichen.

Das Resultat dieser Bemühungen, dokumentiert durch ein umfassendes philosophisches Werk, läßt sich nicht in die gängigen -ismen oder Schemata einfügen. Dingler ist kein Konventionalist wie H. Poincaré oder P. Duhem, kein Positivist wie E. Mach, kein Empirist wie R. Carnap, kein Operationalist wie P. W. Bridgman, kein Pragmatist wie W. James und auch kein Konstruktivist im Sinne der sogenannten Erlanger Schule. Andererseits hat das Dinglersche Konzept einer Begründung der Physik Züge, die all

diesen Positionen verwandt sind, sicher am nächsten der des Konstruktivismus, der sich auf dem Gebiet der Wissenschaftstheorie der Physik als kritische Fortsetzung der Philosophie Dinglers begreift, allerdings nicht auf anderen Gebieten (Sprachphilosophie, Logik, Handlungstheorie, Praktische Philosophie) und nur sehr eingeschränkt auf dem der Mathematik.
Im folgenden soll zuerst das Begründungskonzept Dinglers für die Naturwissenschaften vorgestellt, seine pragmatischen, operationalen, konventionellen und voluntaristischen Charakteristika diskutiert, und, wo diese Klassifikationen terminologisch falsche Einordnungen nahelegen, Abgrenzungen zu Repräsentanten der Vergleichspositionen angegeben werden – vor allem im Verhältnis zum Konventionalismus und zum Operationalismus. In einem zweiten Teil wird dann der Ansatz des Konstruktivismus vorgestellt.

2. Der »Voluntarismus« und der Operativismus H. Dinglers

2.1 Dinglers Voluntarismus

Voluntarismus, Dezisionismus, Decernismus, Certismus sind Bezeichnungen der Literatur für den Grundlegungsansatz Dinglers auf dem Feld der Philosophie der Naturwissenschaften, auf die sich die folgende Untersuchung beschränken wird. Sie ranken sich, mehr oder weniger geglückt, um Dinglers Vorschlag zur Lösung des sogenannten »Anfangsproblems«.[1]
Ein Anfangsproblem stellt sich genau dann, wenn für eine Begründung verlangt wird, daß sie lückenlos, zirkelfrei und vollständig, d. h. im Dinglerschen Sinne eine »Vollbegründung« sein solle. Im Anschluß an K. Popper und H. Albert wird heute oft ange-

1 Von »Letztbegründung«, also einer letzten, selbst nicht begründungsbedürftigen und -fähigen, absoluten Begründung von Begründungsanfängen, soll hier nicht die Rede sein. Ich konnte bei Dingler nirgends den Ausdruck »Letztbegründung« finden, obgleich Dingler in der Literatur immer wieder die Intention einer Letztbegründung nachgesagt wird. Dieser Ausdruck findet sich noch nicht einmal dort, wo Dingler E. Husserl erwähnt, bei dem er Vorlesungen gehört hatte, und bei dem wohl erstmals der Ausdruck »letztbegründet« vorkommt.

nommen, das Anfangsproblem sei unlösbar, sofern ein dogmatischer oder ein psychologisch verstandener, evidenter Anfang für die Wissenschaften nicht als Lösung gelten. Allerdings orientiert sich diese Auffassung des Kritischen Rationalismus am Modell der logischen Deduktion in axiomatischen Theorien – selbst dort, wo das Auftreten von Begründungstrilemmata auf normative Argumentation ausgedehnt gesehen wird.

Dingler dagegen wählt nicht allgemeine Thesen oder Hypothesen einer Wissenschaft als Ausgangsbasis, sondern fragt nach eben der Möglichkeit allgemeiner Geltung überhaupt. Allgemeinheit selbst – noch vor der Frage, auf welchem Gebiet, etwa der Mathematik, der Geometrie oder der empirischen Physik – muß erst hergestellt, muß gesichert werden. Allgemeinheit ist a fortiori nicht schon charakterisiert durch das Auftreten eines Allquantors in Rekonstruktionen physikalischer Hypothesen mit den Mitteln der klassischen Logik. Allgemeinheit im Sinne von Allgemeingültigkeit ist vielmehr der erste Schritt in die Wissenschaft hinein, ist der Schritt aus einem Zustand oder einer menschlichen Verfassung heraus, in der keine Allgemeingültigkeit verfügbar ist: dem »Vorallgemeinstandpunkt des täglichen Lebens«.

Allgemeinheit bzw. Allgemeingültigkeit wird »tätig«, »aktiv« hergestellt. Jede Wissenschaft und jedes »Aufstellen einer Philosophie ist ein Tun«. Am Anfang, »am Nullpunkt«, können keine allgemeingültigen Aussagen auftreten, da solche ja dann schon vollbegründet sein müßten, also nicht zugleich den Anfang einer Vollbegründung darstellen dürfen. Vielmehr muß Allgemeingültigkeit unter Inanspruchnahme sogenannter »Grundfähigkeiten« des täglichen Lebens willentlich gesichert werden. Für Dingler stehen hier manuelle wie sprachlich-geistige Grundfähigkeiten zur Disposition, nicht aber etwa ein Anfang bei Erfahrungen irgendeiner Art (wie im Empirismus), oder bei einfachen, angeborenen Ideen (wie bei Descartes). Grundfähigkeiten des Handelns sprachlicher und manueller Art schließen ein, Handlungssequenzen ausführen und diese auf gleiche Weise wiederholen zu können, sofern das handelnde Subjekt das will. Letzter Grund der Sicherung von Allgemeinheit in gleich wiederholten Handlungsfolgen wird damit der Wille, für den Dingler – mit terminologischem Bezug auf Dilthey und Münsterberg – »Unhintergehbarkeit« reklamiert. Der Wille zur Eindeutigkeit und zur Sicherheit der Wissenschaft als letzte, unhintergehbare Instanz hat der Ding-

lerschen Philosophie die Prädikate »Dezisionismus« und »Voluntarismus« eingetragen.
Hält man sich, da diese beiden -ismen keine wohlbestimmten, historisch klar abgegrenzten Begriffe sind, an deren lateinische Wurzeln, so suggerieren sie eher schief den Angelpunkt, von dem aus der Aufbau der »S-Wissenschaft« (»S« von sicher) oder »des Systems« nach den Vorstellungen Dinglers ausgeht, als daß sie diesen Angelpunkt zutreffend bezeichnen. Zwar wird Dingler nicht müde zu betonen, daß der aktive Wille selbst, die Willensakte im Vollzug es sind, die unhintergehbar sind, um damit den Unterschied vom Willen als Objekt (z. B. der Erinnerung, der Planung, der philosophischen Reflexion, einer vernünftigen Genese oder einer fachwissenschaftlichen Untersuchung) herauszuheben, aber er behauptet nicht, daß dieser aktive Wille blind sei, blanker Entschluß, irrational oder dem Risiko nach gar absurd. Der Vollzug des einzelnen Willensaktes ist nicht – bildlich gesprochen – die Schnittstelle, hinter der menschliche Verantwortung endet und bloße Faktizität, der bloße Zufall oder göttlicher Wille wirke. Jeder Wille, so auch der zur Sicherheit und Eindeutigkeit in den Wissenschaften, könne wieder Gegenstand kritischer Erwägung werden – was dann freilich seinerseits den Willen zur Kritik an bestimmten vergangenen oder zukünftigen Willensakten voraussetze. Obgleich dies die Linie vieler Kritiken an Dingler ist, wäre es verfehlt, an den Anfang des Aufbaus der S-Wissenschaft gleichsam ein unbegründetes Axiom bzw. die unbegründete Norm gestellt zu sehen: »Wissenschaft muß eindeutig und sicher sein.« Unhintergehbarkeit des Willens ist von Dingler nicht in dem Sinne angenommen, daß eine willensmäßig »letztbegründete« Wissenschaft unkritisierbar, unrevidierbar sei oder aber jede »andere« Wissenschaft schlicht auf einem »anderen«, d. h. auf andere Ziele gerichteten Willen beruhe. Die Unhintergehbarkeit des aktiven Willens beruhe vielmehr darauf, daß dieser »als solcher nicht fähig (ist), Objekt zu sein«. Der Mensch sei nicht gleichzeitig zu zwei verschiedenen Willensakten fähig und deshalb nicht in der Lage, ein Ziel zu wollen und es zugleich reflektieren zu wollen. Dingler hat allerdings selbst dafür gesorgt, als Voluntarist im Sinne der Annahme eines letzten Geltungsgrundes im Willen mißverstanden zu werden, weil er jeder Philosophie »überhaupt notwendig letzten Endes« den Charakter eines »Voluntarismus« zuschreibt. Hier muß man wohl Dingler gegen seine eigene Wil-

lensphilosophie durch einen Blick auf seine Vorschläge für den Aufbau der exakten Wissenschaften in Schutz nehmen.[2]

2.2 Dinglers Operativismus

Bezogen auf die Physik ist es sicher Dinglers hervorragendes Verdienst, nicht nur den Handlungscharakter der Forschung, sondern speziell den Charakter der poietischen, der handwerklich-herstellenden Handlungen betont und in seinen Konsequenzen bedacht zu haben. Durch Messung und Experiment war die neuzeitliche Physik zu einem neuen Typ von Erfahrung gelangt, für die der Gebrauch von Geräten, von künstlich hergestellten Hilfsmitteln konstitutiv ist. E. Machs »Mechanik, historisch kritisch dargestellt«, in der ersten Auflage 1883 erschienen, hatte dies, bis heute eindrucksvoll, ins Bewußtsein gehoben.

Andererseits schien auf einem der wichtigsten Gebiete der Meßkunst, nämlich der des Raumes, der hierfür verwendeten mathematischen Mittel der Geometrie durch die Entdeckung (besser: Erfindung) der nichteuklidischen Geometrien der Grund entzogen: die Auszeichnung der Euklidizität als synthetisch apriorisch begründet im Sinne Kants war fraglich geworden. Der definitorische Konventionalismus Poincarés und später die empiristische Interpretation einer in der Mathematik nur noch formalaxiomatisch betriebenen Geometrie durch die Physik waren die allgemeine Folge.

Hier setzt Dinglers Einsicht an, daß geometrisch beschriebene Geräte das technische Mittel jeder Längen- oder Winkelmessung sei, d.h. daß die Geometrie als Theorie der Längenmeßgeräte allen empirischen Meßdaten und damit aller empirischen Physik methodisch vorausgeht. Es kann also keine Frage messungsgestützter Empirie sein, welche Geometrie Realgeltung hat. Vielmehr ist jede derartige These, gleich zugunsten welcher Geometrie sie ausfiele, pragmatisch zirkulär.

Der pragmatische Zirkel, dessen Verbot den Kern der Dingler-

2 Allerdings bleibt dann eine andere Kritik zu üben, wonach – vgl. weiter unten im Text – der Wille im Dinglerschen Sinne für den tatsächlichen Gang der exakten Wissenschaften nichts austrägt, sondern zur analytischen Trivialität verkommt.

schen Philosophie bildet, ist vom logischen wohl zu unterscheiden: Letzterer verbleibt ganz auf der sprachlichen Ebene, während der pragmatische Zirkel das Zusammenwirken von sprachlichen und sprachfreien Handlungssequenzen betrifft. Die geometrischen Eigenschaften von Körpern im Sinne einer Wahl zwischen der euklidischen und einer nichteuklidischen Geometrie können nicht durch Messung gefunden werden, weil dazu Meßgeräte benötigt würden, in denen bereits eine Geometrie realisiert ist.

Der vollständige Aufbau einer sicheren Wissenschaft hat deshalb mit der Sicherung der terminologischen und der praktischen, durch Sequenzen von Operationen der Geräteherstellung erzeugten Mittel der Physik zu beginnen. Hier erwies sich zugleich die Fruchtbarkeit und der Konsequenzenreichtum des Dinglerschen Ansatzes: der Wille zur Eindeutigkeit der Begriffe kann nicht bei der Reproduzierbarkeit von Maßeinheiten ansetzen, wie dies seit dem berühmt gewordenen Aufsatz »Zählen und Messen, erkenntnistheoretisch betrachtet« von H. von Helmholtz angenommen wurde (und bis in heutige empiristische und »operationalistische« Ansätze hinein geglaubt wird). Der Bezug auf einen in seiner Wahl nicht eindeutig und sicher zu begründenden Standard muß nach Dingler ersetzt werden durch die Reproduzierbarkeit von »etwas Ununterschiedenem überhaupt, betrachtet hinsichtlich seiner Grenze konstant«, nämlich der homogenen, ebenen Form von Körperoberflächen.

Mit Bezug auf das Touchierverfahren, in dem die Meßgeräteindustrie Standardebenen, sogenannte Richtplatten, auf paarweise Passung kontrolliert, formuliert Dingler das methodisch primäre »Dreiplattenverfahren«: ein Tripel von (grob vorgeebneten) Platten wird wechselnd paarweise so aneinander abgeschliffen, daß je zwei der drei Platten verschiebbar aufeinander passen. So erhält man ebene Körperoberflächen, und zwar methodisch primär, d. h. ohne deren technische Verfügbarkeit an einem anderen Körper (etwa als Gußform) schon voraussetzen zu müssen. Wichtiger als die technische ist die methodologische Bedeutung dieser Ebenen-Herstellung. Die Geometrie wird die theoretische Formulierung der leitenden Zwecke für die praktische Herstellung von Meßgeräten für räumliche Größen. Euklidizität ergibt sich dabei von selbst aus dem Ziel, den starren Körper als Realisierung eines idealen Begriffs in die Wirklichkeit einzuführen.

Neben dieser, gegenüber allen zeitgenössischen Konkurrenten eigenständigen Auffassung Dinglers zur Grundlegung der Physik, in der neben der Geometrie auch die Mechanik (einschließlich des Gravitationsgesetzes zur Definition der Masse) zu den der Messung methodisch vorhergehenden, begrifflichen und praktischen Setzungen gehören, hat Dingler eine eigenständige Theorie des Experiments entwickelt, die wiederum den technisch-manuellen Anteil der Handlungen des Experimentators in den Vordergrund stellt und das Kausalgesetz als handlungsleitendes Prinzip der Gewinnung experimenteller Erfahrung in der Physik erkennt.
Wenn damit auch keine in irgendeinem Sinne vollständige Darstellung der Philosophie Dinglers gegeben worden ist, so sollten doch wenigstens die wichtigsten Grundzüge seiner Position in Konturen sichtbar geworden sein; diese lassen sich vielleicht zusätzlich durch Kontrastierung mit zwei naheliegenden Konkurrenten weiter verdeutlichen, nämlich mit dem Konventionalismus Poincarés und mit dem Operationalismus Bridgmans.
Die Bildung von Grundbegriffen erfolgt nach Vorschlag Dinglers durch definitorische Setzung – auf den ersten Blick nicht anders als bei Poincaré. Daß es beiden Philosophen nicht um den Trivialkonventionalismus geht, wonach jede Definition eine konventionelle Wahl von Wörtern im Sinne von Lautgestalten erfordert, sei als selbstverständlich unterstellt. Nach Poincaré hat die Naturwissenschaft jedoch eine Wahl zwischen konkurrierenden Setzungen, vor allem auf dem Gebiet der Geometrie, wo die Mathematikgeschichte explizit Varianten zum selben Gegenstand angeboten hat. Nach dem Vorbild geometrischer Axiome sei aber dann auch bei anderen Sätzen wie dem Trägheitsprinzip vorzugehen, das weder den Status eines synthetischen Satzes a priori noch eines empirischen Gesetzes hätte. Die Naturwissenschaft habe diese Wahl zu treffen nach dem Kriterium der mathematischen Bequemlichkeit, und zwar allein nach diesem. Die Pointe des Poincaréschen Konventionalismus liegt geradezu darin, daß es andere relevante Kriterien nicht gibt (Poincaré hat hier sowohl empiristische wie aprioristische Alternativen im Visier). Dinglers »kritischer Konventionalismus« dagegen besteht in seiner Pointe geradzu im Gegenteil, nämlich darin, diese Wahlfreiheit zu verneinen. Vielmehr ließe eine Zweckbestimmung der Wissenschaft als Bemühung um Sicherheit und Eindeutigkeit eben *nur eine* vollbegründete Wahl zu und diese sei, nun schon explizit und militant gegen

Auffassungen der Physik in der ersten Hälfte unseres Jahrhunderts gerichtet, nur in der euklidischen Geometrie und in der Galilei-invarianten Mechanik erfüllt.
Dinglers bohrende Grundsätzlichkeit und seine wachsende wissenschaftliche Isolierung (die zusätzlich durch einen politischen Opportunismus in ideologisch bewegten Zeiten verstärkt wurde) hat ihn zu einem unnachgiebigen Kritiker des Empirismus der modernen Physik gemacht, der sich trotz der falschen Vorhersage Poincarés, die Physik werde sich für die euklidische Geometrie als die bequemere entscheiden, mit dessen Konventionalismus glänzend arrangieren konnte. Dingler hat, was ihn ohne Abwägung von Gründen bis heute gegenüber der Physik für viele ins Abseits stellt, gemäß seinen Prinzipien der Vollbegründung die spezielle Relativitätstheorie Einsteins mit denselben Gründen abgelehnt wie die Mechanik Newtons. Dies weist zugleich auf einen fundamentalen Unterschied im Operationalismus Dinglers zu demjenigen Bridgmans hin, der nach Auskunft Einsteins zumindest für die spätere operationalistische Deutung des Gleichzeitigkeitsbegriffs der speziellen Relativitätstheorie leitend war.[3]

2.3 Im Vergleich zu Dingler: Bridgmans Operationalismus

Bridgman, als Physiker für Arbeiten über hohe und höchste Drücke 1946 mit dem Nobelpreis ausgezeichnet, hatte praktisch unabhängig von der wissenschaftstheoretischen Diskussion seiner Zeit (u. a. auch der des Wiener Kreises) seine Auffassung entwikkelt, wonach jeder physikalische Begriff durch eine Gruppe von ihm entsprechenden Operationen betimmt sei. Allerdings versteht Bridgman diese Auffassung als Resultat analysierender Beschreibung des tatsächlichen Vorgehens der Physiker, nicht jedoch als Rekonstruktion im Rahmen der Absicht, in einem normativen Operationalismus die der empirischen Physik methodisch vorausgehenden Setzungen von deren empirischen Resultaten zu unterscheiden. Bridgmans Operationalismus ist analytisch

3 Dingler hat sich deshalb als »Operativist« – zur terminologischen Unterscheidung vom »Operationalisten« Bridgman – bezeichnet, dessen hier einschlägiges Hauptwerk in deutschsprachiger Übersetzung von Dingler eingeleitet wurde.

und empiristisch. Von ihm geht keine physikkritische Wirkung außer vielleicht derjenigen aus, physikalischen Begriffen einen Sinn über ihre operationale Bestimmung hinaus abzusprechen. Berücksichtigt man den bedeutenden Einfluß des Bridgmanschen Operationalismus auf die behavioristische Psychologie, der wie der empiristischen Physik jede Auszeichnung synthetischer oder apriorischer Prinzipien vor dem (empiristisch verstandenen) Beobachtbaren fremd ist, so tritt der Unterschied des analytischen und empiristischen Operationalismus Bridgmans zum synthetischen und normativen Operativismus Dinglers deutlich zutage.
Diese Verschiedenheit setzt sich weit in die Konsequenzen beider Positionen hinein fort. Während für Bridgman »sets of operations« zunächst einzelne Operationen meinte und damit das später vor allem von C. G. Hempel kritisierte Problem erzeugte, wie derselbe Begriff (z. B. der Länge oder der Temperatur) durch verschiedene Verfahren bestimmt werden könne (was dann in der Tat die Gleichwertigkeit verschiedener operationaler Verfahren zu einer empirischen Frage auf einer höheren Ebene macht), sieht Dinglers normativer Operativismus eine eindeutige Bestimmung von Grundbegriffen vor. Danach sind verschiedene Verfahren der Längenmessung äquivalent, wenn sie alle die euklidische Geometrie als Ziel der technischen Realisierung von Meßgeräten verfolgen. An die Stelle des Beschreibens des tatsächlichen Vorgehens von Physikern tritt das Vorschreiben der handlungsleitenden Ziele im Rahmen einer methodischen Rekonstruktion.
Ein weiterer, von der Rezeptionsgeschichte her gesehen, geradezu dramatischer Unterschied besteht zwischen beiden Ansätzen bezüglich ihres Verhältnisses zur speziellen Relativitätstheorie. Während eine ganze Lehrbuchtradition darauf aufbaut, den Vorzug der relativistischen Physik vor der klassischen durch den Sieg des Bridgmanschen Operationalismus in Form einer operationalen Gleichzeitigkeitsdefinition über den metaphysischen Begriff der absoluten Zeit bei Newton zu erklären (ungeachtet des Erscheinungsdatums 1927 von Bridgmans »The logic of modern physics«, und ungeachtet der Tatsache, daß Bridgman selbst durch den Bedeutungswandel physikalischer Grundbegriffe in der relativistischen Physik angeregt worden war), hält Dingler die relativistische Physik für operational ebenso unbegründet wie die Physik Newtons.
Bridgmans Operationalismus ist ohne Zweifel auf nahezu alle Er-

fahrungswissenschaften und ihre derzeitigen Verständnisse adaptierbar, weil das Konzept der Operation von Bridgman selbst mehr und mehr aufgeweicht wurde und schließlich auch mentale und verbale Operationen umfaßte; Dingler dagegen zeichnete gerade nichtsprachliche, manuelle Operationen aus, für die im Unterschied zu beliebig verwirrbaren sprachlichen Operationen eine pragmatische Ordnung erkennbar sei (man muß einen Kuchen zuerst backen, bevor man ihn essen kann; man muß erst eine Uhr herstellen, bevor man Zeit messen kann.). Im Gegensatz zur Auflösung des Bridgmanschen Operationalismus zu beliebigen »Operationsalisierungen« als weiter nicht beschränkter Umsetzungen von Rede in Praxis tritt eine wissenschaftliche Theorie, in der Definitionslücken oder Zirkel vorkommen, in Widerspruch zu einer sicheren Wissenschaft nach Dinglerschen Maximen. Dinglers Operativismus formuliert also praktikable, wenn auch nur selten praktizierte eigene Rationalitätsstandards – Wissenschaftlichkeit als methodisch gesicherte Vollbegründung.

2.4 Abweisung der »Willensmetaphysik«

Freilich bleibt (von Fragen nach der Durchführung seines Programms der Physikbegründung abgesehen) – wie oben erwähnt – eine kritikwürdige Schwäche der Dinglerschen Vollbegründungskonzeption bestehen, nämlich die Rolle des aktiven Willens. Dinglers Unterscheidung zwischen »Wille als Objekt« und dem »aktiven Willen« ist durchaus nachvollziehbar – aber die Rolle des aktiven Willens reduziert sich, bezogen auf beliebige Detailfragen oder Alternativentscheidungen im Aufbau der S-Wissenschaft, auf eine konsequenzlose, redundante, ja triviale Zusatzbehauptung. Danach darf man jeder Handlung per se zuerkennen, daß sie gewollt ist oder war oder sein wird. In jedem Handlungsvollzug realisiert sich aktiver Wille – per definitionem. Betrachtet man das Wissen, das Dingler vom »aktiven Willen« anbieten zu können glaubt, und fragt nach eben dessen Begründung, so tritt nicht mehr zutage, als logisch-syntaktische Rücksichten auf die Rede vom Handeln selbst. Die »Gewißheit« von Nacheinander und vom Ausschluß gleichzeitiger Willensakte verdankt sich keiner anderen Autorität als der logischen Ordnung der Rede von Handlungen. Keine Entscheidung jedoch läßt der Rückgang auf den aktiven Willen zugunsten oder zu ungunsten irgendeines bestimmten Satzes im Aufbau der Physik, etwa des euklidischen Parallelenpostulats, zu. Dinglers »Voluntarismus« reduziert sich damit auf eine definitorische Trivialität, die man, frei angelehnt an Erich Kästners moralphilosophische Skepsis (»Es gibt nichts Gutes, außer man tut es«), wiedergeben könnte als: »Es gibt nichts Sicheres, außer man sichert es.«

Die Unfruchtbarkeit der Dinglerschen Willensmetaphysik hat sich darüber hinaus nebenbei und unbeabsichtigt selbst erwiesen. Denn gänzlich unter Verzicht auf sie hat die Forderung Dinglers nach lückenloser, zirkelfreier methodischer Begründung von Geometrie und Physik eine Fortsetzung hin zu ausgereiften Theorien gefunden und bildet noch immer den Angelpunkt einer Philosophie der Naturwissenschaften, die ihre Möglichkeiten noch längst nicht ausgeschöpft hat, nämlich der »konstruktiven Wissenschaftstheorie«.

3. Konstruktivismus

3.1 Vorbemerkung

Bezeichnungen wie »Konstruktivismus« oder »Konstruktivisten« suggerieren, daß bei einer Gruppe von Wissenschaftlern oder Philosophen weitestgehende Einmütigkeit zumindest zu einem Themenbereich herrscht. Sicher sind für viele Zwecke solche Sammelbezeichnungen legitim und hilfreich, führen aber ebenso sicher in die Irre, wenn sie als Legitimation herangezogen werden, Texte verschiedener Autoren gegeneinander ins Feld zu führen. Macht es ja schon gelegentlich Schwierigkeiten, Texte ein und desselben Autors zu verschiedenen Zeiten zu vergleichen, wenn dies nicht zum Nachvollzug einer Entwicklung, sondern zur Rekonstruktion einer unveränderlichen, geschlossenen Position dienen soll. Deshalb ist der folgende Bericht zu verstehen als Stand und Ergebnis einer Bemühung, wie sie den Verfasser als die derzeit am besten begründete Position erscheint, um gelegentlich auf andere Meinungen bei solchen Philosophen hinzuweisen, die »Konstruktivisten« im Sinne aktiver Beteiligung an der Bemühung um methodische Begründung der Naturwissenschaften sind. Es wird dies aber nicht als Literaturbericht, geschweige denn als eine »Geschichte des Konstruktivismus« zu geschehen haben. Schließlich sei darauf verwiesen, daß sich der Konstruktivismus mehrerer Themen angenommen hat, von denen die hier nicht zu besprechenden der Logik und der Philosophie der Mathematik (mit Ausnahme der Geometrie) besonders wichtig (und für den Konstruktivismus namengebend) sind.

3.2 Naturwissenschaft als Handlung

3.2.1 Vorbemerkung

Die konstruktive Wissenschaftstheorie der Naturwissenschaften ist, wie Wissenschaftstheorie generell, zunächst allein am Beispiel der Physik als dem Prototyp einer quantitativen Erfahrungswissenschaft ausgebildet worden, wenn auch neuerdings zunehmend die Biologie und die Technik Berücksichtigung finden. Ein gemeinsamer pragmatischer Kern aller konstruktiven Arbeiten ist die Einsicht, daß das Treiben von Physik Handeln ist, das sich nach Zwecken und Mitteln beurteilen läßt, und daß die Physik ihre Erfahrungen nur in gerätegestützten Verfahren gewinnt.

3.2.2 Handlung und Widerfahrnis

Die handlungstheoretischen Grundunterscheidungen, von denen im folgenden Gebrauch gemacht wird, lassen sich an einer zu diesem Zweck stilisierten Standardparabel erläutern: Eine Person P formt einen Schneeball und wirft ihn nach einem Verkehrsschild, verfehlt es und trifft statt dessen einen Passanten, obgleich dieser noch versucht hat, dem Schneeball auszuweichen.

Das Herstellen des Schneeballs, gezieltes Werfen und einem Wurfgeschoß Ausweichen sind Handlungen, letzteres schon ein Grenzfall zu bloß reflexhaftem Verhalten. Handlungen sind terminologisch gegenüber dem Verhalten durch die Bestimmungen präzisiert, daß man zu Handlungen sowie zu ihrer Unterlassung auffordern kann, und daß man (gleichsam über eine Selbstaufforderung) Handlungen ausführen oder unterlassen kann. Verhalten findet dagegen einfach statt, ohne daß man es unterlassen könnte.

Handlungen verfolgen auf verschiedene Weisen Zwecke oder, synonym, Ziele. Das Ziel der Herstellungshandlung(en), einen Schneeball zu formen, ist das Produkt bzw. die Verfügbarkeit

über das Produkt Schneeball. Hier wird also durch den Handlungsablauf selbst (im Sinne einer hinreichend korrekten Realisierung eines Handlungsschemas) ein Zweck erreicht. Die Verfügbarkeit über Schneebälle beruht einerseits auf der (durch Vorführen und Nachahmen erlernten) Beherrschung eines Handlungsschemas (entsprechend der »Grundfähigkeit« bei Dingler), sowie auf der Verfügbarkeit von Schnee. Hierüber sind nun ebensowenig empirische oder gar allgemeine empirische Aussagen erforderlich oder »vorausgesetzt«, wie andererseits die Bedingung der Möglichkeit solcher elementarer poietischer Handlungen erst theoretisch gesichert werden müßte. Der tatsächliche praktische und korrekte Handlungsvollzug entscheidet in letzter Instanz über die Möglichkeit der entsprechenden Handlung, der Handlungsvollzug, zu dem hinzugezählt wird, daß er mit Schnee und nicht etwa bloß pantomimisch geschieht. (Dieser Aspekt wird für die Frage bedeutend sein, ob aus empirischen Theorien der Physik Argumente gegen die Möglichkeit von elementaren Handlungen der Meßgeräteherstellung gewonnen werden können.)
Ein prinzipiell anderer Typ von Handlung liegt beim Werfen des Schneeballs nach einem Schild vor. Zwar geht es hier wieder um eine sprachfreie, poietische Handlung, aber zwischen der »hinreichend korrekten« Ausführung eines zielgerichteten Wurfs und seinem Zweck, dem Auftreffen des Schneeballs auf dem Verkehrsschild, liegt ein Ereignis, das selbst keine Handlung ist, sondern ein »Verlauf«. Ob der Werfer trifft oder nicht, mit andern Worten, ob seine Handlung gelingt oder mißlingt, stößt ihm an seiner Handlung zu, ist (mit einer Wortverwendung nach W. Kamlah) ein Widerfahrnis. Solche Widerfahrnisse bestimmen einen Typus von Erfahrung, wie er im Experiment auftritt, dessen Ablauf, obgleich handelnd in Gang gesetzt, selbst keine Handlung ist.
Nennt man poietische Handlungen des ersten Typs »analytisch zweckbestimmt« (weil der Zusammenhang der Handlung des Schneeballformens und der Zweck, einen Schneeball geformt und damit verfügbar zu haben, sich als ein logisch-definitorischer darbietet), und die des zweiten Typs »synthetisch zweckbestimmt« (weil die Erreichung des Zwecks – Auftreffen des Balls auf dem Schild – aus einer Handlung und einem Verlauf zusammengesetzt ist), so lassen sich daran zwei Sorten von Erfahrungen (und von physikrelevanter Empirie) unterscheiden; und zwar genauer an der Frage, welche Erfahrungserkenntnis jeweils das Gelingen und

das Scheitern analytisch und synthetisch zweckbestimmter Handlungen liefern.
Im Falle der analytisch zweckbestimmten Handlung läßt sich ein Gelingen (stets verstanden als Erreichen des vorgegebenen Handlungszwecks) nachträglich interpretieren als: (1) das Handlungsschema ist hinreichend korrekt ausgeführt worden; (2) es war geeigneter Schnee vorhanden. Im Falle des Scheiterns jedoch erfährt der Handelnde erst dann etwas über die Außenwelt (z. B. es war kein Schnee oder kein geeigneter Schnee vorhanden), wenn eine hinreichend korrekte Ausführung des Handlungsschemas nach Prüfung feststeht, was zumindest heißt, eine hinreichend korrekte Ausführung muß in anderen, früheren Fällen gelingen bzw. gelungen sein. (Analog setzt eine Unmöglichkeitsbehauptung über die Herstellbarkeit physikalisch wichtiger Geräte also die Anerkennung gelungener Herstellung in anderen Fällen voraus!)
Im Falle der synthetisch zweckbestimmten Handlung zeigt Erfolg (z. B. ein Treffen des Schildes), daß der Handelnde über das Schema verfügt, d. h. es technisch beherrscht, einen Verlauf mit vorgegebenem Ausgang in Gang zu setzen. Im Falle des Scheiterns dagegen wird das »Ingangsetzen« solange variiert (an die Stelle der Übung eines Werfers tritt im Experiment die Variation eines Geräts – man denke etwa an Lageveränderungen eines fest montierten Gewehrs), bis Treffer wiederholbar gelingen. Verläßliches empirisches Wissen liegt genau dann und in genau der Form vor, daß (bezogen auf den vorgegebenen Zweck) durch Variation von Startbedingungen (also wieder durch Handlungen) so lange »Störungen« (nämlich der Zweckerreichung) beseitigt worden sind, bis die Störungsbeseitigung technisch beherrscht und damit die Reproduzierbarkeit des (»experimentellen«) Verlaufs erreicht ist. Von einem Experiment ist hier also nicht schon bei einem einmaligen Gelingen die Rede, sondern erst bei einem (jetzt eine eigene Art von Allgemeingeltung experimentellen Wissens definierender) technisch hinreichend verläßlicher Wiederholbarkeit.
Diese Wiederholbarkeit hat einen relativ apriorischen und einen relativ empirischen Aspekt. Relativ apriorisch (relativ nämlich zum empirischen Ergebnis des Experiments) ist die Reproduzierbarkeit der Startbedingungen, die für sich genommen, also ohne Berücksichtigung des anschließenden Verlaufs, als technische Beherrschung von Handlungsschemata erlernt und realisiert werden kann. Es sind also die Herstellungshandlungen der Ausgangsbe-

dingungen, die die Experimentierkunst allererst möglich machen. Daß dies dann auch eine darüber hinaus erfolgreiche Kunst ist, d. h. daß die für sich genommen technisch beherrschbaren Startbedingungen als Mittel zur Erreichung eines erwünschten oder bezweckten Verlaufs verfügbar sind, ist (relativ) empirisch. Ob nämlich bestimmte Verläufe erzeugt werden können oder nicht, kann nicht beliebig erzwungen oder handelnd herbeigeführt werden, sondern wird erfahren – nämlich als Erfolg des Versuchs, Verläufe künstlich zu erzeugen. Diese Empirie ist aber ebenfalls »relativ«, nämlich bezogen auf die technische Beherschung der Startbedingungen einerseits und des Zwecks, bestimmte Verläufe zu reproduzieren, andererseits.

Das Beispiel des Schneeballwurfs nach einem Verkehrsschild als synthetisch zweckbestimmte Handlung (das zugleich die Etymologie von »Zweck« als Wurfziel berücksichtigt) steht hier für Experimentalwissen als Verlaufs- und Störungsbeseitigungswissen. Es erlaubt, wie weiter unten darzulegen sein wird, eine pragmatisch orientierte Fassung der Begriffe »Naturgesetz«, »Kausalität« und »Geltung naturwissenschaftlicher Theorien«.

In der obigen Standardparabel fungiert der versehentlich getroffene Passant für folgende handlungstheoretische Bestimmungen: (1) Zweckgerichtete Handlungen können unbezweckte Folgen haben, seien sie nun (anders als in unserem Standardbeispiel) unbeabsichtigte Nebenwirkungen, seien sie (wie im Beispiel) Hauptwirkungen durch Verfehlen eines Zwecks. Beide Sorten von Wirkungen sind – in Anlehnung an die Aristotelische Zufallslehre (κατὰ συμβεβηκός) – als solche ausgezeichnet, weil sie Zwecke für andere Handlungen sein können. (2) Technische Zwecke können auch in der Vermeidung von (ansonsten »von selbst« d. h. nicht durch den Handelnden herbeigeführten) Ereignissen bestehen. (Die Herstellung sogenannter »reiner Versuchsbedingungen« hat, außer bei der Herstellung und Verwendung von Meßgeräten, in der Regel diesen Charakter.)

3.2.3 Das Prinzip der methodischen Ordnung

Die konstruktive Wissenschaftstheorie übernimmt von Dingler das Prinzip der pragmatischen Ordnung, allerdings in einer weiterentwickelten Form und mit der Hoffnung, so einige Unklarheiten über Status und Rechtfertigung dieses Prinzips zu überwinden.

Schon im vor- und außerwissenschaftlichen Bereich erlernen wir die Beherrschung von Handlungssequenzen teilweise hoher Komplexität. Unter ihnen sind viele, deren Ordnung im Sinne der Reihenfolge von separiert ausführbaren Teilhandlungen entscheidend für ihren Erfolg ist. Besonders klar liegen die Verhältnisse wiederum bei den poietischen Handlungen. Es liegt nämlich in der Natur der Sache, daß Herstellungshandlungen nicht in beliebiger Reihenfolge vorgenommen werden können. Die eindrucksvollste Erläuterung dieser Tatsache liefert ein von Dingler stammendes Beispiel, wonach man bei der Herstellung einer bemalten Holzstatue zuerst schnitzen und dann malen muß. Wer nun nicht nur die Empirizität der Naturwissenschaften betonen, sondern sogar im Gebiet der Erkenntnistheorie empiristisch argumentieren, also allgemein die Möglichkeit empiristischer Naturerkenntnis selbst wieder empirisch zeigen möchte, könnte hier versucht sein, auch die »richtige« Reihenfolge von Handlungen in naturgesetzlich bedingten Sachzwängen zu suchen. Das Dinglersche Beispiel spricht allerdings dagegen. Nichts, schon gar kein Naturgesetz, hindert daran, einen Holzklotz erst zu bemalen und dann daraus eine Figur zu schnitzen. Nur wird eben das Resultat keine bemalte Holzfigur sein. Die »richtige« Reihenfolge von Handlungen ist also durch den Herstellungszweck, nicht aber durch Erfahrungen festgelegt.
Leider sind die sehr langen und komplexen Handlungsfolgen, wie sie schon z. B. für die Herstellung der Instrumente zur empirischen Überprüfung der Physik Newtons erforderlich sind, so unübersichtlich und historisch auch größtenteils unter anderen Zwecksetzungen bereits verfügbar gewesen, bevor die principia formuliert wurden, daß schon durch Newton selbst, nämlich in seinen Definitionen der Grundbegriffe und in den Bewegungsgesetzen, Sprech- und Betrachtungsweisen eingeführt wurden, die zwar einerseits nichts anderes als Gerätefunktionen betreffen, andererseits aber abweichen von der Reihenfolge der Schritte, die durchlaufen werden muß, um tatsächlich zur Messung von Länge, Dauer, Masse, Kraft usw. zu gelangen. Bis heute leben unzählige wissenschaftstheoretische Debatten von dieser Verletzung der methodischen Ordnung, die in einer Beschreibung abweichend von der tatsächlich erforderlichen und erfolgreichen Reihenfolge von Herstellungshandlungen zum Ausdruck kommt.
Selbstverständlich läßt sich sogar am simplen Beispiel der bemal-

ten Holzfigur behaupten, man müsse zuerst malen und dann schnitzen, d. h., es läßt sich über Reihenfolgen von Handlungen etwas Falsches behaupten. Während aber in solch einfachen Fällen niemand derlei falsche Beschreibungen oder auch Vorschriften akzeptieren würde, sind unsere Lehrbücher der Physik voll von falschen Beschreibungen der Verfahren, die die jeweiligen physikalischen Parameter tatsächlich meßbar machen. Versteht man jetzt unter einem »Prinzip der methodischen Ordnung« die Norm, keine Beschreibungen oder, da auch definitorische Festlegungen durch Operationen möglich sein sollen, keine Vorschriften zu formulieren, die abweichen von der Reihenfolge von nichtsprachlichen Herstellungshandlungen, die ihrerseits durch das Herstellungsziel definiert ist, so kann nun zur Unterscheidung vom analytischen Operationalismus Bridgmans jetzt von einem methodischen Operationalismus gesprochen werden. Er anerkennt das Prinzip der methodischen Ordnung. Die Pointe des methodischen Operationalismus liegt in der Einsicht, daß empirische Forschung in den Naturwissenschaften auf den Gebrauch von Geräten angewiesen ist, und daß Gerätefunktionen sogar historisch faktisch immer in methodischer Ordnung herbeigeführt bzw. aufrecht erhalten werden. Verstöße gegen das Prinzip der methodischen Ordnung sind nämlich per definitionem nur auf der Sprachebene, nicht aber faktisch handelnd möglich.

3.2.4 Die Idee der prototypenfreien Reproduzierbarkeit

Poietische Handlungen müssen häufig, aber nicht immer, in einer durch ihren Zweck bestimmten Reihenfolge ausgeführt werden, um erfolgreich zu sein. (Ein Gegenbeispiel zur bemalten Holzstatue bildet jedes aus vielen Komponenten zusammengesetzte Gerät, bei dem schließlich alle Komponenten verfügbar sein müssen, ohne daß es auf die Reihenfolge ihrer Herstellung ankäme. Das Zusammensetzen selbst ist aber in der Regel wieder pragmatisch geordnet.) Auf diese handlungstheoretische Einsicht wird das Prinzip der methodischen Ordnung gegründet, das für die theoretische, also sprachliche Fixierung verbietet, von der pragmatischen Ordnung abzuweichen. Damit ist zwar ein Ordnungsprinzip für die geistige Ergreifung des Wirklichen gestiftet, aber das Anfangsproblem für eine kritische Rekonstruktion der Naturwissenschaften noch keineswegs gelöst.

Historisch fand schon die neuzeitliche Physik im 17. Jahrhundert eine lebensweltlich gut funktionierende Meßkunst vor, die nicht zum Zweck der Ermöglichung einer quantitativen Naturwissenschaft, sondern zu technisch praktischen Zwecken des Alltagslebens entwickelt worden war. Analog fand und findet die Wissenschaftsphilosophie schon eine hoch entwickelte Meßkunst in den Wissenschaften vor, braucht diese also nicht im Sinne technischer Verfügbarkeit zu ermöglichen. Die Frage nach der Bedingung der Möglichkeit von Meßkunst hat also einen anderen Sinn. Sie betrifft Argumentationsketten, die aus sich selbst heraus zwingend sind und bestimmte Leistungen der Meßkunst einsichtig machen. Und weil, darin ist dem Kritischen Rationalismus durchaus zuzustimmen, zirkuläre und dogmatisch beginnende Argumentationsketten ebensowenig zwingend sind wie der Vorschlag eines infiniten Regresses, bedarf es, nun präzisiert auf die Mittel der messenden Physik, eines ausgezeichneten Anfangs, von dem aus gemäß dem Prinzip der methodischen Ordnung eine systematische Rekonstruktion gelingt. Diese Rekonstruktion muß genau diejenigen Leistungen der Meßkunst als Eigenschaften der Meßgeräte ausweisen, die für die logische Struktur und den Geltungsanspruch quantitativer physikalischer Theorien als Zweck gesetzt sind.

Wie aber sollen diese Zwecke des Messens lauten, und wer setzt sie? Als Minimalforderung an das Messen soll hier gelten, durch Messung ein Wissen über den vermessenen Gegenstand zu gewinnen. Dieses Wissen muß nach verläßlichen Kriterien unterscheidbar sein von einem Wissen über das verwendete Meßgerät. Hierzu zwei Beispiele: Schon alltäglich erwarten wir von einer Wägung zweier Körper, daß das Resultat in Form einer rationalen Zahl für das Gewichtsverhältnis der beiden Körper diese kennzeichnet, sich also bei jeder Wägung mit einer anderen Waage reproduzieren läßt. Eine Waage dagegen, auf der beliebige Körperpaare stets dasselbe Gewichtsverhältnis zeigen, im einfachsten Falle die Körper A und B sowohl für A/B als auch für B/A das Verhältnis $r \neq 1$, scheint mehr über die Waage als die gewogenen Körper auszusagen. Kurz, Meßergebnisse sollen invariant bezüglich der verwendeten Meßgeräte sein.

Dies ist eine Forderung an Meßgeräte, ausführlicher selbstverständlich an die Hersteller und die Benützer von Meßgeräten. Noch etwas ungenau lautet sie: Alle Meßgeräte desselben Parameters sollen gleich funktionieren, gleich im Sinne der erläuterten Geräteinvarianz von Meßergebnissen.

Hier läßt sich die Antwort auf die oben gestellte Frage einschieben, wer solche Zwecke setzt. Sie lautet kurz: die Physikgeschichte (in dem Sinne von Geschehen, das seinerseits aus menschlichen Handlungen besteht). Es ist ein historisches Faktum, daß eine Meßkunst als Kulturleistung entwickelt wurde, zuerst außerwissenschaftlich, dann in den und durch die messenden Wissenschaften selbst, in denen der Zweck faktisch verfolgt wird, Meßresultate als Aussagen über das Vermessene, nicht aber das Meßgerät zu gewinnen. Auch für diesen Zweck wie für alle von Menschen verfolgten Zwecke gilt: soweit menschenmöglich! Sollte – etwa im Bereich der Mikrophysik – dieser Zweck nicht ohne weiteres oder überhaupt nicht erreichbar sein, wird man sorgfältig den erkenntnistheoretischen Status von Aussagen über Grenzen der Realisierbarkeit dieses Zwecks zu erwägen haben, aber ein Einwand gegen die primäre (und primär erfolgreiche) Zwecksetzung geräteinvarianter Meßresultate ergibt sich daraus nicht.

Das zweite Beispiel: Wer behauptete, er hätte mit einem Quecksilberthermometer (unter gewissen zusätzlichen Umständen) festgestellt, daß Wasser bei 0 Grad Celsius gefriere und bei 100 Grad Celsius koche, hat nichts über das Wasser, wohl aber etwas über sein Thermometer herausgefunden, nämlich daß es entsprechend der Definition der Celsius-Temperaturskala funktioniert. Man muß also Meßgeräteeigenschaften explizit kennen, um beurteilen zu können, ob Meßresultate tatsächlich Daten über den vermessenen Gegenstand sind oder nicht. Da aber Meßgeräte Artefakte sind, deren spezifische Funktionen künstlich herbeigeführt und aufrecht erhalten werden, geht es hier um die Aufgabe, Verfahren anzugeben, die operational für Meßgeräteeigenschaften im Sinne der Geräteinvarianz der Meßresultate führen.

Durch welche Verfahren läßt sich nun die genannte spezifische Funktionsgleichheit von Meßgeräten desselben Parameters erreichen? Die allgemein anerkannte empiristische Antwort, nämlich durch Bezug auf normierte Maßeinheiten wie das Pariser Urmeter oder die Standardsekunde nach der jeweils neuesten Definition, enthält einen Verstoß gegen das Prinzip der methodischen Ordnung und ist deshalb unzulässig. Das faktische Vorgehen der Physik wird überdies durch die empirischen Theorien der Metrisierung und damit der operationalen Definition von Maßgrößen falsch beschrieben. Faktisch geht und ging die Physik nämlich immer so vor, als ob sie Normen befolgte, die eine Skaleninvarianz von Meßresultaten ergeben.

Die konstruktive Lösung dieses Problems besteht in dem Vorschlag, den Beginn der methodischen Rekonstruktion bei Verfahren der prototypenfreien Reproduzierbarkeit von Meßgeräteeigenschaften zu wählen. Hier soll also keine arbiträre Auszeichnung eines Meßstandards im Sinne einer Maßeinheit erfolgen (wie die Elle des herrschenden Königs, das Pariser Urmeter, die Erdrotation usw.). Vielmehr soll ein Verfahren allein, formuliert durch Herstellungsvorschriften, die erstrebte Funktionsgleichheit von Meßgeräten sicherstellen. Nun ist gerade das Dinglersche Dreiplattenverfahren ein solches Verfahren, das die prototypenfreie Reproduzierbarkeit einer Geräteeigenschaft (wenn auch noch nicht im engeren Sinne eines Meßgeräts) leistet. Eine zweimalige, voneinander unabhängige Durchführung dieses Verfahrens zur Herstellung ebener Oberflächen an Körpern ergibt »gleiche« Resultate im Sinne der Definition. Zwei ebene Platten aus verschiedenen Herstellungsverfahren passen aufeinander, und zwar aufgrund des Herstellungsverfahrens allein und ohne Kontrolle an einem Prototypen der Ebene.

Während der empiristisch gesonnene Philosoph darin wohl eine, eventuell kühne, empirische Hypothese vermuten wird, weiß es der Laie intuitiv besser. Wenn er für seinen Elektroherd einen Kochtopf kauft, erwartet er Passung des ebenen Topfbodens auf der Herdplatte, und zwar allein, weil beide Körper eben sind, nicht aber, weil beide Nachbildungen eines speziellen singulären Prototyps der Ebene wären – ganz im Unterschied etwa zu elektrischen Steckern, die häufig jenseits der Landesgrenzen wegen verschiedener Standards nicht mehr in die vorgefundenen Steckdosen passen.

Selbstverständlich kann es faktisch geschehen, daß zwei »ebene«, aus verschiedenen Herstellungsprozessen stammende Platten nicht aufeinander passen, etwa, wenn sie sich beim Transport verbogen haben. In diesem Falle ist aber die Behauptung (und eventuell eine empirische Überprüfung), daß sich wenigstens eine der beiden Platten verbogen hat, terminologisch allgemeiner, daß eines der Realisate der Herstellungsnorm »gestört« ist, eine sinnvolle Behauptung nur auf der Grundlage des Wissens, daß das Herstellungsverfahren jedenfalls die Erwartung rechtfertigt. Das Wissen, daß ebene Platten aufeinander passen, ist mit anderen

Worten ein Wissen über das Verfahren, nicht über reale Körper. Es ist ein sich logisch aus Herstellungsnormen ergebendes, indem darauf bezogenen empirischen Wissen methodisch vorausgehendes, »apriorisches« Wissen.

Die Herstellung ebener Oberflächenstücke an Körpern erfolgt in analytisch zweckbestimmten Handlungen, die durch ein Normensystem vorgeschrieben werden und »Realisierungsverfahren« heißen mögen. Hier sind nun die Verhältnisse weitestgehend analog der Herstellung von Schneebällen. Selbstverständlich bedarf es der Möglichkeit, Körper zu bewegen und in ihrer räumlichen Form durch Bearbeitung zu verändern, und mit einem undifferenzierten Sprachgebrauch von »empirisch« darf also auch behauptet werden, daß die operative Definition der Ebene durch Normen »empirische Voraussetzungen« oder »empirische Bedingungen« hat. Eine Pointe der pragmatischen Orientierung der konstruktiven Ebenendefinition liegt aber darin, daß solche »Voraussetzungen« nicht sprachlich formuliert und solche »Bedingungen« nicht theoretisch gesichert zu werden brauchen, damit die elementaren Handlungen des Abschleifens von Körpern aneinander »möglich« werden. Der tatsächliche Vollzug erweist diese Möglichkeit in letzter Instanz. Auch die Frage nach der Identifizierung der einschlägigen Handlungen liefert kein Einfallstor für empiristische Einwände. Die sprachliche Beschreibung oder Vorschrift der einschlägigen Handlungen geschieht mit Hilfe von Handlungsprädikatoren, die im Kontext des Vormachens und Nachahmens dieser Verfahren eingeübt werden. Für die Formulierungen von Zweifeln an der Möglichkeit der hier in Rede stehenden Handlungen stünde also noch nicht einmal eine Sprache zur Verfügung.

Die prototypenfreie Reproduzierbarkeit ebener Oberflächenstücke an Körpern ist hier stellvertretend für weitere Grundformen erläutert worden, die ihrerseits die Definition der Länge, der Dauer und der Masse erlauben. Dies wird im nächsten Abschnitt behandelt werden. Hier bleibt noch zu belegen, daß die prototypenfreie Reproduzierbarkeit gerade den Zweck erfüllt, Meßresultate geräteinvariant zu machen.

Vorweggeschickt sei, daß das Wissen über eine operativ definierte Grundform, ohne Bezug auf Prototypen technisch reproduzierbar zu sein, welches dann kürzer terminologisch »Eindeutigkeit« genannt wird, in logisch beweisbaren Sätzen formuliert wird. Die Eindeutigkeit ist eine logische Folge der die jeweilige Grundform operativ definierenden Normen.

Die beweispflichtige Eindeutigkeit von Grundformen (in der Geometrie der Ebene und der Rechtwinkligkeit[4]) setzt sich über eine Definitionskette fort bis in die Definition der Längengleichheit und des Längenverhältnisses hinein. Die Aussagen, daß z. B. ein bestimmter, individueller Tisch ein bestimmtes rationalzahliges Verhältnis von Länge und Breite aufweist, wird als meßgeräteinvariant dadurch ausgewiesen, daß ein eindeutiges Konstruktionsverfahren für dasselbe Streckenverhältnis derart angegeben wird, daß dessen Teile gerade kongruent mit der Länge bzw. der Breite des Tisches sind. Kurz, Längenverhältnisse an Meßgeräten, die gleich sind denjenigen vermessener Gegenstände, werden durch prototypenfrei wiederholbare Konstruktionsverfahren erzeugt. Diese konstruktive Lösung des Problems, Meßresultate »objektiv« im erläuterten Sinne zu machen, ist unseres Wissens in der wissenschaftstheoretischen Literatur konkurrenzlos.

3.3 Protophysik

Protophysik ist, einem terminologischen Vorschlag P. Lorenzens folgend, die der messenden Physik methodisch vorausgehende, normative Theorie der Meßgeräte für die physikalischen Grundgrößen Länge, Dauer und Masse.[5] Die Aufzählung und die Reihenfolge der »Grundgrößen« Länge, Dauer und Masse und die entsprechenden protophysikalischen Teiltheorien der Geometrie, der Chronometrie und der (in einer analogen Wortbildung) Hylometrie als Theorien der Messung von Raum, Zeit und Materie sind kein Tribut an traditionelle wissenschaftliche oder gar metaphysische Einteilungen. Sie sind vielmehr durch das Prinzip der methodischen Ordnung bedingt. Methodisch primär ist jede Geräteherstellung zuerst immer eine manuelle Veränderung der räumlichen Formen natürlich vorgefundener Körper. Schon der elementarste Anspruch auf Reproduzierbarkeit räumlicher Formen erzwingt deshalb einen Anfang bei einer Geometrie, die im Konstruktivismus (im Anschluß an Dingler) nun verstanden wird als Ausformulierung des Normensystems, das die Herstellung von Meßge-

4 Sowie der Parallelität (vgl. P. Janich, stw 979).

5 Dieser Vorschlag erfolgte unabhängig davon, daß schon 1927 Friedrich R. Lipsius den Ansatz Dinglers als »Protophysik« bezeichnete.

räten der Länge (und anderer räumlicher Größen) leitet. Wenn räumliche Formen von Körpern reproduzierbar und damit auch die Bahnen bewegter Körper technisch beherrschbar sind, kann in einem zweiten Schritt der zeitliche Ablauf von Körperbewegungen Gegenstand der Protophysik werden. Obgleich hierbei das Ziel vor Augen steht, die Anwendung der analytischen Geometrie in der Physik durch Kennzeichnung raumzeitlicher, punktförmiger Ereignisse durch drei räumliche und eine zeitliche Koordinate systematisch einzuholen, schließt sich methodisch an die Geometrie zunächst eine uhrenfreie Bewegungslehre an, für die sich, wäre sie nicht von allzu vielen Unzulänglichkeiten belastet, der Kantische Terminius »Phoronomie« anböte. Aufgrund dieser Mängel in Kants »metaphysischen Anfangsgründen« wird die Bezeichnung »uhrenfreie Kinematik« vorgezogen.
In der uhrenfreien Kinematik werden mit geometrischen Mitteln allein operativ Vergleiche gleichzeitiger Bewegungen definitorisch und technisch beherrschbar. Dieses begriffliche Instrumentarium erlaubt dann die Definition der gleichförmigen Bewegung als einer chronometrischen Grundform, für die wieder, wie im Falle der Ebene, Eindeutigkeit gefordert und bewiesen werden kann.
An die Chronometrie schließt sich methodisch die Hylometrie als normativ operationale Theorie der Massenmessung an.
Zu allen drei Teiltheorien der Protophysik gibt es in aktuellen Buchpublikationen, Zeitschriften, Aufsätzen und Sammelbänden eine Fülle von Literatur, so daß auf ihre detaillierte Darstellung hier verzichtet werden kann. Eine ausgearbeitete Form der protophysikalisch begründeten Geometrie wird in den Büchern von R. Inhetveen (1983) und P. Lorenzen (1984) gegeben, die Chronometrie ist vom Verfasser (^{3}1985) vorgelegt. Die neuesten Ergebnisse und der derzeitige Stand der Protophysikdiskussion, die auf dem Gebiet der Massenmessung unter den Vertretern des Konstruktivismus derzeit kontrovers ist, ist in einem Sonderband der Zeitschrift »Philosophia naturalis« (1985) dokumentiert. Hier seien nur einige Charakteristika zusammengefaßt, die die wichtigsten Unterscheidungsmerkmale des Konstruktivismus gegenüber analytischen und empiristischen Konkurrenzansätzen bilden.
Ungeachtet kleinerer Auffassungsverschiedenheiten unter »Konstruktivisten« (etwa bezüglich der sogenannten »Homogenitätsprinzipien« zur operativen Definition von Grundformen) gibt die konstruktive Begründung der Geometrie dieser einen neuen er-

kenntnistheoretischen Status: Die Einteilung in eine »mathematische« (d. h. formalaxiomatisch oder allein analytisch betriebene) und eine »physikalische« (d. h. durch physikalisch inhaltliche Interpretation formaler Geometrien als empirische Hypothesen gedeutete) Geometrie wird abgelehnt. Das Definitionsdefizit der »mathematischen Geometrie« ist nämlich total, die Gewinnung empirischer Hypothesen über den Raum dagegen ist der physikalischen Geometrie methodisch zirkulär und deshalb apparativ nicht einlösbar. Die Widerspruchsfreiheit, die die Gleichwertigkeit von euklidischer und nichteuklidischer Geometrien nahelegt, ist als alleiniges Kriterium zu schwach.
Konstruktive Geometriebegründung fällt aus dem restriktiven Dualismus analytisch/empirisch heraus. Statt dessen werden Handlungsvorschriften und Normen der technischen Erzeugung räumlicher, prototypenfrei reproduzierbarer Grundformen (Ebene, Orthogonalität) aufgestellt, aus denen dann durch operative Definition die Kongruenz von Strecken und die Starrheit von Meßkörpern gewonnen werden. Geometrischen Axiomen gehen also – wie schon bei Euklid, nur mittlerweile von den bekannten Mängeln der ὅροι befreit – operative Definitionen voraus. Die Axiome selbst lassen sich danach als normative Sätze verstehen, mit denen Form und Größe technisch in die Wirklichkeit eingeführt werden – in erster Linie zum Zweck der Längenmessung in der Physik. Euklidizität wird hierbei explizit als eigener Zweck vorgegeben, zum einen zur Rekonstruktion der größeninvarianten Rede über räumliche Formen (z. B. der fünf platonischen Körper), zum anderen zur Begründung der einheiteninvarianten Längenmessung.
Damit ist keineswegs verboten, innerhalb der empirischen Physik einen nichteuklidischen Formalismus zur Bildung empirisch-hypothetischer Theorien heranzuziehen. Deren messende Kontrolle allerdings setzt methodisch eine euklidische Meßgeräte-Geometrie voraus, die nicht lediglich »angenäherte« Realgeltung hat, sondern eine empirisch unrevidierbare Bedingung ist, überhaupt sinnvoll über die Realgeltung irgendeiner Geometrie im empirischen Sinne zu sprechen.
Die konstruktive Begründung der Zeitmessung setzt bei einer Kritik konventionalistischer und empiristischer Deutungen der Geschichte des Uhrenbaus an, genauer, systematisch von dem Punkt aus, wo Uhren nicht mehr als künstliche Simulatoren der

Erdrotation verstanden werden. Sie formuliert eine im technischen Verfahren zirkelfreie und eindeutig realisierbare Norm für die gleichförmige Bewegung (nämlich eines Uhrenzeigers) und erlaubt (methodisch, aber auch historisch erstmalig), Gangschwankungen von Uhren als Störungen mit empirisch exhaurierbaren Ursachen zu interpretieren. Die Protophysik der Zeit ist mit der speziellen Relativitätstheorie verträglich, nicht jedoch mit deren philosophisch-empiristischer Interpretation als Revision eines klassischen Zeitbegriffs. Diese ist nach konstruktiver Auffassung selbst sowohl hinsichtlich der Gleichzeitigkeit an verschiedenen Orten als auch hinsichtlich ungestörten Uhrentransportes unzureichend.

Die Protophysik der Masse ist derzeit kontrovers. Eine zirkelfreie Massendefinition bedient sich des Gravitationsgesetzes als definierendem Prinzip (B. Thüring, dem sich darin schon Dingler angeschlossen hatte), eine andere, von P. Lorenzen vorgelegte Definition wählt den dann relativistisch revidierbaren Impulssatz für den idealen unelastischen Stoß als definiens des Massenverhältnisses; H. Tetens versucht Massenverhältnisse allgemeiner maschinentheoretisch zu bestimmen, und der Verfasser führt – analog zur Geometrie und Chronometrie – Massenverhältnisse (wie in geeichten Gewichtssätzen) auf Volumenverhältnisse von Teilen eines Maßkörpers zurück, dessen homogene Dichte operativ und eindeutig definiert wird.

Fragen der vollständigen Begründung einer axiomatischen Mechanik mit einer Weiterführung in eine empirische Gravitationstheorie, eine empirische Elektrodynamik und weitere Teile der empirischen Physik sind derzeit Forschungsthemen im Konstruktivismus.

3.4 Beobachtung

Die methodisch-pragmatische Grundfrage zur Beobachtung in den Naturwissenschaften lautet: Kann Beobachtung als zweckgerichtete Handlung verstanden und, terminologisch konsequent, in gelingende, d. h. ihren Zweck erreichende, und mißlingende, d. h. ihren Zweck verfehlende Handlungen eingeteilt werden? Diese Frage stellt sich vor dem Hintergrund empiristischer Dominanz, die die Beobachtung als den Prototyp der reinen Naturwirkung auf das passiv rezipierende Erkenntnissubjekt versteht. In der o. a.

Terminologie lautet diese Alternative also: Sind Beobachtungen reine Widerfahrnisse, oder sind sie Handlungen?

Hier müssen selbst innerhalb der Naturwissenschaften Typen von Beobachtungen unterschieden werden nach dem Kriterium, wieviel begriffliche und technische-apparative Voraussetzungen in Anspruch genommen werden. Der Ethologe in freier Natur hat nur ein terminologisch normiertes Begriffssystem für Verhaltensweisen zur Verfügung; die Beobachtung einer Zeigerstellung an einem Meßgerät setzt mindestens Protophysik voraus; die Beobachtung eines experimentellen Verlaufs mindestens ein hypothetisches Verlaufswissen zur Konstruktion der Experimentiervorrichtung; und die Beobachtung von Sternen mit einem Teleskop schließlich eine empirische Optik als Mittel, die Funktionsnormen des Beobachtungsgeräts technisch zu erfüllen usw. Eine genauere Analyse dieser (in den in Anspruch genommenen Mitteln immer reicher werdenden) Beobachtungstypen erweist, daß auch hier durchgängig von Gelingen und Mißlingen und mithin von Handlungen und ihren Zwecken gesprochen werden kann – ja, gesprochen werden muß, wenn das tatsächliche Vorgehen der beobachtenden Naturwissenschaften adäquat erfaßt werden soll, die ja nicht jedes Beobachtungsresultat ungesehen als letzte, unkritisierbare Erfahrungsinstanz gelten lassen.

Beobachtungssätze haben deshalb ein methodisch-pragmatisches Geltungskriterium. Sie sind gültig, wenn die entsprechende Beobachtung gelungen ist. Gelungen und damit empirisch informativ ist sie nur relativ zu (tentativ vorgegebenen) Beobachtungszwekken. Die jedem tatsächlich forschenden Naturwissenschaftler vertraute Tatsache, daß Beobachtungen immer »im Lichte einer Theorie« gemacht werden, eine Tatsache, die die Analytische Wissenschaftstheorie erst mühsam und spät im Begriff der Theoriebeladenheit der Beobachtungssprache einholen konnte, ist methodisch und damit handlungstheoretisch pragmatisch betrachtet, selbstverständlich: Wissenschaftliche Beobachtungen sind nur produktiv, wenn sie in normierter Terminologie sprachlich erfaßt werden, womit alle methodisch zirkelfreien, häufig operativen Sprachnormierungen die Voraussetzung wissenschaftlicher Beobachtungskunst bilden. Die durch Forschungsprobleme und -fragen jeweils vorgegebene Einbindung wissenschaftlicher Beobachtungen in einen Zweckezusammenhang schließt deshalb keineswegs den empirischen Wissensgewinn durch Beobachtung aus, relativiert ihn aber auf die Ziele einer systematischen Suche. Sogenannte Zufallsentdeckungen durch ungeplante, ungewollte Beobachtungen widerlegen diese Auffassung nicht, sondern bestätigen sie. Denn Überraschung ist ihrerseits nur bezüglich einer (abweichenden) Erwartung möglich, und empirisch produktiv sind Zufallsentdeckungen oder Überraschungen nur, wenn sie, und sei es nachträglich, in einen mindestens begrifflich vorstrukturierten Rahmen und damit in ein zweckorientiertes Forschen einbezogen werden.

3.5 Experiment, Kausalität und Naturgesetz

Der »Konstruktivismus« hat die einzige Theorie des Experiments, die diesen Namen verdient, und die von Dingler entwickelt wurde, wieder aufgenommen, mit handlungstheoretischen Unterscheidungen weitergeführt und dabei eine Verknüpfung mit der handlungstheoretischen Diskussion hergestellt, mit der H. v. Wright die durch den Wiener Kreis und die Analytische Philosophie festgefahrene Diskussion pragmatisch überwinden konnte. Experimente werden danach als handelnde Erzeugung von Verläufen verstanden, in denen es auf die Reproduzierbarkeit der Verläufe gerade durch Reproduktion der Startbedingungen ankommt. Experimente sind also technisch an Geräten reproduzierbar erzeugte Verläufe, und das Gelingen der Reproduktion des Verlaufs ist das Wahrheitskriterium des empirischen Gehaltes eines Experiments. Es ist deshalb berechtigt, gelingende Experimente als technisches Verfügen über funktionstüchtige Maschinen zu interpretieren. Die Allgemeinheit der das Experiment beschreibenden Aussage beruht auf der Wiederholbarkeit des experimentellen Ablaufs. Diese Allgemeinheit bietet – besser als die logisch quantifizierte Rekonstruktion sogenannter Naturgesetze im Logischen Empirismus und Kritischen Rationalismus – als Charakter eines (wiederholt realisierbaren) Handlungsschemas ein Verständnis der Gesetzesartigkeit von physikalischen Gesetzen. Dieses Verständnis von Allgemeinheit darf zugleich den Vorzug für sich reklamieren, ohne metaphysische Thesen über die Präexistenz (nämlich vor der Naturforschung) von Naturgesetzlichkeit auszukommen. Das Widerfahrnishafte, oder vertrauter, das Empirische an experimentell bewährten Gesetzen ist der technische Erfolg der Reproduktion von Verläufen.

Ersichtlich wird dabei kein Kausalsatz, wonach gleiche Ursachen gleiche Wirkungen hätten, »vorausgesetzt«. Die technische Reproduktion von Verläufen läßt sich allenfalls über eine terminologische Brücke als Befolgung eines Kausalprinzips interpretieren: Wenn »Ursachen« die in analytisch zweckbestimmten Handlungen herbeigeführten Sachverhalte sind und »Wirkungen« Verläufe oder über Verläufe erreichte Sachverhalte (wo jeder Sachverhalt durch eine Aussage dargestellt wird), so ist die experimentelle Suche nach technischem Verfügungswissen, genauer die dabei auszuführende Handlung selbst der Prototyp eines Ursache-Wirkungs-Verhältnisses. Handelnd ein Experiment zu wiederholen heißt nichts anderes als handelnd Wirkungen zu verursachen. Die Variation der Startbedingungen als Mittel der Variation der Verläufe ist die »Gleichheit« von »gleichen Ursachen gleicher Wirkungen«.

3.6 Methodischer Pragmatismus: Empirische Theorien als know-how

Auf alltagssprachlichem Niveau lassen sich zwei Wissensformen unterscheiden, nämlich das Wissen, »wie etwas ist«, und das Wissen, »wie etwas geht«. Ersteres heiße Beschreibungswissen, letzteres Bewirkungswissen, oder kürzer, know-how.

Die philosophische und die wissenschaftliche Tradition seit der griechischen Antike hat das Problem der Naturerkenntnis als Suche nach einem Beschreibungswissen aufgefaßt – noch einmal auf Alltagssprache verkürzt, man solle in den Naturwissenschaften herausfinden und sagen, wie die Natur in Wirklichkeit sei. Der Zusatz »in Wirklichkeit« deckt einen weiten Bereich von Objektivitätsbegriffen ab und markiert das Ziel, die Phänomene, wie sie sich nun einmal an sich selbst zeigten, in einer die Subjektivität des erkenntnisgewinnenden Menschen transzendierenden Weise zu beschreiben.

Hält man daran als unproblematischen Bestandteil fest, daß es der Naturwissenschaft jedenfalls um sprachlich formulierbares Wissen zu gehen habe, so scheint know-how zum Teilgebiet des Beschreibungswissens zu werden: Man müsse eben wissen, wie die Welt sei, um in ihr technisch erfolgreich handeln zu können. Danach ist Technik, als Abfallprodukt wertfreier Erkenntnis, lediglich angewandte Naturwissenschaft.

Eine erste substantielle Kritik daran hat I. Kant formuliert, nachdem schon vorher F. Bacon die Möglichkeit einer alternativ verstandenen Naturwissenschaft aufgezeigt hatte. Mit einiger Nähe zur faktisch betriebenen Naturwissenschaft hat erstmals zaghaft Poincaré und weit deutlicher Duhem den bloßen Beschreibungs- und Behauptungscharakter naturwissenschaftlicher Theorien angezweifelt. Im amerikanischen Pragmatismus schließlich wurde naturwissenschaftliches Wissen nur noch rein instrumentell gesehen. Danach ließe sich jegliches Beschreibungswissen unter ein know-how subsumieren, nämlich unter die Fähigkeit, Natur für den Techniker technisch erfolgreich nutzbar zu beschreiben.

Methodisch im Sinne des Konstruktivismus betrachtet läßt sich jedoch die Unterscheidung von Beschreibungswissen und know-how streng aufrechterhalten, und zwar durch zwei Kriterien: (1) Nur know-how läßt sich sowohl in präskriptiver wie in deskriptiver Form (ohne Informationsverlust) sprachlich fassen. Man denke an eine Gebrauchsanweisung. Beschreibungswissen dagegen läßt sich nicht in präskriptive Sätze bringen. (2) Die logische Ableitung von Aussagen eines Beschreibungswissens aus anderen erzeugt die Begründungsprobleme, zu deren Behebung schon viele Philosophien erfolglos angetreten sind. Jede Aussage läßt sich weiter auf eine Begründung hinterfragen. Die Begründung von präskriptiven Sätzen eines know-hows jedoch läßt sich – gedacht ist hier an die Naturwissenschaften, nicht jedoch etwa an Ethik – definitiv und abschließend leisten, und zwar durch Rückgang auf elementarste Handlungsanweisungen. Dort stellt dann schlichtes Befolgen als sprachfreies Ausführen solcher elementarer Anweisungen die Grundsachverhalte her. Wenn im Falle von know-how von Wahrheit gesprochen werden soll, so ließe sich sagen, diese Wahrheit wird nicht festgestellt, sondern hergestellt (um eine gegen Dingler gerichtete Formulierung H. Alberts aufzunehmen, allerdings mit der Pointe, daß darin kein Nachteil, sondern gerade der frappierende Vorzug des know-hows vor dem Beschreibungswissen liegt).

Naturwissenschaftliche Theorien lassen sich so als know-how verstehen, kurz als Technik(ermöglichungs)wissen. Dies ist selbstverständlich keine Aussage über die sicher anders zu sehenden Motive und Selbstverständnisse von Naturforschern, sondern eine methodisch-pragmatische Antwort auf die Frage nach den Geltungskriterien in der Physik. Als solche betrifft sie nicht nur die Laborwissenschaft von den technischen Artefakten, sondern selbst Naturwissenschaft im engeren Sinne, also über »natürliche« Objekte und Verläufe wie z. B. in der Astronomie. Alle wissenschaftlich relevanten Phänomene zeigen sich nicht nur allein unter der Bedingung normierter, gelingender Beobachtungstechnik an Geräten; bloße »Daten« oder »Fakten« sind noch keine Wissenschaft. Vielmehr leisten erst die gegenseitige Einpassung laborwissenschaftlichen know-hows einerseits (oft Modellbildung genannt) und gezielte, technikgestützte Datensuche andererseits einen Übergang zu naturwissenschaftlichen Theorien im engeren Sinne. Gültige, verläßliche Naturerkenntnis ist demnach durch Vermittlung aller hier diskutierter Methoden der Messung, der Beobachtung, des Experiments und der als know-how verstandenen Theorien ein in methodischer Ordnung handelnd und zweckrational erzeugtes Verfügungswissen. In toto reduziert sich der Widerfahrnischarakter der Naturwissenschaften auf die historische Erfahrung, daß die Technik, über die wir verfügen, möglich ist, was immer zugleich auch ein Wissen über die Grenzen des technisch Möglichen einschließt.

Literaturhinweise

(1) Ein vollständiges Verzeichnis der Schriften Hugo Dinglers findet sich in Wolters, G.; Schroeder, P.: *Der wissenschaftliche Nachlaß von Hugo Dingler (1881-1954). Verzeichnis, mit einer Bibliographie der Schriften Dinglers,* Konstanz: im Selbstverlag 1979.
Die wichtigsten Publikationen Dinglers sind aufgezählt in Lorenz, K.; Mittelstraß, J. (Hrsg.): *Hugo Dingler. Die Ergreifung des Wirklichen* (Suhrkamp-Reihe »Theorie«). Frankfurt a. M.: Suhrkamp 1969, Kap. 1-4.
Alle im vorstehenden Artikel wörtlich von Dingler übernommenen, terminologischen Wendungen stammen aus diesem Buch.

(2) Ein vollständiges Verzeichnis einschlägiger Publikationen des »Konstruktivismus« findet sich in Hövelmann, G.: Bibliographie, in: *»Protophysik heute«,* Sonderheft 1 (1985) der *Philosophia Naturalis*, zusammengestellt und redigiert von P. Janich.

(3) Literaturangaben zum Operationalismus P. W. Bridgmans vgl. Wolters, G.: *»Bridgman, Percy Williams«* und »Operationalismus«, in: Mittelstraß, J. (Hrsg.): *Enzyklopädie Philosophie und Wissenschaftstheorie,* Bde. 1 u. 2, Mannheim – Wien – Zürich: Bibliogr. Institut 1980 u. 1984.

(4) Zu den Literaturangaben S. 250:

Janich, P.: *Die Protophysik der Zeit. Konstruktive Begründung und Geschichte der Zeitmessung.* Frankfurt a. M.: Suhrkamp 1980.

Inhetveen, R.: *Konstruktive Geometrie. Eine formentheoretische Begründung der euklidischen Geometrie.* Mannheim – Wien – Zürich: Bibliogr. Institut 1983.

Lorenzen, P.: *Elementargeometrie. Das Fundament der analytischen Geometrie.* Mannheim – Wien – Zürich: Bibliogr. Institut 1984.

2. Konstitution, Konstruktion, Reflexion

Zum Begriff der »methodischen Rekonstruktion« in der Wissenschaftstheorie

Für Friedrich Kambartel zum 60. Geburtstag

Einleitung

Auf Friedrich Kambartel geht die Denkfigur und die Formulierung zurück, wissenschaftstheoretische Annäherungen an die Wissenschaften danach einzuteilen, ob sie einen »Anfang von oben« oder einen »Anfang von unten« nähmen.[1] Dabei bezieht sich die räumliche Metapher »von oben« bzw. »von unten« auf den Entwicklungsstand einer Wissenschaft und die davon mitgetragenen Annahmen der Gültigkeit ihrer Aussagen. Ein wissenschaftstheoretischer *Anfang von oben* setzt bei den jeweils jüngsten *Resultaten* in Form wissenschaftlicher Theorien an und unterstellt dabei deren (evtl. historisch relative) Geltung. Ein *Anfang von unten* versucht dagegen, aus vor- und außerwissenschaftlichen, »lebensweltlichen« Verhältnissen einen *Aufbau* bis zum heutigen Kenntnisstand der Wissenschaften methodisch zu rekonstruieren.

Es ist eine historisch immer wieder zu belegende Erfahrung, daß selbst Philosophen, die gegenüber Fachwissenschaftlern gern die Reflexionsprofession in Anspruch nehmen, genauso wie Wissenschaftler ihre Selbstverständlichkeiten entwickeln und praktizieren, die zunächst einmal als Problem gar nicht gesehen werden. Da aber die Philosophen nicht, wie die Fachwissenschaften, über etablierte metatheoretische Kritiker verfügen, müssen sie schon selbst gelegentlich, wie Martin Heidegger empfiehlt, das Selbstverständlichste zum Fragwürdigsten machen. Dies soll hier am Fall der »methodischen Rekonstruktion« geschehen.

Was den Vertretern des Wiener Kreises die »logische Analyse« und eine daran anschließende *»logische Rekonstruktion«* war, die im stillschweigenden Konsens der Beteiligten eine Reformulie-

1 Vgl. P. Janich, F. Kambartel, J. Mittelstraß: *Wissenschaftstheorie als Wissenschaftskritik*, Frankfurt 1974, S. 90f.

rung von (vor allem physikalischen) Theorien mit den Mitteln der klassischen Aussagen- und Prädikatenlogik bildete, ist dem Methodischen Konstruktivisten die *»methodische Rekonstruktion«*. Einer mündlichen Mitteilung von C. G. Hempel verdanke ich die Einschätzung, daß die gesamte logisch-empiristische und kritisch-rationalistische Tradition diese »logische Analyse« praktiziert, aber nicht als Begriff des eigenen Vorgehens reflektiert hat. Auch im Vorgehen des methodischen Rekonstruierens finden sich solche *Reflexionslücken*, die zum Gegenstand einer Überlegung werden sollen; jedenfalls, so weit sie selbst außerhalb des blinden Flecks des Autors liegen.

Wenn hier in der Gegenüberstellung von Logischem Empirismus und Methodischem Konstruktivismus auf Klassiker des Wiener Kreises und auf Popper zurückgegriffen wird, obgleich die wissenschaftstheoretische Tradition, die von ihnen begonnen wurde, über strukturalistische, Kuhnsche, Feyerabendsche und andere Entwicklungen längst weitergegangen ist und neuerdings Themen entdeckt, die in der Methodischen Philosophie schon zum Anfangsbestand gehörten, so ist dies dadurch legitimiert, daß *auch die neuesten Entwicklungen* immer noch den »Ansatz von oben« verfolgen. (Solche für den Methodischen Konstruktivisten alte, dem vor allem englischsprachigen Analytiker aber neue Themen sind: das Experiment, das technische Fundament der Naturwissenschaften, das Handeln, zumal das gemeinschaftliche Handeln, der instrumentelle Charakter von Theorien, die semantische Verankerung von Grundbegriffen in der Laborpraxis, die Zielgerichtetheit von Forschungsbemühungen und anderes mehr.) Es läßt sich ein Grund dafür angeben, warum sich dieser Typ philosophischen Herangehens an die Wissenschaften vor allem im Bereich der Naturwissenschaften hält und vermutlich weiter halten wird: Die *Naturwissenschaften selbst* präsentieren sich nämlich nicht anders als in einem Anfang von oben und werfen die im Forschungs- und Kommunikationsprozeß auftauchenden metatheoretischen Fragen immer anhand neuester Ergebnisse, Techniken und Theorien auf, wobei sie – selbstverständlich – mit Ausnahme des gerade diskutierten Problems den ganzen Rest ihrer Disziplin als anerkennungswürdigen Fundus nehmen. Mit anderen Worten, die von Fachwissenschaftlern selbst aufgegriffenen metatheoretischen Fragen stellen sich überhaupt nur vor dem Hintergrund der Anerkennung des gesamten Rests.

Ein *erkenntnistheoretisches* Anliegen, das sich etwa einem der Aufklärung verpflichteten Programm der Vernunftkritik zurechnen ließe, kommt dabei kaum in Betracht – was auch den üblichen Befremdungscharakter methodisch-konstruktiver Bemühungen für Naturwissenschaftler wie für Philosophen aus der Tradition der Analytischen Wissenschaftstheorie zur Folge hat.

Als Beispiel einer Fachwissenschaft, bei der der Anfang von oben in besonders ausgeprägter Form zu finden ist, sei die *Chemie* genannt: Sowohl theoretisch wie praktisch erlernt der Chemiker seine Wissenschaft dadurch, daß er – möglichst in den ersten Wochen seines Studiums – in einer den Dozenten eher lästigen Einweihungszeremonie auf das Atom-Molekül-Konzept der Stoffe und auf das Periodensystem der Elemente eingeschworen wird, das es dann, als unerschütterliche Grundlage, nach und nach kennenzulernen gilt. Gleichzeitig begegnet dem Chemiker am Anfang seiner Laborübungen nicht nur ein etablierter Geräte- und Methodenpark, sondern ein industriell vorgefertiger Bestand von Reagenzien, deren technische Verfügbarkeit das heutige chemische Wissen selbstverständlich bereits voll in Anspruch nimmt. Mit anderen Worten, auch der wohlmeinendste, kritischste Chemiestudent hat gleichsam als Material und Ausgangspunkt eventueller metatheoretischer Fragen nur die Gegenstände zur Verfügung, die ihm die jeweils neueste Theorie und die jeweils neueste Labortechnik zur Verfügung stellen. Das erkenntniskritisch Fragwürdigste wird ihm dadurch das immer schon Vertrauteste.

Die Wissenschaftsphilosophie der empiristischen, formalistischen und analytischen Tradition, die ihren Ausgang von gewissen Grundlagenkrisen einzelner Wissenschaften genommen hat, übernimmt von den Naturwissenschaften ein Vorbild der Reflexion und führt diese dann mit etwas anderen Mitteln, traditionell mit den Mitteln der Logik, der Sprachphilosophie, der Systemtheorie, der Wissenschaftsgeschichte, Wissenschaftssoziologie und anderen fort.

Die von Kambartel so genannte Alternative des »Anfangs von unten«, die sich in Überlegungen von E. Husserl[2] und von

2 Vgl. E. Husserl, *Die Krisis der europäischen Wissenschaften und die transzendentale Phänomenologie*, hrsg. von W. Biemel, 2. Aufl. 1962, vor allem § 33, § 44 f.

H. Dingler[3] schon als Erkenntnisphilosophien zur Entstehung der Wissenschaften aus der »Lebenswelt« bzw. dem »Vorallgemeinstandpunkt« des täglichen, bürgerlichen Lebens finden, und die in Ansätzen der »Erlanger Schule« praktiziert wird[4], muß mit einer ganz anderen philosophischen Grundhaltung oder mit einem ganz anderen philosophischen Anliegen beginnen. Dieses aufzugreifen, dabei nach einem Transsubjektivitätsprinzip an den Begriff der Methodischen Rekonstruktion dieselben Anforderungen zu stellen wie an methodisch rekonstruierte Wissenschaft, nämlich als Mittel für angebbare Zwecke ausweisbar zu sein, soll im folgenden geleistet werden.

Rekonstruktionen und deren »Richtungen«

Die Gegenüberstellung eines Anfangs von oben und eines Anfangs von unten für wissenschaftstheoretische Rekonstruktionen legt, wenn auch von Kambartel so nicht gemeint, die *irreführende Lesart* nahe, als handelte es sich gleichsam nur um zwei *entgegengesetzte Richtungen*, die *an ein und derselben Sache* durchlaufen würden. Unterstützt wird diese gefährliche Suggestion noch durch die Wortbedeutungen von »analytisch« und »konstruktiv« im Sinne von auflösend und aufbauend. Während das analytische Vorgehen, als Metapher wörtlich genommen, vorfindliche Komplexe in Bestandteile auflöse, baue ein konstruktives Vorgehen aus vorfindlichen Bausteinen Komplexe auf – und in beiden Fällen handle es sich bei diesen Komplexen um vorfindliche Wissenschaft.

Unschwer ist zu erkennen, daß solche Metaphorik auch in verschiedenen Fachwissenschaften gebräuchlich ist und auch dort ebenfalls Probleme aufwirft. Man denke etwa an das *Analysieren und Synthetisieren in der Chemie,* das mit der Vorstellung belastet wird, eine Zergliederung vorfindlicher Stoffe bis »hinunter« zu den chemischen Elementen führe analytisch auf »Bausteine«, aus denen sich im Umkehrverfahren synthetisierend wieder alle Stoffe

3 H. Dingler, *Die Ergreifung des Wirklichen,* München 1938.

4 Etwa in P. Janich, *Die Protophysik der Zeit. Konstruktive Begründung und Geschichte der Zeitmessung,* Frankfurt 1980. Ders., *Grenzen der Naturwissenschaft. Erkennen als Handeln,* München 1992.

der Natur und darüber hinaus Kunststoffe aufbauen ließen. Es handelt sich dabei also um ein hypothetisches Baukastenmodell nach Analogie eines Metallbaukastens, bei dem tatsächlich aus einer vorgegebenen Menge von Komponenten stets neue Objekte wie Autos oder Kräne zusammengeschraubt und anschließend wieder in ihre Komponenten zerlegt werden können. Dabei spielt es keine Rolle, ob der Baukasten als geordnetes Sortiment von Komponenten oder etwa in der Form eines fertig gebauten, komplexen Objekts erworben wird (was bei Übertragung auf die Chemie bedeuten würde: in der Natur vorgefunden wird). Denn wenn es auch umkehrbare Teilschritte chemischer Analyse und Synthese gibt, so ist es doch nicht möglich, etwa ein komplexes Eiweißmolekül oder gar eine lebende Zelle dadurch zu erzeugen, daß die geeigneten Mengen der in ihm bzw. ihr enthaltenen Elemente in reiner Form genommen und irgendeinem Syntheseverfahren unterworfen würden. Teile als Produkte des Teilens sind nicht automatische Komponenten.[5]

Auch die Rede von analytisch und synthetisch in Anwendung auf die Geometrie bedeutet keine entgegengesetzten Richtungen für dieselbe Sache. Eine »synthetische«, nämlich axiomatische Geometrie »synthetisiert« Theoreme durch Ableitung aus Axiomen, die in methodisch anspruchsvoller Form auf einer Bestimmung ihrer Grundbegriffe aufruhen, betreffen damit aber nicht etwa die Umkehrung des Vorgehens der Analytischen Geometrie, geometrische Probleme in arithmetische Aussagen zu übersetzen und damit Konstruktionen mit Zirkel und Lineal in Berechnungen überzuführen.

Die Reihe der fachwissenschaftlichen, zum Teil zu erheblichen

5 Am Beispiel der Chemie ist dieses Problem behandelt in: P. Janich, *Tacit premises of the simple/complex distinction in chemistry*, in Druck. Derselbe Gedanke liegt den konstruktionsmorphologischen Arbeiten von Biologen des Senckenberg-Instituts Frankfurt zugrunde. Vgl. etwa K. Edlinger (Hg.), *Form und Funktion. Ihre stammesgeschichtlichen Grundlagen*, Wien 1989. W. F. Gutmann, *Die Evolution hydraulicher Konstruktionen. Organismische Wandlung statt altdarwinistischer Anpassung*, Frankfurt a. M. 1988. Ders. (Hg.), *Die Konstruktion von Organismen. Kohärenz, Energie und simultane Kausalität*, Frankfurt 1992. M. Weingarten, *Organismuslehre und Evolutionstheorie*, Hamburg 1992. Ders., *Organismen – Objekte oder Subjekte der Evolution?* Darmstadt 1993.

Problemen führenden Beispiele vermeintlich gegenläufiger Richtungen des Vorgehens in ein und derselben Sache ließe sich fortsetzen am Verhältnis von Atom und Elementarteilchen in der Physik, Zellen und Organen bzw. Organen und Organismen in der Biologie bis zu allen Beispielen, in denen »Teile« als Produkte der menschlichen Handlung des Teilens mit »Komponenten« als zielgerichtet hergestellten oder ausgewählten Bausteinen für die menschliche Handlungen des Komponierens oder Zusammensetzens verwechselt werden. Auch sogenannte Reduktionismusdebatten fallen häufig unter diese Leitvorstellung. Damit sei nur die Zahl der Quellen möglicher Mißverständnisse angedeutet.

Nicht zu unterschätzen ist schließlich die Wirkung, die die Vernunftkritik Kants mit ihrer Gegenüberstellung von *analytischen und synthetischen Urteilen* immer noch hat, obgleich sie nicht durch moderne sprachanalytische Überlegungen (etwa im Sinne Quines) aufgehoben wurde: Ob nun in explizit normierten Sprachen gewisse Aussagen durch Bezug auf vorgegebene Normierungen »analytisch« gelten oder in eben solchen Normierungen Wortbedeutungen »synthetisch« festlegen, oder ob in nicht explizit normierten, sogenannten »natürlichen« Sprachen analytische Urteile durch Sprachüblichkeiten einer Sprechergemeinschaft gerechtfertigt sind und »synthetische« Sätze der Mitteilung kontingenter Sachverhalte dienen, in keinem Falle stehen sich analytische und synthetische Urteile im Sinne entgegengesetzter Richtungen des Vorgehens an denselben Gegenständen gegenüber.

Man darf also *gewarnt* sein, das *analytische Vorgehen* mit einem *Anfang von oben* als ein *entgegengesetztes*, komplementäres oder duales Vorgehen *zu einem konstruktiven* zu erwarten, das in einem Anfang von unten *einen methodischen Aufbau* der Wissenschaften sucht. Vielmehr läßt sich zeigen, daß beide Ansätze ihrem Anliegen nach toto caelo verschieden sind, auch wenn sich beide als Wissenschaftstheorien präsentieren, die Probleme der Semantik und der Geltung fachwissenschaftlicher Theorien bearbeiten.

Der auffälligste Unterschied zwischen der logischen Rekonstruktion im Sinne des Logischen Empirismus und der methodischen Rekonstruktion im Sinne des Methodischen Konstruktivismus liegt darin, daß im ersten Fall trivialerweise klar ist, was *das zu Rekonstruierende* sei, während dies im zweiten Fall gerade zum zentralen Problem wird: Die logische Rekonstruktion setzt bei den sprachlich formulierten Resultaten der Wissenschaften, also bei ihren *Theorien in Lehrbuchdarstellung* oder in Darstellung klassisch gewordener Publikationen von Fachwissenschaftlern an. Diese können und sollen so bleiben, wie sie sind. Eine Erarbeitung eines logischen Rekonstrukts erzeugt dazu einen gleichsam *neuen Gegenstand*, der sich für die Perspektiven der Philosophen, vor allem für semantische und Geltungsfragen eignet. Dieser neue Gegenstand bleibt den Fachwissenschaften äußerlich, d. h. in den meisten Fällen fremd und ohne erkennbares Risiko von diesen leicht zu ignorieren. (Die Wissenschaftstheorie als eine bis dahin unbekannte Art des Irrsinns zu bezeichnen, läßt bei P. Feyerabend eine ähnliche, wissenschaftstheorie-interne Kritik erkennen.) Wo dagegen »Wissenschaftstheorie als Wissenschaftskritik«[6] getrieben werden soll, ist es gerade nicht die historisch vorfindliche Form von fachwissenschaftlichen Publikationen oder Lehrbuchdarstellungen, die das Zielprodukt der Methodischen Rekonstruktion werden soll. Genau darin liegt nämlich die offene und *durch methodische Rekonstruktion erst zu beantwortende Frage, ob historisch Vorfindliches auch das methodisch Begründete* und damit Rekonstruierbare ist, oder ob sich darin kritikbedürftige Teile finden. Was aber wird dann methodisch rekonstruiert, wenn nicht die historisch vorfindlichen Formulierungen von Resultaten durch Fachwissenschaftler?

Was rekonstruiert die »methodische Rekonstruktion«?

Werfen wir zunächst einen Blick auf die Rede von *Rekonstruieren* außerhalb der Philosophie: Wenn ein durch Bombenabwurf zerstörter Dom rekonstruiert wird, wenn anhand eines Knochenschädels das Gesicht eines Hominiden oder anhand eines Skeletts die Gestalt eines Tieres, aus den Trümmern eines Flugzeugs die Absturzursache oder aus Indizien der Hergang eines Verbrechens rekonstruiert wird, alle, die wörtlichen wie die metaphorischen Gebräuche von »Rekonstruieren«, bedienen sich des direkten Wortsinns, etwas nachzubauen oder nachzuzeichnen, was einmal

6 So der Titel des Buches, in das F. Kambartel die Unterscheidung der Anfänge von oben und unten eingebracht hat. Vgl. Anmerkung 1.

vorhanden war, aber nicht mehr verfügbar oder erkennbar ist. Dabei ist klar, daß für derlei Rekonstruktionsbemühungen ein direkter, *eindeutiger Vergleich zwischen dem zu Rekonstruierenden und dem Rekonstrukt* praktisch nie vollständig möglich ist. Die Güte des Rekonstrukts kann nur mehr oder weniger gut an den erhaltenen Zeugnissen oder Darstellungen des zu Rekonstruierenden beurteilt werden und reicht, wo solche fehlen, bis in den Bereich der bloßen Wahrscheinlichkeit oder gar Möglichkeit, daß auf der Grundlage bisherigen Wissens das Rekonstrukt dem zu rekonstruierenden, verlorenen Gegenstand oder Ereignis hinreichend gleich ist.

Für die *»logischen Rekonstruktionen«* des Analytikers wird die Frage nach hinreichender Gleichheit von Rekonstrukt und zu Rekonstruierendem nicht mehr aufgeworfen. Das Verfahren der logischen Analyse selbst, d. h. der Übersetzung fachwissenschaftlicher Theorien in die Notation der Logiker, gilt als hinreichendes *Kriterium für das Gelingen oder Mißlingen* des logischen Rekonstruierens. Dabei kann es, durch Unterbestimmtheit wissenschaftlicher Theorien, auch zu Problemen kommen, die jedem Logiker bekannt sind, wenn er versucht, alltagssprachliche Sätze in die Notation von Prädikaten- und Aussagenlogik zu überführen. Besonders bei elliptischen Sätzen wie z. B. Sprichwörtern finden sich häufig mehrdeutige Fälle, bei denen der Logiker hermeneutische *Hypothesen über das »eigentlich Gemeinte«* aufstellen muß. Beispiel: Will das Sprichwort »Des einen Freud, des andern Leid«, sagen, daß *alles*, was einem (bestimmten? irgendeinem?) Menschen zur Freude ist, auch einen anderen Menschen findet, dem es Leiden bereitet, oder, daß es Anlässe gibt, die für verschiedene Betroffene die behauptete Wirkung haben? Hier stehen wenigstens zwei Quantoren zur Disposition, und es kann nur situationsabhängig beurteilt werden, in welcher Absicht dieses Sprichwort jeweils verwendet wird. Analog muß in Zweifelsfällen wissenschaftlicher Thesen situationsabhängig entschieden werden, was der sie vertretende Wissenschaftler de facto meint.

Diese Bemerkungen mögen genügen, um auch für die logischen Rekonstruktionen der Analytiker (einschließlich ihrer strukturalistischen Spielarten) aufzuweisen, daß es ein *Beurteilungsproblem für das Gelingen oder Mißlingen der Handlung des logischen Rekonstruierens* gibt, für das die analytische Wissenschaftstheorie, unseres Wissens, noch keine Lösungsvorschläge gemacht hat.

Doch auch bei »methodischen Rekonstruktionen« gibt es keinen vor der Durchführung der Rekonstruktion liegenden Kenntnisstand über das zu Rekonstruierende, an dem dann *Erfolg oder Mißerfolg der methodischen Rekonstruktion* geprüft werden könnte. Auch hier muß das Verfahren bzw. das Resultat der methodischen Rekonstruktion selbst seinen Erfolg ausweisen. Wo sich aber der Analytiker durch den mutigen Entschluß weiterer Probleme enthebt, die Sprachform wissenschaftlicher Resultate (oder in der Nach-Kuhnschen Wissenschaftstheorie auch die Paradigmen-Form) als das Gegebene und zu Recht Geltung Beanspruchende zu nehmen, gerät der Konstruktivist in Schwierigkeiten. Einerseits soll es ja nicht zur Fiktion einer alternativen Wissenschaft kommen, sondern um eine philosophisch-kritische Auseinandersetzung mit den *historisch vorfindlichen Wissenschaften*, also den Wissenschaften der Fachwissenschaftler. Andererseits soll nicht unterstellt werden, daß das historisch naturwüchsig Entstandene auch es ipso das Begründete und Gerechtfertigte sei.

Da die hier versuchte Reflexion auf den Begriff der Methodischen Rekonstruktion ebenfalls nachträglich, in diesem Falle nachträglich zu Ansätzen des methodischen Konstruktivismus stattfindet, seien im folgenden einige Beispiele diskutiert, die – nicht nur zu Ehren des Schulgründers – ausschließlich von P. Lorenzen stammen, weil sie bezüglich des zu Rekonstruierenden bemerkenswerte Unterschiede aufweisen:

Wo P. Lorenzen in seinem Buch »Elementargeometrie«[7] die *Euklidische Geometrie* als Fundament der analytischen methodisch rekonstruiert, werden die zu rekonstruierenden Sätze neben den Elementen Euklids auch modernen Geometrien entnommen. Dabei hatte Lorenzen schon in seinen ersten Arbeiten zur Geometrie darauf verwiesen, daß es bei D. Hilbert Kongruenzaxiome gibt, die in einem konstruktiven, formentheoretischen Aufbau entbehrlich sind, weil »Kongruenz« explizit definierbar wird mit Hilfe der Grundformen eben, gerade, orthogonal.

Im Ergebnis sind methodisch rekonstruierte und von Mathematikern faktisch anerkannte *geometrische Sätze nicht verschieden*, d. h., die methodische Rekonstruktion führt nicht zu Zurückwei-

7 P. Lorenzen, Elementargeometrie. Das Fundament der Analytischen Geometrie, Mannheim, Wien, Zürich 1984.

sung oder Widerlegung geometrischer Sätze, noch würde sie zusätzliche neue produzieren. Ihre Leistung liegt ganz im Bereich des Nachweises, aufgrund welcher (formentheoretischen) Begründungsanfänge eine geometrische Theorie gewonnen werden kann, die teilweise, vor allem hinsichtlich der Einstufung einzelner Termini als Grundbegriffe bzw. als abgeleitet definierte Begriffe, von gängigen Formulierungen der Mathematiker abweichen, insgesamt aber dieselbe Geometrie ist. (Dies führt bekanntlich dazu, daß Mathematiker, denen ein erkenntnistheoretisches Fragen fremd ist, solche Rekonstruktionsbemühungen als überflüssig ansehen.)

Anders als in der Geometrie verhält es sich bei Lorenzens Rekonstruktion der Analysis in seinem Buch »Differential und Integral«.[8] Dort wird zwar auch ein Fundus anerkannter mathematischer Lehrsätze methodisch durch einen Rückgang auf die Handlungen des Erzeugens von Zeichensystemen und der Abstraktion methodisch rekonstruiert, aber es kommt auch zur *(impliziten) Ablehnung mathematischer Theoreme* – nämlich derjenigen, die sich der Annahme eines aktual Unendlichen in bestimmten Formen eines Auswahl-Axioms für nichtabzählbare Mengen verdanken.[9] (Dies führt bei erkenntnistheoretisch desinteressierten Mathematikern bekanntlich zu der Einschätzung, die konstruktive Begründung der Mathematik sei abzulehnen, weil sie weniger Sätze ergäbe als eine formalaxiomatische. Über eine Rechtfertigung des Ziels, möglichst viele, logisch konsistente Sätze ohne sonstigen Ausweis ihrer Geltung zu produzieren, wird dabei nicht nachgedacht.)

Ein drittes, wissenschaftstheoretisch einschlägiges Beispiel einer methodischen Rekonstruktion hat Lorenzen für die *relativistische Mechanik* vorgelegt[10], die er – bei festgehaltener »klassischer« Protophysik von Raum und Zeit, also einer methodisch begründeten Galileischen Kinematik – als empirische Revision des klassischen Impulssatzes interpretiert. Im Resultat wird hier ebenfalls ein *vorfindlicher Satzbestand* methodisch rekonstruiert, nämlich

8 P. Lorenzen, *Differential und Integral. Eine konstruktive Einführung in die Klassische Analysis,* Frankfurt 1965.

9 Vgl. P. Lorenzen, *Differential und Integral,* a.a.O., S. 74 f.

10 P. Lorenzen, *Eine Revision der Einsteinschen Revision. Philosophia naturalis 16* (1977), S. 383-391.

der der relativistischen Dynamik, ihm aber eine *völlig andere Deutung* bezüglich seines Verhältnisses zu klassischen Untertheorien gegeben.

Weniger die Fachwissenschaften als vielmehr die Grundlagen jeden vernünftigen Argumentierens betrifft das vierte Beispiel für eine methodische Rekonstruktion, die Lorenzen entwickelt hat, nämlich die der *Logik*.[11] Hier wird fraglich, ob überhaupt von einer »Rekonstruktion« die Rede sein soll, weil es dabei explizit *nicht* um ein Rekonstruieren *tatsächlichen Argumentierens oder Schließens* etwa im Alltag, in einer beweisenden Wissenschaft wie der Mathematik, oder in einer anderen argumentierenden Wissenschaft wie der Jurisprudenz geht, sondern um eine eigenständige Normierung. Wo etwa »das natürliche Schließen« oder tatsächliche logische Argumentationsgänge in Fachwissenschaften diesen Normierungen nicht genügen, müssen sie geändert werden. »Rekonstruiert« wird allenfalls, was in den Lehrbüchern der klassischen, wahrheitsdefiniten Aussagen- und Prädikatenlogik an Axiomen und Lehrsätzen entwickelt wird – in der Weise, daß innerhalb der konstruktiven Logik angegeben wird, z. B. welche zusätzlichen Liberalisierungen oder Verschärfungen von Dialogregeln gewählt werden müssen, um die klassischen Theorien zu erhalten.

Vergleicht man die vier, einen hohen Grad der Ausarbeitung erreichenden methodischen Rekonstruktionen, die Lorenzen zur Geometrie, Analysis, Physik und Logik vorgelegt hat, werden – pointiert formuliert – vier verschiedene Rekonstruktionsprojekte sichtbar:

Während es bei der Logik, salopp gesagt, nicht wirklich auf die tatsächlichen, zu rekonstruierenden Redepraxen ankommt, sondern diese gleichsam nur noch den historischen Anlaß für eine methodisch begründete Logik bilden, weil sie erkennbar von dogmatischen, kritikbedürftigen Prämissen wie Wertdefinitheit oder aktual Unendlichem ausgehen, ist im anderen Extrem der Geometrie der methodisch rekonstruierte und der historisch vorfindliche Satzbestand derselbe. Analysis und Physik stehen gewissermaßen dazwischen. Dort wird nur ein Teil der von Fachwissenschaften faktisch anerkannten Sätze rekonstruiert bzw. die Geltungsbedin-

11 P. Lorenzen, *Lehrbuch der Konstruktiven Wissenschaftstheorie*, Mannheim, Wien, Zürich 1987.

gungen, die Bedeutung grundlegender Termini und damit, »der Inhalt« physikalischer Sätze umgedeutet.

Nur in der Logik ist die »methodische Rekonstruktion« eine radikale Neukonstruktion in dem Sinne, als schon die ersten Schritte des Definierens und Normierens von Junktoren, Quantoren und eines Entscheidungsverfahrens für materiale und formale logische Wahrheit neue Wege gehen.

Bei Geometrie und Analysis dagegen werden Theoriestücke aus der Wissenschaftstradition – einschließlich ihrer historisch konkreten Formulierungen – als Ausgangspunkt genommen. Der Prüfstein, den die methodische Rekonstruktion hier anlegt, ist lediglich die Frage, ob diese konkreten Formulierungen methodisch einzuholen sind. Philosophische Kritik richtet sich nur gegen den Verzicht von Fachwissenschaften, sich selbst um die Begründungen ihrer Thesen zu bemühen. Im physikalischen Beispiel dagegen geht es nicht um konkrete Formulierungen relativistischer Dynamik, sondern um die Frage, wie – im Blick auf eine zur klassischen Physik führende Protophysik – die spezielle Relativitätstheorie gerettet werden kann.

Der Vergleich der vier Rekonstruktionsbeispiele mag genügen, um das Problem »Was rekonstruiert eine methodische Rekonstruktion?« deutlicher hervortreten zu lassen. Da es immer um die Rekonstruktion tatsächlicher Wissenschaften und nicht um eine philosophische Science-fiction gehen soll, und da andererseits der Philosoph als Rekonstruktionsresultat selbstverständlich eine Theorie, einen sprachlichen Gegenstand also, vorlegen wird, stellt sich das *Problem, wieviel* von den historisch vorfindlichen Formulierungen, mit welchen Unterstellungen ihrer Geltung oder auch ihrer semantischen und Distinktionsleistungen, den Anfang bzw. das *Ziel der methodischen Rekonstruktion* bilden können.

Seine volle Schärfe gewinnt das Problem dadurch, daß damit auch an methodische Rekonstruktionen die Frage gerichtet werden kann, *wie affirmativ*, und damit, wie letztlich *zirkulär* sie sind – denn selbstverständlich sind zwar die offensichtlichen Definitions- und Argumentationszirkel vermieden, die sich ergäben, wenn faktisch anerkannte Definitionen oder Behauptungen als Begründungsinstanzen (Anfänge, Argumente, o. ä.) in der methodischen Rekonstruktion verwendet würden. Aber ein *verdeckter Zirkel* läßt sich doch prima facie nicht ausschließen: Das Rekonstruktionsziel – wie mit Beispielen bis hin zur konkreten Formulierung fachwissenschaftlicher Lehrsätze belegt – wird der methodischen Rekonstruktion doch vorgegeben, und damit z. B. auch *das gesamte Unterscheidungssystem*, das in jeder Theorie steckt. Sind damit nicht auch Lösungsvorschläge für Probleme, und sogar diese Probleme selbst als das zu Rekonstruierende, weil faktisch historisch anerkannt, vorgegeben? Tritt an die Stelle der *unbegründeten Dezision eines Formalisten oder Analytikers* für ein bestimmtes Axiomensystem nun lediglich die *gleichermaßen unbegründete Dezision des Konstruktivisten*, die historisch kontingenten Theorien als das zu Rekonstruierende aufzugreifen und nachträglich mit einem Fundament zu versehen? Sind also, kurz gesagt, methodische Rekonstruktionen (beinahe) genauso affirmativ, zirkulär und unbegründet wie Theorien im formalistischen und empiristischen Verständnis?

Zur methodischen Rekonstruktion der »Methodischen Rekonstruktion«

Das *Grundanliegen* der methodischen Philosophie ist ein *kulturalistisches*: Die historisch vorfindlichen Wissenschaften, unter ihnen vor allem die technisch erfolgreichen Naturwissenschaften, sollen als Kulturleistungen, d. h. als Handlungsprodukte unter sich wandelnden, historischen Bedingungen im Rahmen einer *Mittel-Zweck-Rationalität* begriffen werden, um sie *in ethischer Perspektive einem Rechtfertigungsdiskurs* überantworten zu können. Der kulturalistische Ansatz ist also auf das Überschreiten der Grenzen einer bloß theoretischen Philosophie aus und versucht, mit den Mitteln der praktischen Philosophie das *Wahrheitsproblem* in den Wissenschaften mit dem *Rechtfertigungsproblem* von Handlungsfolgen zu verknüpfen. Wissenschaftlerselbstverständnisse, die sich z. B. naturalistisch über Neugierverhalten, hedonistisch über Freude oder Lustgewinn an Forschung und Entdekkung, faktizistisch mit Verweis auf das eben einmal historisch Vorfindliche oder in anderer Weise affirmativ gegenüber dem Kultur- und Wissenschaftsbetrieb definieren, sollen kulturalistisch durch eine Rechtfertigungspflicht auch für die Handlungen des Wissenschaft-Treibens ersetzt werden.

Zugleich aber soll das *historisch Gewachsene*, Vorfindliche, vielfältigen Bewährungsproben erfolgreich Unterworfene *in den be-*

wahrenswerten Teilen bewahrt werden. Wissenschaftstheorie als Wissenschaftskritik, Philosophie als Vernunft- und Moralkritik soll dem Problem gerecht werden, am historisch Vorfindlichen das Wahre vom Falschen und das Ungerechte vom Gerechten zu unterscheiden. Dazu, auf diese einfache Formel läßt sich das methodische Rekonstruktionsproblem bringen, muß das Vorfindliche aber bereits bekannt und in seinen Ansprüchen begriffen sein.

Neben den methodologischen Charakteristika der methodischen Rekonstruktion wie der Forderung nach Zirkelfreiheit, Lückenlosigkeit und Auszeichnung legitimer Rekonstruktionsanfänge ist deshalb von methodischen Rekonstruktionen zu *fordern,* daß sie *nicht mit Verlusten an Leistungsfähigkeit der rekonstruierten Wissenschaften verknüpft* sind. Hier kommen technisches Knowhow, prognostische und explikative Kraft sowie weltbildstiftende Funktion der Fachwissenschaften in Frage. Damit könnte in erster Näherung das zu Rekonstruierende der historisch vorfindlichen Wissenschaften ihre technische, prognostische, explikative und orientierende Leistung sein.

Allerdings braucht man nur ein konkretes Beispiel einer anerkannten naturwissenschaftlichen Theorie zu wählen, um zu sehen, daß die *Leistungen* einer Fachwissenschaft selbst erst genannt – und da diese Nennungen nicht Teil des fachwissenschaftlichen Lehrgebäudes sind –, *erst rekonstruiert* werden müssen. Braucht man also eine Rekonstruktion vor der Rekonstruktion?

Das Problem läßt sich in zweiter Näherung dadurch lösen, daß die für die tatsächlichen oder erhofften Leistungen von Wissenschaften maßgeblichen *Ansprüche und Absichten der Wissenschaftler* mit in die Betrachtung einbezogen werden. Ob im Forschungsprozeß, in wissenschaftlichen Kontroversen oder in der Vertretung der Fachwissenschaften nach außen, kein Fachwissenschaftler beschränkt sich de facto und kann sich de facto beschränken auf *die sprachlichen Mittel und die Behauptungen seiner Lehrbuchtheorien.* Er wird immer auch *über* diese, und dazu hin auch über seine Forschungspraxis, seine Institutionen, die Geschichte seines Faches, die Psychologie der Fachvertreter und vieles andere mehr sprechen. Mit anderen Worten, die *philosophische Beurteilung* von Leistungen vorfindlicher Wissenschaften lassen sich ins Verhältnis setzen zu den Ansprüchen ihrer Urheber.

Wenn *das methodisch zu Rekonstruierende* nicht die Theorien,

sondern *die Leistungen vorfindlicher Wissenschaften*, relativiert auf die Leistungsansprüche ihrer Urheber, sind, kann der Metapher eines Anfangs von unten ein methodischer Vorschlag an die Seite gegeben werden. Dieser soll darin bestehen, in den Schritten Konstitution, Konstruktion und Reflexion *drei Stufen der »Methodischen Rekonstruktion«* zu unterscheiden, die erlauben, zwischen der Scylla der Wissenschaftsaffirmation und der Charybdis der Wissenschaftsnegation eine philosophisch-kritische Beurteilung vorfindlicher Wissenschaften in theoretischer und praktischer Hinsicht zu leisten.
Da die konstruktive Lösung der Rekonstruktionsanfänge durch Rückgang auf vor- und außerwissenschaftliche Praxen, auf die »Lebenswelt« oder einen »Vorallgemeinstandpunkt« oft besprochen, das Problem der Gegenstandskonstitution der Wissenschaften und der gegen realistische Positionen gerichtete Instrumentalismus des Methodischen Konstruktivismus andernorts diskutiert sind[12], soll hier von der Stufenfolge Konstitution, Konstruktion und Reflexion (die an anderer Stelle ausführlicher behandelt ist)[13] nur so viel vorgetragen werden, wie für die Klärung des Rekonstruktions- und damit Begründungsbegriffs benötigt wird.

Konstitution

Wissenschaften werden nicht in genialen Erfindungsakten erzeugt, sondern entwickeln sich aus Praxen heraus, die ihrerseits noch nicht Kriterien erfüllen, die später den Wissenschaften zugeschrieben werden. Die Gesamtmenge handwerklicher Tätigkeiten zur Lebensbewältigung bietet hierfür die besten Beispiele. Ob es die Züchtungspraxis von Tieren und Pflanzen für den Evolutionsbiologen, die Metallscheidekunst für den Chemiker, die Heil-

12 Im Durchgang durch eine Reihe von Fachwissenschaften in: P. Janich, *Grenzen der Naturwissenschaft. Erkennen als Handeln*, München 1992.

13 Z. B. in: P. Janich, »Zur Konstitution der Informatik als Wissenschaft«, in: P. Schefe u. a. (Hg.), *Information und Philosophie*, Mannheim, Leipzig, Wien, Zürich 1993, S. 53-68. Ders., »Die methodische Konstruktion der Wirklichkeit durch die Wissenschaften«, in: Lenk, H., Poser, H. (Hg.), *Neue Realitäten: Herausforderungen der Philosophie*. Kongreßband: Vorträge und Kolloquien, Berlin 1995, S. 460-476.

kunst für den Pharmazeuten und Mediziner, die Meßkunst für den Physiker oder die Rechenkunst für den Mathematiker ist (und alle in nicht eindeutiger Zuordnung), es lassen sich auch unter den modernsten der Wissenschaften keine nennen, denen nicht auch eine vor- und außerwissenschaftliche Praxis entspräche. In ihnen ist (fast alles) vorgezeichnet, was dann in den Wissenschaften bestimmten Verfahren der Höherentwicklung, der Effizienzsteigerung, der Explikation usw. unterworfen wird. Insofern läßt sich sagen, daß die Gegenstände der Wissenschaften durch vor- und außerwissenschaftliche Praxen konstituiert werden.

Es sind nicht Wissenschaftler, die Stoffumwandlungen, Energietransformatoren, Rechenmaschinen, Bautechniken, Schiffe und Flugapparate, Wetterprognosen und Sonnenuntergangserklärungen, Kosmologien und Kosmogonien, überhaupt alles, was Gegenstand der Wissenschaft werden kann, erfunden haben. Es ist vielmehr *der Zusammenhang gemeinschaftlicher Lebensbewältigung*, in dem Menschen, in die Natur eingreifend wie beim Ackerbau (lateinisch cultura), das Vorfindliche nach ihren Bedürfnissen verändern gelernt und damit die Gegenstände der Wissenschaften konstituiert haben. Insofern haben primär alle Gegenstände der Wissenschaften einen »Sitz im Leben«, d.h., sind *bezogen auf Bedürfnisse gelingender Lebensbewältigung in sprachlich organisierter Kooperation.*

Eine methodische Rekonstruktion kann deshalb ihren *Anfang* nehmen bei den elementaren Handlungen der Lebensbewältigung, sofern diese die Zusatzbedingung erfüllen, sich durch Lehren und Lernen zu Tradierung und Höherentwicklung zu eignen. Zugleich steckt darin ein Rekurs auf faktische Anerkennung von Bedürfnissen und Lebensformen sowie auf eine erfolgreiche Bewährungstradition vorwissenschaftlicher Praxen. Wieder sind dafür die besten Beispiele *Handwerke*. In ihnen werden Handlungsvermögen poietischer und praktischer Art, und unter den praktischen wieder vor allem sprachliche *tradiert und höherentwickelt.* Schon dort finden sich *lehr- und lernbare »Methoden« und »Fachsprachen«*, für die gesagt werden muß, wodurch sie sich von den wissenschaftlichen Methoden und Fachsprachen unterscheiden.

Der wohl wichtigste, wenn nicht gar einzige Unterschied ist der, daß die *schiere Bewährung in der Praxis* ausreicht, die Höherentwicklung von Methoden und Fachsprachen auszuzeichnen. Es bedarf keiner metasprachlichen Explikation oder Rechtfertigung, was ein Handwerker tut und sagt. Seine poietischen und praktischen Künste sind regional, d.h. auf Aufgabenbereiche beschränkt, in denen sie ihre Leistungen unter Beweis zu stellen haben.

Die Begrenzung der Ansprüche an lebensweltliche Praxen, in denen die Gegenstände der (methodisch späteren) Wissenschaften konstituiert werden, treten deutlicher hervor im Kontrast zu den verschärften Ansprüchen der Wissenschaften:

Konstruktion

Das poietische und praktische Know-how der Handwerke erfährt in den Wissenschaften insofern eine *»Hochstilisierung«*, als *verschärfte Ansprüche* nicht nur erhoben, sondern *als einlösbar ausgewiesen werden (können) müssen:* Wo der Feinmechaniker, der Seemann, der Maurer und der Schneider verschiedene Meßkünste einschließlich zugehöriger Geräte- und Fachsprachen entwickelt haben, ohne von deren Abweichungen von denen anderer Handwerke beunruhigt zu sein oder theoretische Debatten zu führen – praktische Bewährung genügt allemal –, entwickeln die Wissenschaften (bei Beibehaltung verschiedener anwendungsbezogener Meßverfahren) *einheitliche* Raum-, Zeit-, Temperatur- und andere Begriffe, für die begriffliche Kohärenz und logische Konsistenz in einem terminologischen System sowie poietisch die technische Reproduzierbarkeit des sprachlich Bezeichneten verlangt werden. Mit anderen Worten, die auf der vorwissenschaftlichen Konstitution wissenschaftlicher Gegenstände aufruhende *Konstruktion* macht *Handwerkerverfahren zu wissenschaftlichen Methoden* und *Handwerkersprachen zu wissenschaftlichen Terminologien* dadurch, daß deren geforderte Leistungen wie personenunabhängige Wiederholbarkeit, technische Reproduzierbarkeit von Zuständen und Verläufen, hierarchische Definitionsstruktur der Fachsprache, operationale Sicherung grundlegender Termini, Kohärenz und Konsistenz der Terminologie und anderes mehr explizit genannt und nachgewiesen werden muß.

Wissenschaft treiben ist Handeln nach Zwecken, nicht anders, als Handwerk treiben. Beim Treiben von Wissenschaft tritt aber zu den *inhaltlichen oder konkreten Zwecken der Handwerkerhand-*

lungen der *spezifisch wissenschaftliche Zweck* hinzu, die Transsubjektivität der Mittel zu sichern. Es soll in der Wissenschaft z. B. nicht auf das charismatische Subjekt einer Handlung, auf die Autorität eines Thesenautors, auf dogmatischen Erlaß von Sprachregelungen oder auf ideologischen Lösungsstrategien ankommen.

»Konstruktion« ist damit eine Sammelbezeichnung für alle *technischen und begrifflichen Anstrengungen*, die poietischen und sprachlichen Leistungen vorwissenschaftlicher Praxen transsubjektiv zu machen. Konstruktion ist damit auch der Ort, an dem die *Ansprüche der Fachwissenschaftler* auf Wissenschaftlichkeit ihrer Produkte und Resultate – im Unterschied zum bloßen Meinen, dogmatischen Setzen usw. – ihren Sitz haben. (Deshalb bleibt es terminologisch gerechtfertigt, von methodischer Rekonstruktion und nicht etwa von »Rekonstitution« oder »Re-Reflexion« zu sprechen. Es sind *Konstruktionen als Verwissenschaftlichungs-Zutaten zu vor- und außerwissenschaftlichen Praxen*, in denen die Ansprüche der Wissenschaftler liegen, und die der Philosoph als einlösbar zu »rekonstruieren« hat.

Reflexion

Schon die Wissenschaften, nicht erst die Philosophie, und in glücklichen Fällen schon die vorwissenschaftliche Lebenspraxis schließt die *Reflexion* ein, unter der hier das *Reden über das Reden hinsichtlich Bedeutung und Geltung* verstanden sein soll. Auch einem Nichtwissenschaftler darf erhebliche Reflexionsleistung zugetraut werden – aber hier soll es ausschließlich um die methodische Rekonstruktion der Wissenschaften gehen.

Es wurde schon darauf verwiesen, daß Fachwissenschaftler nicht damit auskommen können, nur über die lebensweltlich konstituierten und methodologisch konstruierten Gegenstände ihrer Fachwissenschaft zu sprechen. Sie müssen vielmehr auch über ihre Handlungen des Wissenschafttreibens, die poietischen wie die begrifflich-theoretischen sprechen, etwa, wenn Hypothesen von Postulaten, oder Experimente von Demonstrationen oder bloßen Beobachtungen unterschieden werden, wenn es um das Verhältnis von Theorie und Empirie geht, und schließlich, wenn zusammenfassende Behauptungen über Gegenstand und Methode des eigenen Faches diskutiert wird.

Die methodische Rekonstruktion kann sich deshalb nicht damit begnügen, nach einem Anfang von unten, also der Konstitution der Gegenstände von Wissenschaften in der Lebenspraxis, und nach der Einlösung der Konstruktionsaufgabe der Verwissenschaftlichung zu fragen, sondern muß die Reflexionsstufe mit umfassen. Dort sind nicht nur die Reflexionstermini der Wissenschaften (wie »Raum« und »Zeit« der Physik, »Stoff« der Chemie, »Organismus« der Biologie und viele andere) zu finden, sondern auch die orientierenden und weltbildstiftenden Leistungen der Wissenschaften. Dort sind die Pseudophilosophien abzuwehren, die sich aus den Fachwissenschaften heraus entwickeln, wie realistische Erkenntnistheorien, naturalistische Wissenschaftstheorien, Menschenbilder, Ethikverständnisse und anderes mehr.

Durch Einbeziehung der Reflexionsstufe in die methodische Rekonstruktion ist einem Einwand zuvorzukommen, der sich gegen den radikalen Instrumentalismus der methodischen Philosophie richtet, naturwissenschaftliches Wissen ausschließlich als technisches Know-how zu interpretieren. Tatsächlich gibt es so etwas wie ein orientierendes Bildungswissen, in dem z. B. expliziert und begründet wird, worüber es in den Wissenschaften geht. Traditionell trifft dieses auf ein Bildungsbedürfnis, dem – wegen seiner lebensorientierenden Rolle – durchaus konstruktiv entsprochen werden kann und soll, wie ein Beispiel zeigt:

Es würde in der Tat zu kurz greifen, wenn etwa Fragen wie »Was ist die Zeit?« allein mit dem Hinweis einer technisch erfolgreichen, in der Protophysik methodisch rekonstruierten Zeitmeßtechnik beantwortet, und der gesamte Rest einer diffusen Psychologie oder Metaphysik überlassen wird. Sieht man von philosophischen Fragen zur Zeit ab, die methodisch *vor* den Naturwissenschaften liegen und etwa Zeitmodi und Zeitordnung durch Bezug auf Handlungen, Widerfahrnisse und deren sprachlicher Organisation betreffen, so können traditionelle Fragen wie diejenigen, ob Zeit eine Richtung, einen Anfang oder eine Geschwindigkeit hätte, aus dem Bereich der Scheinprobleme herausgeführt und durch Reflexion auf naturwissenschaftliche Zeitbegriffe beantwortet werden. Daß der »Reflexion« die »Konstruktion« und damit deren methodische Rekonstruktion vorausgeht, ist davon unberührt.

Reflexion im oben bestimmten Sinne als Teilbemühung in die methodische Rekonstruktion historisch vorfindlicher Wissenschaften einzubeziehen, befreit die philosophisch-kritische Auseinandersetzung mit den Wissenschaften, vor allem den Naturwissenschaften, vom Odium wissenschaftstheoretischer Beschränktheit und erlaubt – bei gelingender Rekonstruktion – auch ein Urteil darüber, welche *Probleme der philosophischen Tradition durch die Entwicklung der Wissenschaften* einer Lösung nähergebracht wurden.

Schluß

Ob damit der Begriff der methodischen Rekonstruktion bereits hinreichend scharf oder gar abschließend methodisch rekonstruiert ist, muß dahinstehen. Die besorgte Frage aber, ob sich *methodische Rekonstruktionen* im selben Sinne einer *bloßen Dezision* gegenüber historischen Fakten und naturwüchsig entstandenen Produkten wie wissenschaftlichen Theorien verdanken oder einem Zirkelverdacht auszusetzen sind, kann verneint werden. Der kulturalistische Zugang zu einer philosophischen Kritik historisch vorfindlicher Wissenschaften ruht nämlich auf einer *Praxis der Lebensbewältigung* auf, die nicht in theoretischer Distanz von einem archimedischen Standpunkt her *betrachtet*, sondern mit allen Folgen *geteilt* wird. Um es provozierend zu formulieren: Die methodische Rekonstruktion gewinnt damit ein – *durch tatsächliche Beteiligung verbindliches – Beurteilungsfundament der Wissenschaften, das Begründung und Rechtfertigung miteinander verbindet und den Wissenschaften ohne Voreingenommenheiten begegnen kann.*

3. Dialog und Naturwissenschaft

Statt einer Einleitung

Der »Dialog« tut sich schwer. Sein Bruder, der »Monolog«, prägt das Bild der Familie. Wenn im Monolog einer allein spricht, sei es auf der Bühne, sei es, bei einem mißratenen Gespräch, bei dem die anderen nicht mehr zu Wort kommen, dann gilt der Dialog allemal als das gute Zwiegespräch. Zu einem »Dialog« aufzurufen, ist edel; ob der Rechtsstaat den Dialog mit Terroristen, die Demokratie den Dialog mit den Rechtsradikalen oder einfach der Mensch den Dialog mit der Natur suchen soll, die Empfehlung verrät immer Aufgeschlossenheit für die andere, die zweite Seite. Ganz Besorgte, denen Schwarz-Weiß-Malerei ein Greuel ist, fordern zum »Trialog«, zur Einbeziehung einer dritten Stimme auf.
Die lateinischen Vettern des griechischen Dialogs, der Diskurs und die Diskussion, ersterer ein Akademiker, letzterer Fernsehjournalist (früher Astareferent, jetzt Talkshowmoderator), sind sich ihres lateinischen Familiennamens »dis« wohl bewußt und vertrauen auf die »Auseinander-Setzung«, bei der viele Diskurspartner und Diskussionsteilnehmer vertreten sind. Allein der Dialog ist der von den Zufällen des mehr oder weniger großen Teilnehmerkreises unabhängig, sozusagen der idealtypisch geführte Streit um zwei Positionen. Dialoge werden aufgenommen und müssen fortgeführt werden, Dialoge, immer im Gegensatz zum Monolog, sind die reine Form der Aufgeschlossenheit gegenüber dem anderen, dem zweiten.
Der Dialog tut sich schwer. Nicht nur der gegensätzliche Bruder »Monolog«, auch die alliteralen Stiefbrüder, der lateinische »Duo« und der griechische »Dyo«, verleihen ihm bis zum Lebensende per Familienbande das Vorurteil: Es handle sich um ein Gespräch zwischen Zweien. Daß »dia« zu Deutsch »durch« bedeutet, wie in der griechisch-lateinischen Ehe des Diaprojektors stellvertretend für viele selbstbewußt demonstriert, läßt schon das (noch nicht einmal angeheiratete) lateinische »per« nicht mehr erkennen.
Der Dialog hat es schwer. Wollte man eine todsichere Wette eingehen, müßte man auf eine hohe Prozentzahl der Antworten

setzen, die auf die Frage, was die Wörter »Monolog« und »Dialog« bedeuten, bei letzterem das Zwiegespräch vorhersagen. Noch höher dürften die Wettchancen sein, daß wohl kaum eine Antwort darauf abstellte, im Dialog das *zu Ende geführte* Gespräch, das *zu einer Lösung kommende*, das *eine Frage entscheidende Gespräch*, am Ende das Entscheidungsverfahren selbst zu vermuten. Man denke nur an die vertraute Schlußbemerkung von Diskussionsleitern, die betonen, in der gerade abgeschlossenen Diskussion wurde eine Lösung nicht nur nicht erreicht, nichts hätte ferner gelegen, als eine solche auch nur zu erwarten. Ein Gespräch zur Klärung einer Frage, zur Erzielung eines Schlußstrichs im Konsens, kurz, ein Dialog – als Gespenst taugt es noch nicht einmal neben Dogmatismus und Ideologie. Der Dialog in diesem Verständnis existiert also noch nicht einmal im Grusel-Wachsfigurenkabinett des Zeitgeistes.
Auch in den exaktesten Disziplinen, in der Logik, der Mathematik und den (sogenannten »exakten«) Naturwissenschaften hat sich der Dialog nicht wirklich etablieren können. Was wirklich beansprucht, zum Abschluß zu kommen, z. B. eine Rechnung, die ein Ergebnis hat, wird gerade monologisch, vom Kopfrechner, oder mit dem Bleistift auf dem Papier, oder mit dem Computer bewerkstelligt. Auch der »Schluß«, der sich als logischer Schluß höchster Reputation erfreut, gewinnt heute seine volle Exaktheit und Verläßlichkeit erst im Kalkül, genauer, in der Form der Ableitung im Kalkül. Und die Naturwissenschaften, die ihre großen Fortschritte den Monologen der großen Genies verdanken, sind ohnehin nicht auf Abschluß angelegt; selbst Durchbrüche, die lange quälende Probleme mit einem Handstreich zu erledigen scheinen, gelten vorläufig. Sie werden irgendwann als Spezialfälle in umfassendere Theorien eingebettet, oder schlicht durch bessere, neuere Erfahrungen revidiert. Da hat ein Dialog als das Zuendeführen eines Wettstreits der Argumente ohnehin keinen Platz.
Der Dialog hat es schwer. Alle verdächtigen ihn, die reine Form des Zwiegesprächs zu sein, obgleich sein Wesen darin zu suchen ist, den Austausch von Argumenten für oder gegen eine These *zu einem Ende* zu führen, also gerade nichts mit der Zweiheit der Positionen oder Parteien zu tun zu haben; und doch wird er in der dialogischen Logik gerade so stilisiert, daß es zwei Parteien gibt, die sich um die Wahrheit streiten.

Der Dialog sollte, wird es aber nicht leicht haben. Das liegt an seiner verqueren Psychologie. Wenn sich »dialogische Verfahren« für die argumentative Entscheidung wissenschaftlicher und philosophischer Probleme angeben lassen, so bestehen sie darin, für eine These eine Verteidigungsstrategie gegen jedweden Opponenten, d. h. also, gegen jeden nur erdenklichen oder möglichen Einwand bereitzustellen. Nicht wegen eines schwachen Gegners oder einer zufälligen glücklichen Konstellation einen Dialog gewonnen zu haben, nein, eine Gewinnstrategie gegen jeden nur (selbstverständlich nach Regeln) möglichen Einwand bereit zu haben, ist eine *dialogische Begründung* einer These. Ein noch größeres psychologisches Handikap hätten sich auch die böswilligsten Gegner dialogischer Verfahren nicht ausdenken können: Wahrheit oder Geltung wird, psychologisch gesprochen, als die Allmachtsphantasie gegenüber beliebigem Witz und Scharfsinn, gegenüber beliebigem Wissen und Können in Anspruch genommen. Der Dialog hat es schwer. Es sollte zwar so sein, daß Fragen beantwortet und Probleme gelöst werden, aber wo die Bedingungen des Gelingens solcher Antworten und Lösungen formuliert werden, regt sich Widerstand. Der Zeitgeist, die Psychologie, und im Falle der Naturwissenschaften nicht zuletzt jener Zoo von -ismen, der den Szientismus, den Naturalismus, den Realismus, den Empirismus, den Sensualismus und viele andere beherbergt, verbieten definitiv die Mehrheitsfähigkeit, ja die Ernsthaftigkeit eines dialogischen Verfahrens für die Naturwissenschaften.
Da ist es bestenfalls eine intellektuelle Expeditionsreise nach Atlantis, zum Zweck der Demonstration der Existenz des Ziels, die Beantwortung naturwissenschaftlicher Fragen, die Lösung naturwissenschaftlicher Probleme, ja, letztlich den gesamten Geltungsanspruch naturwissenschaftlichen Wissens in einem dialogischen Verfahren erreichen zu wollen. In den Naturwissenschaften herrscht derart der Monolog des Genies auf der einen Seite und das »Rauschen« der Diskussion auf der anderen Seite vor, daß man den Verdacht riskiert, eine Einladung zu einer Reise auf Abwegen auszusprechen, wenn der Dialog als Begründung naturwissenschaftlicher Aussagen ins Auge gefaßt wird.

Der dialogische Wahrheitsbegriff

Kuno Lorenz hat in einem Aufsatz mit dem Titel »Der dialogische Wahrheitsbegriff« den Versuch unternommen, »sowohl der Korrespondenztheorie der Wahrheit einen vernünftigen Sinn (zu) geben, als auch die Konsensustheorie in ihrem Anspruch (zu) bestätigen und so erkenntnistheoretische Aspekte mit moralphilosophischen (zu) verknüpfen.«[1] Es geht dabei um nicht weniger als die edle Pflicht der Philosophen, einen »Versuch einer Einlösung der platonischen Forderung nach Wissen und Einsicht mit Hilfe einer dialektike techne zu unternehmen, der nichts anderes als die Aktualisierung der obersten Maxime philosophischer Tätigkeit, des logon didonai, ist. Nichts als Wissen oder Einsicht ausgeben ohne Angabe von Gründen, wird zu einem Leitfaden ...«[2]

Lorenz selbst hat das Programm zur dialogischen Logik ausgearbeitet, das im Rahmen des methodischen Konstruktivismus P. Lorenzens und einiger seiner Schüler mit guten Gründen gegen das Konzept der klassischen, wahrheitsdefiniten Logik vertreten wird (didaktisch glänzend in Ch. Thiels Logikkurs der Fernuniversität Hagen, in pragmatischen Begründungsbemühungen bei C. F. Gethmann und, verbunden mit Wittgensteinscher Skepsis, bei F. Kambartel). Es ist völlig unkontrovers, daß die Klärung eines Begriffs der *logischen* Wahrheit nur einen Teil ausmachen kann, wo es um philosophische Begründung von Wissen oder Einsicht geht. Eine Durchführung des Programms im Blick auf die Wissenschaften schlechthin oder auch nur die Naturwissenschaften ist unseres Wissens nirgendwo unternommen worden. Von der Durchführung eines solchen Programms muß erwartet werden, daß ein dialogisches Entscheidungsverfahren für naturwissenschaftliche Sätze angegeben wird.

Diesem hohen Anspruch können auch die folgenden Skizzen nicht genügen. Sie begnügen sich vielmehr mit zwei Aspekten, dem *Aspekt der Gegenstandskonstitution* und dem *Aspekt der Prüfung von Thesen an Erfahrung*. Diese Auswahl hat den folgenden Grund: Das dialogische Verfahren ist, wie es im einzelnen auch immer wird laufen müssen, ein solches, das zu einem Ab-

1 Lorenz, Kuno: Der dialogische Wahrheitsbegriff; in: Neue Hefte für Philosophie 2/3 (1972), S. 111-123, hier: S. 118.

2 Lorenz, Kuno: A.a.O., S. 122-123.

schluß, zu einem (nach Regeln des Argumentierens zwischen Proponenten und Opponenten gewonnenen) Entscheid führt. Wieder in erster Näherung wird ein solcher Entscheid nicht sogleich eine strukturell hochkomplexe These betreffen, die gegebenenfalls als Konjunktion von Axiomen oder Lehrsätzen einer ganzen Theorie zu sehen ist, sondern einen möglichst einfachen Satz. Für diesen muß *semantisch* klar sein, welche Sachen oder Gegenstände er betrifft, und es muß klar sein, wie sich diese Sachen, dargestellt in der *empirischen zu prüfenden Aussage*, verhalten.

Die aktuelle Wissenschaftstheorie der Naturwissenschaften gibt dazu wenig Hilfestellung: Was im Rahmen der alten Protokollsatzdebatte oder des alten Zweistufenkonzepts der Wissenschaftssprache (eine Theoriesprache über einer Beobachtungssprache) noch ähnlichen Intentionen verpflichtet schien, ist – wegen bestimmter Vorurteile in logischer, sprachphilosophischer und erkenntnistheoretischer Hinsicht – gescheitert und wird in analysierenden, z.B. Paradigmata, Forschungsprogramme, Problemlösungsstrategien oder anderes ins Zentrum der Betrachtung stellenden, derzeitigen Wissenschaftstheorien abgelehnt oder ignoriert. Die Fachwissenschaftler selbst, wer wollte es ihnen verdenken, haben ihre Erwartungen an die Klärung von philosophischen Grundlagen ihrer Disziplinen, offensichtlich ohne Beeinträchtigung ihrer Arbeitsfähigkeit, zurückgenommen. Auch hier hat es der Dialog schwer, im richtigen wie im falschen Verständnis, in objekt- wie in metasprachlicher Form.

Hürden

Welche sprachlichen und nichtsprachlichen Verfahren zu den Gegenständen der Naturwissenschaften (mit ihren Hauptdisziplinen Physik, Chemie und Biologie) führen, und in welchen Verfahren über diese Gegenstände empirisch verläßliches Wissen zu gewinnen sei, sind Fragen, die sich geradezu einem Gebirge von Hürden gegenübersehen, die aus vorherrschenden, für eine klare Beantwortung der Fragen hinderlichen Auffassungen bestehen:

– Logik: Selbstverständlich muß bei der Begründung naturwissenschaftlicher Sätze logisch argumentiert und geschlossen werden. Wo immer aber die für Naturwissenschaftler einschlägige

Logik thematisiert wird, in expliziter Form etwa bei den alten Ansätzen R. Carnaps, den Vorschlägen K. Poppers zur Falsifikation von Hypothesen, der Debatte um die Dispositionsprädikate bei N. Goodman, den wissenschaftstheoretischen Andeutungen bei W. v. O. Quine oder den definitionstheoretischen Fassungen der Inkommensurabilitätsthese zwischen konkurrierenden Theorien, immer werden ein extensionales Logikverständnis und eine extensionale Semantik zugrunde gelegt; Aussagen gelten als wahrheitsdefinit und die Welt der Gegenstände als vorhanden und bereits von Natur aus gut vorsortiert. Daß der Logiker im Naturwissenschaftler sich in seiner Logik ein Instrument zum Argumentieren für oder gegen naturwissenschaftliche Theorien nach selbst legitimationspflichtigen und legitimationsfähigen Maximen wählt, erscheint demgegenüber so abwegig, wie nur das völlig Unbekannte und Unbedachte zu befremden vermag. Daß gar ganze Problemfelder einer analytisch-empiristischen Wissenschaftstheorie (vornehmlich der Physik) wegbrechen, ja, für die Naturwissenschaften schlichtweg nicht existieren, wenn nur der dogmatische Zugriff auf die klassische Logik unterbleibt, ist gemeinhin unbekannt. Dabei ist die Logik insofern ein Sonderfall, als ja die dialogische Logik in der Literatur ausgearbeitet[3], diskutiert und mit ihren Konsequenzen für philosophische Fragen der Mathematik längst publiziert ist. Das von Wissenschaftstheoretikern wie Naturwissenschaftlern geteilte Logikverständnis ist eine der ganz großen Hürden gegen ein dialogisches Verfahren.

– Realität: Newton könnte man als Realisten einer augustinischen Tradition bezeichnen: in der Tradition des christlichen Schöpfungsglaubens stehend, von Augustinus durch Exegese des Alten Testaments zum Gegenstand menschlicher Naturforschung gemacht, existiert die Welt als Gottes Schöpfung, als ein Objekt, dem der Naturforscher objektiv, d. h. vom Objekt her bestimmt, Naturgesetze als Ausdruck göttlichen Schöpfungsplanes ablauscht. Der moderne, aufgeklärte Naturforscher dagegen nimmt seinen Realismus aus gleichsam der umgekehrten Überlegung: weil die Naturwissenschaften einen unbestrittenen prognostischen, explikativen und technischen Erfolg haben, muß da etwas sein, wovon sie handeln und was ihre Sätze wahr macht. Dieser Realismus von Naturwissenschaftlern nimmt derart drastisch

3 Lorenzen, Paul u. Lorenz, Kuno: Dialogische Logik, Darmstadt 1978.

naive Formen an, daß die Geschichte der Physik mit der Entdeckungsgeschichte der Erde verglichen wird[4] – nicht nur mit der theoretischen Konsequenz, daß ja nur entdeckt werden könne, was es da zu entdecken gäbe, sondern auch mit der praktischen Konsequenz, daß Absichten, Interessen und Politik, deren Einfluß auf den Gang der Forschung nicht bestritten zu werden brauche, nicht den Inhalt der Forschungsergebnisse berühren könne, so wenig, wie die Entdeckung eines Kontinents oder eines Gebirges abhinge von den Zielen, die einen König oder einen Abenteurer bewogen haben mögen, eine Expedition auszurüsten und zu unternehmen. Sogar Zwangläufigkeiten von Entdeckungen wurden behauptet in Analogie zur Unausweichlichkeit der Entdeckung Amerikas, wenn man sich von Europa aus auf dem Westweg nach Indien begibt.[5]
Ein solcher Realismus muß eine gewaltige Hürde gegen das dialogische Verfahren in den Naturwissenschaften sein. Die Realität sei weder einfach noch gar einfach zu erschöpfen. Die Korrespondenz von Aussagen und Wirklichkeitsstücken bleibe vorläufig, auch wenn für den Realisten die Wirklichkeit freundlicherweise immer gerade mindestens solange stillhält, wie er benötigt, um die Korrespondenz seiner Theorien etwas zu verbessern.
– Erfahrung: Alles, aber ausnahmslos alles bleibt für das herrschende Verständnis der Naturwissenschaften offen für Revision durch Erfahrung. Noch immer verdanken nach Selbstverständnis von Naturwissenschaftlern ebenso wie nach Wissenschaftsverständnis analytisch-empiristischer Wissenschaftstheoretiker die Naturwissenschaften einen erheblichen Teil ihres Erfolgs der Abkehr von jeder Form des Apriorismus. Apriorismus ist Dogmatismus, sofern er nicht in der Rückseite des Spiegels[6] wieder empiristisch als Produkt eines evolutionären Naturgeschehens in-

4 So z. B. bei Mittelstaedt, Peter. Die Sprache der Physik, Mannheim 1972.
5 Dieser Vergleich wurde in einer Diskussion verwendet von C. F. v. Weizsäcker.
6 Diese Formulierung spielt an auf die These von Konrad Lorenz, daß das Apriori der Erkenntnis für das Individuum das Aposteriori der Stammesgeschichte sei. Vgl. hierzu: Lorenz, Konrad: Kants Lehre vom Apriorischen im Lichte gegenwärtiger Biologie, in: Blätter für deutsche Philosophie 15 (1941), S. 94-125. Ders.: Die Rückseite des Spiegels. Versuch einer Naturgeschichte menschlichen Erkennens, München, 4. Auflage 1980.

terpretiert wird. Empirismus dagegen ist synonym mit openmindedness, mit Aufgeschlossenheit, Revisionsbereitschaft. Die Erweiterung der klassischen Physik zur relativistischen gibt – wegen der dort behaupteten empirischen Revision kantischer apriorischer Begriffe von Raum und Zeit – noch immer das Paradebeispiel für die Überlegenheit des Empirismus ab. Daß dabei einerseits ein Zerrbild von Kant im Schwange ist (wie das psychologistische A. Einsteins[7]), und daß andererseits die kantische Theorie der Geometrie als synthetisch apriorischer so unzureichend ist, daß z. B. noch nicht einmal ansatzweise eine Entscheidung zu Gunsten oder zu Ungunsten des Parallelenaxioms von Kant erhofft werden kann, irritiert anscheinend niemanden. Die Frage, ob sich nicht auch, zweihundert Jahre nach Kant, ein moderner Gebrauch der Klassifikation »synthetisch apriori« geben läßt[8], wird nicht erwogen. Selbst relative Aprioris, nämlich relativ zu bestimmten empirischen Theorien, gelten ihrerseits wieder als empirisch revidierbar, bei Naturwissenschaftlern wohlgemerkt, die sich je nach Lesefreude bei Popper, bei Quine oder anderen Philosophen Berufungsinstanzen erhoffen dürfen.
Obgleich kein Realist bestreitet, daß Naturwissenschaft durch Handeln von Naturwissenschaftlern zustande kommt, und daß jede Einzelhandlung höchst zweckrational ist, ist Erfahrung in den Naturwissenschaftlern immer noch primär rezeptiv verstanden. Noch so sehr technisch im Labor provoziert, bleibt sie doch Ausdruck einer Realität, die sich dem passiven Beobachter zeigt.

7 Einstein bezeichnet das Kantische Apriori als »die unangreifbare Höhe des Denknotwendigen (Apriorischen)«. Vgl. Einstein, Albert: Grundzüge der Relativitätstheorie, Braunschweig, 4. Aufl. 1956, S. 2.

8 »Synthetisch apriori« läßt sich z. B. als Handlungsfolgenwissen interpretieren, das seinerseits nicht aus einer Erfahrung an den eigenen Handlungen besteht, sondern aus logischen Folgen von Handlungsvorschriften. Hier ist also weder Psychologismus noch Transzendentalphilosophie im Spiel, sondern es wird die in und außerhalb der Wissenschaften erfolgreich praktizierte Möglichkeit ins Auge gefaßt, über Handlungen unter der (kontrafaktischen) Unterstellung zu diskutieren, daß sie ausgeführt wären. Damit läßt sich auch der Aspekt des »Notwendigen« der synthetisch apriorischen Erkenntnis für Aussagen rekonstruieren, die weder analytisch noch empirisch wahr sind. Vgl. hier: Janich, Peter: Euklids Erbe. Ist der Raum dreidimensional?, München 1989.

Also scheiden selbst für relative Aprioris Hoffnungen aus, in ihnen das Ziel einer Rückführung auf Einfaches und damit auf die Abschließbarkeit eines Dialogs um naturwissenschaftliche Thesen zu finden.
Die Zahl solcher Hürden ließe sich lange fortsetzen. Der Holismus, der Strukturalismus im Sinne J. D. Sneeds, allgemein die aus der Mathematik genommene und in die Physik übertragene Auffassung der Modelltheorie, empiristische Meßtheorien, naturalistische oder soziologisierende Verständnisse des Experiments und viele andere mehr ließen sich nennen. Alle führen sie dazu, empirisches Wissen in den Naturwissenschaften als prinzipiell in jeder Hinsicht für unabschließbar zu halten, und jeden Anspruch auf Begründung oder Abschließung von begründenden Argumentationsketten in den Bereich des Fundamentalismus, des Dogmatismus oder jedenfalls mangelnder Adäquatheit an die bestehenden Naturwissenschaften zu verweisen.
Man muß jedoch sehen, daß dieses Gebirge von Hürden seinen Ort nicht in den Labors der Naturwissenschaften, nicht in der Verläßlichkeit ihrer Vorhersagen oder Erklärungen und nicht im Bereich deren technischer Wirksamkeit haben, sondern in den Köpfen von Wissenschaftsphilosophen und philosophierenden Naturwissenschaftlern. Deshalb muß sich die Hoffnung darauf stützen, die Beschwernisse der Besteigung und Überwindung des Gebirges denen überlassen zu können, die dieses Gebirge lieben und hegen. Es gibt nämlich einen gangbaren Tunnel, aus dessen Perspektive das Hürdengebirge nicht als ein Hindernis auftritt, und nach dessen Durchschreiten das Gebirge im Rückblick als wenig bedrohlich erscheint:
Auch der ganze empiristische Dogmatismus metatheoretischer Betrachtungen, seien sie nun von analytischen Wissenschaftstheoretikern, von soziologischen Wissenschaftsforschern oder von Naturwissenschaftlern selbst betrieben, führen nicht zur Ablehnung einiger einfacher Wahrheiten: Naturwissenschaften werden von Menschen hervorgebracht; dieses Hervorbringen stößt den Menschen nicht einfach zu, sondern wird von ihnen zweckgerichtet und mit Anstrengung betrieben; ein solches Betreiben, d. h. Forschen, Theoretisieren, Lehren und Anwenden von Wissen ist stets zweckgerichtet (im handlungstheoretischen Sinne); die Geschichte der Naturwissenschaften ist endlich wie der Mensch, und hat zu ihrer Ermöglichung nicht der Resultate der Naturwissen-

schaften bedurft, sondern diese gewonnen. Es gibt also historisch wie systematisch immer einen Konstitutionszusammenhang der Gegenstände und Ergebnisse von Naturwissenschaften ohne Rückgriff bereits auf deren Resultate. Es gibt mithin historisch faktisch eine Reihenfolge von Schritten, die zwar ex post metatheoretisch verkehrt werden können, doch dies tut der Praxis keinen Abbruch – weder der vergangenen noch der künftigen. Es sprechen m. a. W. viele, vom empiristischen Dogma nicht bestrittene Fakten dafür, Stücke naturwissenschaftlichen Wissens in abgeschlossenen und auch rekonstruktiv abschließbaren Verfahren anzunehmen und dem alten, von Lorenz befürworteten philosophischen Anliegen zum Recht zu verhelfen, nichts als Wissen oder Einsicht auszugeben ohne Angabe von Gründen. Als »Gründe« können dabei nur durch Handeln hervorgebrachte Entitäten in Betracht kommen, sprachliche wie nichtsprachliche.

Gegenstandskonstitution

Eine *allgemeine* Theorie der Konstitution naturwissenschaftlicher Gegenstände kann sich nur auf ein bestimmtes Anfangsproblem beziehen, muß aber in Rechnung stellen, daß schon die drei grossen Leitdisziplinen Physik, Chemie und Biologie im einzelnen auf sehr verschiedene Verfahren geführt haben, ihre Gegenstände begrifflich und technisch zu etablieren: Es ist im wesentlichen eine Einsicht E. Husserls, daß die Konstitution wissenschaftlicher Gegenstände aus der Lebenswelt heraus durch Stilisierung von Geltungsansprüchen zu erfolgen habe. Unter Zuhilfenahme pragmatischer, handlungstheoretischer und wissenschaftshistorischer Einsichten läßt sich dies so fassen, daß es immer vor- und außerwissenschaftliche Praxen sind, die verwissenschaftlicht werden dadurch, daß sie unter erkenntnistheoretischen oder methodologischen Zielsetzungen erhöhter Geltungs- und Kontrollierbarkeitsansprüche begrifflich technisch normiert oder standardisiert werden. Einige Beispiele mögen dies verdeutlichen:
Lange, bevor es im 17. Jahrhundert zu einer messenden Physik kam, war eine Meßkunst zu technisch-praktischen Zwecken entstanden (von der technisch effizienten Erzeugung von Gebäuden durch Baukunst und Architektur bis zu ihrer technisch effizienten Zerstörung durch Ballistik und Artillerie; vom Handel und Mili-

tärwesen bis zum Schiffsbau und zur Navigation). Durch diese technische Praxis, die bereits die logischen Strukturen unserer modernen quantitativen Begriffe aufweist, wurden die begrifflichen und technischen Kunstgegenstände wie Längen, Zeitdauer, Gewichte, Kräfte, Temperaturen und vieles mehr etabliert. Die Verwissenschaftlichung dieser Meßkunst besteht dann in einer Ablösung von eher lokalen Anwendungszusammenhängen zu globalen Reproduzierbarkeitsansprüchen. Es gibt nicht mehr die vielen verschiedenen Meßkünste des Zimmermanns, des Feinmechanikers, des Kapitäns und des Schneiders, sondern die eine Meßkunst der Länge, der Fläche und des Volumens über den gesamten Bereich des meßtechnisch Erreichbaren. Aber schon die lebensweltliche Meßkunst ist normativ organisiert, d.h., nicht jedes beliebige Meßresultat wird als Information über den vermessenen Gegenstand mißverstanden, sondern kann auch einen Hinweis auf einen Defekt des Meßgeräts selbst liefern.

Ein zweites, ebenfalls noch in der Physik liegendes Beispiel für Gegenstandskonstitutionen liegt in der Erzeugung neuer »Phänomene« durch Ingenieurkunst und Technik, die als vor- und außerwissenschaftliche Grundlage des Experimentierens zu betrachten ist. So sind z.B. die Phänomene des Luft- und Wasserdrucks bei der Erfindung und Entwicklung von Wasserleitungs- und Heizungssystemen, von Pumpen, Bergwerksentwässerungen bis hin zur Erzeugung eines Vakuums durch Luftpumpen ein technikgeschichtlich wichtiges Beispiel. Auch die Phänomene der elektrischen Ladung, der natürlichen und künstlichen Magnete, der reinen Töne und Farben, der Transversal- und Longitudinalwellen und vieles mehr sind Bereiche, in denen zunächst regional zur technischen Lösung bestimmter Aufgaben ingenieurwissenschaftlich neue »Phänomene« erzeugt werden, die später in Hochstilisierung zu wissenschaftlichen Verfahren in Experimenten sowohl reproduzierbar als auch generalisierbar wurden.

Für die Fächer Chemie und Biologie läßt sich analog argumentieren: es sind die zunächst regional entwickelten Künste des Mischens und Trennens von natürlichen Stoffen in Praxisbereichen wie Metallgewinnung und -veredlung, Färben und Gerben, Heilkunst und Lebensmittelzubereitung, in denen sich ein praktisches Können etabliert, das dann allmählich und unter Zuhilfenahme von Anleihen aus einer bereits theoriefähig gewordenen Physik zu den Begriffen des Stoffes, des Gemisches, der Verbindung und des

Elements geführt haben. In der Biologie sind es die mindestens ebenso alten Verfahren des Züchtens von Tieren und Pflanzen, der Nutzung von Tieren als Nahrung, Arbeits- und Transportmittel, insgesamt die Tätigkeiten des Sammlers, Jägers und Bauern, die Praxis begründen, in der Fragen der Vererbung, der Funktion und der Struktur von Organismen ihr lebensweltliches Fundament haben. Bildlich gesprochen, der Metzger wird zum Anatomen, wenn er den Bereich seiner Zwecke erweitert und, darauf abgestellt, seine Mittel (Methoden) differenziert.

Diese Formen von Gegenstandskonstitution sind, erkenntnistheoretisch betrachtet, von entscheidender Bedeutung für die Semantik naturwissenschaftlicher Grundbegiffe: die Naturwissenschaften hätten keine Gegenstände, über die sie Aussagen machen, wenn diese nicht aus einer Lebenspraxis entstanden wären, in denen zweckgerichtete, an Bedürfniserfüllung orientierte Handlungen in das Vorgefundene, Vorhandene mit den Händen eingegriffen hätten. Damit eröffnet sich aber für die Semantik naturwissenschaftlicher Theorien die Perspektive der dialogischen Abschließbarkeit: Es ist nicht das uferlose und endlose Herumvagabundieren durch die theoretischen Entitäten der Lehrbuchwelten, die den Worten der Naturwissenschaftler Sinn geben, sondern der prinzipiell immer abschließbare Rückgang auf die Erzeugung der Gegenstände, von denen die Rede ist. Was Arten und Gattungen, was Ionen und Makromoleküle, was Felder und Wechselwirkungen sind, entscheidet sich daran, wie mit ihnen im Labor (oder manchmal im »Feld« der Feldforschung) umgegangen wird. Und dieses Umgehen muß nicht unverstanden bleiben in dem Sinne, wie der frisch ausgebildete Jungforscher manches noch unverstanden aus der vorfindlichen Lehrpraxis und Tradition übernommen hat, sondern ist offen für die Rückführung auf tatsächliche Laborpraxis und Anwendung.

Allgemein heißt dies für ein dialogisches Verfahren in den Naturwissenschaften, daß Entscheidungen über den Sinn von Aussagen durch Rückgang auf terminologische Bestimmungen gelingen, an deren Ende (und in der Rekonstruktion dann: an deren Anfang) die Handlung des Erzeugens selbst steht. Diese liefern nicht nur die Gegenstände empirischer Forschung, sondern auch die Prototypen von Handlungen, an denen terminologische Normierungen vorzunehmen sind. D. h., gegen eine Fachdidaktik als Akzeptanzerzeugung von Unverständlichem gewendet, wird naturwissenschaftliche Terminologie gelehrt in der Praxis der Erzeugung ihrer Gegenstände – ganz so, wie es der Lehrling eines Handwerks tut. Hier soll also im Hinblick auf die Gegenstandskonstitution für die Naturwissenschaften nur prinzipiell behauptet werden, daß die Abschließbarkeit des terminologischen Rückfragens genau dadurch gelingt, daß zurückgefragt wird bis zu Handlungsaufforderungen, deren Befolgung unmittelbar die Gegenstände der Laborwissenschaften hervorbringt.

Die Endlichkeit des Dialogs und die Unendlichkeit der empirischen Revision

Die oben gegebenen Beispiele der Gegenstandskonstitution bezogen sich nicht nur auf die dann explizit in *normativen »Prototheorien«* erfaßten Größenbegriffe der Naturwissenschaften, sondern auch auf die *im Experiment technisch reproduzierbar gemachten Phänomene.* Wie aber verhält sich diese Abschließbarkeit (als Weg eines endlichen dialogischen Zugangs) zu der Maxime, Erfahrungserkenntnisse müßten für künftige Erfahrungsrevisionen prinzipiell offen bleiben? Selbstverständlich kann diese Frage nicht beantwortet werden vor dem Hintergrund der oben diskutierten Hürdengebirge, für die hier der Höhenzug des Naturalismus (Gegenstand der Naturwissenschaften ist die eine, unausschöpfliche Natur) oder die Gipfel des Holismus (nur Theorien oder gar Theorienkomplexe als ganze seien empirischer Kontrolle zugänglich, und auch dies nur wieder gegenüber einer empirischen, theoriengeladenen Basis als ganzer). Vielmehr ist in Rechnung zu stellen, daß es eine empirische Naturwissenschaft im heutigen Sinne definitiv nicht gäbe, wenn nicht immer *Einzelerfahrungen als abgeschlossen betrachtet* werden dürften. Erfahrungen werden im emphatischen Sinne *gemacht*, d. h., sind immer Widerfahrnisse an Handlungen, genauer, Widerfahrnisse des Gelingens bzw. Mißlingens technischer Unternehmungen. Kein Experiment, keine Beobachtung, keine Messung wäre in irgendeinem Sinne empirisch gehaltvoll oder informativ, wenn nicht die Handlung ihres Gewinnens eine abgeschlossene Einheit darstellte. Gemeint ist hier der empirische Charakter der *Einzelaussage* in Form eines Meßresultats, in Form der Beschreibung eines einzelnen Beobachtungsresultats oder eines einzelnen experimentellen Ablaufs.

Das bedeutet aber, daß die Hoffnung auf die Endlichkeit von Dialogen über empirisch gehaltvolle Aussagen nicht einer dubiosen, fundamentalistischen, letztbegründungsverblendeten oder absoluten Geltungsphantasie geschuldet würde, sozusagen als Resultat eines philosophiehistorisch lange gewachsenen Irrtums, sondern sie sind handlungstheoretisch betrachtet die elementarste und selbstverständlichste Bedingung der Möglichkeit von naturwissenschaftlicher Erfahrung überhaupt. Wird also die Begründung einer empirischen These – in welcher Teildisziplin und von welcher Komplexität auch immer – zum Gegenstand des Diskurses, so kann dieser als Dialog zum Zwecke der Zurückspielung auf die einzelne Prüfungshandlung entscheidbar gemacht werden.

Dabei geht weder die Universalität von *Gesetzesaussagen* noch die prinzipielle Revidierbarkeit empirischer Aussagen verloren: die *Universalität* besteht ja ohnehin nicht in den Allquantoren, die Theorien in Carnapscher oder Popperscher Rekonstruktion (in extensionaler Logik!) auf die Menge aller Körper, Kräfte, Stoffe, Lebewesen usw. ausdehnen wollen, sondern in der (wiederholten, d. h. generalisierten) *Realisierbarkeit* des Rezepts: Das Naturgesetz verhält sich zum einzelnen Vorgang wie das Kochrezept zum einzelnen Kuchen. Die *Unabschließbarkeit des Empirischen* endlich ist durch die *Fortentwicklung der Handlungszwecke* auf der Grundlage des jeweils bereits Realisierbaren ebenfalls möglich. Nichts, was an empirischen Naturwissenschaften hochgeschätzt wird, verschwindet durch die Endlichkeit des Dialogs zur Unterscheidung von gültig und ungültig, von wahr und falsch.

4. Ist der (philosophische) Konstruktivismus ein »Forschungsprogramm«?

Einleitung

Auf dem Niveau der Klischees und Gemeinplätze mutet es geradezu abenteuerlich an, Naturwissenschaften und Philosophie vergleichen zu wollen; wer wollte erwarten, daß die am Beispiel der Physik entwickelte Kategorie »Forschungsprogramm« (FP) sinnvoll auf »die« Philosophie oder eine ihrer Richtungen angewandt werden könnte? Schließlich lieferten die Naturwissenschaften exaktes, empirisches, mit mathematischen Mitteln formuliertes Tatsachenwissen hoher prognostischer Kraft, erwiesener technischer Anwendbarkeit, und dies alles in normierter Sprache von hoher Konsensfähigkeit. Die Philosophie dagegen als uralte Reflexionsbemühung ohne kanonisierten Gegenstandsbereich, ohne einheitliche Methode, in ihrer häufig dunklen Sprache von allgemeiner Konsensfähigkeit ausgeschlossen und von aufweisbarem Fortschritt weit entfernt, sollte etwas mit den Naturwissenschaften gemeinsam haben?

Diese immer noch verbreiteten Klischees haben allerdings durch eben das Zusammentreffen von Naturwissenschaften und Philosophie in der modernen Wissenschaftsphilosophie vieles von ihrer Durchschlagskraft eingebüßt: unabhängig von Schulen und deren faktischer institutioneller Durchsetzung zählt es heute zum Grundbestand einschlägigen Wissens, daß Naturwissenschaften wie die Physik weder geschichtslos noch geschichtlich im Sinne einer bloßen, chronologisch geordneten Annäherung an die naturgesetzliche Wahrheit im Wege der immer besseren Abbildung der Natur sind. Physikgeschichte beinhaltet vielmehr einen Wechsel von Rationalitätsstandards, Methoden, sprachlichen und mathematischen Mitteln; sogenannte »physikalische Weltbilder« sind ein- oder umgestürzt – mit der Begleiterscheinung sehr wohl eingeschränkter Konsensfähigkeit unter den Fachleuten; Institutionen, Macht und Psychologie in der Gilde der Naturforscher ist als Faktor nicht zu vernachlässigen; Rationalitätsbeschränkungsthesen nach den Vorbildern L. Flecks, T. S. Kuhns oder P. Feyerabends haben Konjunktur. Es ist, kurz, erkannt worden, daß

Naturwissenschaften nicht ein eherner Bau von Naturgesetzen, sondern ein Kulturprodukt sind.
Komplementär dazu hat sich hinsichtlich der Philosophie herumgesprochen, daß es in ihr auch exakte, systematische Disziplinen gibt, nicht nur Logik, auch Definitionstheorien, Sprachphilosophie, Wissenschaftstheorie, Handlungstheorie und vieles mehr. Philosophen bieten ein sehr heterogenes Erscheinungsbild. Zwar begegnen metaphysische Seinsschwere und dunkle Sprache, die Attitüde des ahnungsvollen Sehers oder des gegenwartsentrückten Goldgräbers in den Minen der dunkelsten Klassikertexte immer noch einem aktuellen Bedürfnis, aber der Vergleich zwischen schwierigen Philosophien und des Kaisers neuen Kleidern liegt doch näher als früher. Die Philosophen des späten 19. und des 20. Jahrhunderts unterscheiden sich eben häufig nicht mehr vom Phänotyp des Naturwissenschaftlers oder des Mathematikers. Der angeblich so tiefe Graben zwischen den zwei Kulturen der Universitätswissenschaften reizt moderne Philosophen zum Brückenschlag. Ein Vergleich von Naturwissenschaften und Philosophie ist weniger absurd als die Klischees.
Ob die genannten Entwicklungen der Naturwissenschaften und der Philosophie bereits ausreichen, eine nützliche Einsicht in die Ähnlichkeit von Vorgehensweisen zu gewinnen, deren sich Naturwissenschaftler und Philosophen bedienen, muß hier offen bleiben. Für eine bestimmte philosophische Richtung aber, nämlich die des Konstruktivismus der Erlanger Schule, soll hier eine solche Überlegung angestellt werden. Die Beschränkung auf eine sogenannte »Schule« nämlich, genauer deren Charakteristika, liefert den Grad an Konkretisierung, der einen Vergleich von z. B. der Physik und Philosophie ermöglicht.
Das Reden von »Schulen« ist jedoch schon für sich genommen nicht ohne Probleme. Meist handelt es sich dabei um vergröbernde Etiketten der Gegner einer Richtung, deren Vertreter erst durch diese Gegnerschaft bemerken, daß sie eine Schule bilden. Philosophen (wie Wissenschaftler), die in einem engen Diskussionszusammenhang stehen, werden dabei immer Gemeinsamkeiten und Verschiedenheiten feststellen und dabei nicht selten mehr mit den Verschiedenheiten als den (eher stillschweigend geteilten) Gemeinsamkeiten befaßt sein. Erst Hinweise oder Angriffe von außen auf diese Gemeinsamkeiten stiften die »Schule« als sozialpsychologisches Faktum.

In diesem Sinne relativiert kann aus der Innenansicht einer bestimmten Schule, nämlich der des Erlanger Konstruktivismus, ein gewisser stillschweigender Konsens behauptet werden hinsichtlich eines Prinzipienkanons, sozusagen einer »tacid metaphilosophy«, einer in wichtigen Teilen gleichen Sprache, einer gemeinsamen Kenntnis bestimmter kanonischer Texte sowie der Ortung gemeinsamer Gegner, denen die Schuldefinition geschuldet wird. In diesen Kriterien die Konstituentien einer heutigen (deutschen) Philosophenschule zu suchen, würde sich wohl auch für die Stegmüller-Schule eignen, mit gewissen Einschränkungen (nämlich hinsichtlich Sprachnormierung) für die Frankfurter Schule, und, bei hinreichender Verblüffungskompensationskompetenz auch für die Ritterschule.
Dennoch ist das Risiko abträglicher Ungenauigkeit groß, wenn eine Untersuchung des Vorgehens von Philosophen nach solchen Kriterien auf »Schulen« bezogen würde. Glücklicherweise sind nämlich auch die einer Schule zugerechneten Philosophen hinreichend selbständig, um wohl nahezu für jede Aussage über den einen ein Gegenbeispiel beim andern Vertreter aus derselben Schule zu finden. Es kommt nur auf die Detailliertheit des Zugriffs an. Um dieser Beliebigkeit zu entgehen, werden hier für den »Konstruktivismus« drei Themenbereiche, nämlich »Sprache«, »Logik« und »Protophysik« herausgegriffen. Für die zu diesen Themenbereichen »typisch konstruktiven« Auffassungen soll die These riskiert werden: Der Konstruktivismus ist ein Forschungsprogramm.

»Forschungsprogramm«

Ziel dieses Aufsatzes ist es nicht, ein Glasperlenspiel mit Versatzstücken aus der Reflexionsbranche zu spielen – sozusagen nach der Maxime, daß jeder Intellektuelle, der am liebsten über Thema A spricht und zu einem Symposium über Thema B eingeladen wird, dann eben über die Beziehung von A und B sprechen wird. Die These, daß der Konstruktivismus ein Forschungsprogramm sei, wird vielmehr mit dem ernsthaften Anspruch diskutiert, ihn als philosophische Richtung deutlicher zu machen, gegen vorhandene Fehlinterpretationen zu schützen und die Wissenschaftlichkeit der Konkurrenz philosophischer Lehrmeinungen auf den genannten Gebieten durch einen Vergleich mit ähnlich verlaufenden Konkurrenzen in den Naturwissenschaften zu verdeutlichen.

Ein mögliches anderes, intern wissenschaftsphilosophisches Ziel, den Begriff des Forschungsprogramms dadurch weiterzuentwickeln, daß seine Anwendbarkeit aus den Naturwissenschaften auf bestimmte Philosophien übertragen wird, soll hier nicht verfolgt werden.

Unter »Forschungsprogramm« wird hier verstanden, was im »Mittelstraß« (Enzyklopädie Philosophie und Wissenschaftstheorie Band 1, 1980) C. F. Gethmann so beschreibt: »Forschungsprogramm ..., Komplex von Hypothesen und methodischen Regeln, aus deren Befolgung sich eine mehr oder weniger kontinuierliche Entwicklung wissenschaftlicher Theorien ergibt. Der Begriff wurde von I. Lakatos eingeführt, um die Einsichten der Paradigmentheorie T. S. Kuhns ... aufzugreifen, ohne jedoch die von Kuhn vertretene These der methodischen Inkommensurabilität von Theorien übernehmen zu müssen... Ein F. besteht aus Verbotsregeln (»positive Heuristik«). Die Verbotsregeln beinhalten, daß bestimmte Hypothesen nicht angegriffen werden dürfen (»harter Kern« des F.s). Eine Theorie, die einen sich empirisch bewährenden Gehaltsüberschuß gegenüber einer Vorgängertheorie besitzt, bewirkt eine »progressive«, im anderen Fall eine »degenerative« Problemverschiebung. Ein F. ist erfolgreich, wenn es zu einer progressiven Problemverschiebung führt. Nur im Fall einer progressiven Problemverschiebung gilt die alte Theorie als falsifiziert ... und wird zugunsten der neuen aufgegeben (»raffinierter Falsifikationismus«).

Weniger einfach, nicht nur aus den oben genannten Gründen, ist eine terminologische Bestimmung für »Konstruktivismus«. Zwar kommt selbstverständlich das Lexikon der Konstruktivisten im Stichwort »Konstruktivismus« auch zu sich selbst, ist aber – und dies ist nicht dem Autor des Artikels anzulasten – als eine Art organisatorischer Panne – vieler Köche Brei. Deshalb werden wir uns zur Begründung unserer These anderswo umsehen.

Nun wäre es verführerisch, erst nach Passungen des Begriffs FP auf den Konstruktivismus zu suchen, um dann bei den weniger passenden Aspekten Irrelevanzvermutungen zu äußern oder die Passungen durch Uminterpretationen zu erhöhen. Hier soll der umgekehrte Weg beschritten werden: Das größte Problem, das

sich der Anwendung von »FP« auf die konstruktive Philosophie stellt, ist die Empiriehaltigkeit progressiver Problemverschiebungen. Kann überhaupt die Rede davon sein, daß der Konstruktivismus qua philosophischer Richtung empiriehaltig ist?
Zur Erläuterung sei darauf hingewiesen, daß der »raffinierte Falsifikationismus« von Lakatos einen Fortschrittsgedanken bewahrt, indem er bezüglich der historischen Abfolge von Theorien dann von einem erfolgreichen oder guten Forschungsprogramm spricht, wenn progressive Problemverschiebungen stattfinden, d. h., wenn es einen nachweisbaren Überschuß an empirischem Wissen für die späteren Theorien gegenüber den früheren gibt. Empiriehaltigkeit ist also hier näher bestimmt als eben dieser Überschuß an empirischem Wissen in der späteren Theorie gegenüber der früheren.
Unsere These ist nun, daß der philosophische Konstruktivismus eben dies leistet. D. h., er ist überhaupt empirisch gehaltvoll, und er hat einen empirischen Überschuß über Konkurrenzphilosophien, von denen trivialerweise nur solche in Frage kommen, die sich demselben Gegenstandsgebiet widmen, also die analytisch-empiristische Wissenschaftstheorie (einschließlich Logik und Sprachphilosophie).
Irritierend ist die Rede von der Empiriehaltigkeit wissenschaftsphilosophischer Thesen nur dann, wenn »Empirie« auf den Typ der laborwissenschaftlichen, naturkundlichen Erfahrung beschränkt wird. Anders verhält es sich, wenn man an sozialwissenschaftliche, vor allem historische Empirie denkt. Dann nämlich kann die Behauptung eines empirischen Überschusses des Konstruktivismus über Konkurrenzphilosophien bedeuten, daß er adäquater der tatsächlich von Naturwissenschaftlern betriebenen Naturwissenschaft ist.
Wer die Diskussion zwischen Konstruktiver und Analytischer Wissenschaftstheorie verfolgt hat, wird von dieser These überrascht sein. Da nämlich konstruktive Theorien, insbesondere die Protophysik, einer gängigen Interpretation nach mit der Physik der Physiker in Kollision geraten sind, und da andererseits die analytische Betrachtung der Physik eine solche Kollision ausschließt, scheint prima facie die Analytische Wissenschaftsphilosophie der tatsächlichen Naturwissenschaft immer adäquater als eine konstruktiv rekonstruierende. Eine solche Auffassung beruht allerdings auf der Verwechslung von faktisch betriebener Natur-

wissenschaft einerseits und dem populärphilosophischen Selbstverständnis der Naturwissenschaftler andererseits. Es soll hier nicht bestritten, aber auch nicht weiter diskutiert werden, daß z. B. der Kritische Rationalismus Poppers, aber auch einige Auffassungen der Analytischen Wissenschaftsphilosophie dem Selbstverständnis vor allem der Physiker näherstehen als die Konstruktive Wissenschaftsphilosophie. Ob dieses Selbstverständnis allerdings ein zutreffendes ist, ist damit nicht entschieden und soll hier ebenfalls nicht weiter verfolgt werden. Hier geht es bezüglich der Konstruktiven Wissenschaftsphilosophie allein darum, ob sie der tatsächlich betriebenen Naturwissenschaft empirisch adäquater ist als Konkurrenzphilosophien.

Der Erfahrungsbegriff, der hier zur Anwendung kommen soll, nimmt selbstverständlich in Anspruch, allgemeine Nachprüfbarkeit zu beinhalten. »Erfahrung« wird hier handlungstheoretisch verstanden als das Widerfahrnis, ob durch ein Unternehmen die ihm gesetzten Ziele erreicht wurden oder nicht. Auch in nichtquantitativen, nichtapparativen Wissenschaften ist es möglich, davon zu sprechen, daß Erfahrungen »gemacht« im Sinne von »absichtlich provoziert« werden, indem eine Unternehmung der Bewährungsprobe des Gelingens oder Mißlingens unterworfen wird. Das hier in Rede stehende Unternehmen ist selbstverständlich eine mit konsistenter, explizit normierter Terminologie beschriebene, adäquate Rekonstruktion von faktisch Gegebenem, wie z. B. der Naturwissenschaft der Naturwissenschaftler.

Genauer geht es dabei um »typisch konstruktive« Thesen, etwa die Physik als menschliches Handeln nach Zwecken zu begreifen. Welche Sachzwänge des poietischen Handelns, die sich dann in einem »Prinzip der methodischen Ordnung« niederschlagen, sind zu berücksichtigen? Welche normativen Vorgaben, etwa in Form von Gerätefunktionsnormen, sind für die tatsächlich betriebene Laborphysik unverzichtbar? Was folgt daraus, daß die Naturwissenschaften auf die sprachliche Darstellung ihrer Resultate angewiesen sind? Welche Konsequenzen hat der apparative Charakter naturwissenschaftlicher Erfahrung, etwa für den technischen Erfolg der Experimentierkunst als Wahrheitskriterium für physikalische Theorien? Diese Beispiele sollen die Beweispflicht markieren, die mit der These verknüpft ist, der Konstruktivismus habe einen empirischen Überschuß über seine Konkurrenten und könne als FP betrachtet werden.

Hören wir Lakatos: »Man kann alle wissenschaftlichen Forschungsprogramme durch ihren ›harten Kern‹ charakterisieren. Die negative Heuristik des Programms verbietet uns, den Modus tollens gegen diesen ›harten Kern‹ zu richten.« ... »Dieser ›Kern‹ des Programms ist ›unwiderlegbar‹ aufgrund der methodologischen Entscheidung seiner Protagonisten.« (I. Lakatos, Falsifikation und die Methodologie wissenschaftlicher Forschungsprogramme, in: I. Lakatos/A. Musgrave, Hrsg., Kritik und Erkenntnisfortschritt, Braunschweig 1974, S. 129, 130) Was ist nach diesem Verständnis der »harte Kern« des Konstruktivismus?

»Konstruktivismus«

Der Konstruktivismus ist kein System in dem Sinne, als einer seiner Väter, Söhne oder Enkel etwa nach der Architektonik einer axiomatischen Theorie einen Prinzipienkanon formuliert hätte. Auch sind die laufenden Forschungen zur Logik, zur Sprachphilosophie, zur Wahrheitstheorie, zur Protophysik, zur Handlungstheorie usw. auf ihr jeweiliges spezielles Anliegen konzentriert und gehen dabei eher pragmatisch mit den großen Prinzipien um, die sich allenfalls ad hoc nachträglich durch Beschreibung konkreter Lösungsvorschläge für genau umrissene Probleme ergeben.

Deshalb werden wir versuchen, geordnet nach den Sachgebieten Sprache, Logik und Protophysik in – soweit möglich – methodischer Ordnung einzelne Postulate aufzuzählen, die als »typisch konstruktivistisch« gelten können:

Die Konstruktive Sprachphilosophie konzentriert sich auf die Aufgaben einer Theorie der Wissenschaftssprachen. Alle Termini, auch sogenannte »Grundbegriffe« oder »primitive terms«, sind explizit für jede Theorie zu normieren. Diese Explikations- oder Normierungsschritte setzen bei der vor- und außerwissenschaftlichen Lebenswelt an und halten das berühmte Münchhausen-Trilemma (H. Albert) im Bereich von Definitionsbemühungen durch Bezug auf ausgewählte Standardexemplare und durch »exemplarische Bestimmung elementarer Prädikatoren« für vermeidbar. Sprechen wir dabei nicht in erster Linie als denotatives Sprechen, sondern als Kommunikationshandeln verstanden. Hier wird nicht einer Syntax und einer Semantik einer Pragmatik nachgeschoben, sondern Sprechen von Anfang an als Sprechhandeln rekonstruiert. Deshalb kommt auch keine extensionale Semantik, sondern nur eine intensionale in Frage: Die Gegenstände der Wissenschaften werden durch Sprachnormierung (eventuell in Verbindung mit nichtsprachlichen Handlungen) allererst konstituiert.

Vorliegende Wissenschaftssprachen (in Form von Lehrbuchtexten) werden unter dem Verständnis »kritischer Bewahrung« rekonstruiert und verfolgen damit einen Mittelweg zwischen der Skylla des linguistischen Phänomenalismus und der Charybdis einer Kunstspracheneuphorie, wie sie den Wiener Kreis gekennzeichnet hat.

Für die Konstruktive Logik ist deren Einbettung in eine Argumentationspraxis entscheidend: Logik wird weder axiomatisch noch formalistisch, weder als Selbstzweck noch als bloße Fortsetzung einer von Aristoteles begonnenen Tradition, weder beschränkt auf die Aufgaben der Mathematikbegründung noch der Informationstheorie begriffen, sondern als Explikation von Regeln, die als Grundlage einer fairen Argumentationspraxis gelten können. Begründungsvorschläge zur Logik aus Konstruktiver Sicht sind durchaus heterogen, enthalten im Vergleich verschiedener Ansätze sogar einige Unverträglichkeiten, nehmen aber alle »den Sitz im Leben«, d.h. den Anspruch ernst, sich als Mittel vernünftigen Argumentierens ausweisen zu lassen.

Die Konstruktive Protophysik ist, da sie den Bereich poietischer Handlungen für die messende Physik normierend rekonstruiert, dem Prinzip dee methodischen Ordnung verpflichtet. Hier wird ein strikter Operationalismus dergestalt favorisiert, daß ein Beginn bei Handlungsprädikatoren gewählt wird, die anhand tatsächlich ausführbarer Herstellungshandlungen (der handwerklichen Bearbeitung von Körpern) normiert werden. Grundbegriffe der Physik und ihrer Methodenlehre wie Länge, Dauer, Masse, Kausalität, Experiment u. a. werden explizit bestimmt durch Regelsysteme, nach denen tatsächlich verfahren werden kann, um Messungen und Experimente auszuführen und empirisch gehaltvolle, entscheidbare, singuläre Aussagen der Physik (Meßresultate) zu gewinnen. Die Objektivität des einzelnen Meßresultats wird als intersubjektive Überprüfbarkeit der sie darstellenden Aussage betrachtet, die ihrerseits durch Sicherung einer prototypenfreien Reproduzierbarkeit von Grundformen des Raumes, der

Zeit und des Stoffes gesichert wird. Diese (im Detail von Vertretern der Konstruktiven Wissenschaftstheorie ebenfalls kontrovers diskutierten Ansätze) werden aber konsequent im Zusammenhang einer Mittel-Zweck-Rationalität erwogen, wonach die prototypenfreie Reproduzierbarkeit einem universellen Ziel der situationsinvarianten technischen Funktion verpflichtet bleibt. Soweit einige wichtige Charakteristika der Konstruktiven Philosophie.

Empirieüberschuß als höhere Adäquatheit

Inwiefern leisten die »typisch konstruktivistischen« Postulate und Maximen eine adäquatere Beschreibung ihres Gegenstandes und damit einem empirischen Überschuß über ihre Konkurrenten?
Die Sprachphilosophie ist gegenüber ihren Analytischen Konkurrenten insofern adäquater an das Alltags- und das wissenschaftliche Reden, als dort faktisch das Auffordern (und vielleicht das Fragen) dem Behaupten und Beschreiben vorgeht und methodischen Primat hat. Der Erstsprachenerwerb eines jeden Individuums vollzieht sich notwendigerweise, der Zweit- Dritt- usw. -Sprachenerwerb vollzieht sich praktischerweise so, daß sprachliche Unterscheidungen in Aufforderungen eingeübt werden, wo nichtsprachliche Bewertungsantworten zustimmender oder ablehnender Art durch den Sprachlehrer dem Lehrling den zutreffenden Gebrauch des neuen Wortes anzeigen. Ein auffälliger Indikator dafür, daß die Konstruktive Sprachphilosophie zusehens mehr handlungstheoretische Aspekte miteinbezieht, ist das Faktum, daß an den Anfang sprachphilosophischer Rekonstruktionen statt der ontischen Kopula ε die praktische Kopula π getreten ist und das Auffordern als sprachpragmatisch primär dem Behaupten in Rekonstruktionen vorausgeht. Diese Verschiebung, etwa von der »Logischen Propädeutik« (W. Kamlah, P. Lorenzen, 1967) weg zum »Lehrbuch der Konstruktiven Wissenschaftstheorie« (P. Lorenzen, 1988) hin, ist zugleich ein Abgehen von Beschränkungen auf das traditionell philosophische Problem der Wahrheit hin zu einer Rekonstruktion aller sprachlichen Mittel, die in Alltag und Wissenschaft benötigt werden.
Die Wissenschaftssprache, die von Wissenschaftlern tatsächlich und meistens legitimerweise mit dem Anspruch einer graduell

besseren Nachvollziehbarkeit (gegenüber der Alltagssprache) verknüpft ist, läßt sich durch methodische Rekonstruktion explizieren und in ihrem Nachvollziehbarkeitsanspruch einlösen. Dies gilt insbesondere für Termini der sogenannten exakten Wissenschaften, die – wie in der Geometrie – schon beinahe zweieinhalbtausend Jahre Definitionsprobleme mit sich führen, oder die – wie im Falle der klassischen Mechanik – aufgrund mangelnder Definition zu der modern vorherrschenden, aber unbegründeten Auffassung der Nichtdefinierbarkeit einiger Grundbegriffe geführt haben. Der deutliche »Empirieüberschuß« der methodischen Rekonstruktion gegenüber Analytischen Wissenschaftssprachtheorien besteht nun darin, daß ja z. B. Geometrie und Mechanik trotz anerkannter Definitionsdilemmata praktisch höchst erfolgreich angewendet werden können, dieser Erfolg aber systematisch unverstanden geblieben ist. Die methodische Rekonstruktion dagegen, die per definitionem nicht in Konflikt geraten kann mit der Reihenfolge, die historisch aufgrund gewisser Sachzwänge eingehalten werden mußte, ist dem tatsächlichen Reden der Fachwissenschaftler insofern angemessener als Analytische Alternativen, als sie gerade den Erfolg terminologischer Unterscheidungssysteme handlungstheoretisch einsichtig machen kann.
Für die Logik läßt sich exemplarisch nennen, daß im methodischen Aufbau von einer materialen zur formalen Logik Sätze wie das von Mathematikern häufig benützte »Prinzip der vollständigen Induktion« als material-wahrer Satz beweisbar ist, was in formalistischer Mathematikinterpretation als unverstandenes Axiom (das 5. Peanosche Axiom) einfach gesetzt werden muß.
Die Ablehnung der Wertdefinitheit in der Aussagenlogik läßt sich als größere Praxisnähe einsehen, weil einerseits auch sinnlose, unentscheidbare, unverstandene Aussagen, sodann die Verwendung von Junktoren in Aufforderungs- und Fragesätzen erfaßt wird und andererseits Probleme und Paradoxien verschwinden, auf die die Analytische Logik viel Mühe (mit wenig Erfolg) verwendet hat, so etwa das Definitionsproblem der Dispositionsprädikate, die Raben- und ähnliche Paradoxien oder das Problem der lawlikelyness physikalischer Aussagen. Schließlich soll nicht vergessen werden, daß die dialogische Bestimmung von Subjunktion und Implikation insofern größere Praxisnähe hat als der Beginn bei der Wittgensteinschen Wahrheitstafelmethode, als ja Wenn-Dann-Aussagen lebenspraktisch und wissenschaftlich gerade dort

von besonderer Bedeutung sind, wo noch nicht vorab über Wahrheit oder Falschheit der Prämisse und der Konklusion entschieden werden kann bzw. worden ist.
Auch die Protophysik kann, einem Analytischen Mißverständnis zum Trotz, größere Praxisnähe reklamieren als Analytische Wissenschaftssprachtheorien: die moderne Meßgeräteindustrie etwa produziert (für den »Konstruktivisten« selbstverständlich) immer noch euklidische und galileische Geräte zur Länge- und Zeitmessung. Allen relativistischen nachträglichen Interpretationen und Meßgerätefunktionen zum Trotz bleiben die euklidischen und galileischen Normen technisch maßgeblich. Jeder Physiker und jeder Techniker, welcher Philosophie er auch immer privat anhängen mag, unterscheidet außerdem tatsächlich bei seiner Arbeit stets zwischen beabsichtigten und tatsächlichen Eigenschaften seiner Geräte. Jede Messung, jede Beobachtung, jedes Experiment, jeder Fall von Konstruktion, Bau und Betrieb einer Maschine unterliegt tatsächlich einer Orientierung an Funktionsnormen, und im Falle einer Störung der Exhaustion dieser Normen. Es ist keine Konkurrenzphilosophie zu sehen, die diese historische Tatsache adäquater in ihren Ansatz aufgenommen hat als die Konstruktive Wissenschaftsphilosophie.
Selbst für die Wissenschaftsgeschichtsschreibung leistet die Protophysik mehr als ihre Analytischen Konkurrenten: die Tatsache, daß Euklid sowohl wie Newton ihren Theorien Systeme von Definitionen vorausgeschickt haben, die nach moderner Überzeugung vielfache Mängel aufweisen, muß nun nicht mehr in Bausch und Bogen als historisches Fehlgehen verworfen werden, sondern kann nach Reparaturen durch methodische Begründung als höchst sinnvolles und dem Geltungsanspruch dieser Theorien dienliches Vorgehen begriffen werden.
Resümierend läßt sich feststellen, daß zwar Analytische Konkurrenten der Konstruktiven Wissenschaftstheorie wohl näher am Selbstverständnis heutiger Mathematiker und Naturwissenschaftler angesiedelt sein mögen, daß dieses Selbstverständnis aber seinerseits mit Populärphilosophien und mit Bruchstücken eben dieser analytisch-empiristischen Philosophie angereichert ist. Die Frage, ob sich die Experten in Mathematik und Naturwissenschaft vielleicht als Philosophen weniger gut bewährt haben, ist damit nicht beantwortet. Folgt man der Einsteinschen Maxime, nicht auf die Physiker zu hören, wenn man wissen wolle, was

Physik sei, sondern genau darauf zu achten, was die Physiker wirklich tun, so stellen sich schnell Zweifel an den philosophischen Selbstverständnissen der sogenannten exakten Wissenschaftler ein.
Die Konstruktive Wissenschaftstheorie dagegen ist allemal näher an der tatsächlich betriebenen Naturwissenschaft, als ja unbestritten deren nichtsprachlicher, poietischer Anteil hoch ist und wissenschaftshistorisch der poietisch zweite Schritt niemals vor dem ersten getan werden konnte, eine methodische Rekonstruktion also per definitionem immer praxisadäquater ist als eine holistische.
Die These, der Konstruktivismus sei ein Forschungsprogramm, ist damit in der (logischen) Form begründet worden, daß für wesentliche Teilbereiche der Konstruktiven Philosophie Exemplare größerer Praxisnähe und damit höherer Rekonstruktionsleistung faktischer Wissenschaften vorgeführt wurden. Diese Begründung würde ihre Geltung verlieren, wenn im Gegenzug gezeigt werden könnte, daß die Konstruktive Philosophie in Kollision mit anerkannten fachwissenschaftlichen Lehrmeinungen gerät, deren Unhaltbarkeit sie weder zeigen noch deren Verbesserung sie vorschlagen könne. Dies ist aber aus einem sehr einfachen Grund nicht der Fall: ihrer Zielsetzung nach bleibt nämlich Konstruktive Philosophie immer Philosophie, d. h. sie steht zu den Fachwissenschaften auf einem metasprachlichen, metatheoretischen Niveau. Inhaltliche, objektsprachliche Sätze und Theoreme der Fachwissenschaften werden allenfalls exemplarisch diskutiert, aber, wofern überhaupt kritisiert, immer nur im Hinblick auf Begründungsdefizite aufgegriffen, d. h. philosophisch anders als in einer vorherrschenden Philosophie rekonstruiert.

Schluß

Das auf den ersten Blick größte Hindernis, die für Erfahrungswissenschaften entwickelte Kategorie »Forschungsprogramm« auf eine philosophische Richtung anzuwenden, nämlich der nachzuweisende Empirieüberschuß, hat sich nicht als die große Schwierigkeit erwiesen. Es ist der Praxisbezug der Konstruktiven Philosophie, nämlich zur Praxis des alltäglichen und wissenschaftlichen Redens, zur Praxis des logischen Schließens und zur

Praxis, naturwissenschaftlich Erfahrungen zu gewinnen, der hier eine erfahrungskontrollierte Angemessenheit philosophischer Reflexionen zu beurteilen erlaubt.

Auch viele andere Definitionsstücke, die Lakatos zusammenträgt, um seinen Begriff des FPs für ein (besseres) Verständnis der Physik herauszuarbeiten, finden ihre Entsprechung, wo die Konstruktive Philosophie charakterisiert werden soll. Dazu mögen einige Andeutungen genügen. Der wichtigste Aspekt dürfte wohl sein, daß der harte Kern eines Forschungsprogramms von seinen Protagonisten für unwiderlegbar gehalten wird, und daß deshalb jeder Widerlegungsversuch von seiten seiner Gegner allenfalls zu Modifikationen im »Schutzgürtel« des harten Kerns führt. Dieses Vorgehen ist für eine philosophische Orientierung so wenig irrational, wie dies etwa für die klassische Mechanik irrational wäre. Denn was bei der Bewahrung des »harten Kerns« geschützt wird, ist ja nicht ein empirisch zur Disposition stehendes Hypothesensystem mit beschreibendem Charakter, sondern einer Zielorientierung. Dabei ist es ja selbst nur philosophischen Vorgaben einer analytisch-empiristischen Wissenschaftsphilosophie zu danken bzw. zu schulden, wenn die Zweckorientierung der klassischen Mechanik, die ja unstrittig Produkt menschlicher Handlungen ist, bei ihrer wissenschaftstheoretischen Diskussion zu kurz gekommen ist. Begreift man das Forschungsprogramm der klassischen Mechanik so, daß dabei mit letztlich technischem Erkenntnisinteresse, also dem Ziel der Konstruktion funktionierender Maschinen, die Bewegung von Körpern unter dem Einfluß von Kräften beschrieben, erklärt und vorhergesagt werden sollen, so ist leicht zu sehen, daß ein solcher »harter Kern« nicht wird scheitern können wie ein empirisch zu kontrollierendes Hypothesensystem.

Dem entspricht als »harter Kern« des »Konstruktivismus« die programmatische Orientierung, die exakten Wissenschaften und schließlich jedes verläßliche Wissen von der Welt als Resultat menschlicher Handlungen begreifen zu wollen. Dies ist von Vertretern der Konstruktiven Philosophie häufig als »kulturalistisches Wissenschaftsverständnis« bezeichnet worden. Wer sich dagegen, um potentielle Alternativen zu benennen, darauf verlegen möchte, Naturwissenschaftler als Datensammelmaschinen, oder Menschen, deren Leben in einem dauernden Wechsel und Gemisch von Handlungen und Widerfahrnissen besteht, als bloß

reagierende, evolutiv angepaßte Organismen zu interpretieren, verfolgt schlechterdings ein anderes Ziel, präsentiert aber noch nicht einmal im Ansatz einen Widerlegungsversuch für das Programm der kulturalistischen Wissenschaftsphilosophie.
Die Parallelität naturwissenschaftlicher und konstruktiv philosophischer Forschungsbemühungen reicht weit. Ob weit genug, die Konstruktive Philosophie eine wissenschaftliche zu nennen, braucht hier schon aus dem Grund nicht weiter diskutiert zu werden, weil ja das Ergebnis im günstigsten Falle auf die Selbstkonsistenz hinausliefe, daß die Charakterisierung von Wissenschaftlichkeit (z. B. der Naturwissenschaften) durch die Konstruktive Wissenschaftsphilosophie auch auf sie selbst anzuwenden wäre – aber die Auszeichnung der »Selbstkonsistenz« als höchste Qualität wissenschaftlicher Theorien (z. B. bei der nachträglichen, relativistischen Interpretation der Funktionskriterien von klassisch hergestellten Meßgeräten) tritt ja bisher selbst nur im Gewand einer bloßen Geschmacksentscheidung in der Diskussion auf.
Der Vollständigkeit halber könnte gefragt werden, ob es denn im Felde der Konstruktiven Philosophie prinzipiell auch so etwas wie eine »degenerative Problemverschiebung« geben könnte. Die Antwort lautet, daß es dies bereits gegeben hat: Versuche, eine konstruktive Ethik zu entwickeln, werden nicht weiterverfolgt. Zwar ist die begriffliche Klärung sogenannter »mentaler Termini« im Hinblick auf eine rational zu begründende Psychologie vielleicht wertvoller, als zeitenweise von Urhebern der Konstruktiven Ethik bei ihrer Verabschiedung von derselben gesehen wurde, aber die (empirisch belegbare) Beschränkung der Adäquatheit an eine Praxis, für die eine Ethik gedacht sein muß, war offenkundig geworden: Die Bewertung von Handlungen bzw. Zwecken in dem damals vorgeschlagenen Zusammenwirken von Moral- und Kulturprinzip konnte nicht die lebenspraktisch häufig auftretende Konfliktsituation eines Verteilungskampfes bewältigen. Wenn zwei Eroberer dieselbe Stadt, zwei Frauen denselben Mann (zwei Männer dieselbe Frau) haben wollen, konnte auch die Konstruktive Ethik nicht weiterhelfen.
Im Rückblick erweist sich auch das Ziel des vorliegenden Aufsatzes als erreicht: Es sollte ja nicht, gleichsam als Selbstzweck und Denksportaufgabe, die Anwendbarkeit des wissenschaftstheoretischen Terminus »Forschungsprogramm« auf eine philosophische Richtung untersucht, sondern durch diese Untersuchung nach

Möglichkeit eine tiefere Einsicht gewonnen werden. Dem Anspruch nach soll es die folgende Einsicht sein:
Im Streit philosophischer Richtungen, insbesondere im Streit zwischen Konstruktiver Philosophie und ihren Analytischen und Empiristischen Gegnern, sollte die Frage nach der (empirisch kontrollierbaren) Adäquatheit an die tatsächlich betriebenen Wissenschaften und nicht um die Adäquatheit an vorherrschende, populärphilosophische Selbstinterpretationen der Wissenschaftler gehen. Dies könnte z. B., allen überhöhenden Selbstinterpretationen der Naturwissenschaften zum Trotz, dem instrumentalistischen Charakter der Naturwissenschaften Gerechtigkeit widerfahren lassen. Ungeachtet aller scharfsinnigen und spitzfindigen Diskussionen zählt nämlich immer noch der technische Erfolg naturwissenschaftlicher Unternehmungen als das letztlich entscheidende Kriterium. Diese instrumentalistische Grundidee läßt sich auch auf die nichtempirischen Disziplinen Logik und Sprachphilosophie übertragen. Was dabei aber weder beweisbar noch widerlegbar ist, sondern eine (dem Anspruch nach wieder rationale) Lebensentscheidung der Akteure, ist der programmatische Entschluß, jede Bemühung um Erkenntnis als menschliches Handeln nach Zwecken zu begreifen. Kriterien, nach denen dieser Entschluß selbst als rational ausweisbar sein soll, sind aber weder Gegenstand des vorliegenden Aufsatzes, noch sollen sie mit dem Terminus »Forschungsprogramm« (falsch) bezeichnet werden.

Kapitel II
Verhältnis zu anderen Ansätzen

1. Die methodische Ordnung von Konstruktionen

Der Radikale Konstruktivismus aus der Sicht des Erlanger Konstruktivismus

Vorbemerkung

Die bloße Namensgleichheit von »Radikalem« und »Erlanger« Konstruktivismus gäbe wenig Anlaß zum Nachdenken, zumal von »Konstruktivismus« auch in den Künsten und den Fachwissenschaften in unterschiedlichster Weise die Rede ist. Schon eher ist dies der Fall, wenn beide Richtungen sich gleichen oder ähnlichen Fragen der Wissenschafts- und Erkenntnistheorie zuwenden. Geboten jedoch ist ein solches Nachdenken, wenn sich beide Bemühungen außerdem auf gleiche Autoritäten berufen und gar noch unter ihren Ahnherren, nämlich S. Ceccato und H. Dingler, historische und systematische Berührungspunkte hatten, die später nur historisch-kontingent aus den Augen verloren wurden.
Im folgenden soll es aber nicht um einen Vergleich zweier Positionen gleichsam von außen, von einer dritten Position her gehen, sondern um eine Auseinandersetzung mit dem Radikalen Konstruktivismus aus der Sicht des methodischen Konstruktivismus der Erlanger Schule – mit folgendem wichtigen Vorbehalt:
Während sich die Vertreter des Radikalen Konstruktivismus selbst so bezeichnen, ist die Rede vom Erlanger Konstruktivismus zunächst eine Erfindung ihrer Gegner.[1] Die Endungen -ismus bzw. -istisch signalisieren ja nach üblichem Sprachgebrauch eine Übertreibung, weshalb es angemessen wäre, sich auf das Adjektiv »konstruktiv« zu beschränken; aber dieser Sprachpurismus hat wohl keine Aussicht auf Erfolg. Inhaltlich ist dagegen hervorzuheben, daß die Zusammenfassung von Forschern zu Schulen oder Gruppen immer eine zweifache Simplifizierung darstellt: jeder Forscher hat in der Regel seinen eigenen Kopf, und dieser durchläuft auch noch eine lebenslange Entwicklung.

1 Vgl. Zur Geschichte des »Erlanger Konstruktivismus«: P. Janich, Vorwort zu: ders. (Hg.), *Entwicklungen der Methodischen Philosophie*, Frankfurt 1992.

Für die folgende Auseinandersetzung mit dem Radikalen Konstruktivismus ist deshalb vorauszuschicken, daß es einerseits Dritten überlassen sein möge, wie weit der Konstruktivismus des Autors demjenigen anderer, der »Erlanger Schule« Paul Lorenzens zugerechneten Philosophen entspricht, und andererseits wird die Wahrnehmung des Radikalen Konstruktivismus notwendigerweise selektiv sein. Die Hoffnung des Autors bleibt, wesentliche, unter den Vertretern des Radikalen Konstruktivismus konsensfähige oder typische Punkte zur Diskussion zu stellen.

1. Das historische Aufeinandertreffen der beiden Konstruktivismen

Als die ersten deutschsprachigen Veröffentlichungen des Radikalen Konstruktivismus erschienen, hatte der Konstruktivismus der Erlanger Schule einschließlich seines Konstanzer Ablegers (P. Janich, F. Kambartel, J. Mittelstraß, später auch M. Gatzemeier und F. Koppe) eine erste Runde der Ausdifferenzierung bereits hinter sich. Es waren, grob geschätzt, rund einhundert Bücher und rund eintausend wissenschaftliche Artikel erschienen, dazu zwei umfangreiche Bände einer vierbändigen *Enzyklopädie Philosophie und Wissenschaftstheorie.*[2] Je nach Abgrenzung konnte man zwischen fünf und zehn deutsche Philosophieprofessoren dieser Richtung zurechnen. Es war deshalb für den Autor dieses Beitrags eine große Überraschung, auf ein Buch zu stoßen, das unter dem Titel »Einführung in den Konstruktivismus« (Autoren u. a. E. v. Glasersfeld, H. v. Foerster, P. Watzlawick und S. J. Schmidt)[3] nicht den geringsten Bezug zum Erlanger Konstruktivismus herstellte. Gleiches gilt für den 1987 von S. J. Schmidt herausgegebenen Band *Der Diskurs des Radikalen Konstruktivismus.*[4] Hier hatte sich anscheinend wiederholt, was man als eine Art von Intersubjektivitätsbeschränkung durch Anglophilie auf vielen Gebieten der Fachwissenschaften und der Philosophie registrieren kann. Der italienische (und deutsche) Operationalismus hatte

2 Herausgegeben von J. Mittelstraß, in Verbindung mit G. Wolters, Mannheim/Wien/Zürich 1980 und 1984.

3 München 1985.

4 Frankfurt 1987.

nicht die Aufmerksamkeit erwecken können, die dem Import von Texten (auch deutschsprachiger) Autoren aus den USA beschieden ist. Im deutschsprachigen Wissenschaftsbetrieb gibt es gelegentlich einen Bewertungs- und Wahrnehmungsmodus, der die Sprachbarrieren amerikanischer und englischer Wissenschaftler (und einen daraus resultierenden gewissen Provinzialismus) wie ein Abgrenzungskriterium behandeln – ganz offenkundig so in der Analytischen Philosophie, inzwischen allerdings nicht mehr so beim Radikalen Konstruktivismus.

Diese temporäre Phase des Nichtverhältnisses zwischen zwei in lebendiger Entwicklung befindlichen Konstruktivismen braucht hier nicht weiter betrachtet zu werden. Sie ist inzwischen überwunden, bis hin zu einem 1988 in Marburg abgehaltenen Kolloquium zwischen Vertretern beider Richtungen (im Rahmen des DFG-Schwerpunktprogramms »Gehirn und Kognition«). Auch das Erscheinen dieses Beitrags im vorliegenden Sammelband belegt die neue Entwicklung.

Die erste explizite schriftliche Äußerung, die sich auf seiten des Radikalen Konstruktivismus über den Erlanger findet, ist eine Fußnote bei G. Rusch, einem Schüler S. J. Schmidts, von 1987, in der es heißt:[5] »Der Terminus ›Radikaler Konstruktivismus‹ ist von Ernst von Glasersfeld geprägt worden; er steht in keinerlei systematischem Zusammenhang mit dem Konstruktivismus der Erlanger Schule um Paul Lorenzen.« Im sehr umfangreichen Literaturverzeichnis findet sich als einziger Bezug zur Erlanger Schule ein kurzer Ausschnitt aus dem Buch *Logische Propädeutik* von W. Kamlah und P. Lorenzen[6], und zwar zitiert als Abdruck in G. Skirbekks Reader *Wahrheitstheorien.*[7] Ersichtlich war also dem Autor Rusch der Erlanger Konstruktivismus noch nicht wirklich in den Blick gekommen.

Erste Klarheit, die insbesondere Beziehungen in der Ahnenreihe der beiden Konstruktivismen ausweist, hat der auf einem Kongreß in Wien (November 1990) gehaltene Vortrag »Der Erlanger Konstruktivismus in seiner Beziehung zum Konstruktiven Realis-

5 Vgl. G. Rusch: *Erkenntnis, Wissenschaft, Geschichte. Von einem konstruktivistischen Standpunkt.* Frankfurt 1987, S. 505.

6 W. Kamlah, P. Lorenzen: *Logische Propädeutik. Vorschule des vernünftigen Redens.* Mannheim/Wien/Zürich, 1. Auflage 1967, 2. Auflage 1973.

7 Frankfurt 1977.

mus« von W. Zitterbarth gebracht.[8] Zitterbarth weist nach, daß der italienische Philosoph und Linguist Silvio Ceccato, Lehrer Ernst von Glasersfelds, sich in einem Aufsatz mit dem Titel »Pro Dingler – Contra Dingler« ausführlich mit dem Verhältnis seines eigenen zu dem Dinglerschen Operationalismus befaßt. Ceccato hat außerdem unter dem Titel »La Presenza di Hugo Dingler nella Cultura Italiana« einen sympathisierenden Beitrag über Dingler zu dessen 75. Geburtstag geschrieben.[9]

Hier ist auf die von Zitterbarth herausgearbeiteten, weitreichenden Übereinstimmungen und einige Unterschiede zwischen Ceccato und Dingler nicht weiter einzugehen, weil sie im wesentlichen Punkte betreffen, die von den heute auf die beiden Ahnherren zurückgehenden Traditionen ohnehin etwas anders gesehen werden.

Zitterbarth vergleicht aber auch den Radikalen und den Erlanger Konstruktivismus heutiger Form und kommt zu folgendem, die Behauptung von Rusch widerlegenden Schluß: »Es handelt sich um zwei kompatible wissenschaftsphilosophische Unternehmungen, die auf sehr verschiedenen Wegen zu recht ähnlichen Zielen gelangen. Aus jeder der beiden Perspektiven erscheint das Ziel der anderen Seite als unvollständig und einseitig, aber nicht als falsch. Beide Richtungen können partiell voneinander lernen, ohne dabei die eigene Identität in entscheidenden Punkten aufgeben zu müssen.«

Als »augenfälligste Übereinstimmung« der beiden Konstruktivismen hebt Zitterbarth die »Ablehnung einer ontologischen Deutung unseres erfahrungswissenschaftlichen Wissens« sowie die Ablehnung der Auffassung hervor, Wissenschaft sei ein Selbstzweck. Als auffälligste Unterschiede zeigen sich für Zitterbarth die Beschränkung des Erlanger Konstruktivismus auf »die konstruktive Aktivität des Philosophen bzw. des Wissenschaftlers« (gemeint ist im Unterschied zum Laien in der Lebenswelt), sowie die Beschränkung des Radikalen Konstruktivismus darauf, »die Ergebnisse der Empirischen Wissenschaften antirealistisch als Konstruktionen zu deuten«. Vorsichtig distanziert sich Zitterbarth, so eine dritte Position einnehmend, in einigen Punkten von beiden Konstruktivismen.

8 Erscheint demnächst im Druck.

9 In: W. Krampf: *Hugo Dingler. Gedenkbuch zum 75. Geburtstag*, München 1957.

Hier sollen die Akzente anders gesetzt und insbesondere die Beobachterperspektive verlassen werden, in der gleichsam von außen zwei Positionen miteinander verglichen werden. So symmetrisch und harmonisch wie Zitterbarth erscheint das Verhältnis der beiden Konstruktivismen nicht, wenn man das zentrale Anliegen des methodischen Konstruktivismus hinsichtlich der Begründung wissenschaftlicher Theorien in den Vordergrund stellt. Kurz, ein solches Vorgehen verdankt sich einer anderen Zielsetzung als bei Zitterbarth: es geht darum, auf der Grundlage vieler Übereinstimmungen im Bereich von Zielen und grundsätzlicheren Sichtweisen vor allem erkenntnistheoretischer Art, einige Schwächen des Radikalen Konstruktivismus darzustellen und zu diskutieren, um konstruktives Denken insgesamt voranzutreiben. Dieses wiederum soll nicht als Selbstzweck, sondern als Entwicklung einer Philosophie und Wissenschaftstheorie betrieben werden, die ihre Fruchtbarkeit für Biologie und Kognitionsforschung unter Beweis zu stellen hat.

2. Grundzüge des Radikalen Konstruktivismus aus methodischer Sicht

Es gibt, mit unterschiedlicher Schwerpunktsetzung durch die einzelnen Autoren, eine ganze Reihe guter Darstellungen des Radikalen Konstruktivismus.[10] Sie sind hier weder zu wiederholen noch in Zusammenfassung vorzustellen. Vielmehr sind diejenigen Teilaspekte und Thesen herauszugreifen, auf die sich die anschließende Kritik bezieht.

Im Aufbau dieser Präsentation wollen wir der umfassenden Dar-

10 U. a.: E. v. Glasersfeld, »Konstruktion der Wirklichkeit und des Begriffs der Objektivität«, in: H. Gumich, A. Mohler (Hg.), *Einführung in den Konstruktivismus*, München 1985, S. 1-27.
S. J. Schmidt, »Der Radikale Konstruktivismus: Ein neues Paradigma im interdisziplinären Diskurs«, in: ders. (Hg.), *Der Diskurs des Radikalen Konstruktivismus*, Frankfurt 1987 (im folgenden zitiert als *Diskurs*).
G. Roth, »Autopoiese und Kognition: Die Theorie H. R. Maturanas und die Notwendigkeit ihrer Weiterentwicklung«, in: *Diskurs*, S. 256-286.
G. Rusch, a.a.O. (vgl. Fußnote 5).

stellung von G. Rusch folgen, weil sie die ganze Fülle der in der Diskussion aufgetauchten Aspekte in eine Ordnung bringt, die durch die Position des Radikalen Konstruktivismus selbst vorgezeichnet ist: Sie beginnt bei den thermodynamischen Grundlagen des Verhaltens unbelebter Materie, folgt über die Theorien von Prigogine und Eigen dem heutigen naturwissenschaftlichen Erklärungsweg für die Entstehung des Lebendigen, greift mit dem Begriff der Autopoiesis und der Kognition Kernbegriffe der radikalkonstruktivistischen Biologie von H. R. Maturana und F. J. Varela auf und führt dann über die Diskussion von Wahrnehmung, Bewußtsein und Wissen bis zur Darstellung von Erkenntnis in sozialen Gemeinschaften.

Ein erster Schritt dieses Aufbaus muß erklären, wieso es überhaupt Leben gibt, da es in seiner Organisationsform in jedem Organismus dem zweiten Hauptsatz der Thermodynamik zu widersprechen scheint. Hier liegt der biologisch-theoretische Ausgangspunkt H. R. Maturanas, daß lebende Systeme, also Organismen, ihrer Organisationsform nach in der Lage sind, ihren Stoffwechsel und ihre Selbstreproduktion weit entfernt vom thermodynamisch zu erwartenden Endzustand vollkommen durchmischter Materie aufrechtzuerhalten.

Der Zugang zu dieser Betrachtungsweise ist ein systemtheoretischer. D. h., Maturana beginnt nicht etwa bei einer Definition des Lebendigen oder auch des Organismus durch Aufzählung von Eigenschaften, sondern er diskutiert eine lange Reihe von Kriterien, von denen jedes jeweils Systemgrenzen für sogenannte »Interaktionseinheiten« zieht. So kann z. B. der einzelne Organismus nur zusammen mit der ökologischen Nische, mit der er im Stoffwechsel und kognitiv interagiert, bestimmt werden. F. J. Varela, wie Maturana ein Biologe, steuert dazu den Begriff der Autopoiesis bei, was wörtlich »sich-selbst-machen« oder »sich-selbstherstellen« bedeutet.

Schon hier ist darauf hinzuweisen, was die beiden Autoren entweder explizit als Voraussetzung nennen oder implizit als Voraussetzung nehmen:

1) Das gesamte heutige Wissen der Naturwissenschaften, vor allem der Physik und der Biologie (einschließlich ihrer evolutionstheoretischen Teile), bilden gleichsam das Material, auf das eine systemtheoretische Betrachtungsweise angewandt wird.

2) Alle überhaupt in Betracht kommenden Wechselwirkungen,

sowohl des einzelnen Organismus mit seiner Umwelt als auch, da jene ja andere Organismen enthält, Wechselwirkungen zwischen Organismen, zu denen schließlich auch die menschliche Rede über weitere Organismen und deren Wechselwirkungen mit deren Umwelten gehört, werden prima facie durch die Naturwissenschaften erfaßt. In meinen eigenen Worten: Es gibt keine Wechselwirkung, die nicht zunächst einmal als stoffliche oder energetische im physikalischen Sinne stattfindet.

3) Jede Form von Kognition, von Wahrnehmen und Erkennen, muß aus der funktionalen Organisation des erkennenden Organismus verstanden werden. Von der Sinnesempfindung bis zu begrifflichem Denken, zur Sprache und zum menschlichen Bewußtsein ist alles hervorgebracht und damit bedingt durch die Wirkungsweise lebender Systeme. Maturana: »Kognition ist ein biologisches Phänomen und kann nur als solches verstanden werden. Jegliche epistemologische Einsicht in den Bereich der Erkenntnis setzt dieses Verständnis voraus.«[11]

Diese Aufzählung ist weder erschöpfend noch ausreichend, um den Ansatz Maturanas und Varelas darzustellen oder gar zu begründen. Es sind dies lediglich die Aspekte, an denen unsere Kritik einsetzen wird.

»Radikaler Konstruktivismus« heißt dieser Ansatz – nach Ernst von Glasersfeld – deshalb, weil in Fortsetzung radikal skeptischer Tradition und in Ablehnung traditioneller Erkenntnistheorien jegliche Form von Erkenntnis einschließlich des Erkannten selbst als Konstruktionen gesehen werden. Die philosophischen Hauptgegner sind ersichtlich: realistische, ontologische sowie korrespondenztheoretische Auffassungen von Wahrheit oder Wissen und alle in diese Tradition gehörenden Wissenschaftstheorien. Der Ansatz ist radikal instrumentalistisch in dem Sinne, als jede Form von Kognition nicht nur als von lebenden Systemen hervorgebracht und konstruiert, sondern auch auf die Aufrechterhaltung des Lebens gerichtet verstanden wird. Leben und Erkennen sind keine Selbstzwecke, sondern dienen ihrerseits der Aufrechterhaltung des Lebens.

Der Hinweis auf die Tatsache, daß sich der Radikale Konstruktivismus selbst als eine »empirische« Theorie versteht, die übrigens in eindrucksvoller Konsequenz ihre Auffassungen auch auf die

11 Zitiert nach G. Roth, *Diskurs*, S. 258.

Konstruktion der Wirklichkeit in Fachwissenschaften wie Soziologie und Literaturwissenschaft, Psychologie und Geschichtswissenschaft ausgedehnt hat, unterliegt wegen des vorherrschenden empiristischen Verständnisses von »empirisch« leicht einer Fehlinterpretation. Auch die Wissenschaftstheorie des Radikalen Konstruktivismus ist prinzipiell radikal konstruktivistisch. »Empirisch« darf hier also nicht als passivistisch, sensualistisch oder im Sinne des Empirismus der heutigen Analytischen Philosophie verstanden werden. Dieser Aspekt ist vielleicht am besten dadurch zu verdeutlichen, daß ein besonderes Verdienst des Radikalen Konstruktivismus betont wird: die Einführung des Beobachters, genauer einer Hierarchie von Beobachtern, in die Biologie. Eher exemplarisch als erschöpfend definitorisch läßt sich diese, aus der Sicht des Erlanger Konstruktivismus eminent wichtige Neuerung[12] am folgenden Beispiel darstellen.

Wer die Auffassung vertritt, ein Erkennen der Welt geschehe durch ihre Abbildung oder Repräsentation im Gehirn, wird »Lernen« als einen Speicherungsvorgang in der Zeit verstehen. Wer etwas gelernt hat, hat etwas gespeichert, was vorher in seinem Gehirn nicht vorhanden war. Nach radikal konstruktivistischer Auffassung spricht, abgesehen von der unhaltbaren Abbildungsmetapher für das Erkennen, gegen diese Darstellung auch, daß »Zeit«, also die während des Lernprozesses verflossene Zeit, eine Zeitdauer für den Beobachter ist. Nicht das Gehirn oder der Organismus des Lernenden, sondern nur der Beobachter, der zwei Zustände dieses Organismus feststellt und miteinander vergleicht, kann »Lernen« durch aufweisbare Struktur- oder Funktionsänderungen des Gehirns beschreiben. Das Gehirn selbst »funktioniert stets in der Gegenwart, und es kann nur verstanden werden als ein System, das in der Gegenwart funktioniert«.[13] Kurz, »Lernen« ist eine Beobachterkategorie.

Ohne die Unterscheidung verschiedener Beobachter und eines ganz konsequenten Bezuges einer jeden in Rede stehenden Beob-

12 Vgl. P. Janich, »Does Biology need a relativistic revision?«, in: W. H. Newton-Smith, W. K. Wilkes (Hg.), *International Studies in the Philosophy of Science. The Dubrovnik Papers*, Vol. 2, Nr. 2 (1989), S. 190-198.

13 H. R. Maturana, »Biologie der Kognition«, S. 43, in: ders., *Erkennen: Die Organisation und Verkörperung von Wirklichkeit*, Braunschweig/Wiesbaden 1985.

achtung auf jeweils einen solchen Beobachter käme der Radikale Konstruktivismus nicht aus. Wenn also z. B. die naive Standardsituation der Erkenntnistheorien, nämlich das Gegenüber von Subjekt und objektiver Welt, diskutiert werden soll, und dies etwa als Beobachtung der »objektiven« Welt durch einen Beobachter zu verstehen versucht wird, so ist anzugeben, welcher Beobachter Nummer 2 den Beobachter Nummer 1 bei der Beobachtung seiner Umwelt beobachtet; und dies, um zu klären, ob die vom Beobachter 1 beobachtete Welt vielleicht nur ein Gegenstand der Welt von Beobachter 2 sei. Objektivistische Erkenntnistheorien, in denen »die Welt« als eigener, Beobachter-unabhängiger Gegenstand gefaßt wird, werden konsequent von den radikalen Konstruktivisten mit dem Vorwurf der Fiktion eines unsinnigen »Superbeobachters« zurückgewiesen.

Mit diesen Bemerkungen ist zwar keine in irgendeinem Sinne vollständige Beschreibung des Radikalen Konstruktivismus geleistet, aber es sind die Punkte genannt, an denen eine grundsätzliche Kritik einsetzen muß. Leider müssen dabei diskussionswürdige Weiterentwicklungen des Radikalen Konstruktivismus vor allem durch G. Roth in seiner Maturana-Kritik und durch S. J. Schmidt in seiner exemplarischen Begründung der Kulturwissenschaften außer Betracht bleiben.

3. Eine methodisch konstruktive Kritik des Radikalen Konstruktivismus

Die Überschrift kündigt »eine« methodisch konstruktive Kritik an, was heißen soll, daß einige prinzipielle Einwände erörtert werden sollen, andere (vor allem wissenschaftstheoretische Probleme der Systemtheorie und des Autopoiesis-Ansatzes) aber unberücksichtigt bleiben müssen. (Die folgenden Ausführungen werden zeigen, warum gerade die Spezifizierung »methodisch« für den »Erlanger« Ansatz entscheidend ist.) In vielen und wichtigen Punkten stimmt der Methodische mit dem Radikalen Konstruktivismus überein. Nahezu gleich ist der Bereich der abgelehnten erkenntnistheoretischen Positionen – allerdings nur nahezu, weil der Radikale Konstruktivismus anscheinend seinen Frieden mit wichtigen Ansätzen der heutigen Analytischen Philosophie gemacht hat. Exemplarisch erwähne ich hier die mehrfache zustimmende Bezugnahme von G. Rusch auf Quine. Doch statt eines Nachweises, daß sich diese gerade nicht konstruktiv einholen lassen, zurück zu zentralen Thesen des Radikalen Konstruktivismus selbst:

Entscheidend ist, welchen Bezug der Radikale Konstruktivismus auf die Ergebnisse moderner Naturwissenschaften nimmt. Das oben gegebene Zitat von Maturana (»Kognition ist ein biologisches Phänomen und kann nur als solches verstanden werden. Jegliche epistemologische Einsicht in den Bereich der Erkenntnis setzt dieses Verständnis voraus.«) erhebt die Biologie zur unbestrittenen Grundlage der eigenen Erkenntnistheorie. Es spricht zwar viel dafür, daß Maturana hier nur ungenau redet – er meint wohl nicht »biologisch«, sondern »biotisch«, denn es wäre eine wenig attraktive wissenssoziologische Mitteilung, daß sich nun die Biologen mit Kognition befassen. Schließlich soll vermutlich auch der zweite Teilsatz nicht eine langweilige Nominaldefinition für den Ausdruck »epistemologische Einsicht« sein, sondern die These beinhalten, daß Erkenntnistheorie nur als Biologie des Erkennens möglich ist. Aber »die« Biologie in Form ihrer heutigen, sprachlich dargestellten Resultate ist die unhinterfragte Grundlage.

Bei G. Rusch verschärft sich diese Grundsatzentscheidung noch weiter: Er spricht von »der Tatsache, die wir allerdings voraussetzen, daß wir (gemeint sind wir Menschen) überhaupt so funktionieren, wie es eben der Fall ist. Wir sind also auf eine mechanistische Erklärung des Lebendigen aus, in der lebende Organismen als zusammengesetzte Einheiten betrachtet und ihre Leistungen als Resultate des Zusammenwirkens ihrer Elemente interpretiert werden.«[14] Hier artikuliert sich ein Programm, das überhaupt nur sinnvoll ist, wenn man sich ohne Probleme auf ein Stück mechanistischer Naturwissenschaft stützen zu können glaubt.

Schließlich spricht S. J. Schmidt in seinem Referat der These G. Roths, wonach sich Wahrnehmung nicht in den Sinnesorganen, sondern – »selbstreferentiell und selbstexplikativ« – im Gehirn vollziehe, davon, Wahrnehmung »vom Standpunkt des Gehirns aus«[15] zu sehen – eine Perspektive, die sich nur dem Neurobiologen eröffnet, also dessen theoretisches Wissen zur Voraussetzung erhebt.

14 G. Rusch, a.a.O., S. 25.

15 S. J. Schmidt, *Diskurs*, S. 14.

Hier wird, und zwar als undiskutierte Voraussetzung, angenommen, daß über eine Konstruktionshierarchie aus den von den Naturwissenschaften gelieferten Kenntnissen über Funktionen des menschlichen Organismus in seinen jeweiligen Umgebungen alle kognitiven Leistungen, die dann auch die Naturwissenschaften (und die Einsichten der Radikalen Konstruktivisten selbst) umfassen, erklärt, pardon, konstruierend beschrieben werden sollen und auch adäquat beschrieben werden können.
Hier darf nicht aus dem Blick verloren werden, daß »Voraussetzen« ein Prädikat für eine menschliche Handlung bei der Anordnung von Argumenten ist – alles andere, etwa ontologisierende Verständnisse von »Voraussetzung«, wären konstruktivistisch, Radikal wie Methodisch, unzulässig. Es ist also ein Stück menschlicher Kulturleistung, nämlich die Resultate von Physik und Biologie, die vom Radikalen Konstruktivismus zum Argumentationsanfang, zur Argumentationsgrundlage erkoren worden sind. Die Belege in den Texten der Radikalen Konstruktivisten für diese Grunddezision, von Physik und Biologie für die Erklärung kognitiver Leistungen auszugehen, sind ungezählt. Selbst der noch am ehesten philosophisch und biologiefern argumentierende E. von Glasersfeld kommt nicht ohne Rückgriff auf biologisches Wissen und auf Beispiele aus der Tierwelt aus. Damit ist aber der erste Einwand gegen den Radikalen Konstruktivismus vorgezeichnet: er ist ein radikaler Physikalismus und Biologismus.
Dies ist schon prima facie überraschend. Denn immer wird betont, daß unter keinen Umständen reduktionistisch argumentiert werden solle. So heißt es bei S. J. Schmidt: »Die Erkenntnistheorie des Radikalen Konstruktivismus ... ist nicht-reduktionistisch. Das soll heißen, sie ersetzt die traditionelle epistemologische Frage nach Inhalten und Gegenständen von Wahrnehmung und Bewußtsein durch die Frage nach dem *Wie* und konzentriert sich auf den Erkenntnisvorgang, seine Wirkungen und Resultate.«[16] Und Maturana lapidar: »Jeder Reduktionismus ist ausgeschlossen.«[17]
Nun ist aber nicht zu bestreiten, daß die Physik und die Biologie, auf die die Radikalen Konstruktivisten zurückgreifen können, explizit reduktionistisch *sind*, und zwar in jeder Hinsicht, d.h.

16 S. J. Schmidt, *Diskurs*, S. 13.
17 H. R. Maturana, a.a.O., S. 65.

sowohl was ihre Forschungsprogramme, deren Darstellung durch Fachvertreter als auch was das tatsächliche Vorgehen in der Forschung und die Präsentation der Resultate angeht, die dann von Radikalen Konstruktivisten übernommen werden.

Selbst eine Radikal-konstruktivistisch revidierte und vorausgesetzte Biologie hält sich an das Geltungskriterium, daß nur das, was systemtheoretisch aus Energie- und Stoffumsatz erklärt oder konstruiert werden kann, als wissenschaftlich salonfähig angesehen wird.

Gegen den programmatisch immer wieder abgelehnten, de facto aber inkorporierten Reduktionismus schützt nicht, daß im Radikalen Konstruktivismus auch Wissenschaft und Wissenschaftstheorie als Konstruktionen gesehen werden. Denn, entgegen der soeben zitierten These von S. J. Schmidt, daß es dort in erster Linie um das Wie der Erkenntnis geht, wird vom Radikalen Konstruktivismus gerade nicht geklärt, wie die Wissenschaften Physik und Biologie in ihrer heutigen Form durch Konstruktionen zustande gekommen sind. Und im Rahmen heutiger Ansätze müßte eine solche Erklärung auch inadäquat bleiben; denn der Rückgriff auf die heutigen Naturwissenschaften durch den Radikalen Konstruktivismus geschieht ja wohl in der Annahme, daß die dort de facto erhobenen Geltungsansprüche für Theorien und Resultate im wesentlichen eingelöst sind. Wo aber wäre im Radikalen Konstruktivismus ein Kriterium zu finden, das bessere und schlechtere Naturwissenschaften unterscheiden könnte? Auch nach heutigem Verständnis falsche, alternative Naturwissenschaften würden die Kriterien, Kognitionen zu sein, mühelos erfüllen. Der Instrumentalismus der radikalen Konstruktivisten greift für die Wissenschaften zu kurz, weil er die Aufrechterhaltung des Systems des Lebendigen als Naturzweck auch den Wissenschaften unterstellt. Der Radikale Konstruktivismus hat deshalb, wie alle biologistischen Erkenntnistheorien, *ein normatives Defizit.*

Ein zweiter Einwand betrifft das unerkannte logisch-empiristische Vorurteil des Radikalen Konstruktivismus. Oben wurde erwähnt, welche zentrale Rolle die Figur des Beobachters im Radikalen Konstruktivismus spielt. (Und es soll nicht vergessen sein, daß es als besondere Leistung vor allem Maturanas bezeichnet wurde, den Beobachter in die Biologie eingeführt zu haben.) In einer bestimmten Hinsicht ist dem Radikalen Konstruktivismus damit ein ähnlicher Sprung gelungen wie der Physik im Übergang von Newton zu Einstein. Waren dort Raum und Zeit in der klassischen Physik naiv objektivistisch genommen, so läßt sich erkenntnistheoretisch der Sprung zur Relativistischen Physik als rational unverzichtbare Relativierung aller physikalischen Raum-Zeit-Aussagen auf die Meßhandlungen des physikalischen Beobachters fassen. Entsprechend werden bei Maturana alle Konstruktionen, auch solche der Biologie, stets als solche eines Beobachters verstanden – etwa im Gegensatz zu einer Abbildung einer Naturordnung.

Nun ist schon A. Einstein auf halbem Weg steckengeblieben: Sein ›Beobachter‹ besteht nur aus einem Meßgerät, etwa einer Uhr, und einer Daten-Registrier- und -Speicher-Maschine. Er ist nicht etwa ein Mensch, ein nach Zwecken handelnder Physiker. Insofern entgehen der relativistischen Physik die normativen Funktionskriterien für Konstruktionen und Verwendung von Meßgeräten.[18] Die sogenannte operationalistische Revolution der Physik durch A. Einstein bleibt empiristisch naiv.

Es ist aufschlußreich, welche Tätigkeiten dem Beobachter (gleich welcher Stufe) im Radikalen Konstruktivismus zugesprochen werden: seine Wechselwirkungen oder Interaktionen mit wem auch immer – selbstverständlich außer daß er beobachtet und konstruiert – beschränkt sich auf das Beschreiben. Er spricht also. Selbst wo vom Beobachter als einem »Akteur« die Rede ist, bestehen seine Aktionen wieder im Sprechen oder Beschreiben. Die Theorie des Beobachters teilt, trotz Bezugnahme auf den operativistischen Großvater Ceccato und seine ›consappevolezza operativa‹, mit dem Logischen Empirismus des Wiener Kreises *ein pragmatisches Defizit*.

Daß die Physik und die Biologie, ohne die der Radikale Konstruktivismus nicht auskommt, nicht ohne zweckgerichtete menschliche Handlungen und darunter nicht ohne nichtsprachliche, poietische Handlungen auskommt, ist zwar nirgends bestritten, aber auch nirgends berücksichtigt. Man glaubt ganz offensichtlich, auf ein Verständnis der Naturwissenschaften als Produkt zweckrationalen Handelns verzichten zu können. Statt dessen bleibt der Radikale Konstruktivismus gegenüber den Resultaten von Physik und Biologie philosophisch naiv, indem er schlicht

18 Vgl. P. Janich, *Die Protophysik der Zeit. Konstruktive Begründung und Geschichte der Zeitmessung*, Frankfurt 1980.

voraussetzt, daß diese Wissenschaften recht haben, ohne dafür Gründe angeben zu können.
Nun ist der Gegensatz zur Voraussetzung, daß die Wissenschaften recht haben, nicht, vorauszusetzen, daß sie nicht recht haben. Vielmehr lautet die Alternative, auf derlei Voraussetzungen zu verzichten. Diesen Verzicht nun wiederum kann der Radikale Konstruktivismus in seiner jetzigen Form nicht ohne weiteres leisten. Denn auch Radikale Konstruktivisten verfassen Texte, stellen Thesen auf und präsentieren Argumente, müssen also Begründungen geben. Und sie bemerken, daß darin ein Problem liegt. Bei E. von Glasersfeld heißt es etwa: »Die Sprache zwingt uns unerbittlich, alles als ein Nacheinander zu präsentieren. Die drei Abschnitte dieses Kapitels müssen darum eines nach dem anderen gelesen werden – doch diese unvermeidliche Reihenfolge soll nicht als logische Ordnung verstanden werden. ... Die Argumente, die hier vorgebracht werden, können ein neues Weltbild sicher nicht als einzelne Fäden schaffen, sondern nur als Gewebe.«[19]
In der Tat, auch Radikale Konstruktivisten können nicht verschiedene oder gar alle Argumente gleichzeitig bringen, aber nicht nur im zeitlichen Sinne von gleichzeitig, sondern auch im logischen Sinne als »logisch zugleich«, d. h., ohne Unterscheidung von Grund und Folge, von Voraussetzung und These, von Prämisse und Konklusion. Die unbestrittene Tatsache, daß lebende Systeme als homöostatische immer Rückkopplungsprozesse und damit »Zirkularitäten« zeigen, rechtfertigt aber noch keine Argumentationszirkel.
Damit hat sich der Radikale Konstruktivismus ein Anfangsproblem eingehandelt, ein Begründungsdilemma, dem zu entgehen sich bei keinem seiner Vertreter ein Ansatz finden läßt. Etwas anders gewendet besteht das Dilemma darin, daß das Lebendige lediglich dadurch, daß es lebt und alle Bedingungen einer radikalkonstruktivistischen Biologie erfüllt, noch keine wissenschaftlich gültigen Sätze produziert. Dazu bedarf es schon des zweckorientiert handelnden wissenschaftlichen Beobachters. Wo aber soll dieser beginnen? Der Rückgriff auf die Resultate der heutigen Naturwissenschaften erspart zwar dem Radikalen Konstruktivis-

19 E. v. Glasersfeld, *Wissen, Sprache und Wirklichkeit*, Braunschweig 1987, S. 211.

mus manche Verdächtigung und Anfeindung, denen der Methodische Konstruktivismus seit den Tagen Dinglers ausgesetzt ist, macht ihn aber von Radikal-konstruktivistisch unerwünschten Parametern wie dem jeweiligen historischen Stand der Wissenschaft abhängig und ist insgesamt ein Bruch der konsequenten Verfolgung seines eigenen Forschungsprogramms.

Genau hier hat der methodische Konstruktivismus Erlanger Provenienz eine Antwort anzubieten, wenngleich sofort betont werden muß, daß er kein Programm einer »Letztbegründung« oder eines sonstigen Fundamentalismus verfolgt. Die Antwort besteht, zunächst pauschal gesagt, darin, das krypto-naturalistische durch ein kulturalistisches Naturwissenschaftsverständnis zu ersetzen. Wie aber soll man dem Vertreter einer Richtung, der Wissenschaft selbst schon instrumentalistisch verstehen möchte, erläutern, worauf es zusätzlich ankommt, wenn das Treiben von Naturwissenschaft als Kulturleistung begriffen werden soll? Wieder eine vorläufige, pauschale Antwort muß lauten: Wissenschaften müssen als Wahl und Ergreifung von Mitteln für von Menschen gesetzte Zwecke begriffen werden – und die Varianten des hier in Rede stehenden Instrumentalismus betreffen dann vor allem das Reich der Zwecke.

Hier ließe sich sicher mit einer Gründegeschichte für die Entstehung derjenigen Naturwissenschaften, auf die der Radikale Konstruktivist nicht verzichten kann, argumentieren etwa gegen Maturanas Selbstreproduktions-Aufrechterhaltungs-Ziele. Da sich aber obige Kritik vor allem gegen das Naturwissenschaftsverständnis des Radikalen Konstruktivismus wendet, sei auch hier statt einer Erörterung von Zwecken die Wissenschaftstheorie im engeren Sinne, d. h. als Methodenlehre verfolgt.

Eine unverzichtbare, gleichsam minimale Forderung für ein kulturalistisches Verständnis der Naturwissenschaften ist das *Prinzip der methodischen Ordnung.* Es besagt, daß in Wissenschaften keine Argumentationsschritte vorkommen dürfen, die als Prämisse nehmen, was erst durch diese Argumentation begründet wird. Ersichtlich ist dies ein Zirkelverbot, aber nicht etwa ein dogmatisches, weil irgend jemandem Zirkeldefinitionen oder zirkuläre logische »Begründungen« nicht gefielen. Das Prinzip der methodischen Ordnung ist keine kategorische Norm, sondern eine bedingte, und verpflichtet deshalb nur denjenigen, der die Bedingung anerkennt.

Da moderne Naturwissenschaften nicht ohne poietische Handlungen, d.h. ohne technische Eingriffe etwa im Rahmen einer Laborforschung auskommen, sei der Charakter der bedingten Norm an einem poietischen Beispiel erläutert. Von H. Dingler übernehme ich das Beispiel, daß man zur Herstellung einer bemalten Holzstatue zuerst schnitzen und dann malen muß – wie jeder weiß. Dazu zwingen aber keine naturgesetzlichen Bedingungen oder Umstände, sondern diese Reihenfolge der poietischen Handlungen ist nur durch deren Zweckmäßigkeit relativ zum Herstellungsziel »bemalte Holzfigur« gegeben. Das Prinzip der methodischen Ordnung schreibt nun vor, in vorschreibender wie in beschreibender Rede dieselbe Reihenfolge zu beachten. Andernfalls wäre die Befolgung einer Vorschrift vom Mißerfolg der Herstellungshandlungen begleitet, und in beschreibender Rede wäre es schlichtweg falsch zu behaupten, die Handlungen erst des Malens und dann des Schnitzens hätten zu einer bemalten Holzfigur geführt.

Die Bedingung ist also, daß nur der, der an technisch erfolgreichen Handlungen, und dann, konsequent instrumentalistisch, an deren entsprechender Vor- oder Beschreibung interessiert ist, auf das Prinzip der methodischen Ordnung verpflichtet werden kann. (Unzählige Autoren naturwissenschaftlicher Lehrbücher, und erst recht erkenntnistheoretischer Traktate, erfüllen diese Bedingung nicht.)

Nun läßt sich erkennen, daß auch die Kritik des Methodischen Konstruktivismus am Radikalen keine absolute oder kategorische ist und nicht auf eine Letztbegründung gestützt wird. Vielleicht läßt sich die Relativität dieser Kritik, zu der ein Leser, zumal ein Radikalkonstruktivistischer, dann seine eigene Einstellung finden muß, so verdeutlichen: Was immer die Biologie über uns Menschen sagt, wir sind jedenfalls nie gefragt worden, ob wir geboren werden oder leben wollen. Ebensowenig sind wir gefragt worden, ob wir handeln oder reden lernen wollen, also auch nicht, ob wir in die historische Praxis hineinwachsen wollen, in der wir uns Zwecke setzen und Mittel wählen, in der wir als Menschen mit anderen Menschen handeln. Wir leben, handeln und reden »immer schon«, d.h. jedenfalls, bevor wir anfangen, Biologie oder Erkenntnistheorie zu treiben. Was wir historisch sind und können, müssen wir »immer schon« in Anspruch nehmen, wenn wir Wissenschaft oder Philosophie treiben wollen. Als solche setzen wir uns Zwecke, die als Rationalitätsnormen wie Nachvollziehbarkeit (z. B. von Wissenschaftssprachen) oder Reproduzierbarkeit (z. B. von Experimenten) bekannt sind. Dies sind sicher keine »letzten« Gründe oder »ersten« Anfänge für »absolute Begründungen«, wohl aber solche, auf die wir angewiesen sind als Wissenschaftler und Philosophen, und auf die sich wissenschaftliche und philosophische Texte berufen können.

Aus der Sicht des Methodischen Konstruktivismus ist es also die »Lebenswelt« des alltäglichen, in seiner heutigen Form historisch entstandenen Lebens[20], wo Argumentationsanfänge im Konsens zu finden sind. Selbstverständlich ist dieses Leben in vielfacher Weise bereits durch Wissenschaften und Philosophie mitgeprägt – sei es durch wissenschaftliche Lehrmeinungen, die ins Alltagsverständnis abgesunken sind, sei es in Form bildungssprachlicher Reste vergangener, nicht mehr bekannter oder bewußter Praxen, sei es in Form von wissenschaftlich geprägten Lebensumständen bis hin zu einer naturwissenschaftlich gestützten Technik. Deshalb verdient insbesondere die lebensweltliche Sprache mit ihren bildungssprachlichen Resten ein gewisses systematisches Mißtrauen. Diesem kann dadurch Rechnung getragen werden, daß die sprachlichen Mittel für Argumentationsanfänge jeglicher Art sprachkritisch »rekonstruiert« werden. Die hierfür einzusetzenden Verfahren und einige Beispiele zur begrifflichen Grundlegung der Mathematik und der Naturwissenschaften sind von methodischen Konstruktivisten vorgelegt worden.[21]

Die »Rekonstruktion« der begrifflichen Grundlagen vor allem der Naturwissenschaften und einer erfahrungswissenschaftlichen Psychologie ist insofern eine *Re*konstruktion, als sie versucht, die heute von den Fachwissenschaften vertretenen Lehrmeinungen leistungsgleich zu reformulieren, und insofern eine Re*konstruktion*, als dabei nach dem Prinzip der methodischen Ordnung ausgehend von einer wissenschaftsfreien Alltagssprache (erforderlichenfalls in einer selbst erst zu rekonstruierenden Form) die Terminologie einer Theorie explizit aufgebaut, eben »konstruiert« wird.

20 Vgl. C. F. Gethmann (Hg.), *Lebenswelt und Wissenschaft. Studien zum Verhältnis von Phänomenologie und Wissenschaftstheorie*, Bonn 1991.

21 Vgl. z. B. P. Lorenzen, *Lehrbuch der Konstruktiven Wissenschaftstheorie*, Mannheim/Wien/Zürich 1987; ders., *Elementargeometrie. Das Fundament der Analytischen Geometrie*, Mannheim/Wien/Zürich 1984; P. Janich. *Die Protophysik der Zeit*, Frankfurt 1980.

Nun ist selbstverständlich das Treiben von Wissenschaft nicht lediglich ein Reden oder Theoretisieren, sondern, zumal im Fall der empirischen Naturwissenschaften, immer auch ein poietisches Handeln nach Zwecken. Ja, das Treiben von Wissenschaft in den Formen des Forschens, Theoriebildens und Lehrens ist selbst eine zweckrationale Praxis. Damit fällt der Lebenswelt als Grundlage der Wissenschaften die weitere Aufgabe zu, das Aufstellen und Rechtfertigen von Zielen oder Zwecken des Handelns, aus dem das Treiben von Wissenschaft besteht, zu tragen.

Damit mag die Alternative des Methodischen zum Radikalen Konstruktivismus in wissenschaftstheoretischer Hinsicht wenigstens angedeutet sein: statt mit den stillschweigenden Prämissen zu beginnen, wir wüßten doch aus Physik und Biologie, wie die Welt und die Organismen sind, und, die Naturwissenschaften hätten ohnehin recht, beginnt der methodische Konstruktivist bei einer wissenschaftstheoretischen Revision der naturwissenschaftlichen Mittel, die für eine dann radikal konstruktivistische Kognitionswissenschaft benötigt werden. Die Naturwissenschaften, die der konstruktivistische Kognitionsforscher nützt, werden dabei nicht naturalistisch verkürzt, sondern als Teil kulturgeschichtlicher Praxis rekonstruiert. An die Stelle systemtheoretischer Beliebigkeit, »irgendwo« mit der Beschreibung des Organismus und seiner Leistungen zu beginnen, geht der Konstruktivismus einen methodischen Gang, beginnend mit dem unbestreitbaren Faktum, daß auch Konstruieren und Rekonstruieren Handlungen nach Zwecken sind.

2. Erlanger Schule und Konstruktiver Realismus

Einleitung

Philosophische Bücher sind wie Maulwurfhügel: Sie zeigen, wo ein Wühler am Werk war, nicht dagegen, wo einer anzutreffen sei. Wenn also über einen »-ismus« anhand von Texten gesprochen wird, sind damit nicht unbedingt lebende Personen mit ihren aktuellen Überzeugungen gemeint.

Sind »-ismen« gar als Schulen bezeichnet, darf zusätzlich nicht übersehen werden, daß auch Mitglieder einer Schule ihren eigenen Kopf haben, der zudem noch eine lebenslange Entwicklung durchmacht. Nur vor dem Hintergrund dieser beiden Warnungen kann ich über die Erlanger Schule und den Konstruktiven Realismus sprechen.

Die Lektüre der Schriften F. Wallners erinnerten mich daran, wie ich nach rund 25 Jahren Arbeit an einer Konstruktiven Philosophie der Wissenschaften vor ein paar Jahren auf das Buch »Einführung in den Konstruktivismus« (mit Autoren wie E. v. Glasersfeld, H. v. Foerster und S. J. Schmidt) stieß: trotz der Namensgleichheit kein Bezug auf den Konstruktivismus der Erlanger Schule, obgleich diese mit rund hundert Büchern, tausend Aufsätzen und einigen deutschen philosophischen Lehrstühlen unübersehbar war, mehr noch, obgleich die philosophische Verwandtschaft sofort ins Auge sprang. Auch bei der Lektüre von Wallners Schriften also in so vielen Punkten Übereinstimmung, daß sich die Befürchtung aufdrängte, ein Vortrag über die beiden Konstruktivismen drohe langweilig zu werden.

Neben einer fast vollständigen Deckungsgleichheit in der Ablehnung von Positionen und Ansätzen vor allem im Bereich der Erkenntnis- und Wissenschaftstheorie zeigen sich bei näherer Betrachtung aber auch Differenzen in Genese, Durchführung und Anspruch der beiden Programme. Deshalb soll im folgenden mit Schwergewicht auf solche Unterschiede zuerst eine kurze Darstellung von Thesen des Erlanger Konstruktivismus gegeben werden; danach diskutiere ich einige Aspekte des Kritischen Realismus, um schließlich im letzten Teil einen Ausblick auf eine Symbiose-Möglichkeit der beiden Konstruktivismen zu geben.

Der »Erlanger Konstruktivismus«

Als direkter Vorläufer, in manchen Bereichen auch als Ahnherr des »Erlanger Konstruktivismus«, ist Hugo Dingler (1881-1954) anzusehen. Seiner Herkunft nach Mathematiker, beeinflußt von Husserl und im frühen Kontakt zu Carnap, hat Dingler eine Ablehnung empiristischer, formalistischer und axiomatizistischer Positionen in Mathematik, Naturwissenschaften und Philosophie entwickelt. Keine der vorherrschenden Richtungen schien ihm befriedigende Antworten auf die erkenntnistheoretische Frage zu liefern, wie sicheres Wissen zu gewinnen sei.

Er widmete sich deshalb in seinem umfangreichen philosophischen Werk[1] der Kernfrage, wie man vom Standpunkt des täglichen Lebens, den er den »Vorallgemein-Standpunkt« nannte, zu allgemein gültigen, unbezweifelbaren Aussagen käme. In aller Kürze, Dinglers Position ist konventionalistisch (aber nicht wie bei Poincaré), operationalistisch (aber nicht wie bei Bridgman), pragmatisch (aber nicht wie bei Peirce), phänomenologisch (aber nicht wie bei Husserl) und methodisch (aber nicht wie bei Carnap).[2]

Dinglers Auffassungen werden jedoch in seinem Voluntarismus und Certismus – ausgehend vom Willen zur Allgemeingültigkeit soll ein vollständiges, absolut sicheres und eindeutiges (im Sinne von nur auf diesem einen Weg mögliches) System des Wissens aufgeführt werden – heute von keinem Vertreter des Erlanger Konstruktivismus geteilt.

Die »Erlanger Schule«[3] geht auf Paul Lorenzen und Wilhelm Kamlah mit der ersten Schülergeneration Kuno Lorenz, Jürgen Mittelstraß und Peter Janich zurück. Lorenzen, seiner fachlichen Herkunft nach zunächst Mathematiker und Logiker, und der Heidegger-Dissident Kamlah haben in der »Logischen Propädeu-

1 Vgl. G. Wolters, P. Schroeder, *Der wissenschaftliche Nachlaß von Hugo Dingler (1881-1954)*. Verzeichnis – mit einer Bibliographie der Schriften Dinglers, Konstanz 1979.

2 Diese Charakterisierung ist ausführlich erläutert in: P. Janich, H. Tetens, »Protophysik. Eine Einführung«, in: *Protophysik heute. Sonderheft von Philosophia Naturalis* (Hrsg. P. Janich) *Bd. 22* (1985), S. 3-21.

3 Zur Geschichte der »Erlanger Schule« vgl. P. Janich, »Vorwort«, in: ders. (Hrsg.) *Entwicklungen der Methodischen Philosophie*, Frankfurt 1992, S. 7-15.

tik« (erste Auflage 1967)[4] einen ersten, gemeinsamen Standardtext dieser Schule vorgelegt.
Vorausgegangen war dieser Zusammenarbeit der Entwurf einer *operativen Logikbegründung*[5] durch Lorenzen, der, da für eine Begründung der Logik selbst keine Logik zur Verfügung steht, das schematische Operieren und die Erzeugungsvorschriften für Zeichenreihen in Kalkülen als *pragmatische* Begründungsinstanz vorgeschlagen hat. Logik und Arithmetik sollten so, durch Vor- und Nachmachen lehr- und lernbar geworden, operativ erzeugt werden. Logik als Mittel für *vernünftiges Argumentieren* mit Praxisbezug zu Lebenswelt und Wissenschaften ist später von Lorenzen (und K. Lorenz) als »dialogische Logik« ausgeführt worden.
Schon diese Andeutungen lassen den Kenner die Konfliktträchtigkeit der Position erahnen:
– gegen den formalistischen und axiomatizistischen Standpunkt in Mathematik und Logik gewandt treten z. B. an die Stelle der Peanoaxiome Strichkalküle und logisch korrekte *Definitionsverfahren* zahlentheoretischer Grundbegriffe sowie in der Geometrie an die Stelle Hilbertscher Formalaxiome protophysikalische *Herstellungsnormen* für räumliche Formen als der methodisch ersten Grundlagentheorie einer messenden Physik;
– gegen den Deskriptivismus der Analytischen Wissenschaftstheorie mit ihren Rekonstruktionsversuchen der exakten Wissenschaften mit Hilfe der Klassischen Logik steht eine Sprachphilosophie mit *präskriptivem*, Wissenschaft als Handeln *kulturalistisch* verstehenden, die *methodische Ordnung* im Rahmen der *Zweckrationalität* begründenden Wissenschaftsphilosophie.
– gegen das aktual Unendliche in der Tradition Zenons und Cantors steht eine konstruktive Ausarbeitung transfiniter Mathematik und entsprechender Prädikatenlogik in der Tradition von Aristoteles und des mathematisch-logischen Intuitionismus.
In der »Logischen Propädeutik« treffen sich der sokratische Ernst Lorenzens, der Wissenschaft und Philosophie stets bezogen auf die Pflicht historischer Lebensbewältigung in politischer Kultur sieht, Dinglers Lebensweltstandpunkt und Kamlahs Suche nach

4 W. Kamlah, P. Lorenzen, *Logische Propädeutik. Vorschule des vernünftigen Redens*, Mannheim 1967.
5 P. Lorenzen, *Einführung in die Operative Logik und Mathematik*, Berlin/Göttingen/Heidelberg 1955.

säkularisiertem Ersatz für verlorene Religion. Philosophie wird zur *Kritik der Wissenschaften und der philosophischen Tradition* durch eine *Sprachkritik*, verknüpft mit konstruktiven Verbesserungsvorschlägen, die den Primat der Praxis nie aus dem Auge verliert.

Die zweite, für den Erlanger Konstruktivismus leitende Grundidee Lorenzens ist eine Weiterentwicklung des Dinglerschen Physikbegründungsprogramms in Form einer *»Protophysik«*.[6] Insbesondere Geometrie wird gegen die Aufspaltung in eine formalistische, mathematische und in eine empiristische, physikalische Geometrie verwahrt, weil realwissenschaftliche Aussagen über den Raum die Geometrie als operational zu begründende Konstitutionstheorie der räumlichen Meßgeräte benötigt. Damit werden die Tradition des Logischen Empirismus ebenso wie des Kritischen Rationalismus als unzureichend erkannt und die vorherrschenden empiristischen Interpretationen insbesondere relativistischer Physik als unhaltbar kritisiert. Eine erste Durchführung des protophysikalischen Programms ist in der Protophysik der Zeit (Chronometrie) von P. Janich gegeben worden (1. Auflage 1969).[7]

Hier kann *Protophysik* nur soweit vorgestellt werden, wie für die Diskussion mit dem Kritischen Realismus benötigt wird: bevor der Mensch – historisch und systematisch – zum Wissenschaftler wird, ist er auf Fähigkeiten zur Lebensbewältigung in der Alltags- und Lebenswelt angewiesen, in der es bereits Technik, darunter auch eine Technik der Längen-, Zeit- und Massenmessung für vor- und außerwissenschaftliche Zwecke gibt. *Meßkunst*, für die Wissenschaften theoretisch und technisch hochstilisiert, ergibt sich nicht aus naturgesetzlichen Erklärungen der Funktion von Meßgeräten, da solche, wenn überhaupt, stets auch für gestörte,

6 Einen informativen Zugang zum Diskussionsstand der Protophysik erlaubt G. Hövelmann, »Bibliographie zur Protophysik und ihrer Rezeption und Diskussion«, in: P. Janich, *Protophysik heute. Philosophia Naturalis Bd. 22* (1985), S. 145-146.

7 P. Janich, *Die Protophysik der Zeit. Konstruktive Begründung und Geschichte der Zeitmessung.* Frankfurt a. M. 1980. Ders., »Zur Protophysik des Raumes«, in: G. Böhme (Hrsg.) *Protophysik. Für und wider eine Konstruktive Wissenschaftstheorie der Physik.* Frankfurt a. M. 1976, S. 83-130. Ders., »Die Eindeutigkeit der Massenmessung und die Definition der Trägheit«, in: *Philosophia Naturalis Bd. 22* (185) S. 51-60.

defekte und mithin wissenschaftlich unbrauchbare Geräte gelten. Wissenschaftliche Meßkunst wird vielmehr *normativ* durch die *Zwecke des Messens*, in erster Linie also durch methodologische Zwecke wie situationsinvariante Geltung von Meßresultaten, etabliert und liefert die Semantik der quantitativen empirischen Physik. Die Naturwissenschaften haben ein technisches Fundament, und darauf aufbauend in ihren empirischen Teilen ausschließlich *instrumentelle Geltungskriterien* (darauf wird bezüglich F. Wallners Instrumentalismuskritik einzugehen sein). Die jüngeren Theorien historischer Wissenschaftsentwicklung, vor allem die Inkommensurabilitätsthesen von Th. S. Kuhn und P. Feyerabend, werden, da das technische Fundament der Laborwissenschaften Kommensurabilität stets herzustellen gestattet, zur analytischen Belanglosigkeit.

Ein den Erlanger Konstruktivismus kennzeichnendes Prinzip, das *»Prinzip der methodischen Ordnung«* (PmO), ergibt sich aus dem konsequenten Poiesis-Bezug dieser Auffassung: Naturwissenschaften kommen nur durch poietisches, herstellendes Handeln, nicht jedoch durch Theoretisieren oder Sprechen allein zustande. Naturwissenschaftliches Reden betrifft aber nicht ausschließlich, sondern nur zum geringsten Teil Naturgegenstände, im Grundlagenbereich häufig sogar die unverzichtbaren Herstellungshandlungen der Experimentatoren. Diese können häufig in ihrer Reihenfolge nicht vertauscht werden, ohne ihren Zweck zu verfehlen – so wie beim Herstellen einer bemalten Holzstatue zuerst geschnitzt und dann gemalt werden muß; und diese Reihenfolge darf sich – dies ist der Kern des PmO – in Theorien weder präskriptiv noch deskriptiv anders darstellen, als die erfolgreiche Durchführung des technischen Handelns festlegt. Die besondere Bedeutung des methodischen Vorgehens legt nahe, den »Erlanger Konstruktivismus« informativer und treffender *»Methodischen Konstruktivismus«* zu nennen.[8]

Auch andere Themen, d. h. außerhalb der Philosophie der Physik, wurden in der Konstruktiven Philosophie und Wissenschafts-

8 Das Verhältnis zwischen Radikalem und Methodischem Konstruktivismus ist diskutiert in: P. Janich, »Die methodische Ordnung von Konstruktionen. Der Radikale aus der Sicht des Erlanger Konstruktivismus«, in: S. J. Schmidt, *Kognition und Gesellschaft. Der Diskurs des Radikalen Konstruktivismus II*, Frankfurt 1992 – und in diesem Band.

theorie bearbeitet, was zu einer Fülle ausgearbeiteter Ansätze führte, die bis heute weithin im Gegensatz stehen zu empiristischen und analytischen Mehrheitsmeinungen vor allem der angelsächsischen Wissenschaftstheorie und auch des vorherrschenden Selbstverständnisses der Naturwissenschaften, die pragmatische und methodische Defizite aufweisen. Das in der analytischen Tradition stets betonte Pluralismusgebot ist erstaunlicherweise von den analytischen Wissenschaftstheoretikern nicht auf konstruktive Positionen angewandt worden. Vielmehr wurde de facto eher das Verfahren der Ausgrenzung und des Ignorierens vorgezogen. Eine Änderung dieser Rezeptionsgeschichte scheint sich jedoch anzubahnen dadurch, daß, von anderen Ausgangspositionen kommend und in manchen Ausformungen durchaus selbst noch szientistisch, der »Radikale Konstruktivismus« in seiner Weiterentwicklung viele Konvergenzen zum Methodischen entwickelt. Auch die Durchführung eines internationalen Kongresses zum Konstruktiven Realismus als einer Wiener (und möglicherweise dann internationalen) Variante radikal-konstruktivistischer Positionen läßt hoffen.

Der Konstruktive Realismus F. Wallners

Zunächst ist zu wiederholen, daß die Ablehnung von Positionen im »Konstruktiven Realismus« (CR) und im »Methodischen Konstruktivismus« praktisch deckungsgleich sind. Auch in den positiv vertretenen Teilbehauptungen kennen beide Konstruktivismen eine Fülle von Überschneidungen und Übereinstimmungen. Darauf braucht hier nicht eingegangen zu werden.
Besondere Beachtung verdient dagegen Wallners Unterscheidung von »Wirklichkeit« und »Realität«, die ja zur Namensgebung des CR beigetragen hat und eine Ablehnung von Instrumentalismus und Pragmatismus trägt, die sich aus methodischer Sicht nicht teilen läßt. Wallner bezeichnet mit »Realität« die von Menschen durch Handeln und Erkennen geschaffene Konstruktion im Gegensatz zur »Wirklichkeit« als dem (vor aller menschlichen Auseinandersetzung mit ihr) Vorhandenen. In seinen Worten: »Realität ... gibt es ohne Menschen nicht, ... Wirklichkeit schon«. Ausdrücklich sind die Konstruktionen, die zur Realität führen, sowohl alltäglich als auch wissenschaftlich. »Wirklichkeit ... be-

deutet die Welt, *mit* der wir leben«, und »Die Wirklichkeit ist eine Grenzerfahrung, die dort auftritt, wo wir alle auf Konstruktionen verzichten«.[9]

Ersichtlich nennt Wallner »Wirklichkeit«, was in H. Dinglers »Die Ergreifung des Wirklichen«[10] das »Unberührte« heißt. Es empfiehlt sich nicht, hier von einem »Gegebenen« zu sprechen, da Geben eine menschliche Handlung ist und man zu fragen hätte, wer, etwa welch anthropomorph verstandener göttlicher Schöpfer, der Geber sei. Im folgenden spreche ich deshalb vom »Vorhandenen«, weil es vor den Händen liegt, mit denen der Mensch im Leben und Überleben handelnd in das Vorhandene eingreift. Damit ist die Einsicht angesprochen, daß wir »Realität« nicht nur konstruieren, indem wir *sprachlich* Unterscheidungen treffen, sondern schon *als sprachfrei, poietisch Handelnde* durch die dabei tatsächlich gemachten Unterschiede eine Realität qua Konstruktion erzeugen. Insoweit kann ein Methodischer Konstruktivist Wallners Unterscheidungsabsicht ohne Einschränkungen mittragen, wenn auch die Wahl der Terminologie »Wirklichkeit« und »Realität« von Wallner nicht motiviert wird.

Nun verweist Wallner zu recht auf faktische Erklärungsbedürfnisse, die selbst für Naturwissenschaftler nicht durch die Naturwissenschaften allein befriedigt werden, sondern metaphysischen Charakter haben. Er nennt sie vernünftig und hält – auch hier zustimmungsfähig – die Metaphysikkritik des Wiener Kreises für inadäquat. Er verschärft diesen Aspekt zur These, ohne ein Erfüllen metaphysischer Erklärungsbedürfnisse verkomme Naturwissenschaft zum kulturlosen Instrumentalismus des technischen Bewirkungswissens. Dort sei der Anspruch auf ein »Wissen von der Natur« und auf Allgemeingültigkeit aufgegeben, die doch »eine Perspektive des abendländischen Geisteslebens« seien. Diese These verdient eine sorgfältige Diskussion.

Da jeder Philosoph, der sich den angeschnittenen Problemen zuwendet, sowohl Naturwissenschaft als auch Metaphysik in einer bestimmten historischen Form vorfindet, liegt es prima facie nahe, zu erwarten, daß beide eine Mischung aus vernünftigen und unvernünftigen Problemstellungen und Antworten darstellen. Je-

9 Alle Zitate aus: Fritz Wallner, *Acht Vorlesungen über den Konstruktiven Realismus*, Wien 1990, S. 68 f.

10 H. Dingler, *Die Ergreifung des Wirklichen*, München 1955.

denfalls läßt sich nicht sehen, wie apriori eine uneingeschränkt affirmative oder skeptische Haltung gegenüber einem von beiden begründet werden könnte; sie wäre schlicht dogmatisch. Das heißt, man muß sich der Aufgabe unterziehen, für beides, Naturwissenschaft und Metaphysik, das Vernünftige vom Unvernünftigen zu unterscheiden. Aber welche Mittel stehen hierfür zur Verfügung?

Da uns beide Bemühungen selbstverständlich in Form von Texten begegnen, die freilich nicht abgelöst von ihrer Einbettung in Praxen und Institutionen zu diskutieren sind, ist ein erster Zugang unumgänglich eine *Sprachkritik*, die sich vor den Extremen eines Kunstsprachenprogramms nach dem Vorbild des frühen Wiener Kreises und dem linguistischen Deskriptivismus der ordinary language philosophy bzw. der Analytischen Wissenschaftstheorie schützen muß. Selbstverständlich sind die *Sprachen* der Naturwissenschaft und der Metaphysik selbst *konstruierte Realität* (und nicht nur ein Mittel für die Konstruktion von Realität) im Sinne Wallners. Insofern stellt sich hier die Aufgabe auf die Reflexion der sprachlichen Mittel von Naturwissenschaft und Metaphysik, für deren Lösung es gerade im Methodischen Konstruktivismus sehr weitgehend ausgearbeitete, dem Differenzierungsgrad und Problembewußtsein vor allem der Analytischen Sprachphilosophie wenigstens gleichrangige Texte gibt.[11]

Als ein sehr kleiner Ausschnitt aus dem Aufgabenbereich konstruktiv kritischer Sprachrekonstruktion sei ausgewählt, wie Wallner von bloß instrumentellem Wissen spricht, in dem die Gefahr besteht, »Phänomene verschleiern, ausschalten, verändern« zu müssen – im Unterschied zu einer »Erklärung« der Phänomene. Wallners Beispiel stammt aus der Medizin, wo eine medikamentöse Behandlung psychischer Störungen lediglich (instrumentalistisch) die Symptome zum Verschwinden bringe, die Psychoanalyse dagegen dem Patienten etwas »erklären« könne.

Dieses Beispiel ist höchst unglücklich, weil hier ja »erklären« nicht die Erklärung von Phänomenen unter Fachwissenschaftlern betrifft, sondern ein Adressieren eines Patienten. Ich modifiziere daher das Beispiel folgendermaßen: Aspirin, dessen Synthese

11 Vgl. P. Lorenzen, *Lehrbuch der Konstruktiven Wissenschaftstheorie*, Mannheim/Wien/Zürich 1987. P. Janich, *Grenzen der Naturwissenschaft. Erkennen als Handeln*, München 1992.

technisch und theoretisch beherrscht ist, ist empirisch ein bewährtes Kopfschmerzmittel. Also ist die Synthese von Aspirin auf der Grundlage entsprechender chemischer Theorie ein geeignetes Mittel für den Zweck, Kopfschmerzen zu bekämpfen, und verfügt deshalb über ein praxisbezogenes, instrumentalistisches Geltungskriterium. Die Erklärung dagegen, wie Aspirin im Organismus wirkt, ist damit nicht erreicht. Diese wurde erst nach einer rund fünfzigjährigen Praxis der Anwendung von Aspirin durch neurophysiologische Erkenntnisse geliefert.

Verzichtet nun solches instrumentelles Wissen auf Allgemeingültigkeit, ja, verdient es am Ende nicht, »Wissen« genannt zu werden?

Hier scheint Wallner übersehen zu haben, daß ja jede *»Erklärung«* (wie die der Wirkung von Aspirin) als eine solche auch muß akzeptiert werden können, und daß im Bereich der Wissenschaft dafür wiederum Kriterien zu nennen sind. Was aber sollte die prinzipiell iterierbare Frage nach Erklärungen für Phänomene und der Erklärungen ihrer Ursachen und der Erklärungen deren Ursachen usw. zu einem vernünftigen Abschluß bringen? Der Vorschlag des Methodischen Konstruktivismus ist hier, Erklären und damit *Kausalwissen* zurückzuführen auf das Handeln und Bewirkenkönnen, auf *die technische Reproduzierbarkeit.* Wir haben ein (künstliches, technisches) Phänomen dann erklärt, wenn wir explizite Handlungsbeschreibungen oder -vorschriften geben können, bestimmte Verhältnisse technisch zu reproduzieren, insbesondere über Verläufe (wie die Wirkungen des Aspirins auf das Gehirn), die selbst keine Handlungen sind. Wo »Naturphänomene« aus dem Bereich des Vorhandenen zu erklären sind, gilt die Simulation durch technisch Verfügbares als Erklärung. Warum akzeptieren wir z. B. die Erklärung einer Sonnenfinsternis durch den Mondschatten? Doch deshalb, weil wir in einem Modell das Erzeugen des Mondschattens auf der Erdoberfläche relativ zu einer künstlichen Lichtquelle oder auch relativ zur Sonne technisch herstellen können.

Wenn Wallner dem Instrumentalismus keine Allgemeingültigkeit zubilligt, so schleppt er anscheinend den linguistischen Phänomenalismus und die Prinzipien der Rekonstruktion naturwissenschaftlicher Theorien aus der analytisch-empiristischen Tradition mit sich. Generell wurde dort *Gesetzesartigkeit* naturwissenschaftlicher Aussagen durch universelle Quantifizierung über den

Objektbereich der Aussagen begriffen. Das heißt z. B., das Galileische Fallgesetz sei ein Naturgesetz, weil es für alle empirisch zu testenden Körper gelte. Die Paradoxien dieser Rekonstruktion, die ja auf die dabei verwendeten Rekonstruktionsmittel der Klassischen Logik zurückzuführen sind, sind in der analytischen Tradition bekannt und diskutiert.

Nach methodisch konstruktiver Auffassung jedoch besteht die Gesetzesartigkeit naturwissenschaftlicher Aussagen darin, daß es »immer so« ist, wie das Gesetz sagt, und das heißt, *unabhängig von Personen und Situationen*, im spezielleren, auch unabhängig von den individuell verwendeten Meß- und Experimentiergeräten. Erkenntnistheoretisch allgemein formuliert: die Gesetzesartigkeit des instrumentellen Wissens beruht auf der *Situationsinvarianz*, wie sie *in der technischen Reproduzierbarkeit aufgrund eines instrumentellen Rezeptewissens* erreicht ist.

Dem CR fehlt also eine handlungstheoretisch-pragmatische Komponente: alle Erkenntnisbemühungen, übrigens auch die reflektierenden der Philosophen und Metaphysiker, sind *Handlungen*. Handlungen können gelingen und mißlingen, erfolgreich und erfolglos sein. Erkenntnisse und damit *Wissen* sind *Erkenntnis-Handlungs-Erfolge*. Wenn also von »Realität« im Sinne des CR die Rede ist, so kann es sich dabei gar nicht um etwas anderes handeln als um ein in einer Praxis bewährtes Wissen, dessen Wisscharakter durch den Erfolgscharakter der sie erzeugenden Handlungen zu unterscheiden ist vom Nichtwissen, vom Irrtum, von der bloßen Meinung.

Wird also »instrumentalistisch« nur recht, d. h. im Sinne einer Einbettung in einen Mittel-Zweck-Zusammenhang begriffen, so ist gerade der CR (wie jeder ernstzunehmende Konstruktivismus) ein Prototyp einer instrumentalistischen Position. Vermutlich hängt die Ablehnung des Instrumentalismus durch Wallner von einer in einem bestimmten »Pragmatismus« vertretenen Zusatzthese ab, die er – wieder für den methodischen Konstruktivisten zustimmungsfähig – einen »typischen Fehler« nennt: es sei eine »Versuchung des Pragmatismus«, aus Handlungserfolg des instrumentellen Wissens zu schließen, »daß mein Realitätskonstrukt der Wirklichkeit entspricht«. Wallner ist darin zuzustimmen, daß solche Entsprechungs- oder Abbildtheorien weder wahr noch falsch, sondern schlicht unsinnig sind, weil sie weder in ihrer Formulierung verstehbar rekonstruiert noch durch ein Geltungskriterium gestützt werden können. Aber Wallner übersieht, daß die ältere »metaphysische« Auffassung, wir könnten Wirklichkeit erkennen, durchaus eine brauchbare Erläuterung finden kann, wenn das Vorhandene, Wallners »Wirklichkeit«, durch die Unterscheidung von erfolglosem und erfolgreichem Handeln (im poietischen, im sprachlichen und im reflexiven Bereich) Realität schafft. Diese Realität ist gerade durch die Anbindung an das Handlungs*gelingen in* der »Wirklichkeit, *mit* der wir leben«, kein reines Phantasieprodukt, sondern an der harten Wirklichkeit bewährt.

Schluß

Einig darf sich der CR mit dem Methodischen Konstruktivismus darin wissen, daß Erkenntnis der Wirklichkeit möglich ist, aber nicht naiv realistisch oder objektivistisch wie die sprach- und subjektvergessene Klassische Physik, und auch nicht von einem Metastandpunkt aus, von dem aus die Wirklichkeit als Objekt für das erkennende Subjekt selbst (subjekt-vergessen) beobachtet wird, wie es naiv die Relativistische Physik behauptet. Vielmehr ist *jedes Erkennen Handeln* und *jede Erkenntnis* ein *Handlungsresultat*, das nach normativ zu bestimmenden Handlungszwecken in gelingende und mißlingende unterschieden werden muß – andernfalls könnte auch CR nicht Erkenntnis und Irrtum unterscheiden.
Als Fazit läßt sich festhalten, daß die Konstruktion der Realität im Sinne Wallners selbst insofern instrumentalistisch und pragmatisch ist, als ihre tatsächliche Durchführung nicht auf Beurteilungskriterien verzichten kann. Dem CR gebührt das Verdienst, sich dem traditionellen Realismus-Problem gestellt und zu seiner Lösung eine Unterscheidung beigetragen zu haben, der – von Dingler vielleicht abgesehen – im Methodischen Konstruktivismus zu wenig Aufmerksamkeit geschenkt wurde. Umgekehrt kann der CR vom Methodischen Konstruktivismus konstruktive Sprachphilosophie, Handlungs- und Wissenschaftstheorie als Stücke seiner eigenen Durchführung übernehmen.
Beiden Konstruktivismen ist gemeinsam, daß es keine absoluten Grundlagen des Wissens gibt, auch wenn selbstverständlich jede Wissensbemühung immer bezogen bleibt auf ein Vorhandenes. Oder, um es in Abwandlung eines berühmten Wortes von Erich

Kästner zu sagen: Für das Begründungsproblem in Erkenntnis- und Wissenschaftstheorie gilt: »Es gibt nichts Absolutes, außer man tut es.«

3. Evolution der Erkenntnis oder Erkenntnis der Evolution?

Konstruktivismus und evolutionäre Erkenntnistheorie

Wir werden gegenwärtig Zeugen eines Ereignisses, das insofern überrascht, als es eine Wiederholung eines schon einmal aufgetretenen Irrtums ist – des Irrtums nämlich, eine naturwissenschaftliche Disziplin als Philosophie mißzuverstehen. Heute ist es die Evolutionsbiologie, die als sogenannte »Evolutionäre Erkenntnistheorie« Schlagzeilen und Auflagen macht, nachdem es vor rund fünf Jahrzehnten die Relativitätstheorie war, die als Erkenntnistheorie mißverstanden wurde. Auch auf diesem Feld also hat die Physik eine Vorreiterposition an die Biologie abtreten müssen.
Ich will versuchen, den Kern des Mißverständnisses herauszuarbeiten, das die Anwendung einer naturwissenschaftlichen Teildisziplin auf philosophische Fragestellungen enthält. Dabei werde ich beim Anspruch der evolutionären Erkenntnistheorie ansetzen und werde diesen exemplarisch an zwei Thesen erläutern, nämlich
1. der Erklärung der Wahrheit von Wahrnehmungsurteilen und
2. der Begrenztheit der Wahrnehmung auf den Größenbereich sogenannter mittlerer Dimensionen, also unter Ausschluß etwa der atomaren und der kosmischen Gegenstände. Dieser letztere Punkt führt dann auf den Zusammenhang der vermeintlichen biologischen Erkenntnistheorie mit einem bestimmten Physikverständnis und zeigt die Entsprechung methodologischer Fehlurteile über die Biologie und solcher über die Physik. Abschließend sollen die Wahrheitskriterien der Evolutionsbiologie selbst zur Sprache kommen, die ihrer irrigen Interpretation nach Wahrheitskriterien liefert und dabei ihre Abhängigkeit von denen der Physik und der Biologie übersehen hat.
Eine solche Anhäufung von Irrtümern, wie aufzuzeigen ich damit versprochen habe, von einem Philosophen vorgetragen und in Verbindung mit Naturwissenschaften behauptet, läßt freilich einen historisch naheliegenden Verdacht aufkommen: Nach allgemeinem Urteil verdanken ja die Naturwissenschaften ihren

Aufschwung seit der klassischen Physik des 17. Jahrhunderts gerade der Ablösung von Philosophie und Spekulation durch die Einführung von Mathematik und Experiment. Spricht hier also, so der naheliegende Verdacht, ein Philosoph aus Sorge, eine weitere philosophische Domäne, nämlich die Erkenntnistheorie, könnte den Philosophen von den Naturwissenschaften erfolgreich streitig gemacht werden?

Hier kommt es mir wesentlich darauf an, zu unterscheiden zwischen dem *institutionellen* Sinn und dem *methodologischen* Sinn, in denen Naturwissenschaft und Philosophie gegenübergestellt werden. Ob ein Vertreter einer These sein Gehalt als Angehöriger eines naturwissenschaftlichen oder eines philosophischen Instituts bezieht, trägt für die Wahrheit der These nichts aus. Wahrheiten, besser stichhaltige Begründungen von Behauptungen, müssen immer für sich selbst stehen; ja, es zählt vielleicht zu den bedeutendsten Einsichten in die Tragweite moderner Wissenschaft, daß deren Wahrheiten gerade unabhängig von Einzelpersonen und insbesondere unabhängig von Lehrautoritäten oder nur institutionell definierten Kompetenzen sind und sich für jedermann aufgrund von *Argumentation und empirischer Demonstration* nachvollziehen lassen. Ein naturwissenschaftlicher Lehrsatz kann selbst dann wahr sein, wenn er von einem professionellen Philosophen gefunden sein sollte, und ein philosophischer, wenn von einem professionellen Naturwissenschaftler gefunden. Mit den falschen Aussagen verhält es sich genauso. Ich möchte also – zur Vermeidung naheliegender Mißverständnisse – mit besonderer Betonung hervorheben, daß es mir hier nicht um eine Kritik an einer oder mehreren naturwissenschaftlichen Theorien geht, sondern um eine *Kritik an philosophischen Theorien* – freilich ohne Rücksicht auf den Beruf ihrer Vertreter. Was das hierbei herangezogene Unterscheidungkriterium von Naturwissenschaft und Philosophie im methodologischen Sinne betrifft, wird gerade die entscheidende Frage für meinen Beitrag werden.

1. Die evolutionäre Erkenntnistheorie

Wie bei dem glanzvollen Durchbruch eines neuen Stars, so konkurrieren auch bei der evolutionären Erkenntnistheorie viele um die Vater- oder Patenschaft. Die *prominentesten* Vertreter sind sicherlich Konrad Lorenz und Jean Piaget, die *lautesten* Vertreter dagegen Rupert Riedl und Hoimar von Ditfurth. Ich werde mich mit keinem dieser vier befassen, was ich zumindest für die beiden Prominenten begründen möchte.

Piagets von ihm so genannte »genetische Erkenntnistheorie« ist weniger naturwissenschaftlich als entwicklungspsychologisch orientiert und konzentriert sich praktisch ganz auf die Ontogenie, genauer den Erwerb von Erkenntnisfähigkeiten im Leben des einzelnen Individuums. Seine Theorie fällt also schon aus diesem Grund nicht unter die Kategorie des Mißverständnisses der biologischen Evolutionstheorie als Erkenntnistheorie – was freilich andere Kritikpunkte nicht berührt. Konrad Lorenz dagegen favorisiert eine ethologische oder Verhaltensbiologie, die zwar auch solche Verhaltensformen anspricht, die wir zur Erkenntnisgewinnung rechnen können, aber er hebt den Anspruch auf eine Erkenntnistheorie selbst auf, indem er jegliche Veränderung eines Organismus, ja jeden Lebensvorgang wie etwa Stoffwechselprozesse selbst schon als Informationsverarbeitung bezeichnet und damit eine Betrachtungsweise wählt, in der Objekt und objektive Beschreibung, Wissen und Wissensträger, Erkenntnisse und Erkenntniskriterien nicht unterschieden werden.

Unprätentiös und in klarer Diktion dagegen wird die biologische Erkenntnistheorie von Gerhard Vollmer vorgetragen, dessen Buch ›Evolutionäre Erkenntnistheorie‹ (Vollmer 1981) die Bezeichnung und die Sache, um die es hier gehen soll, populär gemacht hat.

In diesem Buch wird als erkenntnistheoretische »Hauptfrage« formuliert: »Wie kommt es, daß die subjektiven Strukturen der Wahrnehmung, der Erfahrung und (möglicherweise) der wissenschaftlichen Erkenntnis mit den realen Strukturen wenigstens teilweise übereinstimmen bzw. überhaupt auf die Welt passen?« Vollmers Antwort darauf lautet: »Unser Erkenntnisapparat ist ein Ergebnis der Evolution. Die subjektiven Erkenntnisstrukturen passen auf die Welt, weil sie sich im Laufe der Evolution in Anpassung an diese reale Welt herausgebildet haben. Und sie stimmen mit den realen Strukturen (teilweise) überein, weil nur eine solche Übereinstimmung das Überleben ermöglichte.« (Vollmer 1981, S. 102).

Der Grundgedanke dieser Auffassung erscheint klar und plausibel: Wenn unser Organismus in seinen funktionalen Eigenschaften ein Produkt der Evolution und damit der Anpassung an Umweltbedingungen ist, wieso sollen dann diejenigen Organe, deren wir uns bei der Gewinnung von Erkenntnissen bedienen, in ihrer Funktion nicht nach demselben Schema erläutert und verstanden werden?

Eine *Erkenntnistheorie* zu sein kann diese Auffassung insofern beanspruchen, als sie eine Behauptung über die *Passung* von »subjektiven Erkenntnisstrukturen« an die »Strukturen der realen Welt« enthält: Erkenntnisse werden als Produkte eines Erkenntnisapparats interpretiert; ihre Wahrheit, ihre Geltung oder doch zumindest ihre Unterscheidung von Nicht-Erkenntnissen verdankt sich der Anpassung von Erkenntnisorganen an die Umwelt – mit der *Passungsthese ist also ein Wahrheits- oder Geltungskriterium formuliert*, jedenfalls der Auffassung der evolutionären Erkenntnistheorie nach.

Die Leistungen dieses Ansatzes werden von Vollmer so gesehen: »Durch die evolutionäre Erkenntnistheorie sind also mehrere wichtige Fragen beantwortet. Erstens wissen wir, woher die subjektiven Strukturen der Erkenntnis kommen (sie sind ein Produkt der Evolution). Zweitens wissen wir, warum sie bei allen Menschen gleich sind (weil sie genetisch bedingt, also erblich sind und – wenigstens als Anlage – angeboren). Drittens wissen wir, daß und warum sie zumindest teilweise mit den Strukturen der Außenwelt übereinstimmen (weil wir die Evolution sonst nicht überlebt hätten).« (Vollmer 1981, S. 106.)

Ich wende mich nun der Passungsthese am Beispiel der Wahrnehmung zu: Im Kapitel »Der Passungscharakter der Wahrnehmungsstrukturen« behauptet Vollmer in Form eines Zitats: »Die menschliche Wahrnehmungsfähigkeit ist genauso ein Ergebnis der natürlichen Auslese wie jedes andere Merkmal von Organismen. Dabei begünstigt diese Lektion im allgemeinen ein besseres Erkennen der objektiven Züge der Umwelt, in der unsere vormenschlichen Ahnen lebten.« (Nach A. Shimony 1971, S. 97.)

Unter den zahlreichen Beispielen, die Vollmer dann hierfür anbietet, greife ich das heraus, das in der Literatur schon obligatorisch mit einem Goethe-Zitat verknüpft auftritt: »Wär nicht das Auge sonnenhaft, die Sonne könnt es nie erblicken.« In naturwissenschaftliche Prosa übersetzt: Das Empfindlichkeitsmaximum der Netzhaut des menschlichen Auges fällt in Abhängigkeit von der Wellenlänge des Lichts mit dem Intensitätsmaximum des Sonnenlichts zusammen, das die Erdatmosphäre zur Erdoberfläche gelangen läßt.

Ich unterstelle, es gibt keinen Zweifel, daß hier ein gültiger *naturwissenschaftlicher Satz* vorliegt. Von Interesse ist hier aber, inwieweit darüber hinaus ein *erkenntnistheoretischer Satz* vorliegen könnte. Zunächst fällt auf: Das Zueinanderpassen der Leistungen eines Wahrnehmungsorgans und des für dieses Organ spezifischen, natürlichen Reizangebots wird *allein in physikalischen Parametern* angegeben. Wichtig daran ist, daß dabei die »Weltstruktur« – oben hieß es: die objektiven Züge der Umwelt – nicht gleichsam höchstpersönlich, d. h. als nichtsprachliche Gegenstände wie Lichtstrahlen in die Passungsthese eingehen kann. Die Passungsthese behauptet selbstverständlich etwas über Bereiche, die in dieser These selbst wieder nur als sprachliche Repräsentation von Gegenständen oder Sachverhalten auftreten können.

Hier trifft die evolutionäre Erkenntnistheorie auf ein prinzipielles Problem, an dem auch die schlichten Widerspiegelungstheorien marxistischer Provenienz scheitern: Jeder Versuch, Wahrheits- oder Geltungskriterien durch Strukturgleichheit von Welt oder Natur auf der einen Seite und Erkenntnis oder Theorie auf der anderen explizit zu formulieren, gerät allein durch die Tatsache der expliziten Formulierung unter den Zwang, nicht nur die Strukturen der Erkenntnis angeben zu müssen (dafür kann man leicht die empirischen Theorien nehmen), sondern auch die Strukturen der Welt oder der Natur *sprachlich* in das Wahrheitskriterium einbringen zu müssen. Damit ist aber die eigentliche Aufgabe eines Wahrheitskriteriums, nämlich die Entsprechung von nichtsprachlichen Weltstrukturen und sprachlichen Erkenntnisstrukturen – anwendbar auf Einzelfälle – zu kennzeichnen, als schon gelöst unterstellt. Jedes sprachlich explizite Abbildungskriterium enthält im Anwendungsfalle auf einzelne Sachverhalte die sogenannten Weltstrukturen schon in einer sprachlichen Form, deren Angemessenheit an die Welt damit ebenfalls bereits unterstellt werden muß.

Andererseits muß man von einer erkenntnistheoretischen These verlangen, daß für angeblich vorhandene Erkenntnisse ein Nachweis ihres Vorhandenseins geführt werden können soll, so auch bei Wahrnehmungen. Erkenntnistheoretischer Diskussion zugänglich sind nur sprachlich benennbare Erkenntnisse – in unserem Beispiel also Wahrnehmungsurteile, kurz, Aussagen. Ohne auch nur den geringsten Einwand gegen die Geltung des naturwissenschaftlichen Satzes über die Leistungen unseres Auges relativ zum natürlichen Reizangebot zu erheben, ist damit gezeigt, daß hier kein erkenntnistheoretischer Satz vorliegt. Die Passungsthese Vollmers ist keine Erkenntnistheorie, sie setzt vielmehr eine voraus.

Läßt sich, und damit komme ich zur zweiten These der evolutionären Erkenntnistheorie, von ihr nicht wenigstens etwas in der Form retten, daß *naturwissenschaftliche* Erkenntnisse über die Wahrnehmung als limitierende Faktoren *im Rahmen einer Erkenntnistheorie* zu berücksichtigen sind? Der Biologe Ludwig von Bertalanffy schrieb 1955: »Die allgemeinen Anschauungsformen und Kategorien wie Raum, Zeit, Materie und Kausalität, leisten gute Dienste in der Welt der ›mittleren Dimensionen‹, an die das Menschentier biologisch angepaßt ist. Hier sind Newtonsche Mechanik und klassische Physik, da sie auf diesen vertrauten Kategorien beruhen, völlig befriedigend. Sie versagen jedoch, wenn wir Welten betreten, an die der menschliche Organismus nicht angepaßt ist. Das ist der Fall einerseits in atomaren, andererseits in kosmischen Dimensionen.« (Bertalanffy 1955, S. 257.)

In der analytischen Wissenschaftstheorie ist diese These schon früher zu Ehren gekommen als Erklärung für das Verhältnis von klassischer Beschreibung unserer Meßgeräte und empirischer Geltung relativistischer Theorien. Euklidische Geometrie und galileische Zeitmessung würden für den Größenbereich menschlicher Geräte gelten, darüber hinaus jedoch nicht. Diese wissenschaftstheoretische These erfährt jetzt durch die evolutionäre Erkenntnistheorie gleichsam die Weihe des naturgeschichtlich Notwendigen: Wir unterliegen – so wird von ihr behauptet – der Täuschung unserer Wahrnehmung im Bereich z. B. des kosmisch Großen, weil wir evolutionär auf die menschlichen Größenverhältnisse selektioniert seien.

Hier fällt mir die undankbare Aufgabe zu, darzulegen, daß Irrtümer nicht durch Irrtümer gerechtfertigt werden können, genauer, daß schon die philosophische These zur Physik falsch ist und damit eine naturgeschichtliche Untermauerung, selbst wenn diese für sich genommen ohne Fehler wäre, nur den logischen Schluß *ex vero falsum* zustande bringen könnte. In meinem Vortrag hat das Beispiel jedoch eine wichtige Funktion: Es soll zeigen, welchen *Gründen* sich die Wiederholung des Fehlers verdankt, eine naturwissenschaftliche Teildisziplin als philosophische Teildisziplin aufzufassen.

2. Naturwissenschaftliche Grenzen unserer Erkenntnis?

Zunächst unterstelle ich wieder eine physikalische Aussage als gültig: Im Rahmen der Relativitätstheorie gilt für sogenannte relativistische Effekte, daß diese, angewandt auf die Größe unserer tatsächlich verwendeten Meßgeräte, unterhalb jeder technisch erreichbaren Beobachtungsgenauigkeit liegen. Gelegentlich findet man hierfür Veranschaulichung durch quantitative Beispiele.
Nun trifft diese quantitative physikalische Aussage, die als solche mit Bezug auf Meßgrößen wie Länge formuliert wird, auf das historische Faktum, daß die Meßgeräteindustrie Längenmeßgeräte (und Uhren) nach Regeln baut, die ganz aus der Geometrie Euklids (und der klassischen Mechanik) stammen. Zieht man in Betracht, daß etwa das Verhältnis der euklidischen zu den nichteuklidischen Geometrien logisch durch die Negation, nämlich die Negation des Parallelen-Axioms, beschrieben werden kann, so scheint aus der Relativitätstheorie ein logischer Widerspruch zur Geometrie der Meßgeräte entstanden zu sein: Dieses Widerspruchs gilt es dann Herr zu werden, um der Physik erneut eine widerspruchsfreie Theorie zu geben. Und man wurde dieses Widerspruchs Herr. Entsprechend dem schon genannten physikalischen Satz über die Größe relativistischer Effekte relativ zum Größenbereich unserer Geräte fügt man nun die interpretierende Aussage an, es handle sich bei diesem Widerspruch nur um einen scheinbaren. In Wahrheit gelte nämlich auch für die Meßgeräte die nichteuklidische Geometrie. Da aber quantitativ die Differenzen im Größenbereich der Geräte unterhalb jeder technischen Realisierbarkeit liegen, brauche man der Meßgeräteindustrie keine neuen Instruktionen oder veränderten Konstruktionsprinzipien mitzuteilen. Auf diese Weise haben sich aber stillschweigend Konstruktions*regeln* für Meßgeräte in Teilaussagen der empirischen

Theorie der Physik verwandelt. Man betrachtet nun Meßgeräteeigenschaften so, *als ob* sie natürliche oder naturgesetzlich festgelegte Eigenschaften wären, über die man empirische Behauptungen aufstellen solle.

Durch eine weitere kleine Wendung ergibt sich daraus sogar eine vermeintlich erkenntnistheoretische Maxime: Da wir unser physikalisches Wissen ja nicht durch naive Wahrnehmung ohne Geräte, sondern mit Hilfe von Meßgeräten als quantitative Aussagen gewinnen, habe die empirische Physik mit ihrer Bevorzugung der nichteuklidischen Geometrie gleichsam hinter die Anfänge, lateinisch ›Prinzipien‹, der Erkenntnisgewinnung zurückgefragt und deren frühere euklidische Form als Irrtum oder wenigstens als bloße Näherung an die Wahrheit erkannt. Hatte man früher gemeint, die Geometrie der Meßgeräte sei, um eine vielzitierte Wendung Kants zu gebrauchen, eine (apriorische) Bedingung der Möglichkeit von empirischer Erkenntnis in der Physik, so dürfe nunmehr umgekehrt die Relativitätstheorie als *empirische* Bedingung der Möglichkeit *apriorischer* Geometrien in Form von Konstruktionsregeln an die Meßgeräteindustrie angesehen werden.

Zurück zur biologischen These: Schon eine erste Durchsicht dieser weitverbreiteten, nichtsdestoweniger irrigen Annahme sollte davor warnen, eine Verbindung von relativistischer Physik und evolutionärer Erkenntnistheorie herstellen zu wollen – wohlgemerkt noch vor Aufklärung des Irrtums, der in der Uminterpretation der Meßgerätegeometrie zur empirischen Theorie liegt: Selbst der überzeugteste Empirist unter den Physikern müßte auf den zentralen Unterschied zwischen einer naiven Wahrnehmung in freier Natur einerseits und einer physikalischen Messung andererseits verweisen. Messungen, hier schlicht verstanden als Produktion von Meßdaten mit Hilfe von Meßgeräten, sind gerade so angelegt, daß die *Objektivität der Meßresultate* nicht der *Wahrnehmungskonstanz der beteiligten Personen* überlassen bleiben muß, sondern auf die *Funktionskonstanz von Geräten* verlagert wird. Meßgeräte, so schon die übliche empiristische Auffassung, seien gerade dazu erfunden, die Schwankungen menschlicher Wahrnehmung dadurch zu überwinden, daß etwa an die Stelle subjektiver Schätzungen in Wahrnehmungsurteilen das Ablesen von Zeigerstellungen tritt. Und es ist, ebenfalls bereits nach empiristischer Auffassung, eine dem Meßgerät angelastete bzw. abgeforderte Eigenschaft, daß gleiche Zeigerstellungen desselben

Gerätes interpretiert werden dürfen als gleiche Größe vermessener Objekte im jeweils betreffenden Parameter. Die Meßkunst der Physik besteht mit anderen Worten also geradezu darin, daß *nicht* die naive Wahrnehmung und damit auch *nicht* ihre Angepaßtheit an ein natürlich vorhandenes Reizangebot das Geltungskriterium für das Meßresultat abgibt, sondern die Funktion des Meßgerätes. Betrachten wir auf der Grundlage dieser immer noch gut empiristischen Auffassung von Physik die einschlägigen Thesen der evolutionären Erkenntnistheorie! Vollmer schreibt: »Im Rahmen der evolutionären Erkenntnistheorie erscheint es deshalb geradezu als ein vermessener Anthropomorphismus anzunehmen, die Welt müsse in allen Bereichen genauso strukturiert sein, wie wir sie in den mittleren Dimensionen erfahren oder rekonstruieren. Die Übertragung dieser Erfahrungen auf größte und kleinste Entfernungen, Zeiten, Massen usw., also die Extrapolation auf die ungewohnten Dimensionen, kann zunächst nur eine Arbeitshypothese darstellen, mit deren Widerlegung jederzeit gerechnet werden muß. Die Physik des 20. Jahrhunderts hat solche Korrekturen an unseren angeblich apriorischen (d. h. erfahrungsunabhängigen) Erkenntnisstrukturen mehrfach geliefert.« (Vollmer 1981, S. 164.)
Vollmer unterlaufen hier also gleich zwei Fehler: Er setzt naive Wahrnehmungsurteile und Meßresultate in ihren Geltungskriterien gleich, und er schließt sich dem Irrtum an, Meßgerätenormen könnten empirisch widerlegt werden. Daß letzteres ebenfalls ein Irrtum ist, bin ich noch zu zeigen schuldig. Für die evolutionäre Erkenntnistheorie jedoch läßt sich abschließend – und das sogar gut empiristisch – sagen, daß sie mit dem Verhältnis von klassischer und relativistischer Physik nicht das geringste zu tun hat.
Wichtiger als das wenig durchdachte Zusammenwerfen empirischer Sätze aus Physik, Physiologie, Evolutionsbiologie und Psychologie mit dem Ziel, die neue Erkenntnistheorie möge durch die angesehene relativistische Physik und diese durch jene zusätzliche Weihen erhalten, scheint mir eine prinzipielle Überlegung:
Unterstellt man als nichtkontroverse methodologische Basisentscheidung, daß Physiker ihre Theorien auf Daten aufbauen, die mit Meßgeräten gewonnen werden, so spielt *weniger die Natur unserer Organe* als die *Technik unserer Geräteherstellung* eine wichtige Rolle. Meßgeräte sind gerade in den von ihnen erwarteten Eigenschaften ›künstlich‹, oder griechisch: ›technisch‹ hervorgebrachte Gegenstände. Sowenig man in diesem Zusammenhang

bestreiten muß, daß sie damit gleichwohl Teile eines Universums bleiben, über das Physiker empirische Aussagen zu machen versuchen, so sind doch die *entscheidenden* Eigenschaften der Meßgeräte nicht durch physikalische *Erfahrung* bestimmt. Ob etwa ein sich selbst überlassenes Gerät mit einem bewegten Zeiger eine Uhr ist, müßte sonst ja wieder messend, also mit einer Uhr festgestellt werden. Die *messende* Beurteilung von Geräten daraufhin, ob sie selbst Meßgeräte eines bestimmten Parameters sind, taugt nicht zur Definition von Meßgeräten, weil sie auf einen infiniten Regreß führt. Bis jetzt hat die Menschheit aber nur endlich viele Geräte produziert. Auch unser sogenanntes empirisches Wissen – sogenannt, weil beim Geschäft des Definierens von Meßgeräten und Meßgrößen ein solches ja methodisch noch gar nicht verfügbar ist – würde, wäre es bereits verfügbar, nicht viel leisten: Schließlich können ja mit empirischen Sätzen der Physik nicht nur die Funktionen von Geräten, sondern auch Defekte von Geräten beschrieben und erklärt werden. Physikalische Erfahrungssätze reichen niemals aus, ein funktionierendes von einem nichtfunktionierenden Meßgerät zu unterscheiden. Pointiert gesagt, auch die stehende Uhr und das unsinnigerweise zur Längenmessung verwendete Gummiband genügen physikalischen Gesetzen. Vielmehr muß jede Unterscheidung von tauglichem und untauglichem Meßgerät, sei es nun im Zusammenhang der Definition von Grundbegriffen in Lehrbüchern, sei es im Zusammenhang der experimentellen Laborpraxis, ein *normatives* Unterscheidungskriterium enthalten. In alltagspsychologischen Wörtern formuliert: Ein Physiker muß wissen, was er mit einem Meßgerät *beabsichtigt*, wenn er es benützt. Er muß, um die einfachsten Beispiele zu nennen, die praktische Realisierung eines Längen- oder Zeitbegriffs als technische Zwecke verfolgen, die es ihm erlauben, zu begründen, warum ihm zur Längenmessung ein Metallstab willkommener ist als ein Gummifaden, zur Zeitmessung eine Quarzuhr willkommener als eine tibetanische Gebetsmühle.

Ich bin jetzt also dabei, zu begründen, warum eine empirische Theorie der Physik niemals eine Erkenntnistheorie abgeben kann. Ich hoffe, daraus eine Einsicht ableiten zu können, welcher Fehler sich wiederholt, wenn in Analogie zum Mißverständnis der Relativitätstheorie als erkenntnistheoretischer Grundlegung unserer Erfahrungen von Raum-Zeit eine biologische Erkenntnistheorie formuliert wird.

Befänden wir uns noch im historischen Anfangsstadium der Experimentalphysik, so müßten die Experimentatoren ihre Geräte selbst bauen. Als Erbauer von Meßgeräten muß man sich eine Gerätefunktion als Zweck vorgeben. Um dem wissenschaftlichen Ziel der Nachvollziehbarkeit von Resultaten zu genügen, sind solche Zwecke sprachlich explizit zu benennen, d. h. Sätze zur Beschreibung der erwünschten und angestrebten Meßgerätefunktionen zu formulieren. Diese nun haben keinerlei behauptenden Charakter, sondern sind präskriptiv, genauer, Konstruktionsanweisungen.

Der heutige Physiker, der seine Geräte von der Industrie bezieht, braucht sich darum kaum zu kümmern – er verläßt sich auf die Funktionsgarantie des Herstellers. Selbstverständlich aber muß auch er, und dies macht gerade seine spezifische Kompetenz als Meßgerätebenutzer aus, ein *gestörtes* von einem *ungestörten Gerät* unterscheiden können. Jede Vermutung einer Störung interpretiert er gerade nicht als Vermutung oder gar Information über das vermessene Objekt, sondern er nimmt sie zum Anlaß, durch Reparatur des Meßgerätes den ungestörten Zustand wieder herbeizuführen. Er *handelt* so, als würde er eine Norm befolgen.

Für die auf Messungen beruhenden Theorien der Physik hat dies die Konsequenz, daß jede Behauptung einer ihrer Aussagen, würde sie nur explizit genug angegeben, eine Prämisse mit sich führen müßte, wonach der messend festgestellte Sachverhalt nur unter der Voraussetzung korrekter Funktion der eingesetzten Meßgeräte besteht.

Kann nun dieses Bedingungsverhältnis zwischen den normativen Theorien der Meßgeräteeigenschaften und den empirischen, d. h. auf Meßresultaten beruhenden Theorien umgekehrt werden? Können mit anderen Worten empirische Theorien der Physik, ihre Geltung als unkontrovers unterstellt, Bedingungen festlegen oder auch nur einengen, unter denen normative Theorien zur Festlegung von Meßgeräteeigenschaften sinnvoll sind? Läßt sich mit anderen Worten die Situation fingieren, in der eine empirische Revision einer normativen Theorie der Meßgeräte möglich ist? Immerhin sollen ja aus trivialen Gründen keine Normen vorgesehen werden, von denen man bereits weiß, daß sie nicht befolgbar sind.

Hier sind zunächst einige logische Randbedingungen zu berücksichtigen. Erstens: Normen behaupten nichts, sondern fordern zur Herbeiführung von Sachverhalten auf. Da sie nichts behaupten, können sie auch nichts Falsches behaupten bzw. zu Behauptungen, etwa der empirischen Physik, in Widerspruch geraten. Normen sind also ihres präskriptiven Charakters wegen *empirisch* prinzipiell *unwiderlegbar*. Als Sätze freilich, die ebenso von fehlbaren Menschen stammen wie physikalische Sätze, sind sie selbstverständlich kritisierbar und *revidierbar*.

An solchen Kritikmöglichkeiten interessiert hier nicht die eher langweilige analytische, wonach etwa logisch widerspruchsvolle Normen prinzipiell nicht befolgbar sind, sondern im Blick auf die zu prüfende Möglichkeit, die Physik zur Erkenntnistheorie zu machen, ein empirisches Wissen über Befolgbarkeit oder Nichtbefolgbarkeit von Normen.

Als weitere logische Randbedingung ist zweitens festzuhalten, daß die Einengung der Möglichkeit normativer Meßtheorien durch Physik selbst in Form von Aussagen geschehen muß, an die wiederum die Frage nach den Voraussetzungen ihrer Geltung zu richten ist. Die Aussagen der Physik, deren Überführbarkeit in eine Erkenntnistheorie hier überprüft werden soll, bedienen sich ja eines quantitativen Vokabulars und setzen damit schon eine gelungene normative Festlegung physikalischer Grundgrößen durch Meßverfahren voraus. Ohne diese Tatsache zu vergessen, gehe ich jedoch von der günstigst möglichen Unterstellung aus, alle für die heutige Physik eventuell noch fehlenden normativen Explikationen der tatsächlichen Meßpraxis ließen sich unkontrovers nachreichen. Könnte eine solche Physik, mit der also Physiker und Wissenschaftstheoretiker gleichermaßen zufrieden wären, *empirische Bedingungen für die Möglichkeit normativer Meßtheorien* klären oder beschränken? Ich werde begründen, warum dies ausgeschlossen ist.

Ein Streit über die Befolgbarkeit von Normen ist letztlich ein Streit über die Möglichkeit von Handlungen, wobei es hier um Handlungen der Herstellung von Meßgeräten geht. Hier müßte sich ein mit welchem Wissen auch immer ausgestatteter Opponent mit Argumenten, also sprachlich, für die Unmöglichkeit von Handlungen stark machen, die von Handwerkern bei der Herstellung von Geräten tatsächlich durchgeführt werden. *Prima facie* ist dies aussichtslos, weil Dialoge über Handlungsmöglichkeiten eine sprachfreie und definitive Entscheidbarkeit besitzen, nämlich in der Durchführung der Handlung selbst. Die wirkliche Durchführung einer Handlung macht jeden gegen ihre Möglichkeit vorgebrachten vermeintlichen Einwand hinfällig. Verlangt man nun im Rahmen einer normativen Meßgerätetheorie, daß Bezeichnungen für die einschlägigen Handlungen explizit an Exemplaren eben dieser Handlungen im Vollzug bestimmt werden, so kann es auch keinen mit Worten auszutragenden Streit darüber geben, ob nun tatsächlich eine behauptete Handlung durchgeführt wird oder nicht. Auf diese Weise kann für einen normativen Aufbau einer Theorie der Meßgeräte ein Basisvokabular festgelegt werden, das nur durchführbare Handlungen beschreibt. Ein Beispiel hierfür wäre etwa das Abschleifen zweier grob vorbereiteter Platten bis zur Passung.

Wenn nun ersichtlich gegen die Normierung von Herstellungshandlungen empirische Argumente nicht greifen, bleibt dann noch die Möglichkeit, gegen die Erreichbarkeit erwünschter Verhältnisse wie etwa der Euklidizität von Meßgeräteeigenschaften Einwände zu erheben? Auch dies ist auszuschließen. Die Axiome der euklidischen Geometrie lassen sich logisch äquivalent umformen etwa in Aussagen über Formen geometrischer Figuren. Es muß, vereinfacht gesagt, eine Ähnlichkeitsgeometrie gelten. Wenn nun mit Mitteln der Logik allein gezeigt werden kann, daß aus der Normierung komplexer Herstellungshandlungen, den in der Protophysik so genannten »Realisierungsverfahren«, Normen der Ähnlichkeitsgeometrie abgeleitet werden können, so ist der Zusammenhang zwischen Herstellungshandlungen und normierten Eigenschaften ungestörter Meßgeräte ein bloß logischer. Logische Schlüsse aber sind empirisch unwiderlegbar. Wegen der technischen Details verweise ich auf die Titel zur Protophyik im Literaturverzeichnis.

Damit ist gezeigt, daß keine empirisch-physikalischen Resultate Möglichkeiten der Revision normativer Theorien über Meßgeräteeigenschaften eröffnen. Die Physik kann also keine empirische Revision ihrer eigenen, etwa älteren erkenntnistheoretischen Prämissen leisten. Die irrige Meinung, sie könnte es doch, beruht darauf, erstens übersehen zu haben, daß Physik schon in ihren Anfängen nicht bloß argumentatives Reden, sondern auch sprachfreies Handeln ist, dessen Möglichkeit nicht seinerseits durch Argumentieren, sondern durch Handlungsvollzug erwiesen wird, und zweitens übersehen zu haben, daß außer dem behauptenden Reden das vorschreibende Reden für Begründungen herangezogen werden kann – und wird.

3. Der Irrtum der evolutionären Erkenntnistheorie

Das *tertium comparationis* zwischen relativistischer und biologischer Erkenntnistheorie, wie ich jetzt kurz für die Versuche sagen möchte, naturwissenschaftliche Theorien in Erkenntnistheorien umzuinterpretieren, wird damit deutlich: Beide beanspruchen, auf der Grundlage naturwissenschaftlicher Erkenntnisse Aussagen erkenntnistheoretischer Art gewinnen zu können, indem sie über Mittel oder Voraussetzungen von Erkenntnissen und damit über die Unterscheidung von Erkenntnissen und Nichterkenntnissen Behauptungen aufstellen.

Für meinen Vortrag lasse ich außer Betracht, daß hierin ein zirkuläres Vorgehen liegt, weil ja die eigene naturwissenschaftliche Ausgangsbasis ihrerseits nicht frei von erkenntnistheoretischen Prämissen ist. Ich gehe auf diesen Zirkelvorwurf nicht ein, weil er ein Vorwurf selbstverständlich nur relativ zu einem Zirkelverbot sein kann und die philosophische Begründung von Zirkelverboten ein eigenes umfangreiches, aber eben hier nicht mein Thema ist.

Statt dessen weise ich hier auf das *tertium comparationis* von relativistischer und biologischer Erkenntnistheorie hin, welches darin liegt, übersehen zu haben, daß jedes Unterscheidungskriterium von Erkenntnissen und Nichterkenntnissen notwendigerweise einen normativen Charakter hat. Diese Normativität hängt mit dem oben schon am Beispiel der Passungsthese für die Sinneswahrnehmung erläuterten Umstand zusammen, daß sich Unterscheidungen von Erkenntnissen und Nichterkenntnissen nur dann *sprachlich* verhandeln lassen, wenn sie selbst sprachlich gegeben werden. Wann immer dann eine solche sprachlich gegebene Unterscheidung *auf Einzelfälle angewandt* werden soll, um zu überprüfen, ob eine Erkenntnis vorliegt oder nicht, ist auch stets eine sprachliche Repräsentation fraglicher Erkenntnisse erforderlich. Unterscheidungskriterien zwischen Erkenntnissen und Nichterkenntnissen betreffen also immer Behauptungen und fallen demnach zusammen mit der Frage nach den *Wahrheitskriterien von Aussagen*. Auch der Rahmen, der von den Programmen der relativistischen und der biologischen Erkenntnistheorie gezogen ist, begrenzt Erkenntnisse immer auf sprachlich dargestellte Erkenntnisse, d.h. auf Aussagen. Jeder Versuch aber, metasprachliche Wahrheitskriterien von Aussagen selbst als Behauptungen und nicht als Normen zu interpretieren, würde nur auf einen infiniten Regreß hinauslaufen.

Die Wissenschaftstheorie unseres Jahrhunderts, die weitgehend die Position der Erkenntnistheorie eingenommen hat, hat sich ganz auf die Strukturen des sprachlichen Teils wissenschaftlicher Erkenntnisse beschränkt. Die Philosophie des Wiener Kreises, des kritischen Rationalismus und der Fortsetzungen und Ableger dieser Auffassungen sind fixiert auf den *Behauptungs*charakter wissenschaftlicher Theorien, ja auf den *Beschreibungs*charakter aller sprachlich verfaßten Wissensbestände. Alle anderen Ansätze, die von dieser Einschränkung nicht betroffen waren, wie etwa die von Poincaré, von Duhem und von Bridgman, sind nicht weiter verfolgt worden. Dingler hat sich in eine Opposition zur gesamten Wissenschaftler- und Philosophengemeinschaft hineinmanövriert, und Husserls Einsichten in die Grundlegung der mathematischen Naturwissenschaft sind bis heute nicht in die wissenschaftstheoretische Fachdiskussion eingegangen. Lediglich in den Arbeiten von Wrights zum Erklärungsbegriff sehe ich erste Anzeichen der Überwindung dieser Fixierung auf ein deskriptivistisches Wissenschaftsverständnis.

Die evolutionäre Erkenntnistheorie verdankt sich also Umständen, die in gleicher Weise auch in der relativistischen Erkenntnistheorie zum Tragen gekommen sind: Obwohl nirgends bestritten wird, daß Erkenntnisse in sprachlicher Repräsentation immer auch eine konventionelle Komponente haben, und obwohl niemand bestreitet oder bestreiten würde, daß empirische Erkenntnisse immer in zweckgeleitetem Handeln gewonnen werden, sind diese Einsichten nicht berücksichtigt worden. Physik, Biologie und schließlich jede erkenntnistheoretisch erwogene Erkenntnis wird nur als Beschreibungs- oder Abbildwissen begriffen, nicht jedoch als Vermögen des sprachlichen und nichtsprachlichen Handelns.

Bei soviel Ähnlichkeit zwischen relativistischer und biologischer Erkenntnistheorie durch empiristische Abblendung aller normativen, handlungsleitenden Komponenten der Erkenntnisgewinnung darf abschließend aber ein wichtiger Unterschied zwischen den Disziplinen, von denen die vermeintlichen Erkenntnistheorien ihren Ausgang nehmen, nicht vergessen werden: Die Wahrheitskriterien der Evolutionsbiologie unterscheiden sich vielfältig von denen der relativistischen Physik, womit ich in einem kurzen

Schlußteil der zweiten Wendung meines Beitragstitels, nämlich »Erkenntnis der Evolution«, gerecht werden möchte.

4. Erkenntnis der Evolution

Empiristische Auffassungen der modernen Naturwissenschaften gehen in auffälliger Weise mit realistischen Positionen einher. Am deutlichsten läßt sich dies für Popper, aber auch an der wiederholten Bezugnahme von Konrad Lorenz auf Popper oder am Kapitel »Hypothetischer Realismus« von G. Vollmer nachweisen. In der Evolutionsbiologie findet dieser Realismus seinen Ausdruck in dem wiederholten Hinweis, Evolution sei ein realer, historischer Vorgang, ohne daß dabei die Prämissen einer solchen Behauptung im Blick bleiben. Selbst die Vertreter der evolutionären Erkenntnistheorie betreiben ihr Geschäft gleichsam an einem bestimmten historischen Ort eines allumfassenden Evolutionsgeschehens. Sie beschreiben Evolution – und zwar dann nicht bloß die des Organischen, sondern neuerdings die Evolution vom Urknall und der Entstehung erster Alphateilchen an bis zur angeblichen Pubertät der Menschheit im 20. Jahrhundert, so etwa der bekannte Evolutionstheoretiker Karsten Bresch in seinem Buch ›Zwischenstufe Leben‹ –, als wären sie höchstpersönlich dabeigewesen.
Als Philosoph muß man hier die Frage aufwerfen, welchen Gründen diese Wissenschaftler glauben, ihre Gewißheit bei Aussagen über die Evolution zu danken. Ich muß dies leider mit einer radikalen Einschränkung tun, weil die Evolutionsbiologie keine geschlossene Theorie ist wie etwa die klassische Mechanik, sondern als sogenannte »synthetische Theorie« ein Konglomerat von Wissensbeständen unterschiedlichster Herkunft. Ich beschränke mich deshalb exemplarisch auf die Frage, was Darwins Grundgedanken der Selektionstheorie, die immer noch den Kern auch der modernen, weiterentwickelten Evolutionstheorie bildet, zu einer wahrheitsfähigen Naturwissenschaft macht. Kann auf die Darwinsche Selektionstheorie der Gedanke eines normativen, Handlungszwecke betreffenden Unterscheidungskriteriums für Erkenntnisse angewandt werden, da sie doch ersichtlich über ein Stück Natur*geschichte* schreibt, die ihrerseits geradezu dadurch definiert werden kann, daß *keine* menschlichen Eingriffe vorliegen? Der Kern der Selektionstheorie besteht bekanntlich in der An-

nahme ungerichteter Mutationen und einer Selektion der Mutanten durch Umwelteinflüsse. Wer den sich ändernden Umweltbedingungen in dem Sinne optimal angepaßt ist, daß er die größte Zahl fortpflanzungsfähiger Nachkommen erzeugt, verschafft seinen erblichen Merkmalen einen Selektionsvorteil gegenüber den mit weniger Enkeln gesegneten Individuen.
Zunächst einmal ist wohl allgemein unbestritten, daß im Bereich der Natur*geschichte* – anders als in Experimentalwissenschaften – allenfalls eine *Rekonstruktion* des historischen Ganges der Entwicklung *durch Interpretation von Indizien* gelingen kann. Aussagen über einen einmaligen historischen Ablauf sind im Unterschied zu etwa den Gesetzen der Physik, die durch Reproduktion von Experimenten immer wieder von neuem kontrolliert werden können, allenfalls mehr oder weniger plausibel. Ihr Plausibilitätsgrad steigt mit der Zahl konsistent interpretierbarer Indizien und mit der Sicherheit des Wissens, das für die Interpretation herangezogen wird. Im Falle der Darwinschen Theorie ist dies gerade die Einsicht, daß auch bei Annahme ungerichteter Mutation die Selektion zunehmende Anpassung an natürliche Lebensbedingungen bewirkt. Das Wahrheitskriterium eben dieser Einsicht ist zugleich das Wahrheitskriterium der Evolutionsbiologie vor Einbringung der Genetik.
Hier zeigt sich nun in der Tat, daß *Darwin selbst* ein *normatives* Geltungskriterium ins Auge gefaßt hat. Er betrachtet die Natur, *als ob* sie eine menschliche Züchterin wäre. Nicht nur der Titel seines berühmten Buches von 1859 ›The Origin of Species by Natural Selection‹ bringt dies zum Ausdruck; er hat das Wissen von Züchtern, seien es nun die von Tauben oder Kaninchen, Rosen oder Orchideen, ausgiebig studiert und in seinen Tagebüchern kommentiert. *Selegieren* erscheint damit als ein Wort für menschliche *Handlungen*, die Züchter bei der Förderung oder Verhinderung tierischer und pflanzlicher Fortpflanzung einsetzen, um bestimmte gewünschte Merkmale zu verstärken oder abzuschwächen. Behauptungen, daß dieses über eine Reihe von Generationen hinweg ein *erfolgreiches* Handeln ist, haben damit eine letzte, nichtsprachliche *Entscheidungsinstanz*. *Züchterwissen ist Handlungsvermögen*, und Wahrheitskriterien für Aussagen über Züchterwissen liefern die am Erfolg überprüfbaren Vorschriften, wie zu verfahren sei, um Merkmale in der Generationenfolge zu verstärken oder abzuschwächen. Darwin verfügte daher über ein

erkenntnistheoretisch unverdächtiges, mit einem pragmatisch-instrumentellen Wahrheitskriterium versehenes *Modell* der *natürlichen* Selektion.

Für seine Theorie wie für die modernen Weiterentwicklungen der Evolutionsbiologie gilt damit, daß die Erkenntnis der Evolution als naturwissenschaftliche Erkenntnis durch Entscheidungen für normative Wahrheitskriterien von Aussagen ausgewiesen werden kann. Die Evolutionsbiologie selbst bedarf also keiner weiteren Geltungs- oder Wahrheitskriterien, die etwa aus den Naturwissenschaften herangeschafft werden müßten – sowenig wie die Physik. *Die Evolutionsbiologie ist aufgrund normativer Wahrheitskriterien als naturwissenschaftliche Erkenntnis ausweisbar.* Diese Naturwissenschaft kann auch – wohlgemerkt naturwissenschaftlich – Aussagen über Funktionen von Organen machen, die wir bei der Gewinnung von Erkenntnissen in Anspruch nehmen. Was allerdings Erkenntnisse vor Nichterkenntnissen auszeichnet, kann so nicht erkannt, sondern muß bereits vorher gewußt werden. Dieses Wissen ist sowenig ein Erfahrungswissen wie in der Physik, sondern wird als Erkenntnisziel *gesetzt.*

Literatur

a) Autoren und Titel, auf die der Text Bezug nimmt:

Bertalanffy, L. v.: »An Essay on the Relativity of Categories«, in: *Philosophy of Science 22* (1955), S. 243-263.

Bresch, K.: *Zwischenstufe Leben: Evolution ohne Ziel?*, München/Zürich 1977.

Darwin, C.: *Die Entstehung der Arten*, Stuttgart 1860 (*The Origin of Species by Natural Selection*, 1859).

Lorenz, K.: »Kants Lehre vom Apriorischen im Lichte gegenwärtiger Biologie«, in: *Blätter für Deutsche Philosophie 15* (1941), S. 94-125.

–: »Gestaltwahrnehmung als Quelle wissenschaftlicher Erkenntnis (1959)«, in: K. Lorenz: *Über tierisches und menschliches Verhalten*, Bd. 2, München 1965.

Piaget, J.: *Einführung in die genetische Erkenntnistheorie*, Frankfurt a. M. 1973 (*Genetic Epistemology*, 1970).

–: *Das Verhalten – Triebkraft der Evolution*, Salzburg 1980.

Popper, K. R.: *Objektive Erkenntnis*, Hamburg 1973.
Shimony, A.: »Perception from an Evolutionary Point of View«, in: *Journal of Philosophy 68* (1971), S. 571-583.
Vollmer, G.: *Evolutionäre Erkenntnistheorie*, Stuttgart ^{3}1981.

b) Zur konstruktiven Wissenschaftstheorie der Physik:

Janich, P.: *Die Protophysik der Zeit. Konstruktive Begründung und Geschichte der Zeitmessung*, Frankfurt a. M. 1980.
–: »Irrtum oder Methode? Zu den handlungstheoretischen Grundlagen der Protophysik in Auseinandersetzung mit der Kritik A. Kamlahs«, in: *Zeitschrift für allgemeine Wissenschaftstheorie XV/1* (1984), S. 122-141.
–: »Natur und Handlung. Über die methodischen Grundlagen naturwissenschaftlicher Erfahrung«, in: O. Schwemmer (Hrsg.): *Vernunft, Handlung und Erfahrung*, München 1981, S. 69-84.
–: »Beobachtung als Handlung«, in: H. Poser (Hrsg.): *Erfahrung und Beobachtung*, 1987.
–: »Truth as Success of Action«, in: R. S. Cohen, I. Hronski (Eds.): *Proceedings of the 5th Conference of the International Union of the History and Philosophy of Science*, Dordrecht 1987.

4. Gestaltung und Sensibilität

Zum Verhältnis von Konstruktivismus und Neuer Phänomenologie

Einleitung

Das Verhältnis von (in chronologischer Reihenfolge) Phänomenologie und Methodischem Konstruktivismus »gibt es«: ob nun das Interesse Hugo Dinglers an Edmund Husserls Begriff des Gegenstandes oder die mannigfaltigen Verbindungen von Phänomenologie und Konstruktivismus bei der Entstehung der »Erlanger Schule« (u. a. die phänomenologischen Einflüsse, die Wilhelm Kamlah auf die Philosophie Paul Lorenzens genommen hat) oder andere Verbindungen, wie sie von Carl Friedrich Gethmann in seinem einschlägigen Buch *Lebenswelt und Wissenschaft*[1] zusammengetragen worden sind – es sind mehr als nur biographisch zufällige Berührungspunkte oder institutionelles Zusammentreffen der beiden Richtungen; es läßt sich vielmehr eine Fülle von Verwandtschaften in Ansatz und Ziel entdecken.

Es nimmt, philosophiehistorisch gesehen, nicht Wunder, daß auch (nun nicht in chronologischer, sondern von der Zuständigkeit des Autors her diktierter Reihenfolge) der Methodische Konstruktivismus und die Neue Phänomenologie von Schmitz mehr als nur Berührungspunkte aufweisen, wenn auch die erheblichen Differenzen zwischen Husserl und Schmitz sowie Dingler und dem Autor nicht ignoriert werden dürfen.

Der Rahmen einer Festschrift mag erlauben, sich auf die Entstehungsgeschichte eines philosophischen Gedankenaustausches zu beziehen, dem dieser Aufsatz auch seinen Titel verdankt: bei einem Zusammentreffen beim Symposium »Philosophische Probleme der Zeit« im »Forum für Philosophie Bad Homburg« (1991) fiel (zumindest mir) das gemeinsame Einfordern begrifflicher Sorgfalt durch Hermann Schmitz und den dadurch schon mit

1 *Studien zum Verhältnis von Phänomenologie und Wissenschaftstheorie* (Bonn 1991) (siehe dort auch meinen Aufsatz »Die Galileische Geometrie. Zum Verhältnis der geometrischen Idealisierung bei Husserl und der protophysikalischen Ideationstheorie«).

dauerndem Sympathieverlust rechnenden methodischen Konstruktivisten auf. Zwei gegenseitige Einladungen nach Marburg und nach Kiel haben bei mir nicht nur den Anstoß zur Lektüre des Buches *Der unerschöpfliche Gegenstand* (im folgenden als *DuG* abgekürzt), sondern auch die Einschätzung dieses Buches als Fundgrube für eine Fülle von Anregungen und Antworten bestärkt, die sich (für mich) auf zwei Aspekte konzentrieren: zum einen geht die Konstruktive Wissenschaftstheorie seit Dingler vom Standpunkt des täglichen Lebens aus und rekurriert auf eine Lebenspraxis, für die u. a. eine Fülle alltäglicher Vermögen des Wissenschaftlers bestimmend ist. Eine Theorie oder Philosophie der Lebenswelt ist dazu aber von konstruktiver Seite, auch mit der Ausrichtung auf die Aufgaben der Wissenschaftstheorie, nicht ausgearbeitet worden. Zum andern ist ein Schwerpunkt meiner eigenen Arbeiten in den letzten Jahren die philosophische Seite der Kognitionsforschung vor allem neurobiologischer Ausrichtung geworden; dort haben sich Forschungsrichtungen und philosophische Begleitungen (vor allem in der Analytischen Philosophie des Geistes) etabliert, die aus konstruktiver Sicht viele Leerstellen und unbegründete Vorentscheidungen aufweisen, wo Klärungen und Orientierungen gefragt wären. Diese, in einer Phänomenologie des Leiblichen und des Kognitiven zu suchenden Klärungen finden manchen Ansatz bei Schmitz.

Andererseits kann nicht verborgen bleiben, daß verschiedene Zielsetzungen und Schwerpunktbildungen für die Neue Phänomenologie und den Konstruktivismus prägend geworden sind; ohne Erlaubnis zitiere ich: »Mein phänomenologischer Vorbehalt gegen den Konstruktivismus richtet sich nur auf das darin herrschende sogenannte Vico-Prinzip: ›Wir können nur erkennen, was wir machen können.‹ Durch dieses Prinzip wird die Gestaltung ungebührlich vor der Sensibilität begünstigt, obwohl die Gestaltungskraft im tieferen Sinn nach meiner Meinung eine Funktion der Sensibilität ist. Der Bereich des affektiven Betroffenseins, der Empfänglichkeit für Eindrücke, Atmosphären und Situationen, die mir besonders am Herzen liegt, kommt auf diese Weise zu kurz, denn das so Empfangene kann man nicht machen.« (Brief von Schmitz an Janich vom 13.05.91 – auf diese Passage geht der Titel meines Beitrags zurück.)

Im folgenden soll, anschließend an einige grundlegende Übereinstimmungen von Konstruktivismus und Neuer Phänomenologie, der »phänomenologische Vorbehalt« näher betrachtet und mit einem konstruktiven Vorschlag zum Umgang mit Sensibilität beantwortet werden.

1. Übereinstimmungen

Es soll nicht darum gehen, zwei Bemühungen, die ohne Kontakt zueinander selbständig entwickelt wurden, im Sinne von Vereinnahmungen oder Pauschalierungen irgendwelche Übereinstimmungen zuzuschreiben. Denn es ist nicht zu sehen, was dadurch gewonnen wäre. Aufschlußreich in erkenntnistheoretischer Hinsicht sind dagegen Hinweise auf einzelne Punkte, Thesen, Aspekte, in denen sich gegenseitige Zustimmung findet, auch wenn sie für unterschiedliche Fragen und Aufgaben je unterschiedliches Gewicht haben. Informativ sind solche Übereinstimmungen in jedem Falle durch und für die Verortung von Positionen oder Bemühungen im Spektrum von Konkurrenzen zu anderen; auch gleiche Gegner stiften Gemeinsamkeiten.
Beiden Bemühungen gemeinsam ist, und das unterscheidet sie von der praktisch gesamten vorherrschenden Wissenschaftsphilosophie, daß Philosophie als Reflexionsbemühung auf Erkenntnisse, seien sie lebensweltliche oder wissenschaftliche, nicht freischwebend etwa im »Theorienrealismus« oder »Institutionenrealismus« deskriptivistischer Verkürzungen betrieben wird. Das heißt, es werden – bei aller Offenheit der Bewertung – historische Resultate von Wissenschaften in Form von Lehrbuchwissen und Institutionen nicht einfach als das gegebene factum brutum genommen, an dem sich Analyse und Diskussion ansetzen ließen, um damit (im Wittgensteinschen Bilde) als Befreiungstaten jeweils die Leitern umzuwerfen, mit denen man von einem Dach aufs andere gelangt ist – und doch nur auf einer Dächerwüste über einer unbekannten Stadt umherirrt.
Vielmehr hat für den Phänomenologen wie den Konstruktivisten jede Bemühung um Erkenntnis, die alltägliche, die wissenschaftliche und die philosophische, stets einen »Sitz im Leben«, und dies in wenigstens zweifacher Hinsicht: Auf welcher kulturhistorischen Höhe auch immer das tägliche Leben stattfindet, es ist erst einmal das dieses tägliche Leben bewältigende Individuum, der einzelne Mensch, der durch sein Tun und Leiden Wissen und Er-

kenntnis ausbildet. Es ist immer Gestalten und Empfangen eines Trägers von Wissen und Erkenntnis, und Wissen und Erkenntnis ist immer als Produkt von Lebensvollzug zu sehen. Dies macht den Sitz im Leben des einzelnen Menschen aus. Daß er in der komplexen Welt, in die er hineingeboren und hineinerzogen ist, auch Bibliotheken und Theorien, herrschende Meinungen und Institutionen und vieles andere mehr vorfindet, das ihm als Formen oder Ausdruck von Wissen und Erkenntnis angedient wird, enthebt niemanden der Aufgabe, sich als Individuum in diese Welt des Wissens erst hineinzuarbeiten und persönliche Gewißheiten, Evidenzen und Überzeugungen auszubilden. Es ist m. a. W. immer eine Tätigkeits- und Leidensgeschichte, in konstruktiver Terminologie (nach W. Kamlah) Handlung und Widerfahrnis des einzelnen Individuums, das konstitutiv wird für jede Art von Wissen und Erkenntnis.

Ein zweiter Grund, den »Sitz im Leben« jeglicher Erkenntnis ernstzunehmen, ist die Konstitution von Gegenständen auch von Wissenschaft und Philosophie im Alltagsleben. Im Deskriptivismus Analytischer Philosophie wird konsequent übersehen, daß auf jeder Stufe technisch-zivilisatorischer Kultur erst Gemeinsamkeiten des Handelns und des Bedürfens Motor und Möglichkeit von Wissenschaft und Philosophie sind.

Als eine Konsequenz aus der Besorgnis um den Sitz im Leben fordert Schmitz unter der Ankündigung »Eigenart meiner phänomenologischen Methode«: »An erster Stelle steht die Forderung, ausschließlich auf relativ trivialer (durchschnittlich jedermann jederzeit frisch oder in der Erinnerung zugänglicher) Lebenserfahrung aufzubauen, diese in scharfe Begriffe zu fassen und diese Begriffe nur in logisch übersichtlicher Weise zu kombinieren, um Erfahrungsbereiche zu rekonstruieren, die ihrerseits trivial (aber dem öffentlich, auch bei den Philosophen, eingeschliffenen Begreifen manchmal fremd wie Märchenwelten) oder esoterisch sein können. Dieses Verfahren soll gewährleisten, daß der Philosoph stets sich verstehen und verstanden werden kann, damit er sich nicht selbst betrügt, wie leicht geschieht, wenn er sich auf dem schwankenden Meer übernommener Begriffe oder prophetenhaft expektorierter Redensarten (»Jargon der Eigentlichkeit«) treiben läßt« (*DuG*, S. 33). Dieser programmatische Satz könnte auch ohne Bruch in der Vorrede der »Logischen Propädeutik« von Kamlah und Lorenzen stehen.

Eine zweite, nicht nur periphere Übereinstimmung findet sich auf dem Feld der Erkenntnistheorie. (Ich unterstelle, es erzeuge keine Fehler, hier zwischen Erkenntnistheorie und Wissenschaftstheorie noch nicht zu unterscheiden.) Die Ablehnungsgründe eines erkenntnistheoretischen Realismus, eines erkenntnistheoretischen Holismus und eines reduktionistischen Mißverständnisses der Dinge lesen sich bei Schmitz so, daß ein Methodischer Konstruktivist diese Abschnitte aus DuG als Lehrtexte für den wissenschaftstheoretischen Unterricht verwenden könnte – er braucht nur noch die Beispiele anzugeben, wo Wissenschaftler und Wissenschaftstheoretiker diese kritisierten Positionen einnehmen, und in ihren Konsequenzen darzustellen.

Auf den ersten Blick könnte es ein untaugliches, weil nur negatives Definitionskriterium von Gemeinsamkeiten sein, die gemeinsame Ablehnung gleicher Positionen herauszuheben. Dagegen spricht jedoch, daß es schon in frühen Schriften Dinglers, durchgängig dann auch in den Arbeiten Lorenzens und, nach dem immer wieder explizit besprochenen Ansatzpunkt meiner eigenen Arbeiten, der Einwand, die Kritik, die Vermeidung von Defiziten und Irrwegen im philosophischen Zeitgeist vor allem der Naturwissenschaften und der Mathematik sind, die ein zentrales Motiv für die Ausbildung eines methodischen Pragmatismus, einer instrumentalistischen Wissenschaftstheorie, einer konstruktiven Begründung einzelwissenschaftlicher Theorien angestoßen haben. Die Absetzung von Realismus, Reduktionismus und Holismus, die im Bereich der Wissenschaftstheorie weitestreichende Folgen für das Methoden- und Theorienverständnis dieser Disziplinen hat, ja die »konstruktive« Hoffnung, die damit eingehandelten Schwächen des Wissenschaftsverständnisses und aller daraus zu erwartenden praktischen Folgen für die Weiterentwicklung unserer Kultur überwinden zu können, bilden geradezu den Ansatzpunkt der konstruktiven Philosophie – was sie ja auch entsprechend unbeliebt macht bei den so kritisierten Fachwissenschaften, und was der Bequemlichkeit analytischer Affirmation des herrschenden Wissenschaftsbetriebs das bekannte Achselzucken nahelegt.

Selbstverständlich soll es hier nicht um eine sozialpsychologische Motivationstheorie zu einzelnen Philosophien gehen, sondern um Gründe, die in Argumenten gegen den wissenschafts- bzw. erkenntnistheoretischen Realismus, Reduktionismus und Holismus vorgebracht werden. Hier gibt es weitreichende Parallelen zwischen Schmitz und mir, die jedoch an dieser Stelle nicht ausgeführt werden sollen, da es gerade nicht Selbstzweck dieses Aufsatzes ist, zwei historisch vorfindlichen philosophischen Bemühungen oder Richtungen das Attribut der Gemeinsamkeit aufzudrücken. Es soll hier vielmehr um Indizien von Gemeinsamkeiten gehen, von denen aus dann der oben genannte phänomenologische Vorbehalt zu diskutieren ist.

Weitergehend, als sich dies in einfacher Weise an kurzen Textpassagen aus dem Konstruktivismus nachweisen ließe, sind Gemeinsamkeiten im Menschenbild. Immer wieder hebt Schmitz auf die Schwächen des Physiologismus ab, »wonach die Außenwelt dem Menschen nur auf dem Weg über gewisse körpereigene Werkzeuge (griechisch: Organe) oder Schleusen, die seit Platon so genannten Sinnesorgane und deren Fortsetzungen bis zum Zentralorgan (Gehirn oder Herz) so zu Bewußtsein kommt, daß Signale vom Körper in die private Innenwelt (Seele, Bewußtsein, mind usw.) transportiert, dort entschlüsselt, kombiniert und angereichert werden, bis ein einigermaßen zulängliches Bild der Außenwelt entsteht« (*DuG*, S. 17). Zahlreiche Argumente, die Schmitz gegen den Physiologismus vorbringt, sind unabhängig davon in wissenschaftstheoretischem Zusammenhang zu finden, etwa beim Autor in den Aufsätzen »Physiologie und Sprache. Erkenntnistheoretische Probleme naturwissenschaftlicher Wahrnehmungstheorien« und »Ist Information ein Naturgegenstand? Menschliches Handeln als Ursprung des Informationsbegriffes« (beide in: P. Janich, *Grenzen der Naturwissenschaft*, München 1992).

In diesen wissenschaftstheoretischen Abhandlungen werden Fehler des Physiologismus in erster Linie auf das den Methodischen Konstruktivismus auszeichnende »Prinzip der methodischen Ordnung« zurückgeführt: wer das Zustandekommen von Wissen und Erkenntnis durch Sinneswahrnehmung naturwissenschaftlich erklärt und dann daran erkenntnistheoretische Ansprüche knüpft, begeht einen Verstoß gegen das Prinzip der methodischen Ordnung, weil er ja (als Physiologe) bereits in Anspruch nehmen muß, und zwar als gelingende Rede- und Handlungspraxis, was er allererst zu erklären beabsichtigt. Wo Schmitz den anthropologischen Ballast der griechisch-antiken Metaphysik mit ihrem Substanz-Akzidenz-Schema kritisiert, kritisiert der methodische Konstruktivist im wissenschaftstheoretischen Kontext den vorherrschenden, das Menschenbild der gegenwärtigen Naturwissenschaften prägenden Physikalismus und Szientismus, vor allem hinsichtlich ihres blinden Flecks gegenüber Konstitutionszusammenhängen von ›Wahrnehmen‹ und ›Erkennen‹ als naturwissenschaftlichem Forschungsgegenstand. Beide Kritiken sind so triftig wie dringend, denn sie betreffen – je nach historischer Bildung und fachlicher Ausrichtung ihres Inhabers – eine schlechthin derart vorherrschende Auffassung, daß in der Regel noch nicht einmal die Möglichkeit einer Alternative gesehen wird.

Bezogen auf Anthropologie und Wissenschaftstheorie bestehen solche Möglichkeiten der Alternative in einer phänomenologischen Philosphie des Menschen bzw. in einer philosophischen Reflexion des Zustandebringens von Wissenschaft durch den Menschen. Dabei ist der Mensch erst einmal Person und nicht ein naturwissenschaftlich beschriebener Organismus, d.h. er lebt, handelt, verhält sich, leidet, macht Erfahrungen und setzt sich dabei immer mit anderen Menschen auseinander, und dies immer in bestimmten Situationen.

Dieses Menschenbild führt bei Schmitz zur Diagnose, daß Zeitgenossen entweder philosophieren, »oder sie leben gespalten (mit ›doppelter Buchführung‹): einerseits als ›Berufsmensch‹ objektiven Tatsachen zugewandt, andererseits als Feierabend- und Ferienmensch Freiräume für das partielle Ausleben der Subjektivität für sich reservierend. Manche Naturwissenschaftler geben harmonisch wirkende Beispiele solcher Doppelbödigkeit, die gerade wegen ihrer anscheinenden Harmlosigkeit etwas Unheimliches an sich haben, weil der Mensch nirgendwo mehr ganz zu finden ist, nicht einmal als zwiespältiger und konfliktträchtiger Charakter: so war Faraday ›eine wundervoll ausgeglichene Persönlichkeit‹ mit zwei Seelen in seiner Brust, christliche Religion und Naturwissenschaft, die, wie er selbst bezeugt, ›überhaupt keinen Verkehr miteinander und kein Bewußtsein eines möglichen gemeinsamen Bodens‹ hatten« (*DuG*, S. 11). Freilich steht bei Schmitz diese Passage nach dem Satz: »Den Philosophen flankieren die eingefleischten Nichtphilosophen. Wer es fertigbringt, sein Leben im Sinne der Regeldistanz ganz darin aufgehen zu lassen, Fall unter vielen Fällen objektiver Regeln und allgemeiner Gattungen zu sein, braucht sich um die Anpassung des für ihn Subjektiven an die objektiven Tatsachen, Programme und Probleme nicht oder wenigstens nicht grundsätzlich zu bemühen; er sieht dann keinen Anlaß zu philosophieren, und befriedigt sein theoretisches Interesse in den positiven Wissenschaften.« Mir scheint aber, daß die von Schmitz auf Naturwissenschaftler gerichtete Kritik zu verschärfen ist auf eine Majorität gerade zeitgenössischer Philosophen, die so, wie sie selbst glauben, daß der Naturwissenschaftler seinem Gegenstand Natur gegenüberstehe und sonst, d. h. in normativer Hinsicht, – »doppelte Buchführung« – Privatmensch sei, nun als Philosophen den Wissenschaften in Form ihrer Lehrbuchtheorien und Institutionen bloß beschreibend und analysierend gegenüberstehen – und sonst Feierabend- und Ferienmenschen sind.

Die Kritik, in der sich eine konsequente Anwendung des eigenen, philosophischen Menschenbildes auf sich selbst und auf das eigene Philosophieren zeigt, ist Ausdruck einer hier als letzte genannten Gemeinsamkeit: die Neue Phänomenologie nimmt genauso wie der Methodische Konstruktivismus das Recht in Anspruch, einen radikalen Neuanfang zu versuchen und ausgetretene Pfade der Philosophiegeschichte zu verlassen. Es paßt wenig in die Sozialpsychologie der philosophischen Majorität, wie Schmitz ein Buch zu beginnen mit der Überschrift »Was ist Philosophie?« und in der ersten Zeile die Antwort zu geben: »Philosophie ist: Sichbesinnen des Menschen auf sein Sichfinden in seiner Umgebung«, und dann ein paar Seiten später zu schreiben: »Um einen Standpunkt für die Übersicht über die Philosophiegeschichte zu gewinnen, muß man diese schicksalhafte und fragwürdige Prägung einer Quelle aufgesucht und analysiert haben; ich glaube, seit mehr als zweitausend Jahren ziemlich der erste Philosoph zu sein, der sich nach den beiden Seiten philosophischer Besinnung, dem Selbstverständnis und der Weltdeutung nach, in einem neu durchdachten und umfassenden System der Philosophie davon freigemacht hat« (*DuG*, S. 16-17).

Eine solche Bewertung des eigenen Neuanfangs wird, mit begleitender Betonung der eigenen Bescheidenheit, von einer analytisch-deskriptivistischen Philosophen-Majorität für ebenso verwegen gehalten wie z. B. eine Konstruktive Kritik der Naturwissenschaften, etwa der relativistischen Physik. Soviel Kühnheit, Kritik an fest etablierten Mehrheitspositionen einfach auf den Glauben an sprachliche Klärung und Stringenz der Argumente, auf gemeinsame Lebenspraxis und unbestrittene Befunde des Alltäglichen gründen zu können, macht wohl beide, die Neue Phänomenologie und die Konstruktive Philosophie, ähnlich.

2. Das Vico-Prinzip und die Sensibilität

Die Diskussion des phänomenologischen Einwandes von Schmitz hat zunächst zu präzisieren, in welchem Sinne der Methodische Konstruktivismus tatsächlich vom Vico-Prinzip ausgeht, denn er beruft sich nicht explizit darauf. Dabei werden in einem ersten Schritt einige Befunde gesammelt, wonach tatsächlich die Wissenschaftstheorie des Methodischen Konstruktivismus dem Vico-Prinzip folgt, um diesem dann in einem zweiten Schritt eine allgemeine, handlungstheoretische Fassung zu geben, die erkennen läßt, daß auch, in einem dritten Schritt, der Bereich der Sensibilität darin durchaus aufgehoben ist.

2.1 Konstruktive Wissenschaftstheorie und Vico-Prinzip

Die Konstruktive Wissenschaftstheorie befand sich zunächst insofern im Schlepptau ihrer positivistischen und analytischen Gegner, als sie sich zuerst ebenfalls auf die mathematisch-naturwissenschaftlichen Fächer konzentrierte. Logik, Arithmetik, Geometrie und Physik sind die Gebiete, die im Vordergrund standen, und erst in jüngerer Zeit erscheinen Arbeiten zur Psychologie, zur Biologie, zur Chemie und zur Informationswissenschaft, nun aber nicht mehr aus Erlangen oder Konstanz, sondern aus Marburg. (Der Bereich der Kulturwissenschaften mag hier ausgeklammert bleiben, nicht, weil es dazu aus konstruktiver Sicht nichts Nachlesbares gäbe, als vielmehr, weil hier schulmäßige Grenzen verschwimmen.)
Schon für die dialogische Logik läßt sich die Auffassung vertreten, daß hier das Prinzip »Wir können nur erkennen, was wir machen können« eine große Bedeutung hat. Es spielen nämlich weder Analysen der Alltagssprache hinsichtlich logischer Partikel und Schlußformen noch etwa eine Psychologie logischer Evidenzerlebnisse irgendeine Rolle als Begründungsinstanzen. Selbstverständlich wird nicht bestritten, daß auch Logiker zunächst einmal

in eine natürliche Sprache hineinwachsen und in dieser »immer schon« ein natürliches logisches Schließen vorfinden. Philosophische Logikbegründung aber beginnt erst dort, wo Regeln etwa des Dialogs formuliert werden, die mit explizit benannten Zielen bestimmte Idealisierungen tatsächlicher Diskussionen zu normativ regulierten Diskursen, eben dem (materialen oder formalen) Dialog erfahren (wie dies Christian Thiel in seinem Logik-Kurs der Fernuniversität Hagen eindrucksvoll vorführt)[2]. Schon der älteste konstruktivistische Ansatz, die »operative Logik« Lorenzens, und später die dialogische Logik, die Lorenzen immer gegen die spieltheoretische Darstellung von Konrad Lorenz in philosophischer Begründung abgegrenzt hat, lassen sich als dem Vico-Prinzip verpflichtet interpretieren. Logik wird als Mittel des Argumentierens und Beweisens entwickelt, und was »logisch ist«, d. h. was logische Geltung beanspruchen darf, wird nach expliziter Definition logischer Operatoren sowie expliziter Nennung und Begründung eines Entscheidungsverfahrens festgestellt. Logik ist mithin kein Abbild irgendwelcher Seinsverhältnisse, sondern die Hochstilisierung von Redeverknüpfungen der natürlichen Sprache zu speziellen, erkenntnis- und wissenschaftstheoretisch präzisierten Zwecken.
Wie zutreffend sogar für die Logik die Diagnose von Schmitz ist, der Konstruktivismus sei dem Vico-Prinzip verpflichtet, läßt sich nicht zuletzt daran erkennen, wie, recht besehen, letztlich unphilosophisch die Kontroverse zwischen konstruktiver und axiomatisch/formalistischer Logik verläuft: da werden im Blick auf Anwendungsfälle (vor allem in der Mathematik) klassisch und konstruktiv gültige Formelmengen verglichen, unterschiedliche Semantiken thematisiert und vieles mehr, aber es geht nicht um den »Sitz im Leben« der Logik, also schon gar nicht darum, daß wir das als logisch Erkennbare (und deshalb aus konstruktiver Sicht: zu Normierende) festzulegen, also zu »machen« haben im Blick auf die Aufgaben, die ein diszipliniertes Argumentieren zu bewältigen hat, und dies eben nicht nur in Mathematik und mathematischer Physik, sondern auch in den Bereichen von Moral, Recht, Politik und Philosophie.

2 Zum »Sitz im Leben« der Logik vgl. auch Carl Friedrich Gethmann, *Protologik*, Frankfurt 1979, sowie ders., *Logik und Pragmatik*, Frankfurt 1982.

Die konstruktive Arithmetikbegründung und ihre Fortführung in die Analysis hinein ist, soweit ich sehe, allein eine Leistung Lorenzens geblieben. Hier ist weder Platz noch Anlaß, auf den innermathematischen Gegensatz einzugehen, den eine streng konstruktiv begründete Arithmetik und Analysis gegenüber einer formalaxiomatischen Form, etwa gegenüber den Darstellungsformen nach Bourbaki hat. Aber schon für den mathematisch weniger gebildeten Philosophen ist der Unterschied greifbar, der einerseits in den Peano-Axiomen für die natürlichen Zahlen (mit einem eigenen Axiom für das Prinzip der vollständigen Induktion) und andererseits die Arithmetikbegründung nach Lorenzen haben. Es ist ein gelegentlich zu hörendes, nichtsdestotrotz fundamentales Mißverständnis dieser konstruktiven Begründung, ironisch zu sagen, bei den Konstruktivisten hießen eben die Axiome Normen oder Regeln – sonst bliebe alles beim Alten. Vielmehr wird ausgehend von den Kulturleistungen des Zählens und seiner Anwendungen, also immer von einem »Sitz im Leben«, ein Regelsystem zur Erzeugung von Ziffern angegeben, aus denen über ein Abstraktionsverfahren Zahlen gewonnen werden. Das heißt, die Gegenstände der Arithmetik und, später, die Analysis, werden explizit konstruiert, also handelnd erzeugt. Es wird nicht einfach, das historisch Vorgefundene als das Gerechtfertigte nehmend, unsere alltägliche Vertrautheit mit elementarer Arithmetik zum Ausgangspunkt gewählt, sondern durch explizite Rekonstruktion eine Einsichtsmöglichkeit in den Sinn von Mathematik eröffnet. Daran ändert sich auch dadurch nichts, daß die arithmetischen Aussagen, die konstruktiv gelten, auch axiomatisch gültig sind. Einsichten in die Geltung von Aussagen zu gewinnen, ist nicht nur dort sinnvoll, wo dadurch bereits Abweichungen gegenüber anerkannten Satzbeständen erreicht werden.

Daß auch hier das Vico-Prinzip durchgängig greift, liegt auf der Hand, um so mehr, als die Mathematik als Idealwissenschaft es ja nun einmal nicht mit anderen Gegenständen als künstlich erzeugten zu tun hat.

Im Konflikt mit herrschenden Mathematikverständnissen liegen vor allem die konstruktiven Ansätze zur Geometriebegründung, und zwar schon seit Hugo Dingler. Dingler hat mit einer bis heute nicht zu revidierenden Schärfe die Schwächen des Hilbertschen Geometrieverständnisses erkannt und ausgesprochen. Die Auffassung von der impliziten Definition geometrischer Grundbe-

griffe durch »formal« verstandene Axiome, korrekt, durch Aussagenschemata, die Axiome heißen, ist schon innermathematisch unbefriedigend: ginge es so formalistisch zu, wie Hilbert behauptet, so könnten ja beliebige formale Axiomesysteme von Mathematikern untersucht werden. Tatsache ist aber, daß die Mathematiker dieses nicht tun, sondern sich statt dessen, z. B. bei der Euklidischen Geometrie, an eben solche Axiomensysteme halten, die auch für den Techniker, den Architekten und den Physiker sehr viel mit erfolgreicher Anwendung zu tun haben.
Aber auch außermathematisch, d. h. in der Anwendung der Geometrie (etwa in der Astronomie) ist die formalistische Geometrieinterpretation, der dann nachträglich gewisse »Deutungen« durch Übersetzung von Variablen in pyhsikalische Prädikatoren gegeben werden, abwegig. Vielmehr sind, und dies ist der Kerngedanke der protophysikalischen Geometriebegründung im Konstruktivismus, schon durch die technische Herstellung von Geräten als räumlicher Formung von Körpern geometrischen Bezeichnungen eine Bedeutung verliehen. Es ist hier der Sitz in der poietisch-technischen Herstellungspraxis von Geräten, nicht zuletzt von Meßgeräten, in denen geometrische Termini ihre zunächst praktische Bedeutung erhalten. Für die Zwecke der Mathematik wird dann ein Ideationsverfahren angeschlossen, das den Sprung von der Rede über reale Formen an bearbeiteten Körpern in die ideative, mathematische Theorie des Raumes leistet.
Gerade auf die räumlichen Unterscheidungen wird noch einmal zurückzukommen sein, weil sie auch in der Phänomenologie von Schmitz eine zentrale Rolle spielen, dort aber nicht bei den poietischen Handlungen und dem Gerätegebrauch als einer Kulturleistung ansetzen, sondern gleichsam einen ganzen wesentlichen Schritt zurückverlagert sind in eine räumliche Selbsterfahrung des Leiblichen. (Hier wird zu klären sein, wie aus konstruktiver Sicht die These von Schmitz zu beurteilen ist, daß »die Gestaltungskraft (...) eine Funktion der Sensibilität ist«, d. h., daß die Sensibilität der Gestaltungskraft und damit den Gestaltungshandlungen in einem zu erläuternden Sinne vorhergeht.)
Obgleich es also die Geometrie im Unterschied zur Arithmetik nicht mit dem geregelten Umgang mit selbst erzeugten Symbolen zu tun hat, sondern mit den Zwecken einer technischen Gestaltungspraxis und einer daran anschließenden Verwissenschaftlichung durch Redebeschränkung auf die Herstellungszwecke

selbst – die ideative geometrische Theorie –, kann in beiden das Vico-Prinzip aufgefunden werden; allerdings ist nicht zu übersehen, daß dies unter Abweichung von einem üblichen Sprachgebrauch bezüglich »Erkennen« erfolgt: Arithmetische und geometrische »Erkenntnisse« sind in der Tat allein Konstruktionen, also künstliche menschliche Produkte, für die in Theorien ein Verfügungswissen bereitsteht, die aber nicht eine Erkenntnisform von etwas anderem, arithmetisch oder geometrisch Erkanntem sind. Das heißt, es ist gerade die Pointe des konstruktiven Mathematikverständnisses, daß hier nicht etwas durch Mathematik erkannt wird, sondern daß die Mathematik (Arithmetik und Geometrie) spezifische Betätigungsfelder für Zweckbereiche menschlichen Handelns sind. Ist dies auch bei der Arithmetik nicht allzu weit vom herrschenden Verständnis entfernt (da heute kaum mehr jemand etwa einen kruden Plationismus vertritt, wonach arithmetische Sätze Gesetze zur Darstellung mathematischer Ideen seien), so verhält es sich mit der Geometrie anders. Ihre Aufspaltung in ein formalistisches Betätigungsfeld für Mathematiker und ein empiristisches Betätigungsfeld für Physiker gibt der Geometrie wenigstens in letzterer Hinsicht die Rolle der Darstellung von etwas zu Erkennendem, nämlich des Erfahrungsraums – vom alltäglichen bis zum astrophysikalischen. Dies ist hier deshalb erwähnenswert, weil es die konstruktiven Auffassungen zum Raum[3] in Gegensatz bringt zur empiristischen Auffassung der Naturwissenschaften und der analytisch-empiristischen Wissenschaftstheorie; deshalb ist nach konstruktiver Auffassung noch einmal ein Unterschied zwischen (apriorischer) Geometrie und (empirischer) Physik zu machen. Nicht erwähnenswert dagegen ist diese Meinungsverschiedenheit im Hinblick auf das Verhältnis zur Neuen Phänomenologie, die sich ebenfalls gegenüber den Naturwissenschaften nicht naiv-affirmativ verhält.

In vollem Umfang ihre Berechtigung hat die Einschätzung von Schmitz, wonach der Konstruktivismus auf das Vico-Prinzip baut, im Bereich der empirischen Erkenntnis. Physikalische Theorien werden nicht als Abbilder einer Natur verstanden, u. a. weil die Konstitution von Gegenständen physikalischer Theorien

3 Vgl. Paul Lorenzen, *Elementargeometrie. Das Fundament der Analytischen Geometrie*, Mannheim/Wien/Zürich 1984, und Peter Janich, *Euklids Erbe. Ist der Raum dreidimensional?* München 1989.

sowie die Bildung ihrer Grundbegriffe an eine technische Laborpraxis gebunden sind. Es ist lediglich ein traditionelles Mißverständnis, daß Naturwissenschaften sich mit »Natur« in aristotelischer Opposition zur Technik befaßten, da sie, ihren Selbstverständnissen zum Trotz, ihre Geltungskriterien allein aus gelingender Technik beziehen, also aus technischem know-how, das in Laboratorien erarbeitet wird. Dasselbe gilt in vollem Umfang für die Chemie und in weitem Umfange für die Biologie. Wo dann tatsächlich über »Natürliches« als nicht vom Menschen Verfertigtes gesprochen wird, wie in der Astronomie, in einer biologischen Organismuslehre oder in naturwissenschaftlicher Naturgeschichte, bleibt es immer das technische Laborwissen, das Modelle und Erklärungen liefert.

Das Vico-Prinzip in der Schmitzschen Formulierung, wonach wir nur erkennen, was wir herstellen können, schließt im Felde der empirischen Naturwissenschaften keineswegs die Erfahrung aus. Wie in der Konstruktiven Wissenschaftstheorie explizit ausgearbeitet, ist technisches Verfügungswissen, handlungstheoretisch bzw. anthropologisch gesprochen, ein Widerfahrniswissen an unseren technischen Handlungen. Das heißt, es wird zum Charakteristikum von Handlungen gerechnet, daß sie gelingen oder mißlingen können, und wie kühn und aktionistisch auch immer die Handlungen von Ingenieuren und Laborwissenschaftlern sind, ob sie die gewünschten, geplanten oder erhofften Zwecke erreichen, stößt dem Macher an seinen Handlungen zu, wird von ihm »erfahren«. Erfahrungen sind damit gegen sensualistische, passivistische, szientistische oder, in der Terminologie von Schmitz, physiologistische Mißverständnisse gewappnet. Erfahrungen werden im emphatischen Sinne »gemacht«, d. h., nur wer zielstrebig unter Aufwendung von Zweckrationalität handelt, gewinnt Erfahrungswissen als Verfügungswissen über reproduzierbare Sachverhalte.

Dieser Erfahrungsbegriff ist zwar nicht, was Schmitz unter die Überschrift »Sensibilität« faßt, aber es läßt sich doch schon hier sehen, daß ohne affektive Betroffenheit und Situationseingebundenheit des jeweiligen einzelnen Naturwissenschaftlers und Technikers auch diese Erfahrung nicht stattfindet. Es ist nur, und darauf hat sich die konstruktive Philosophie, insofern sie Wissenschaftstheorie ist, konzentriert, ein zentraler Aspekt der Verwissenschaftlichung technischer Praxis, daß die affektiven Betroffenheiten und Situationsgebundenheiten von Forschern in ihren (für sie ja auch biographisch und existenziell wichtigen) Handlungen durch bestimmte, eben wissenschaftliche Hochstilisierungen, zur Personen- und Situationsinvarianz gebracht werden. Mit anderen Worten, soweit die Wissenschaftstheorie der Naturwissenschaften betroffen ist, würde auch ein Konstruktivist die von Schmitz betonten Konstituentien von Einzelerfahrungen nicht leugnen, befaßt sich jedoch als Wissenschaftstheoretiker gerade mit der Möglichkeit, diese zu überwinden in Richtung auf eine wissenschaftliche Universalisierung. Diese Universalisierung ist gerade eine im Bereich des Übergangs von individuellen affektiven Betroffenheiten und Einzelhandlungen zu betroffenheitsneutralen und situationsinvarianten Handlungsschemata im Sinne universeller technischer Reproduzierbarkeit, im Gegensatz zur logischen Universalisierung, nach der etwa Carnap oder Popper die Gesetzesartigkeit von Naturgesetzen zu fassen versuchten. Am Beispiel: es ist nicht der universelle Quantor vor einer Aussage über alle Körper, die dem Fallgesetz gehorchen, so daß schon diese logische Struktur von Naturgesetzen sie in einem strengen Sinne als nicht erkennbar qualifizierten – eine Auffassung nebenbei, die auch von keinem prominenten, wissenschaftsgeschichtlich bedeutenden Naturwissenschaftler je so geäußert worden wäre –, sondern es ist das »Immerwieder« von Handlungen in technischen Unternehmungen, von Experimenten und provozierten Beobachtungen, nicht zuletzt die Verfügung über die Eigenschaften der verwandten Meßgeräte und Laboreinrichtungen, die den Gesetzescharakter naturwissenschaftlichen Wissens bedingen.

Als erstes Resümee läßt sich festhalten, daß die Diagnose, die Schmitz hinsichtlich des Vico-Prinzips für den Konstruktivismus stellt, zutrifft, daß aber der ausgearbeitete Erfahrungsbegriff der Konstruktiven Wissenschaftstheorie ohne Schwierigkeiten kompatibel ist, ja stillschweigend aufbaut auf dem, was Schmitz dem Gestalten vorausgehen sieht.

2.2 Die handlungstheoretische Fassung des Vico-Prinzips und der Umgang mit sich selbst

Es liegt gerade an der weiten Bedeutung des Wortes »machen« in der Formulierung »wir können nur erkennen, was wir machen können«, die darüber entscheidet, wie weit hier affektives Betroffensein, Situationen und Atmosphären eine Rolle spielen. Ersichtlich sind es nämlich verschiedene Typen von Widerfahrnissen, Handlungen des Wissenschaftstreibens bis zur Einsicht des Gelingens oder Mißlingens voranzutreiben. Man denke nur an klassische Fallunterscheidungen von Aussagen, die logisch, arithmetisch, geometrisch, physikalisch und etwa biologisch gültig sind.
Selbstverständlich spielt es für die Wissenschaft nicht nur historisch oder biographisch, sondern systematisch (im Sinne von: unabhängig von der Entstehungsgeschichte) eine zentrale Rolle, ob und unter welchen Umständen z. B. ein Beweis oder ein Experiment gelingt. Ja selbst für den einfacheren Fall des Gelingens oder Mißlingens einer geometrischen Konstruktion, z. B. einer Winkelhalbierung und einer Winkeldreiteilung mit Zirkel und Lineal, gäbe es keinen Bestand von Konstruktionsvorschriften und entsprechend von logischen, arithmetischen oder geometrischen Sätzen, wenn nicht das Machen der jeweiligen Gegenstände an das Handeln von wirklichen Menschen in wirklichen Situationen gebunden wäre.
A fortiori, nämlich wegen einer gegenüber den apriorischen Wissenschaften weiter eingeschränkten Machbarkeit, gilt dies für Erfahrungswissenschaften, und hier wieder stärker etwa für die Biologie als für die Physik, weil letztere weniger auf den Bereich des unmittelbar technisch Verfügbaren konzentriert ist als die Physik:
Das »Machen« der Gegenstände der Wissenschaften sowie das Umgehen mit diesen Gegenständen, das nach konstruktiver Auffassung explizite Sprachnormierungen verlangt, über explizit angegebene Geltungskriterien verfügen muß und seine Begründungsanfänge nicht über Behauptungen oder Beschreibungen findet, sondern (an den Rekonstruktionsanfängen) über Aufforderungen und Normen, ist niemals abzulösen von einem Lebensweltbezug, in dem immer Menschen, also bestimmte Individuen in bestimmten historischen und individuell-biographischen Situationen Adressaten von Aufforderungen und, als Rekonstrukt,

Adressaten von Selbstaufforderungen sind. Auch wo Aufforderungen den Charakter universalisierter Rezepte gewinnen – und dies soll schließlich u. a. den Charakter mathematischer und naturwissenschaftlicher Theorien erfassen –, die so gehalten sind, daß möglichst jedermann in möglichst jeder Situation sie befolgen kann (allgemeine Bedingungen als erfüllt vorausgesetzt), hat die konstruktive Wissenschaftstheorie und Philosophie, sozusagen in stets wieder aufzufindenden Nebensätzen, das Problem erkannt und genannt, Verbindlichkeit zu etablieren. Nicht ohne Pathos betont Dingler in »Die Ergreifung des Wirklichen«, daß er überhaupt nur denen etwas zu sagen habe, denen das Problem der Wahrheit schon zur schmerzenden Wunde geworden sei, und die charakteristisch konstruktive Lösung des Anfangsproblems aller methodisch geordneten Wissenschaften durch Beginn bei Aufforderungen »löst« das Begründungsproblem (etwa in Form des Münchhausen-Trilemmas) nur dadurch, daß es schließlich dem Aufgeforderten überlassen bleibt, ob er sich an einer Praxis des Wissenschaftstreibens, des Forschens, des Unterscheidens von Wahrem und Falschem beteiligt oder nicht. Hier werden keine transzendentalphilosophischen Krücken benötigt, um die Verbindlichkeit von Aussagen mit Wahrheitsanspruch herzustellen, sondern es ergehen Aufforderungen, gelegentlich (wie in der Logischen Propädeutik) auch Appelle an die Vernünftigkeit des Adressaten, aber es ist dann immer deren Betroffenheit, deren existentielle Entscheidung, ob sie solchen Aufforderungen Folge leisten oder nicht.

Mit anderen Worten, gerade das Vico-Prinzip, wie es sich in der Konstruktiven Wissenschaftstheorie durchgängig nachweisen läßt, ist wegen des normativen Charakters re-konstruktiver Begründungen so zu verstehen, daß volle Kompatibilität mit den erkenntnistheoretischen Vorschlägen von Schmitz gegeben ist. Zuzugeben ist freilich, daß damit noch keine Antwort auf die Frage geleistet ist, wie nach konstruktiver Sicht das Verhältnis von Tun und Leiden, von Gestalten und Empfangen, letztlich von einem sprachlich geklärten Umgang mit sich selbst zu sehen sei, und wie wissenschaftstheoretisch mit dem Verhältnis der Forscherbiographie bzw. Forscherpsychologie und den transsubjektiven Wissensbeständen der Wissenschaften umzugehen sei.

2.3 Primat von Gestalten oder Erfahren?

Alle Philosophien, seien sie phänomenologischer, konstruktiver oder analytischer Provenienz, und übrigens auch alle Wissenschaften eint der Zwang, sich im Medium der Sprache abzuspielen. Ob es, wie manche (naive) Realisten glauben, jenseits aller sprachlichen Beschreibungen Strukturen des Seienden »gibt«, ob wir vor, neben oder nach, hinter oder unter aller sprachlichen Fassung Empfindungen und Betroffenheiten haben, wie vielleicht ein Phänomenologe betonen möchte, oder ob »das Woher unserer Widerfahrnisse« Gegenstand der Philosophie auch für einen Konstruktivisten sein könnte, es ist für alle Richtungen und Zielsetzungen unverzichtbar, Rechenschaft über die tatsächlich gemachten Äußerungen zu geben, d. h. in terminologisch-begrifflicher wie in Hinsicht auf Begründung und Rechtfertigung Rede und Antwort stehen zu können. Bisher wurde die Diskussion des phänomenologischen Einwandes gegen die Beschränkung auf das Vico-Prinzip durch Schmitz bis zu dem Punkt vorangetrieben, daß sich die Frage nach dem Primat des Rezeptiven vor dem Aktiven oder des Aktiven vor dem Rezeptiven stellt, und diese Frage muß in ihren sprachlich expliziten Antworten eben solchen Ansprüchen auf Begründung und Rechtfertigung genügen. Daß dies auch aus der Perspektive der Neuen Phänomenologie gilt, darf nach der Einleitung dieses Aufsatzes unterstellt werden.

Wie entscheidend sich nun die Frage, ob wir unser Gestaltenkönnen etwas verdanken, das ganz im Bereich des Sensiblen liegt? Als unproblematisch unterstelle ich dabei, daß wir die Sprache, mit der wir über das Gestalten, insbesondere die poietischen Handlungen sprechen, nach den Vorschlägen z. B. der Logischen Propädeutik und jüngerer Publikationen aus dem Methodischen Konstruktionismus in gemeinsamer Praxis etablieren, d. h. rekonstruieren und normieren können. Dabei muß u. a. sprachfrei poietisch gehandelt werden, und es muß eine Lehrer-Lehrlings-Situation mit Vor- und Nachmachen der fraglichen, terminologisch normiert zu beschreibenden Handlungen kommen. Wie aber steht es mit der Sprache bezüglich des Sensiblen?

Es kann hier nicht auf die breite philosophische Debatte eingegangen werden, wie wir lernen, Auskünfte über Selbstwahrnehmungen z. B. bei einer medizinischen Untersuchung zu geben. Es ist aber unbestritten, daß wir alle im täglichen Normalleben eine

Fülle von Unterscheidungen zur Verfügung haben, mit denen wir Auskunft über Körperempfindungen oder andere »innere« Zustände emotiver oder kognitiver Art geben können. Schließlich ist unbestreitbar, daß Kommunikationen über solche inneren Sachverhalte immer wieder gelingen, wenn auch der Laie wie der Fachphilosoph sich des Eindrucks wird nicht erwehren können, daß es mit der Überprüfung von Äußerungen über innere Zustände so seine eigenen Schwierigkeiten hat.

In dieser unübersichtlichen Situation riskiere ich einen eigenen Vorschlag, wie im Rahmen sprachlicher Rekonstruktion systematisch der Erwerb von Fähigkeiten zu fassen ist, über den Bereich der Sensiblen sprachliche Unterscheidungsmittel zu gewinnen.

Es gilt ja allgemein als ein Vorschlag Wittgensteins, die Rede über innere Zustände und Ereignisse nach Analogie der Rede über äußere Zustände und Ereignisse zu etablieren.[4] Dort geht es um die Bereitstellung von Wortnormierungen im Bereich der Ethik und der Rationalen Psychologie. Zur Erläuterung möchte ich eigene Beispiele geben, die nun aus dem Bereich der Forschung kognitiver Leistungen stammen. Wie kann z. B. verstanden werden, was es heißt, daß jemand sich etwas anschaulich vorstellt? So wird z. B. in der Diskussion der Dreidimensionalität des Raumes behauptet, man könne zwar formal für beliebige Dimensionszahlen einen Würfen definieren (durch die Bedingungen, daß alle Kanten gerade und gleich lang sind und in den Ecken jeweils paarweise aufeinander senkrecht stehen), daß man sich aber einen Würfel mit einer Dimension größer Drei nicht »anschaulich vorstellen« könne. Überlegungen dieser Art haben z. B. zur empiristischen Zurückweisung des (durch Albert Einstein zuerst psychologistisch gründlich mißverstandenen kantischen) Apriorismus der Geometrie geführt und spielen insofern eine wichtige wissenschaftstheoretische Rolle.

Ich schlage vor, den Ausdruck »sich anschaulich vorstellen« auf die Handlung des Anschauens oder Betrachtens zurückzuführen im folgenden Sinne: Wir bestimmen exemplarisch und verschär-

4 Dieser Gedanke ist aufgenommen worden in Vorschlägen zur Normierung sogenannter »mentaler Termini« bei Paul Lorenzen und O. Schwemmer, *Konstruktive Logik, Ethik und Wissenschaftstheorie*, Mannheim/Wien/Zürich 1973. (Zu technischen und definitionstheoretischen Details vgl. P. Lorenzen, *Lehrbuch der Konstruktiven Wissenschaftstheorie*, Mannheim/Wien/Zürich 1987.)

fen durch terminologische Regelungen, was es heißt, jemand betrachte einen Würfel (etwa aus Metall). Wir fordern zusätzlich, daß er die »Ergebnisse« seiner Betrachtung sprachlich mitteilt. Dazu werden im gegebenen Beispiel normierte Ausdrücke für ebene Flächen, gerade Kanten, rechte Winkel und manches andere benötigt. Außerdem wird als geklärt unterstellt, wie Behauptungen verteidigt werden können, daß in einer Würfelecke genau drei gerade Kanten paarweise rechtwinklig aufeinandertreffen, obgleich ja der Betrachter, der den Würfel sehen und betasten und vor dem Auge in verschiedenen Lagen betrachten kann, sich damit bereits auf einen argumentativen Weg einläßt, der sich nicht mehr nur auf das stützt, was ein gleichsam fotografisches Sehen ihm liefert. (Dies kann kein Einwand sein, denn das hier so genannte »fotografische Sehen« ist ja selbst bereits eine begriffliche Konstruktion, die dem – in den Worten von Schmitz – Physiologismus angehört.)

Die Aussage, der (in Folge der von uns vorgesehenen Sprachnormierungen nun als kompetent zu unterstellende) Betrachter könne sich einen vierdimensionalen Würfel nicht anschaulich vorstellen, heißt dann, daß die im Kontext von Betrachtung als Anschauen und Tasten normierten sprachlichen Unterscheidungen nicht erlauben, das Zusammentreffen von mehr als drei geraden Kanten in einer Ecke so zuzulassen, daß je zwei von ihnen aufeinander senkrecht stehen.

Das »Nichtkönnen« einer bildlichen Vorstellungsleistung in dem Sinne, daß ein Anfügen einer geraden Kante an eine bildlich vorgestellte Würfelecke eines Metallwürfels mit der geforderten Rechtwinkligkeit immer nur zur Verlängerung einer der Würfelkanten führt, so, als würde man einen zweiten Metallwürfel passend an den ersten anlegen, ist, und dies ist die Pointe meiner Überlegungen, selbst wieder eine Behauptung, deren Bedeutung und Geltung auszuweisen ist. Der soeben gegebene Normierungsvorschlag für den Ausdruck »sich anschaulich vorstellen« soll gerade die Möglichkeit solcher Bedeutungs- und Geltungszuweisung eröffnen.

Ersichtlich kann ein solcher Vorschlag, innere Zustände und Ereignisse auf äußere terminologisch zurückzuführen, im Bereich des Kognitiven auf etwas zurückgreifen, was im Bereich des Emotiven nicht verfügbar ist: nämlich die Unterscheidung von wahren und falschen Aussagen über die Resultate von Kognitionen (hier:

Wahrnehmen in der Betrachtung). Läßt sich dieses Defizit auffüllen, d. h., läßt sich angeben, wie wir die sprachlichen Mittel für das Reden über emotiv gefärbte Selbstwahrnehmungen (systematisch, nicht entwicklungspsychologisch) bewältigen? (Denn irgendwie hat es ja jeder von uns geschafft, solche Lernschritte zu gehen.)
Ich gehe davon aus, als unproblematisch unterstellen zu dürfen, daß der Mensch mit Grundbedürfnissen (z. B. nach Nahrung) geboren wird und in seiner Lerngeschichte nicht nur bedürftig, sondern auch immer auf die Hilfe anderer Menschen angewiesen ist. Am Anfang, etwa im Säuglingsalter, das andere Sprachen treffend als das infantile bezeichnen, d. h. in dem der Mensch noch nicht sprechen kann, hängt das Überleben des Menschen ganz davon ab, daß die anderen, wie z. B. die Mutter oder auch der Kinderarzt, die Bedürfnisse des Säuglings richtig einschätzen, und entsprechend helfen. Ein Spracherwerb für die Unterscheidung von Bedürfnissen vollzieht sich demnach dadurch, daß der Bedürftige sprechend versucht, die Hilfe der Fürsorger durch Aufforderungen zu lenken. Diese Versuche sind dem Gelingen und Mißlingen solcher Aufforderungen ausgesetzt, und zwar in der vielfältigsten Weise (der Fürsorger muß z. B. selbst hinreichend sprachkompetent, aber von der Situation her überhaupt auch erst willens sein, zu helfen). Es ist aber nicht fraglich, daß wir auf diese Weise in Handlungszusammenhängen, in denen Bedürftige die Hilfe, Unterstützung, Zuwendung und dergleichen von Fürsorgern durch Aufforderungen lenken, zu einem Sprachabgleich zwischen Bedürftigem und Fürsorger kommen können. Harmonische Formen menschlichen Zusammenlebens, etwa in Ehe und Familie, dürften ebenfalls dadurch ausgezeichnet sein, daß – dann in wechselnder Rollenverteilung von Bedürfnis und Zuwendung – ein gegenseitiges sprachliches Sichverstehen und damit eine Sprachnormierung etabliert wird, die auch die Bereiche des Affektiven, des persönlichen Betroffenseins, allgemein alle Formen der Sensibilität erfassen.
Im Unterschied zum Bereich des Kognitiven ist der bedürfnis- und emotionsrelevante Teil unserer sprachlichen Fertigkeiten nicht mehr gebunden an einen Bezug auf Reden über Außenbeobachtbares, wo wir wahre von falschen Aussagen unterscheiden können. Vielmehr geht hier der Spracherwerb auf das Gelingen und Mißlingen von Aufforderungen zurück, in denen je Bedürftige die Kommunikation mit ihren Helfern, Fürsorgern, allge-

mein, Mitmenschen (ob nun im Sinne christlicher Nächstenliebe oder fürsorglicher Partnerschaft) erreichen.
Diese Vorschläge, das ist zuzugestehen, sind wenig mehr als eine programmatische Skizze, wie eine Rekonstruktion sprachlicher Mittel verlaufen kann, die den Bereich der Sensibilität erfaßt. Sie folgt dabei der auch andernorts in der Konstruktiven Philosophie verfolgten Vorgehensweise, das Begründungsproblem von Aussagen zurückzuspielen auf Handlungszusammenhänge, in denen nicht mehr behauptet, sondern nur noch aufgefordert wird – sozusagen als der letzte, manchmal dramatische Kern (man denke an Form und Funktion der Sprache bei einem Schiffsuntergang oder einem Gebäudebrand) davon, daß die Organisation des Zusammenlebens sprachlich stattfindet. Der Mensch in seiner Sprachlerngeschichte ist ja nicht, wie Naturwissenschaften und analytisch-empiristische Philosophie manchmal suggerieren, primär auf das Ziel des Beschreibens einer naturgesetzlichen Welt fixiert. Zurückkommend auf die These von Schmitz, daß das Gestalten dem Sensiblen nachfolge und konsequenterweise eine Theorie des Leiblichen etwa im Hinblick auf die Aspekte von Raum und Zeit einer konstruktiven Konstitutionstheorie von Raum und Zeit für Alltag und Wissenschaften vorhergehen müsse, bietet sich damit das folgende Bild: da auch der Phänomenologe eine sprachlich verfaßte Theorie entwirft, bedarf er dazu geeigneter sprachlicher Mittel, die, das sei ihm selbstverständlich zugestanden, auch Neologismen sein dürfen, für den speziellen Untersuchungszweck eigens erfunden. Der Anspruch auf Eignung dieser sprachlichen Mittel für verstehbare und prüfbare Kommunikation wird selbstverständlich dabei nicht aufzugeben sein. Insofern muß, und dies ist ja sogar ein expliziter Anspruch von Schmitz, auch sprachliche Rekonstruktion (oder Konstruktion) dieser Mittel geleistet werden. Diese wird (in nachträglicher Reflexion) handelnd geleistet, und zwar in sogar unausweichlicher Weise in Handlungen mit Aufforderungscharakter. Denn jeder Autor eines philosophischen Buches fordert seinen Leser auf, ihm u. a. terminologisch zu folgen. Ich kann nicht sehen, wie man bei diesem Geschäft gänzlich verzichten könnte auf Erläuterungsbemühungen, in denen – z. B. bei Raum und Zeit – etwas aufgewiesen wird, das uns in der jeweiligen Außenwelt, bei Raum und Zeit sogar im Bereich der Artefakte, verfügbar ist. Wenn z. B. Schmitz feststellt, »das eigenleibliche Gespürte ist stets räumlich ausgedehnt, aber in wesent-

lich anderer Weise als der sicht- und tastbare Körper. Dieser hat nach außen eine scharfe, flächige Grenze an der Haut. Der spürbare Leib besitzt keine Haut und keine Flächen. Man kann Flächen so wenig am eigenen Leib spüren, wie man sie hören kann (...)« (*DuG*, S. 117), so wird darin nicht nur (übrigens nachvollziehbar) geredet, sondern mit Wörtern geredet, deren wir uns nur versichern können, wenn wir uns auf Aufweisbares beziehen.

Was aber folgt aus der Tatsache, daß auch der Phänomenologe auf Sprachnormierungen angewiesen ist, die nicht sogleich oder nicht vollständig an dem Bereich normiert werden können, auf den sie in philosophischer Reflexion Anwendung finden? Und was daraus, daß vielleicht die Konstruktive Philosophie in ihren handlungstheoretischen und sprachphilosophischen Teilen Verfahren der Rekonstruktion von Terminologien anzubieten hat, die auf Eignung für eine phänomenologische Reflexion zu prüfen wären? Ergibt sich insbesondere eine Antwort auf die Frage nach dem Primat von Gestalten und Empfangen, von Aktivem und Rezeptivem? Eine genauere Betrachtung des Erwerbs bzw. der Rekonstruktion sprachlicher Mittel für die Rede über das Sensible kann zeigen, daß es nicht sinnvoll ist, diese Frage nach dem Primat weiter zu stellen. Vielmehr handelt es sich um eine Komplementarität zweier Aspekte, die sich schon an jeder Einzelhandlung aufweisen lassen: dort, wo im explizierten terminologischen Sinne von Handlung die Rede sein darf, findet sich immer beides, einerseits das aktive Element mit der Zielsetzungs- und Mittelergreifungskompetenz des Handelnden und andererseits der Widerfahrnischarakter des Gelingens und Mißlingens, der selbstverständlich nicht allein von der Handlungskompetenz des Handelnden abhängt, sondern immer auch von Situationsbedingtheiten – vom elementaren Fall, daß auch der beste Schwimmer ohne Wasser nicht schwimmen kann, bis zu situativen, atmosphärischen Bedingtheiten gelingender oder mißlingender Kommunikation im Falle gemeinschaftlichen Handelns oder beratender Handlungsvorbereitung.

Es ist also eine Konsequenz der begrifflichen Isolation des Aktiven bzw. Rezeptiven, wenn sich an diese die Frage nach einem Primat stellen läßt. So, wie eine Person nicht aus Leib und Seele besteht, sondern bestimmte sprachliche Mittel und Betrachtungsweisen einmal den leiblichen, einmal den seelischen Aspekt behandeln, so ist auch jede Handlung, und sei sie zur Wissenschaftsermöglichung noch so strikt normiert, immer eine Einheit von Aspekten des Aktiven, des Erzeugens und Hervorbringens einerseits und des Rezeptiven, des Empfangens und Widerfahrnishaften andererseits. Damit wird auch die Betonung des Vico-Prinzips als Charakteristikum konstruktiver Wissenschaftsphilosophie entlastet von dem Einwand, sie ignoriere den Bereich des Sensiblen. Das »Machen« z. B. der Gegenstände von Wissenschaft ist nichts, was einem Roboter oder einer Maschine übertragen werden könnte, sondern ist immer eine aus vielen Einzelhandlungen bestehende Kulturleistung, die ohne den Einfluß des Sensiblen nicht zustande kommen könnte. Resümiert man deshalb das Resultat der Betrachtung das Verhältnis von Neuer Phänomenologie und Methodischem Konstruktivismus, so läßt sich – fern jeder Integrationseuphorie – behaupten, daß sie beide vor dem Hintergrund zahlreicher prinzipieller Übereinstimmungen an zwei komplementären Aspekten ein und derselben Sache arbeiten, an einem philosophischen Verständnis nämlich des Menschen und seiner kulturellen Hervorbringungen.

Kapitel III
Natur, Naturalismus und Konstruktivismus

1. Naturgeschichte und Naturgesetz

Das öffentlich diagnostizierbare Bedürfnis, neue Umgangsformen des Menschen mit der Natur zu entwickeln, hat inzwischen auch die *Naturwissenschaften* erreicht. Nicht mehr nur die bekannten Felder des neuen Engagements für die Natur, etwa die Reform alltäglicher Lebensstile oder die Umorientierung der Wirtschaftspolitik, werden fleißig betreten und manchmal bearbeitet; die Naturwissenschaften selbst, ihr Naturbegriff und ihr noch vor zwei, drei Jahrzehnten uneingeschränkt positiv in Anspruch genommenes Ziel der geistigen und technischen Natur*beherrschung* sind in den Blick, um nicht zu sagen, in Verdacht geraten. Mutmaßungen schießen ins Kraut, die Naturwissenschaften trügen zumindest eine Teilschuld an technisch verursachter Naturzerstörung. Zur Forderung nach einer »sanften Technik« gesellt sich die Forderung nach einer alternativen Naturwissenschaft, nach einem neuen, friedlicheren Typus der Natur*erkenntnis*. Die Natur solle auch in der Wissenschaft mehr zu ihrem Recht kommen, solle selbst zur Sprache gebracht werden, dürfe nicht länger nur aus technischen Erkenntnisinteressen und aus menschlichem Eigennutz in den Zeugenstand genötigt werden. Die Schlagworte für die neuen Erwartungen an die Naturwissenschaften heißen *Entanthropomorphisierung* oder *Entanthropozentrierung* der Naturerkenntnis.

Bekanntlich sind auch Naturwissenschaftler nicht isoliert von Zeitströmungen, und sie reagieren sensibel auf die Gefahr, ihr ausgeprägtes Renommee einzubüßen. So fehlt es nicht an Beispielen, wo sich Naturwissenschaftler selbst an Diskussionen um ein verändertes Naturverständnis beteiligen, ja, Chancen zur Umorientierung ihrer Wissenschaft sehen. Dabei denke ich weniger an Fälle, wo sich z. B. der Kernphysiker wegen der von ihm ausgemachten offenen Probleme der Endlagerung von Kernbrennstoffen zur Energie*politik* äußert, als vielmehr an theoretische Umorientierung im Prinzipiellen.

Ein Beispiel für eine solche Umorientierung ist etwa diejenige, daß die Physik, hier eine weitere Vorreiterrolle an die Biologie abtretend, ihr Interesse an *Evolution* entdeckt, den Evolutionsbegriff für physikalische Kosmogonien in Anspruch nimmt und sich, was damit im prinzipiellen Zusammenhang steht, experimentell mit Strukturen oder Systemen befaßt, für die nicht mehr dieselben Prognosemöglichkeiten bestehen wie in der bisherigen Physik. Theoretische Physiker, die mit der Zeit gehen, halten heute Vorträge mit Titeln wie »Chaos und Ordnung« oder »Katastrophe und Vorhersagbarkeit«, in denen elegant der Bogen von der mathematischen Form nichtlinearer Probleme zu einem angeblich neuen Kausalitätsbegriff oder zur naturwissenschaftlich aufgewiesenen Grenze menschlicher Erkenntnisfähigkeit geschlagen wird.

Die Biologie sekundiert der Physik durch Beiträge zur Naturgeschichte menschlicher Erkenntnis- oder Kulturfähigkeit. In der These, diese Erkenntnisfähigkeit sei evolutionär auf den sogenannten Mesokosmos, also die Welt der mittleren Größen hin selektioniert, versage aber in der Mikro- und Makrowelt, also bei Quantenmechanik und Relativitätstheorie, sind die Naturwissenschaften schließlich *erkenntnistheoretisch* zu sich selbst zurückgekommen. Die Einschätzung der klassischen Physik, einst methodische Grundlage der heutigen Physik, mutiert von deren bloßer kulturhistorischer Vorstufe eingeschränkter physikalischer Reichweite neuerdings zur phylogenetisch gewachsenen, menschlich arteigenen Erkenntnisbeschränkung. Physikgeschichte (und schließlich konsequent alle Kulturgeschichte) wird so in Naturgeschichte eingebettet. Die Naturwissenschaften, hier nun Physik und Biologie gemeinsam, finden in der *Naturgeschichte* ihre Erkenntnistheorie. Ihr Kern besteht letztlich darin, daß die Naturgesetze den Gang der Naturgeschichte bestimmen und sich über ihr naturhistorisches Produkt Mensch selbst zu Ausdruck und Geltung bringen, zugleich aber auch die Erkenntnisgrenzen des menschlichen Organismus deutlich machen und ihm einen bescheideneren Platz in der Natur zuweisen. Der historische Sprung vom geozentrischen zum heliozentrischen Weltbild müsse, metaphorisch gesprochen, auf der erkenntnistheoretischen Ebene wiederholt werden.

Doch nicht genug mit der erkenntnistheoretischen Hoffnung, in den durch die Naturgeschichte hindurch unverändert gültigen Naturgesetzen sei der letzte, verläßtliche Erklärungsgrund gefunden! Da zur Selbsteinschätzung von Verantwortlichkeit noch stets der moralische Appell an andere gehört, mischen sich unter Plädoyers für mehr Bescheidenheit des Menschen im erkennenden und unverändernden Umgang mit der Natur auch zunehmend resignative

Töne, einer naturwissenschaftlich ungebildeten Menschheit möge es an Einsicht fehlen, diesen Plädoyers zu folgen. Der Blick hinter die Rückseite des Spiegels scheint aus dem Garten des Menschlichen in einen naturgesetzlich vorgezeichneten Irrgarten zu führen; schon werden auflagenstarke Bücher verkauft, die über den Abbau des Menschlichen hinaus den Untergang der Menschheit in weniger als ein paar Generationen prognostizieren. Wo einige Optimisten noch für den Frieden mit der Natur plädieren, wo einige Theoretiker die Entanthropomorphisierung menschlicher Erkenntnis aus der biologischen Evolutionstheorie ableiten, sehen andere in der Unfähigkeit des Menschen, den irrtümlich angemaßten Platz im Zentrum der Natur freiwillig zu räumen, den Grund zu einer unvermeidbaren Katastrophe.

Kein noch so agiler Philosoph hätte die ökologische Krise unserer Tage, oder genauer: das, was man dafür hält, mit der Erkenntnistheorie enger und nahtloser verbinden können als die in die Metaebene aufgebrochenen Biologen und Physiker. Mir geht es freilich in meinem Vortrag nicht um die Verteidigung eines professionell philosophischen Terrains, welches besonders zu respektieren meines Erachtens der Naturwissenschaftler sowenig Grund hat, wie sich der Philosoph vor einer Einmischung in die Naturwissenschaften scheuen muß. Mir geht es vielmehr um eine Kritik an der Entathropomorphisierungsmaxime im besonderen und an stillschweigenden Unterstellungen für den Ruf nach einer alternativen Naturwissenschaft im allgemeinen. Daß mein Anliegen dabei zunächst ein erkenntnis- und wissenschaftstheoretisches ist, schließt keineswegs den Rückzug von ökologischen Fragen ein. Vielmehr werde ich jetzt eine Überlegung vortragen, wie das *Verhältnis von Naturgeschichte und Naturgesetz in den Naturwissenschaften* gerade dann zu verstehen ist, wenn diese Wissenschaften einen Beitrag zur Linderung oder zur Überwindung der ökologischen Krise leisten sollen. Ich unterstelle also ohne weitere Diskussion als vordringliche Aufgabe, daß die Vergiftung von Luft, Boden und Gewässern beendet, das Artensterben verhindert, die Landschaft geschützt, der Lärm verringert und natürliche Ressourcen geschont werden müssen.

Innerhalb der Naturwissenschaften ist eine Interessenverschiebung von der Physik zur Biologie zu beobachten. Diese Disziplinen werden u. a. darin unterschieden, daß die Biologie besser als die Physik in Rechnung stellen kann, daß der Mensch Natur nicht nur erforscht und technisch beherrscht, sondern selbst ein Teil von ihr ist. Zwar bestreitet niemand, daß auch der forschende Mensch *physikalischen* Gesetzen unterliegt, aber dies für die Forschung selbst praktisch folgenlos. Die Biologie jedoch hat in ihrer Systematik des Lebendigen und als Organismustheorie stets auch *den Menschen als* prominentes *Forschungsobjekt* behandelt. Zudem ist die Biologie, und auch dies weit mehr als die Physik, natur*historisch* ausgerichtet. Die traditionelle Auffassung, Biologie bestehe aus Medizin (bzw. Physiologie) und Naturgeschichte, nennt der Biologe Ernst Mayr 1982 eine »bemerkenswert kluge Aufteilung, weit scharfsichtiger als spätere Bezeichnungen wie Zoologie, Botanik, Mykologie, Zytologie oder Genetik«. Sofern es eine einheitliche biologische Theorie gibt oder geben soll, ist diese eine Naturgeschichte des Lebendigen.

Selbstverständlich trägt auch das Wort »Naturgeschichte« dieselbe Zweideutigkeit wie das Wort »Geschichte« schlechthin, nämlich einmal ein Geschehen und einmal die Geschichtsschreibung zu meinen. Während aber in der Kulturgeschichte beides, das Geschehen und seine Beschreibung, dem Bereich menschlicher Tätigkeiten angehören, liegt in der Gegenüberstellung von Naturgeschehen und Naturgeschichtsschreibung schon die ganze, zwischen naturalistischem und kulturalistischem Weltverständnis liegende Spannung: hier ein Ablauf, zu dessen definiens zählt, *kein* Produkt menschlicher Handlungen zu sein, dort eine in Handlungen bestehende Erkenntnisbemühung.

Welche erkenntnistheoretischen Probleme hier involviert sind, möchte ich anhand einer Passage aus der nun beinahe 40 Jahre alten Vorlesungsreihe »Die Geschichte der Natur« von Carl Friedrich von Weizsäcker erläutern:

»Ich muß hier aber noch eine methodische Frage erörtern, die mit der Anwendung der Naturgesetze auf die ferne Vergangenheit zusammenhängt. Ich sagte vorhin, daß wir aus Überresten wie der Tonscherbe, dem Schädel, der Gesteinsschicht nur Schlüsse ziehen können, wenn wir die naturgesetzlichen Bedingungen ihrer Entstehung kennen. Andererseits kennen wir die Naturgesetze und ihre Gültigkeitsgrenzen nur durch Erfahrung. Von jener Vergangenheit aber haben wir Erfahrung nur in der Gestalt solcher Überreste. Geraten wir nicht in einen logischen Zirkel, wenn wir die Gesetze an Überresten prüfen, die wir erst mit Hilfe der Gesetze deuten können?

Doch dieser scheinbare Zirkel ist ein Kernstück des naturwissenschaftlichen Verfahrens überhaupt. Wir setzen stets gewisse Gesetze hypothetisch voraus, ordnen mit ihrer Hilfe die Erscheinungen und bestätigen oder widerlegen die Ausgangshypothesen, indem wir zusehen, ob in dem so entstehenden System Widersprüche auftreten oder nicht. Durch derartige Prüfungen ist die Geltung der uns bekannten Naturgesetze für die letzten zwei Milliarden Jahre sehr wahrscheinlich gemacht. Ich will Ihnen die Art, in der man dabei schließen kann, nur andeuten: Die Verwandtschaft längst ausgestorbener, uns durch fossile Überreste bekannter Lebewesen mit heutigen Formen kann man nur verstehen, wenn man annimmt, daß die Gesetze der organischen Chemie damals dieselben waren wie heute. Die Verwandtschaft alter und junger Mineralien läßt denselben Schluß für die anorganische Chemie zu. Die chemischen Eigenschaften der Stoffe hängen aber von sehr feinen Zügen des Baues ihrer Atomhüllen ab. Man kann also folgern, daß die Atomphysik damals bis in Einzelheiten hinein dieselbe war wie heute. Da alle Stoffe aus Atomen bestehen, ist schwer zu sehen, welche fühlbaren Veränderungen die Naturgesetze dann überhaupt durchgemacht haben sollten. Auch die Gravitationskonstante, von der die Schwerkraft auf der Erde und der Abstand der Erde von der Sonne abhängt, kann sich in dieser Zeit nicht allzu stark geändert haben, weil sich sonst die Oberflächenbedingungen auf der Erde mehr verändert haben müßten, als mit der Fortdauer der normalen Gesteinsbildung und des organischen Lebens vereinbar wäre. Alle Schlüsse dieser Art bedeuten zwar offenbar nur Häufungen von Wahrscheinlichkeiten; aber mehr kann die Naturwissenschaft nie geben.«
Gemessen an der Lehrbuchliteratur der Biologen, aber auch an physikalischen Kosmologien, gibt dieser Text Weizsäckers treffend das methodologische Selbstverständnis wissenschaftlicher Naturgeschichtsschreibung wieder. Aber es zeigt auch in seiner problematischen Verquickung von Naturgeschichtsschreibung und Naturwissenschaft (im Sinne aktueller Laborforschung) sowie in der Verquickung von Naturgeschehen und dem Wissen darüber die systematische Schwäche dieser Auffassung. Danach seien Naturgesetze nicht nur heute experimentell, sondern auch durch ihre Tauglichkeit für naturhistorische Deutungen von Spuren und Indizien überprüfbar. Hier ist von *Geltung* von Naturgesetzen die Rede. Naturhistorische Hypothesen dürfen also wohl

nicht als bloße heuristische Hilfsmittel für den Fall gesehen werden, daß den Laborwissenschaftlern die guten Einfälle ausgehen, sondern sie werden als Überprüfungsinstanzen für Naturgesetze in Anspruch genommen. Da irritiert es schon sprachanalytisch, daß behauptet wird, »die Geltung der uns bekannten Naturgesetze (sei) für die letzten zwei Milliarden Jahre sehr wahrscheinlich gemacht«, und »daß die Atomphysik damals bis in Einzelheiten hinein dieselbe war wie heute«. Atomphysik als Wissenschaft mit empirischen Resultaten beginnt ja wohl erst im 20. Jahrhundert, etwa bei Rutherford, und die Geltung von Naturgesetzen existiert in dem Sinne, daß man dafür zumindest Exemplare und Kontrollverfahren benennen kann, je nach Sichtweise erst seit Galilei, Kepler, Eudoxos oder vielleicht seit den mesopotamischen Astronomen, aber nicht seit zwei Milliarden Jahren. Selbstverständlich geht es mir nicht um eine sprachanalytische Beckmesserei: Aber die naheliegende, freundlichere Lebensart, daß hier die von menschlicher Wissenschaft festgestellten Sachverhalte und nicht ihre Beschreibung gemeint seien, deren *Geltung*, besser sollte man für Sachverhalte sagen, deren *Bestehen* Milliarden von Jahren zurückreiche, provoziert sofort die Frage, mit welchem *kultur*historischen Zeitindex und damit mit welchen Überprüfungsmethoden nunmehr dieses Wissen vom Jahrmilliarden alten Bestehen naturgesetzlicher Sachverhalte versehen sei. Da Spuren und Indizien für naturhistorische Ereignisse allererst im Lichte von Theorien als solche ausgemacht werden können, muß die Behauptung der Geltung solcher Theorien für kosmogonische Zeiträume als naturalistisches Mißverständnis und als gezielte Verwischung des Unterschieds von Erkenntnis und Erkenntnisgegenstand, von Handlung und Naturgeschehen, beurteilt werden.
Die mögliche Gegenposition liegt damit auf der Hand: *Die Geltung von Naturgesetzen* betrifft allein *in Sätze gefaßtes menschliches Wissen* und ist *an wissenschaftlichen Oberprüfungsverfahren durch Menschen gebunden*. Die Geltung unserer mit heutigen Verfahren kontrollierten Aussagen in prähistorischer Zeit bleibt dagegen eine *prinzipiell unüberprüfbare, hypothetische Extrapolation*. Dann aber ist die Naturgeschichte (im Sinne von Geschehen) keine Überprüfungsinstanz für Naturgesetze, sondern die Naturgesetze sind umgekehrt allein das Mittel, eine Naturgeschichte zu schreiben.
Diese Naturgeschichtsschreibung mit naturwissenschaftlichen

Mitteln und mit dem Geltungsanspruch der Naturwissenschaften muß sich folgendem Problem stellen: Naturgeschichte im Sinne von Geschehen ist eine *einmalige* Ereignisfolge, während Naturwissenschaft im Sinne der Laborwissenschaften Physik und Chemie gerade nach allgemeinen Gesetzen sucht und diese, allen Spitzfindigkeiten der analytischen Wissenschaftstheorie zum Trotz, als *technische Reproduzierbarkeit* begreift. Die Einmaligkeit der Natur*geschichte* im Sinne von Geschehen steht also der Wiederholbarkeit von Geschehen in der Natur*wissenschaft* gegenüber. Der ungeheure Erfolg der modernen Laborwissenschaften beruht auf diesem Gesetzesverständnis und bietet dem erkenntnistheoretisch Interessierten zugleich die Kontrollinstanz für naturwissenschaftliche Aussagen.

Methodologisch gesehen ist dagegen die Naturgeschichtsschreibung gerade die Disziplin, die per definitionem den Kontrollverfahren technischer Reproduktion von Zuständen und Verläufen entzogen ist. Die Einlösung eines Anspruchs auf Naturwissenschaftlichkeit muß hier deshalb anders erfolgen.

Meine These dazu lautet, daß das kulturhistorisch jeweils verfügbare technische Know-how der Laborwissenschaften das Mittel ist, Spuren als Indizien für Verläufe zu finden und Verläufe durch hypothetische Extrapolationen zu rekonstruieren. Das in Ansatz gebrachte Laborwissen steht dabei – entgegen der zitierten Auffassung Weizsäckers – prinzipiell nicht in Frage. Lediglich Indizien und hypothetische Verläufe bedingen sich wechselseitig. Ein Vergleich mit dem Vorgehen berühmter Helden aus Kriminalromanen ist hier durchaus instruktiv: es geht dort um die Feststellung, wie sich etwas tatsächlich abgespielt hat. Die Kompetenz, die der Kriminalist fraglos mitbringen muß, und die sogar in Kriminalromanen nicht selten verlagert ist in die Laboratorien der Polizei, ist ein möglichst breites Kausalwissen – von der Ballistik über Toxikologie bis zur Psychologie. Der Scharfsinn des Inspektors besteht dann nicht etwa darin, *vorgegebene* Spuren als Datenbasis für eine Verlaufshypothese zu nutzen, sondern Spuren in ihrer Funktion als Indizien für hypothetische Verläufe allererst zu suchen und zu finden, ja nicht selten, sie selbst erst zu erzeugen. Besonders spannend nämlich sind – in Kriminalromanen wie in der naturgeschichtlichen Forschung – gerade die Fälle, wo Spuren fehlen und der hypothetische Täter in eine Falle gelockt wird, um Spuren und Indizien nachzuliefern.

Ich halte davon zunächst allgemein fest, daß die Rekonstruktion vergangener Ereignisse mit naturwissenschaftlichem Geltungsanspruch auf einem selbst nicht zur Disposition gestellten Kausalwissen beruht. Dieses liefert erst die begrifflichen und technischen Mittel einer Bestandsaufnahme des Gegenwärtigen. Und erst diese Mittel erlauben eine Strukturierung des Gegenwärtigen zu *Indizien für* oder *Spuren von* vergangenen Ereignissen. Wer – um im Vergleich zu bleiben – an Telekinese glaubt, wird nicht nur einen anderen Tathergang rekonstruieren als ein naturwissenschaftlich geschulter Kriminologe, er wird auch nach anderen Spuren und Indizien suchen. Deshalb ist das jeweils investierte *Kausalwissen* schließlich auch *entscheidend für die jeder Naturgeschichtsschreibung methodisch vorhergehende Bestandsaufnahme des Gegenwärtigen.* Eine kulturhistorische Entwicklung der Naturgeschichtsschreibung reduziert sich also nicht darauf, dieselben Spuren mit neuem, erweitertem Kausalwissen neu zu interpretieren, sondern verändert auch den Blick auf das Vorgefundene, das als Produkt seiner eigenen Vorgeschichte verstanden werden soll.

Meine zunächst noch allgemeine These soll nun am Beispiel der Entstehung unseres Planetensystems präzisiert werden, um vor allem eine nähere Bestimmung von »Kausalwissen« zu leisten. Denn das gängige Verständnis von Biologie sträubt sich gegen die Annahme, die Menge der naturgeschichtlichen Spuren, grob gesagt, die Eigenschaften der heute vorfindlichen Lebewesen, Tiere, Pflanzen usw., sei durch unser heutiges Kausalwissen konstituiert.

Einer allerersten Hypothese über die Entstehung unserer Planeten etwa durch Abspaltung aus der Sonne gehen wenigstens drei Schritte methodisch voraus:

1. Man muß wissen, daß es Planeten *gibt*. D. h., man muß aus Beobachtungen wissen, daß einige wenige Lichtpunkte am nächtlichen Sternenhimmel – ich beschränke mich auf solche, die mit bloßem Auge sichtbar sind – vor dem Hintergrund einer konstanten Fixsternkonstellation *bewegt* sind.
2. Es muß bekannt sein, daß diese Wandersterne ein *System* bilden, d. h. Bahnen in Geschwindigkeiten durchlaufen, die prinzipiell nach demselben Schema beschrieben werden können.
3. Bahnen und Geschwindigkeiten der Planeten müssen durch Kraftgesetze *kausal erklärt* werden.

Erst diese drei Bedingungen der Identifizierung, der Beschreibung und der Erklärung der Planeten bzw. ihrer Bewegungen erlauben sinnvoll die Hypothese, daß sich die Planeten aus Teilen der Sonne gebildet haben. Ich möchte hier die Frage nicht weiter verfolgen, ob dies eine haltbare Hypothese ist. Mir geht es darum, zu klären, welche Voraussetzungen gegeben sein müssen, damit diese Hypothese überhaupt sinnvoll formuliert werden kann.
Fragen wir nach den Geltungsbedingungen schon einer wissenschaftlichen Aussage, die die Identifizierung der Planeten beinhaltet, so ist ein wiederholbares Verfahren zur Kontrolle astronomischer Beobachtungsresultate anzugeben. Für den einfachsten Fall der Behauptung, daß drei bestimmte, durch unmittelbaren Hinweis ausgezeichnete Sterne auf einer Geraden liegen, ist hier z. B. ein Visierlineal erforderlich. Dann nämlich können sich *verschiedene* Beobachter *wiederholt* davon überzeugen, daß diese drei Sterne mit der Visiergeraden koinzidieren. D. h. aber, daß eine einfache technische Praxis verfügbar sein muß, in der auch die Fixierung der einschlägigen sprachlichen Mittel – hier exemplarisch des Wortes »gerade« – ihren Sitz hat.
Nicht zufällig kann das Visierlineal auch als Zeichengerät für eine Sternenkarte benützt werden. Es ist offensichtlich, wie hier das Verfahren der Beobachtung zusammen mit dem der Repräsentation des Beobachtungsergebnisses *astronomische Tatsachen erzeugt.* Von »erzeugen« ist hier keineswegs im metaphorischen Sinne gesprochen, denn die Tatsache, daß ein menschlicher Beobachter drei bestimmte Sterne mit der Kante eines Lineals koinzidieren sieht, ist ja nicht gleich der Tatsache, daß diese drei Sterne »wirklich« auf einer Geraden liegen.
Nun ist aus der Geschichte der antiken Astronomie bekannt, daß die Schleifenbahnen der Wandersterne nicht nur den Hintergrund des Fixsternhimmels, sondern auch den einer theologischen Überzeugung fordern; nämlich, daß am Himmel die göttlich vollkommene, ewige Kreisbewegung herrsche. Andernfalls wären Schleifenbahnen weder überraschend noch entdeckens- und erforschungswert. Zur Verallgemeinerung bietet sich also die Hypothese an, schon qualitative Beobachtungen bedürften für ihre Wissenschaftlichkeit erstens wiederholbarer Verfahren mit sprachlichen und nichtsprachlichen Komponenten, und zweitens gewisser Vormeinungen oder Erwartungen, relativ zu welchen das Beobachtete überhaupt Aufmerksamkeit erweckt und verdient.

A fortiori gilt dies für den oben genannten zweiten Schritt, die nunmehr entdeckten Wandersterne dadurch zu einem System zusammenzufassen, daß man ihre Bahnen und Geschwindigkeiten nach denselben Regeln bzw. mit denselben Mitteln in ein kinematisches Modell einpaßt. Ich möchte darauf nicht näher eingehen und unterstelle lediglich als unbestritten, daß für alle Astronomien von Eudoxos bis Kepler die technische und begriffliche Beherrschung geometrischer und kinematischer Mittel der Modellbildung methodisch vorausgesetzt sind.

Eher zu Kontroversen könnte dagegen die Behauptung im dritten Schritt führen, erst eine *Kausal*erklärung vom Typ der Newtonschen Gravitationstheorie, also eine Erklärung der beobachtungsgestützten Bewegungsgesetze durch Kraftgesetze, erlaube eine naturhistorische Hypothese. Doch dies ist leicht zu zeigen: Unabhängig von der jeweils tatsächlich erreichten Beobachtungsgenauigkeit muß hier nämlich die prinzipielle Entscheidung getroffen werden, ob die in den Bewegungsgesetzen als konstant *behaupteten* Bewegungen tatsächlich konstant sind und diese Konstanz einem dynamischen Gleichgewicht verdanken, oder ob sie nur scheinbar konstant sind; scheinbar etwa, weil die astronomische Beobachtungskunst im Vergleich zum Alter des Universums eine zu kurze Dauer abdeckt.

Betrachten wir zuerst die zweite Variante, die nur scheinbare Konstanz. Sie eröffnet auf den ersten Blick ohne Rückgriff auf Kausalerklärungen eine Naturgeschichte des Planetensystems, nämlich mit rein kinematischen Mitteln, d. h. in der Form, daß hypothetische Bewegungsbeschreibungen über kosmogonische Zeiträume hinweg gegeben werden. Hier würden aber wegen des implizierten Zugeständnisses, die auf Beobachtung beruhenden Bewegungsgesetze seinen nur Nährungen für erdgeschichtlich kurze Zeiträume, einerseits dynamische Erklärungen der Bewegungsgesetze ausgeschlossen, da diese ja in ihrer wahren Gestalt unbekannt sind; und andererseits wäre letztlich keine Beobachtungsbasis für die rein kinematische Entstehungsgeschichte des Planetensystems vorhanden, da ja gemäß Voraussetzung beobachtete Veränderungen der Planetenbewegungen nicht vorliegen. Diese Variante hätte also keinerlei empirisches Fundament und würde, historisch beurteilt, den Preis kosten, hinter Newton und Galilei zurückzugehen.

Deshalb kommt nur die erste Variante in Betracht, wonach, positiv gewendet, erst ein empirisches Kraftgesetz erlaubt, ausgehend von den aktuell beobachteten Verhältnissen Hypothesen zu bilden, nach denen diese Verhältnisse das Resultat einer Entwicklung sind. Es bleibt dann dieser natur*historischen* Hypothese überlassen, ob die beobachtungsgestützten Bewegungsgesetze ein stabiler Endzustand einer Entwicklung oder aber ein kosmisches Durchgangsstadium sind. Das zur Hypothesenbildung unterstellte Kraftgesetz dagegen ist keiner naturhistorischen Relativierung oder Revision mehr zugänglich. D. h. es ist ausgeschlossen, daß, wie ich nun selbst in salopper und mißverständlicher Sprechweise sagen möchte, das Gravitationsgesetz nicht immer gegolten hat. (Ich muß hier die Einschränkung anfügen, die Physiker kämen denn auf den Einfall, Gravitationskräfte noch einmal durch eine tieferliegende Phänomenebene kausal zu klären. Aber über die historische Tatsache hinaus, daß eine solche Theorie bisher nicht gefunden wurde, und über die im Blick auf die Wahrheitsbedingungen von Naturgeschichten wichtige Anmerkung hinaus, daß eine solche Theorie ihrerseits wieder als aktuelles Laborwissen naturgeschichtlich nicht relativiert werden dürfte, erscheinen mir Kausalerklärungen für Kausalerklärungen prinzipiell unsinnig.)

Damit ist ein von meinem Vergleich zwischen Naturgeschichte und Kriminalroman unabhängiges Argument dafür vorgetragen, warum Kausalwissen schon für die Formulierung jeder naturhistorischen Hypothese über die Entstehung des Planetensystems erforderlich ist. Als Folge des Planetenbeispiels möchte ich festhalten:

1) Naturgeschichten sind nicht als bloße zeitliche Extrapolation beobachteter Verläufe möglich. Denn diese Extrapolation hätte weder eine empirische noch eine logische noch sonst irgendeine Rechtfertigung. Speziell für unser Planetensystem würde dieses Verfahren sogar darauf hinauslaufen, anzunehmen, daß die Planeten und ihre Bewegungen *keine* Geschichte haben, sondern ewig gleich waren.

2) Naturgeschichten unterliegen im historischen Wandel des sie ermöglichenden Kausalwissens einer *Kultur*geschichte. Darin mögen Kausalgesetze durch neuere, bessere ersetzt werden – diese Entwicklung menschlichen Wesens ändert aber nichts daran, daß Naturgeschichten prinzipiell auf die Annahme naturhistorisch konstanter Gesetzmäßigkeiten und Kausalverhältnisse

angewiesen sind. Jede Kulturepoche schreibt ihre Naturgeschichte neu.

3) Für eine Naturgeschichte des Planetensystems ist es unerheblich, daß wir Menschen selbst »Teil der Natur« sind. Noch nicht einmal der Aspekt, daß wir selbst auf einem Planeten leben und, was zumindest wissenschaftshistorisch einschlägig ist, nicht einmal die zusätzliche Unterstellung, wir könnten diesen Planeten nicht verlassen, auch nicht mit unbemannten Observatorien, also, noch nicht einmal der Aspekt, daß Planetarier die Geschichte des Planetensystems schreiben, hat prinzipielle Konsequenzen für das Resultat. Der Übergang vom geo- zum heliozentrischen, zum galaktozentrischen und eventuell weiteren Weltbildern ist primär ein Problem raumzeitlicher Modellbildung, die begrifflich mit Relationen und Eigennamen auskommt, aber keine situationsabhängigen begrifflichen Mittel benötigt. Der historische Verlust des geozentrischen Weltbildes mag psychologische und politische Tragweite gehabt haben, methodologisch ist er unerheblich.

Was ist nun unter *Kausalwissen* zu verstehen, wo es um die These geht, aktuelles Kausalwissen erlaube allererst Naturgeschichten – von der Identifizierung der Spuren bis zu Verlaufshypothesen? Glücklicherweise erübrigt sich hier, in die uferlose Kausalitätsdebatte einzutreten. Für unsere Zwecke reicht der handlungstheoretische Aspekt jeden experimentell gefundenen und gesicherten Wissens aus, wonach die *Wiederholbarkeit eines Experiments* ein technisches know-how zur wiederholten Herbeiführung von Zuständen oder Abläufen ist. Sogenannte Naturgesetze der Experimentalwissenschaften sind Sätze, denen ein künstlich hergestelltes Arrangement zu ihrer Realisierung und damit Prüfung entspricht. Naturgesetze der Laborwissenschaften sind mit anderen Worten technisches Bewirkungswissen, sind ein theoretisch gefaßtes Handlungsvermögen.

Der Kausalnexus von Zuständen oder Abläufen wird dabei allein durch handelndes Bewirkenkönnen bestimmt, d. h. künstlich von Menschen hergestellte Umstände sind die einzigen Kandidaten für Ursachen von Abläufen, die ihrerseits keine Handlungen mehr sind, sondern »von selbst« oder »natürlich« ablaufen. Unter Kausalwissen in Laborwissenschaften ist dann das Vermögen der technischen Produktion von Abläufen und Zuständen zu verstehen.

Im Falle von Naturereignissen wie in der Astronomie kann Kausalwissen nach diesem Verständnis nur noch auf der Ebene der Modellbildung eingesetzt werden, d.h. ein natürlicher Zustand oder Ablauf gilt als Ursache eines anderen Zustandes oder Ablaufs genau dann, wenn dieser Kausalnexus in einem Simulationsmodell besteht, in dem die den natürlichen Ursachen entsprechenden Zustände oder Abläufe künstlich hergestellt werden.

Das Newtonsche Gravitationsgesetz z.B. ist, laborwissenschaftlich betrachtet, die Funktionsbeschreibung der Cavendish-Gravitationsdrehwaage. In astronomischer Anwendung »erklärt« dieses Gesetz die Keplerbewegungen der Planeten »kausal« in genau dem Sinne, als wir technisch in einem Modell gerade das zentralsymmetrische Gravitationsfeld der Sonne erzeugen müssen, um die Keplerbewegungen zu bewirken. Für den Sonderfall der reibungsfreien Kreisbewegung um den Erdmittelpunkt hat dies schon Galilei gewußt.

Damit sollten nun endlich alle Vorarbeiten geleistet sein, um auf die *Naturgeschichte des Lebendigen* übergehen zu können. Hier ist freilich der Weg mit Fallstricken geradezu bedeckt, und ich erlaube mir die Vermutung, daß die Neigung des geschätzten Auditoriums eher dahingeht, anzunehmen, daß die Entstehung des Planetensystems als Beispiel für die Geschichte des Lebendigen reichlich untauglich ist. Nun will ich keineswegs suggerieren, die Entstehung des Planetensystems sei eine Evolution im Sinne der Biologie. Aber ich wage vorweg die These, daß die vermuteten Risiken eines methodologischen Vergleichs physikalischer Kosmogonien und der biologischen Evolutionstheorie allesamt aus der – vor allem in den Naturwissenschaften selbst – gepflegten Tradition herrühren, Methodenprobleme und inhaltliche Probleme auf der Objektebene zu vermengen. Doch der Reihe nach!

Auch für die Biologie gilt, daß eine Geschichte des Lebendigen erst auf der Grundlage eines aktuellen Kausalwissens geschrieben werden kann. Lassen Sie mich vorweg einschränken, daß ich hier überhaupt nicht über die Entstehung des Lebens sprechen werde. Mir geht es allein um die evolutionäre Ausdifferenzierung der Tier- und Pflanzenwelt nach dem Stand gegenwärtiger biologischer Lehrbücher. Charles Darwin selbst hat nicht nur die entscheidenden Hinweise gegeben, welche Art das erforderliche Kausalwissen ist, er hat sich auch Jahrzehnte um dieses Wissen bemüht, nämlich das *Vermögen der Züchtung von Tieren und Pflanzen*. Es ist ja auch dem naturgeschichtlichen Laien bekannt,

daß wir einerseits dem Ackerbau und der Viehzucht frühgeschichtlicher Menschen Getreide- und Maissorten, Haustiere als Arbeitstiere und Lieferanten von Nahrungsmitteln, Fellen usw. verdanken, und daß andererseits die Züchtungstechniken für Tiere, Pflanzen und schließlich Mikroorganismen auch heute weiterentwickelt und praktiziert werden.
Es gibt zwar keine große Tradition, die uns dieses Züchterwissen als einen Bestand gesicherter Naturgesetze vorstellt (vielleicht mit Ausnahme der Mendelschen Gesetze), aber die methodologische Parallelität zu den Naturgesetzen der Physiker und Chemiker ist offenkundig. In beiden Fällen handelt es sich um ein know-how, durch künstliche Eingriffe in die Natur, d. h. in das Vorfindliche, vom Menschen nicht Erzeugte erwünschte Abläufe oder Zustände herbeizuführen und im Erfolgsfalle als Wissen zu tradieren. Dieses Wissen darf mit denselben handlungstheoretischen Explikationen wie bei der Physik als Kausalwissen gelten. Der Unterschied, daß die grundlegenden poietischen Handlungen für die mathematische Physik die Herstellung von Meßgeräten betreffen, während der Züchter in die Fortpflanzung von Tieren und Pflanzen eingreift, spielt hierbei keine Rolle. Ohne Darwins Selektionstheorie Gewalt anzutun, kann »Selegieren« als Sammelbezeichnung für Züchter*handlungen* aufgefaßt werden.
Je nach den Zielen einer Zuchtbemühung werden durch Förderung oder Verhinderung von Fortpflanzung Merkmale von Individuen verstärkt, abgeschwächt, kombiniert usw. So spricht man heute z. B. von der Rückzüchtung ausgestorbener wilder Rinderrassen, als ginge es um die Herstellung einer neuen Metallegierung. Allerdings mußten Züchter zu Darwins Zeiten Mutationen als bloße Naturereignisse abwarten. Heute ist bekanntlich die Gentechnik auf dem besten Weg, »mutieren« auch noch zum transitiven Verb und zum Handlungsprädikator zu erheben.
Entscheidend für meine Argumentation ist jedoch allein, daß erst ein aktuelles Kausalwissen in Form technischen Know-hows eine naturhistorische Hypothese ermöglicht. Darwins berühmter Buchtitel »The Origin of Species by Natural Selection« formuliert dazu in prägnanter Form die Methodologie eines Forschungsprogramms: nach Analogie des menschlichen Züchters, der Mutanten bevorzugt oder unterdrückt, wirken natürliche Lebensbedingungen hemmend oder fördernd auf Fortpflanzungschancen. Methodologisch ist das »als ob« im Verständnis der Natur, »als ob« diese

ein menschlicher Züchter wäre, nichts anderes als die Übertragung eines handlungstheoretischen Modells von Kausalzusammenhängen auf Ereignisse, die selbst keine menschlichen Handlungen sind.

Bekanntlich ist die biologische Evolutionstheorie in heutiger Lehrbuchdarstellung weit über eine ja auch bei Darwin nicht so simpel abstrahierte Wechselwirkung von Mutation und Selektion hinausgegangen, aber mir sind keine biologischen Theorien bekannt, die nicht evolutionäres Geschehen hypostasieren würden auf der Grundlage eines aktuellen Wissens, dessen Wahrheitskriterien letztlich der Erfolg technischer Eingriffe in komplexe Fortpflanzungsgeschehen ganzer Populationen sind. Dies gilt insbesondere für die erklärenden Tieferlegungen eher phänomenalen Züchterwissens durch die Formulierung von Gesetzen, von den Mendelschen Gesetzen der Kombination dominanter und rezessiver Merkmale bis hin zur sogenannten »Entzifferung des genetischen Codes« in der molekularen Genetik.

Daß die heutige evolutionstheoretische Forschung die Grenzen zwischen aktuellem Laborwissen und Naturgeschichte eher verwischt als betont, liegt, außer an mangelnder methodologischer Reflexion, an der stürmischen Entwicklung des Laborwissens selbst. Freilich wachsen auch hier die Bäume nicht in den Himmel. Niemand würde heute ein Individuum als eine Merkmalsmenge mit einer großen Zahl n von Merkmalen charakterisieren und dann erwarten, im Genom gerade ebenfalls n Erbinformationsträger zu finden. Florierende biologische Laborforschung und hektische Popularisierung der Ergebnisse erwecken hier einen unzutreffenden Eindruck vom Wissensstand über die Vererbungsmechanismen, und auch das naturhistorische Wissen ist wohl weit unsicherer, als die schönen Stammbäume der Lehrbücher nahelegen. Damit komme ich auf die Fallstricke zurück, die den Weg zur Klärung evolutionstheoretischer Methoden überspannen:

Der angedeutete Reduktionismus – Fallstrick Nummer 1 –, die Vererbung sichtbarer Merkmale durch einen Vererbungsmechanismus von molekularen Erbinformationsträgern erklären zu wollen, verkennt, daß die Identifikation von Merkmalen sich ja nicht einer Totalbeschreibung aller Merkmale eines Individuums verdanken kann. Das Darwinsche Selektionsmodell bestätigt hier die scholastische Einsicht »individuum est ineffabile«. Erst der Kausalnexus eines selegierend wirkenden Umwelteinflusses mit einer Population definiert das für die Rekonstruktion eines phylogenetischen Erbgangs relevante Merkmal – in strenger Analogie etwa zu Obst- oder Geflügelzüchtern, deren Wünsche und Ziele die Merkmale von Kirschen oder Hähnchen definieren. Es wäre also verfehlt, die heute vorfindliche Welt des Lebendigen schon *von Natur aus versehen mit Merkmalen* zu denken, nach denen mutiert und selegiert wird. Wieder ist es erst das Wechselspiel von Entstehungshypothesen und Merkmalsdefinitionen mit dem Mittel aktuellen Laborwissens, das eine Bestandsaufnahme des Lebendigen erlaubt.

Unter Bezug auf Biologiegeschichte betonen – Fallstrick Nummer 2 – Biologen und Wissenschaftstheoretiker der Biologie gerne, daß getrennt mehrere Leistungen auf dem Weg zur heutigen Evolutionsbiologie zu erbringen waren, nämlich erstens der Nachweis, *daß* es überhaupt Evolution gegeben hat und nicht etwa ewige Konstanz der Arten, zweitens eine Rekonstruktion, *wie* die Evolution verlaufen ist, und drittens eine Erklärung, *warum* sie so verlaufen ist, wie sie verlaufen ist. Diese Trennung ist jedoch nicht haltbar. Vielmehr erlaubt unser heutiges naturgesetzliches, u. a. aus der Biologie stammendes Laborwissen eine Definition und Identifikation von Spuren derart, daß – in einem Zug – das jetzt vorfindliche Leben als Produkt einer phylogenetischen Naturgeschichte *eingeteilt* wird.

Der historische Streit um künstliche versus natürliche Systeme in Botanik und Zoologie ist damit entschieden. Das heutige biologische Kausalwissen erlaubt – wenigstens im großen und grob – mit statistischen Mitteln hypothetisch einen Stammbaum zu entwerfen, so daß sich *heute lebende Organismen nach ihrer Abstammung einteilen* lassen. Ein Nachweis, daß es Evolution gegeben hat und wie sie verlaufen ist, fällt damit sachlich zusammen mit dem Aufbau einer »natürlichen«, d. h. auf Abstammung beruhenden Taxonomie. Die auf frappierende Weise zirkulär anmutende These, daß die angepaßten Formen und Organismen überlebt haben und daß andererseits die Angepaßtheit am Überleben zu erkennen ist sowie die inhaltliche Behauptung, daß die Natur mit ihrer Überproduktion von Konkurrenten für den Überlebenskampf diesem Ziel diene, reduzieren sich damit auf eine methodologische Setzung.

Ganz so, wie eine Wissenschaftsgeschichte aus der Sicht historisch erfolgreicher Theorien einen anderen Geltungs- oder Wahrheitsbegriff zutage fördert, als eine Geschichte aus der Sicht der erfolglosen Konkurrenten, so ist allein das methodologische Programm, heute Vorfindliches als Produkt der eigenen Vorgeschichte gliedern zu wollen, losgelöst von allen Naturgesetzen die *methodologische Vorentscheidung für das Überlebensfähige*, weil überlebt habende. Eine metaphorische Unterstellung, daß die Natur ein Überleben oder die Erhaltung des Lebens wolle oder anstrebe, ist für die Biologie entbehrlich.

Nun hat sich die Biologie seit dem sogenannten Vitalismusstreit – Fallstrick Nummer 3 – auf eine fruchtlose Debatte über Teleologie eingelassen. Obgleich die teleologische Position darin unterlegen ist und biologische Lehrbücher mit Hinweis auf die Ungerichtetheit der Mutationen den unverdächtigen Kausalbegriff der Physik reklamieren, erfreuen sich teleologische Aspekte neuerdings wieder größerer Beliebtheit.

Aus meiner Sicht ist der Versuch, eine Teleologie im Objektbereich, also im Naturgeschehen selbst zu etablieren, zum Scheitern verurteilt; im Methodenbereich dagegen ist dieser Versuch bereits akzeptiert. Denn das Wahrheitskriterium des der Naturgeschichte vorausgehenden Kausalwissens ist nur teleologisch faßbar: Nur eine Setzung von Handlungszielen für poietische Eingriffe in die Natur im voraus erlaubt streng eine Unterscheidung von Erfolg und Mißerfolg am Erreichen oder Verfehlen dieses Ziels. Die teleologische Struktur der poietischen Handlungen, denen Laborwissen seine Tragfähigkeit verdankt, setzt sich z. B. als Modell des Züchterwissens in die Naturgeschichtsschreibung hinein fort. Statt nun noch weitere Details der methodologischen Parallelen von physikalischer Kosmogonie und biologischer Evolution zu diskutieren – mein erkenntnistheoretisches Pensum scheint mir jetzt abgearbeitet –, möchte ich, auf meine Ausgangsfrage nach einer alternativen Naturwissenschaft zurückkommend, auf wenigstens einen wichtigen *Unterschied* zwischen beiden hinweisen: Wozu schreibt man heute physikalische und wozu biologische Naturgeschichten? Insbesondere, lassen sich praktische Nutzanwendungen geben?

Nun, für die *physikalischen* Kosmogonien im Rahmen der klassischen Physik läßt sich zumindest das aufklärerische, emanzipatorische Erkenntnisinteresse namhaft machen, Schöpfungsmythen zu stürzen und Lehrhoheiten zu entthronen. Ob allerdings die neusten kosmogonischen Spekulationen der Urknall-Protagonisten eher aufklärerisch oder eher mythenbildend sind, muß man wohl offenlassen. Irgendeine praktische, z. B. ökologische Nutzanwendung physikalischer Kosmogonien kann ich nicht erkennen. Lediglich für die Erdgeschichte ist diese Aussage vielleicht einzuschränken.

Ganz anders bei der Naturgeschichte des Lebendigen. Ohne eine gute, naturwissenschaftlich abgesicherte Naturgeschichte wissen wir nämlich nicht, wie eine naturbelassene Welt global und regional überhaupt aussähe. Wenn wir heute z. B. davon sprechen, wie vor 2000 Jahren Fauna und Flora des Mittelmeerraumes aussahen, sind wir ganz auf griechische und römische Geschichtsschreiber angewiesen. Naturhistorisch wissen wir darüber sehr wenig. Wenn wir nun erfahren, daß damals Spanien zu 80 bis 90% bewaldet war – heute nur rund zu einem Viertel –, so mag sich ein erster Zweifel einschleichen, ob es berechtigt ist, Naturgeschichte als Entstehung des heute vorfindlichen Natürlichen schreiben zu wollen. Denn, wieviel vom heute Vorfindlichen ist überhaupt noch Natur?

Mir geht es hier weniger um eine Kritik an ökologischen Schwärmern, die für Naturbelassenheit plädieren und diese nicht oder nur, praktisch unbrauchbar, als das von menschlichen Eingriffen Verschonte definieren können. Mir geht es vielmehr um Möglichkeiten eines ernsthaften Naturschutzes.

Diese Möglichkeiten setzen allemal *Kenntnisse der Naturbelassenheit als kontrafaktische Hypothesen* einer Naturgeschichte im Sinne des Naturgeschehens ohne menschliche Eingriffe voraus. Wer kein naturwissenschaftlich abgesichertes Wissen davon hat, wie sich Natur ohne menschliche Störung entwickeln würde, kann auch keine begründeten Zielvorstellungen für ökologische Maßnahmen entfalten. Die Naturgeschichtsschreibung des Lebendigen scheint mir deshalb ein unverzichtbares Wissen im Dienste ökologischer Aufgaben.

Erkenntnistheoretisch dagegen muß ich bestreiten, daß diese praktisch orientierte Naturgeschichtsschreibung eine alternative Naturwissenschaft erfordern würde. Um resümierend die Konsequenzen meiner Überlegungen zuzuspitzen: Erst aufbauend auf dem Know-how erfolgreicher Eingriffe in die belebte Natur, vorwissenschaftlich auf der Praxis von Ackerbau und Viehzucht, von Jagd und Fischerei, Imkerei, Obstanbau usw. und dann auf der Grundlage eines theoriegestützten, wissenschaftlichen Know-hows läßt sich erkennen, wie Natur funktioniert, und dann, welche Eingriffe unter naturhistorischer Perspektive vertretbar sind oder nicht.

Die Maxime, nicht einzugreifen, ist dagegen erkenntnistheoretisch blind und letztlich auch unmenschlich, denn, bezogen auf den Eskapismus, Naturbelassenheit durch Nichtstun zu definieren, ist das Mängelwesen Mensch ein Störfaktor der Natur unter allen Handlungsalternativen.

Das Entanthropomorphisierungspostulat erweist sich so als theoretisch *und* praktisch kritikbedürftig: theoretisch, insofern verläßliche Naturerkenntnis von Gesetzen und Geschichte nicht ohne rationales Handeln möglich ist; praktisch, weil ein sorgsamer Umgang mit der Natur nicht durch die Illusion von der Möglichkeit des Nichtstuns erreicht wird, sondern nur durch möglichst kenntnisreiche, wissenschaftlich gestützte und damit interventionistisch bewährte Entscheidungen.

2. Grenzen der Naturerkenntnis

Einleitung

Die Dominanz der Naturwissenschaften in unserer technisch zivilisierten Welt erstreckt sich nicht nur auf die technische Gestaltung moderner Lebensverhältnisse. Sie hat auch Weltbilder und Lebensverständnisse erreicht. Geradezu vorherrschend ist naturwissenschaftliches Gedankengut dabei in Bereiche vorgedrungen, die für zwei Jahrtausende als Domäne der Philosophie galten, in die Erkenntnistheorie.

Wo immer über die Verläßlichkeit, die Tragweite, die theoretischen und praktischen Folgen oder die Grenzen der Erkenntnis nachgedacht und diskutiert wird, melden sich Naturwissenschaften mit dem Anspruch zu Wort, aus ihren empirischen Resultaten Antworten und Lösungen zu geben. Naturerkenntnis gilt hier nicht nur als Resultat wissenschaftlicher Naturforschung, sondern wird selbst zu deren Gegenstand erhoben.

Exemplarisch sollen im folgenden drei Typen solcher Antworten betrachtet werden, um zu klären, welche stillschweigenden (und fragwürdigen) Prämissen dabei zum Tragen kommen. Insbesondere wird sich zeigen, daß generell übersehen worden ist, inwiefern das Hervorbringen von Naturwissenschaften durch zweckrationales Handeln den Hintergrund bildet, vor dem überhaupt erst sinnvoll geklärt werden kann, inwiefern natürliche oder naturgesetzliche Grenzen des Wissens wirksam und erkennbar werden.

1. Naturalistische Bestimmung von Erkenntnisgrenzen

Naturwissenschaftliche Ansprüche, Erkenntnisbedingungen und -grenzen zu bestimmen, erscheinen zu Ende des 20. Jahrhunderts bereits flächendeckend: Sie betreffen, vor allem in der Form evolutionsbiologischer Thesen, (1) das Erkenntnissubjekt Mensch, erstrecken sich, vor allem in der Form physikalischer Theorien zum Meßprozeß, (2) auf die Erkenntnismittel naturwissenschaftlicher Forschung, und beziehen sich, vor allem in Form neuester

Ansätze etwa der Chaos-Theorie, (3) auf den Erkenntnisgegenstand. Erkenntnisgrenzen würden sich danach aus der Natur des Menschen, genauer aus seinem ihm evolutionär zugewachsenen organismischen Erkenntnisapparat, aus der Natur seiner Erkenntnismittel, genauer aus den in naturwissenschaftlichen Instrumenten wirkenden Naturgesetzen, und schließlich aus der Natur von Erkenntnisgegenständen, z. B. komplexen Systemen wie der Erdatmosphäre, menschlichen Gehirnen oder anderen ableiten. In allen drei Fällen werden jeweils moderne naturwissenschaftliche Resultate als gültig unterstellt und zum Anlaß erkenntnistheoretischer Folgerungen genommen.

1.1 Biologische Grenzen des Menschen als Erkenntnissubjekt

Am direktesten und weitesten haben sich die Naturwissenschaften im Bereich biologischer Thesen exponiert, die Erkenntnisfähigkeiten des Menschen aus der Funktionsbeschreibung der dafür in Anspruch genommenen Organe in evolutionstheoretischer Sicht zu bestimmen. Diese Bemühungen haben ihren ersten Höhepunkt in der These von Konrad Lorenz erreicht, das synthetische Apriori der Erkenntnis im Sinne I. Kants als das Aposteriori der Stammesgeschichte zu interpretieren. Sie haben sich fortgesetzt im Versuch G. Vollmers, die ›evolutionäre Erkenntnistheorie‹ vom Zirkelvorwurf dadurch zu befreien, daß die vom evolutionär angepaßten Organismus zu erkennende Welt tatsächlich durch die Naturwissenschaften bereits erkannt ist; und sie setzen sich in großer Breite fort in der aktuellen Hirnforschung und in anderen Zweigen naturwissenschaftlicher Kognitionswissenschaften.

Obgleich es ernsthafte Einwände schon gegen die evolutionsbiologischen Grundlagen der evolutionären Erkenntnistheorie, insbesondere gegen ihr Verständnis von Anpassung, gibt, können diese hier nicht verfolgt werden. Philosophische Einwände gegen die Tragweite und Leistungsfähigkeit solcher biologisch-physiologischer Ansätze als Erkenntnistheorie sind in großer Zahl und von unterschiedlichen Positionen her vorgebracht worden. Um die Stichhaltigkeit dieser Kritik einzusehen, genügt es aber bereits, eine unverzichtbare Minimalforderung an jede Erkenntnistheorie ins Auge zu fassen:

Keine Theorie verdient den Namen ›Erkenntnistheorie‹, wenn sie nicht Erkenntnisse von Nicht-Erkenntnissen zu unterscheiden erlaubt. Dafür kommen als Kandidaten sowohl Irrtümer oder bloße Meinungen in Frage, als auch organismische Leistungen, die nicht als Kognitionsleistungen oder Kognitionsfehlleistungen, sondern z. B. schlicht als kognitionsirrelevante Stoffwechselvorgänge zu sehen sind. In beiden Fällen aber bedarf eine Erkenntnistheorie, wie immer sie sonst begründet und ausgestaltet sein mag, eines Unterscheidungskriteriums. Es muß gesagt werden, wann eine unter Beteiligung z. B. von Auge und Hirn gemachte visuelle Wahrnehmung ›gelingt‹, d. h., das Wahrzunehmende richtig wahrnimmt. Ein solches Kriterium kann nicht ohne Bezug auf die Möglichkeit der Konsensbildung unter Menschen bezüglich Wahrnehmungsurteilen auskommen. Das heißt, was immer die organismische Ausstattung des erkennenden Menschen in biologischer Beschreibung sein mag, der Sprung zum Resultat ›Erkenntnis‹ hängt immer an normativen Kriterien, die Zustimmung und Ablehnung regulieren, und bleiben damit von etwas abhängig, was auch dem Evolutionsbiologen seine Wissenschaft bereits unmöglich machte, würde er darauf verzichten.

Auch die (naturgeschichtsfreie) physiologische Erklärung von Erkenntnisleistungen durch Aktivitäten des menschlichen Nervensystems und seiner Sinnesorgane kann nicht eine einzige Kognition in Zustandekommen und Geltung erklären, wenn sie sich nicht vorab eines Kriteriums versichert, wie die bloßen Stoffwechselvorgänge wie Verdauung oder Atmung von den kognitiv relevanten Stoffwechselvorgängen zu unterscheiden sind.

1.2 Physikalische Grenzen der Erkenntnismittel

War es beim Erkenntnissubjekt die Biologie, so ist es bei den Erkenntnismitteln die Physik, die seit rund 100 Jahren an einer physikalistischen Interpretation naturwissenschaftlicher Erkenntnis arbeitet. Historischer Anlaß war vor allem die Entdeckung der nicht-euklidischen Geometrien, die von ihren ersten Anfängen an (z. B. bei Gauß und Riemann) mit der empiristischen Auffassung verknüpft wurde, es sei eine durch messende Erfahrung zu entscheidende Frage, welche der logisch möglichen Geometrien ›in Wirklichkeit‹, d. h. zum Beispiel kosmologisch gilt. Die relativistische Revision klassischer Vorstellungen von Raum, Zeit und Materie sowie die Probleme der Quantenphysik, Mikroobjekte wie Elementarteilchen zu definieren, zu beobachten und zu vermessen, sind von Physikern bis heute unter der Beschränkung diskutiert worden, daß die dabei zum Einsatz kommenden Instrumente keine Ausnahme von der Geltung der angenommenen Naturgesetze machten, d. h. daß ihre Funktion erschöpfend in physikalischen Sätzen erfaßt werden könne und müsse.

Auch hier ist eine umfangreiche und bis heute kontrovers gebliebene wissenschaftstheoretische Diskussion geführt worden, deren faktischer Verlauf aber eher durch die Mehrheitsverhältnisse zwischen empiristischen Wissenschaftstheorien auf der einen Seite und konstruktivistischen Kritiken auf der anderen Seite definiert wird, denn durch stichhaltige Argumente.

Das bis heute unwiderlegte kritische Argument lautet, daß, auch in durchgängiger faktischer Befolgung durch die Naturwissenschaften selbst, empirische Daten der Physik nur an Instrumenten gewonnen werden, die technisch-künstlich herbeigeführten bzw. in der Laborforschung aufrechterhaltenen Funktionskriterien genügen. Jeder empirische Forscher kann und muß unterscheiden können, ob ihm sein Instrument etwas über den vermessenen oder beobachteten Gegenstand sagt oder lediglich seine eigene Fehlfunktion zeigt. Fehlfunktion setzt, was von Empiristen und Physikalisten regelmäßig übersehen wird, auch nach deren eigener Überzeugung kein Naturgesetz außer Kraft. Vielmehr geht jeder Störungsbehebung in der Laborforschung gerade eine naturwissenschaftliche Hypothese über die Störursache voraus. Fehlfunktionen von Instrumenten verletzen also lediglich die von Wissenschaftlern gesetzten Funktionszwecke.

Wer also Erkenntnisgrenzen an (apparativen) Erkenntnismitteln naturwissenschaftlich belegen möchte, übersieht, daß das Setzen von Zwecken und das zweckmäßige Handeln von Menschen konstitutiv für die Gegenstände sind, von denen hier die Rede ist, und daß dies auch noch durch die tatsächliche Forschungspraxis belegt ist.

1.3 Die Komplexität des Erkenntnisgegenstandes als Grenze

Eher neueren Datums ist ein weitere Typ naturalistischer Bestimmung von Erkenntnisgrenzen. Bis in populäre Darstellungen hinein wird an Beispielen wie dem Wetter, dem Vererbungsmechanismus in der Doppelhelix, dem Stoffwechsel der Erde, oder dem Gehirn betont, es sei die Natur des zu erkennenden Gegenstandes, die seiner Erkennbarkeit Grenzen setzten.

Komplexität wird dabei in den allermeisten Fällen schlicht auf die große Anzahl von Teilen eines Systems reduziert. Dabei standen sich ursprünglich eine optimistische und eine pessimistische Haltung bei Naturwissenschaftlern gegenüber: Wie es ursprünglich die Hoffnung gab, durch immer mehr und immer genauere meteorologische Daten und ihre Verarbeitung in immer größeren und schnelleren Computern am Ende doch die verläßliche Langzeitprognose von Wetter zu ermöglichen, so sollte generell, wenn auch vielleicht in statistischen Aussagen, auch in allen anderen Bereichen das Verhalten komplexer Systeme durch immer genauere Kenntnisse ihres strukturellen Aufbaus und der Funktion ihrer Komponenten erkannt werden. Die eher pessimistische Auffassung (die sich historisch durchgesetzt hat) hat die Unvorhersagbarkeit der Zustandsentwicklung eines komplexen Systems von der Ebene der Beschreibungsmittel auf die Ebene des untersuchten Gegenstandes selbst verlagert, indem sie z. B. in der Theorie des deterministischen Chaos Modelle zur Begründung der Unvorhersagbarkeit entwickelt hat. Wo die Ebene solch einfacher Modelle wie z. B. gekoppelter Pendel mit definierten Dämpfungen verlassen wird, werden Theorien ›autopoietischer‹ Systeme entwickelt. Das einzelne Sandkorn ›weiß‹ so wenig von der Oberflächenform der Wanderdüne wie das einzelne Neuron vom Erregungsmuster im Kortex bei visueller Wahrnehmung. Aber das Faktum eines Übergangs von ungeordneter zu geordneter Aktivität von kleinsten, vielen Teilen eines immens großen Systems gilt als empirisch belegt.

Die begrifflichen und methodischen Grundlagen von Chaos-, Autopoiesis- und anderen vergleichbaren Theorien liegen völlig im Dunkeln. Es braucht keineswegs bestritten zu werden, daß sich darin eine neue und wissenschaftlich fruchtbare Betrachtungsweise etabliert, die die Naturwissenschaften noch zu neuen

und wichtigen Ergebnissen bringen wird. Aber es läßt sich bereits jetzt ausmachen, welche wiederum naturalistischen Fehlschlüsse dafür verantwortlich sind, solche Ansätze erkenntnistheoretisch mißzuverstehen:
Unabhängig davon, ob Komplexität allein als das Problem der großen Zahl von Teilen eines Systems gesehen wird oder aber z. B. funktionelle hierarchische Strukturierungen angenommen werden, ist kein komplexes System mit seinen Teilen voraussetzungslos von Natur aus so gegeben, wie der Komplexitätstheoretiker sie als Problem sieht. Schon die Rede von ›Teilen‹, oder, noch aufdringlicher, von ›Komponenten‹, verweist auf den handelnden Herstellungszusammenhang: Teile sind Resultate der Handlung des Teilens, und Komponenten sind Bausteine für ein Zusammenzusetzendes. Einzelne Wissenschaften, z. B. die Chemie, haben es durch technisch raffinierte Verfahren weit gebracht, natürlich Vorgefundenes in reproduzierbarer Weise aufzuteilen und solche Teile, z. B. bestimmte Molekül- oder Atomsorten, eindeutig identifizierbar zu machen. Das Periodensystem der Elemente ist ein eindrucksvoller Beleg dafür. Es ist aber ein ebenso verbreiteter wie konsequenzenreicher Irrtum, solche Teile (als Produkte eines nach bestimmten Zwecken erfolgten Teilens) nun als Komponenten (nach Analogie der Komponenten einer Räderuhr oder eines Autos) mißzuverstehen, so als könnte nun der Naturwissenschaftler aus einem chemischen Lager die entsprechenden Mengen von Kohlenstoff, Schwefel, Phosphor, Sauerstoff usw. holen und damit Schritt für Schritt Moleküle, Zellen, Organe und schließlich einen Organismus bauen; über ihn kann schließlich der analytische Philosoph des Geistes seine Theorien zum Leib-Seele-Problem entspinnen. Dabei wird praktisch überall übersehen, daß die Wissenschaften von den Teilen komplexerer Systeme in ihrer Geschichte eine Selbständigkeit der Erkenntnisziele, der Methoden und der daraus resultierenden Erkenntnisgegenstände entwickelt haben, die nichts zu tun haben mit dem Ziel, diese Teile dann nach einem Baukastenprinzip als Komponenten komplexer Systeme zu interpretieren. ›Komponenten‹, z. B. einer Räderuhr, sind nämlich Artefakte, die aus vorausgehender expliziter Kenntnis von Funktion und Aufbau des Gesamtsystems konstruiert und erzeugt werden. Wer also z. B. fragt, wie es komme, daß der Molekülhaufen, aus dem sein Körper bestehe, nun bestimmte kognitive oder emotive Leistungen erbringe, übersieht einfach, daß der

Molekülbegriff nicht nach Kriterien in die Naturwissenschaft eingeführt wurde, die diesem Erklärungszweck dienen.
Übersehen wird weiterhin, daß Naturwissenschaften wie z. B. die klassische Mechanik immer schon gegenüber einer – bei geeigneter Betrachtung – unendlich komplexen Natur entwickelt wurden. (E. Husserl beschreibt eindrucksvoll in seiner *Krisis*-Schrift, welche Leistung damit von G. Galilei vollzogen wurde.) Das heißt, es ist gerade nicht der Erkenntnisgegenstand, sondern es sind die technischen Zwecke und Mittel, die dem klassischen Mechaniker die Natur als einfach erscheinen lassen. Wie einfach oder wie komplex z. B. ein sich in einzelne Tropfen auflösender, fallender Wasserstrahl ›ist‹, hängt nicht vom Wasserstrahl, sondern von den Absichten seines Beobachters und Beschreibers ab. Insofern ist jede Aussage über Grenzen der Erkennbarkeit von Systemen aufgrund ihrer Komplexität eine Aussage allein über das Verhältnis von aufgeworfenen Fragen und Strategien ihre Beantwortung.

1.4 Naturalistische Kurzschlüsse

Auf den ersten Blick mögen die Bestimmungen von Erkenntnisgrenzen am Erkenntnissubjekt (durch die Evolutionsbiologie), an den Erkenntnismitteln (durch physikalische Meßtheorien) und am Erkenntnisgegenstand (durch Komplexitätstheorien) wenig gemeinsam haben. Dennoch verdanken sie sich (wie auch andere naturalistische Beiträge zur Erkenntnistheorie) einem eher einfachen Kurzschluß: Sie sind ohne Ausnahme aus jeweils aktuellen und von der Fachwelt anerkannten naturwissenschaftlichen Resultaten gefolgert.
Nun spricht nichts dagegen, daß der arbeitende Naturwissenschaftler die jeweils aktuellen Ergebnisse seiner Disziplin anerkennt und für gültig hält. Nur übersieht der naturwissenschaftliche Sekundär-Erkenntnistheoretiker, daß seine Folgerungen – unterstellt, sie enthielten keine anderen Fehler – im günstigsten Falle argumentativ eine Wenn-dann-Satz-Struktur haben: *Wenn* die naturwissenschaftliche Theorie T (z. B. der Sinnes- und Neurophysiologie, der Evolutionsbiologie usw.) richtig ist, *dann* erklären sich Sinneswahrnehmung, Meßresultate usw. aus der Funktion von Organen, Meßgeräten usw. Das heißt, für erkenntnistheoretische Folgerungen enthalten die Prämissen notwendi-

gerweise die zu naturwissenschaftlichen Theorien metasprachliche Beurteilung wie ›gültig‹, ›richtig‹, oder ›wahr‹, weil andernfalls auch in der Konklusion keine erkenntnistheoretischen Schlüsselwörter zur Unterscheidung von Erkenntnis, Irrtum und Erkenntnis-Irrelevantem vorkommen könnten.
Allen naturalistischen Erkenntnistheorien ist die Kurzsichtigkeit gemeinsam, das Hervorbringen der für erkenntnistheoretische Folgerungen beanspruchten naturwissenschaftlichen Resultate durch zweckeverfolgende, handelnde Menschen zu übersehen, und damit die Grundlage, auf der der Erklärungsanspruch naturalistischer Erkenntnistheorien aufruht. Der konsequent naturalistische Verdacht, Handlungszwecke für das Erbringen menschlicher Kulturleistungen wie z. B. wissenschaftliche Forschung seien nur ein irrelevantes Überbauphänomen, ignoriert den tatsächlichen Forschungsbetrieb mit seinen tatsächlich beachteten normativen Kriterien. Was immer in den Naturwissenschaften als Selbstverständnisse bekennend formuliert wird, – tatsächlich verfolgte Methoden, beachtete Kriterien und Standards belegen, daß gerade die für den naturalistischen Erkenntnistheoretiker unverzichtbaren Unterscheidungen von gültig und ungültig schon den gegenstandskonstituierenden Anfang und nicht erst das erkenntnistheoretisch resümierende Ende der Naturwissenschaft bilden.

2. Naturerkenntnis kulturalistisch begriffen

Diskurse wie die Auseinandersetzung zwischen Naturalismus und Kulturalismus pflegen auf beiden Seiten stillschweigende Prämissen zu haben, deren kritische Sichtung in den meisten Fällen produktiv ist. So war z. B. bisher stillschweigend vorausgesetzt, daß nur wissenschaftliche Naturerkenntnis überhaupt in Frage käme, wenn die Grenzen der Erkennbarkeit der Natur zu bestimmen seien. Darin kommt selbst schon ein Dominanzanspruch der Naturwissenschaften zum Ausdruck. Da jede Kultur zwangsläufig ein Naturverhältnis ausbildet, dies aber nicht für alle Kulturen ein durch die moderne Naturwissenschaft geprägtes ist, kommen auch andere, von naturwissenschaftlichen Theorien unabhängige natürliche Erkenntnisgrenzen in Betracht.

Man weiß z. B. (um wieder der Gliederung nach Erkenntnissubjekt, Erkenntnismitteln und Erkenntnisgegenstand zu folgen) schon vor- und außerwissenschaftlich, daß einige Tiere Wahrnehmungsfähigkeiten haben, die dem Menschen verschlossen sind, wie Geruchssinn oder Gehör von Wildtieren. Wenn sich dann Naturwissenschaften der Beschreibung und Erklärung solcher Wahrnehmungs- und Erkenntnisgrenzen des Menschen im Vergleich zum Tier bemächtigen, und z. B. von der Wahrnehmbarkeit von polarisiertem, Infrarot- oder Ultraviolettlicht oder des Erdmagnetfeldes durch manche Tiere sprechen, so brauchen diese Resultate nicht bestritten zu werden, um ihnen gleichzeitig erkenntnistheoretische Relevanz abzusprechen. Ebensowenig muß im Blick auf die Endlichkeit des menschlichen Lebens bestritten werden, daß dem Menschen in kosmologischen Zusammenhängen nur ein winziges Raum-Zeit-Fenster für seine Erkenntnisbemühungen offensteht. Aber auch dies ist erkenntnistheoretisch irrelevant. Denn die immensen kosmischen Zeiten und Entfernungen sind in menschlicher Sprache vorgenommene Extrapolationen raumzeitlich erst relativ dazu beschränkter Erfahrungen bzw. Theorien. Schließlich braucht auch niemand, die Grenzen der Erkennbarkeit komplexer Systeme betreffend, zu bestreiten, daß sich z. B. nicht vorhersagen läßt, wo ein Flaschenkorken angespült wird, den jemand in einen Wildbach wirft. Aber Wissen und Erkenntnis sind immer Ergebnisse menschlicher Bemühungen. Es ist bekannt, daß der Mensch im Setzen seiner Zwecke und in der Wahl seiner Mittel, vor allem bei zu laxem Umgang mit der Rationalität seiner Sprache und seiner Handlungen, auch Abwegiges wollen oder versuchen kann. Das Beurteilen von Zwecken und Mittelwahlen auf Abwegigkeit oder Erfolgschancen hin kann aber niemals allein im Blick auf naturgegebene Bedingungen erfolgen, sondern muß immer zumindest auch die Handlungen betreffen, aus denen die erhofften Erkenntnisse erwachsen sollen.

Kurz, weder natürliche noch naturwissenschaftliche Grenzen unserer organismischen, apparativen oder theoretischen Erkenntnismittel brauchen bestritten zu werden, um deren erkenntnistheoretische Relevanz zu bezweifeln. Sie sind Grenzen nämlich immer nur relativ zu Annahmen und Theorien, die zu ihrer Beschreibung herangezogen werden.

2.2 Natur und erkannte Natur: Naturwissenschaft als Handeln

Eine weitere stillschweigende Prämisse des Diskurses zwischen Naturalismus und Kulturalismus betrifft die Verwendung der Wörter ›Natur‹ und ›Erkenntnis‹: Beide waren bisher ohne Erläuterung verwendet worden. Im folgenden soll der Versuch vorgetragen werden, diesem folgenreichen Defizit abzuhelfen. Dabei soll auf möglichst unkontroverse, terminologisch möglichst sparsame Anfänge (Thesen und Definitionen) zurückgegriffen werden.

Unkontrovers ist, daß es keine modernen Naturwissenschaften gäbe, wären diese nicht von Menschen hervorgebracht. Dieses Hervorbringen unterscheidet sich nicht von anderen Kulturleistungen wie Landwirtschaft oder Technik darin, daß sie durch zweckrationales Handeln in die Welt kommen. *Handeln*, im Unterschied zu bloßem Verhalten, soll heißen, wozu Menschen andere Menschen auffordern können, was auch unterlassen werden kann, und woran ein Gelingen vom Mißlingen unterschieden wird.

Naturwissenschaften, im Unterschied z. B. zu Mathematik oder Geschichtswissenschaft, kommen nur dadurch zustande, daß Naturwissenschaftler sowohl sprachfrei poietisch (d. h. handwerklich herstellend) als auch sprachlich (z. B. beschreibend, theorienformulierend) handeln.

Für den historischen Gang der Naturwissenschaften ist – unter anderem – von besonderer und gänzlich unverzichtbarer Bedeutung, daß ihre Vertreter zwischen Anerkennung und Ablehnung, zwischen Erfolg und Mißerfolg der Forschung unterscheiden. Ob immer naturwissenschaftliche Forschung historisch auf dem Weg eines kontinuierlichen oder sprunghaften Fortschritts ist oder nicht, – es gäbe jedenfalls keine Naturwissenschaft im modernen Sinne, wenn ihre Vertreter nicht zwischen Erfolg und Mißerfolg, zwischen Gelingen und Mißlingen ihrer in der Forschung einschlägigen Handlungen unterschieden. Was aber sind die Kriterien dieser Unterscheidungen?

Nimmt man die Topoi auf, mit denen Naturwissenschaftler, vorzugsweise in den Einleitungsteilen von Lehrbüchern oder in feierlichen Rückblicken auf prominente Forscherbiographien, ihr Selbstverständnis artikulieren, so geht es um zutreffende Beschreibungen, Kausalerklärungen, Prognosen und die technisch praktische Bewährung dieser sprachlichen Ergebnisse. Eine herausragende Rolle komme dabei den für die Naturwissenschaften typischen Erkenntnisquellen von Beobachtung, Messung und Experiment zu, also an Instrumente gebundenen Verfahren. Aber gleichzeitig betont das naturwissenschaftliche Selbstverständnis gerne, daß der Gegenstand der Naturwissenschaften, die Natur und ihre Gesetze, ›gegeben‹ seien und Naturerkenntnis, gerade insofern sie von den Zutaten, Interessen und Zwecken des erkennenden Menschen unabhängig sei, ihr Ziel. ›Natur‹ erscheint hier also ganz im aristotelischen Sinne als Gegensatz zur Technik, d. h. als das vom Menschen nicht Gemachte, vor seinen Eingriffen Vorhandene.

Unabweisbar ist jedoch, daß die Naturwissenschaften keine Resultate hätten, wäre nicht der Forschungsprozeß ein konsequentes, technisches Eingreifen in das Vorhandene. Mit den Händen, dann unterstützt durch immer raffiniertere Werkzeugmaschinen, werden die Instrumente hergestellt, die in den Laborwissenschaften zur Gewinnung von Beobachtungen, Meßresultaten und experimentellen Befunden benötigt werden. In grundlegender Hinsicht sind es technische Verfeinerungen von Beobachtungs- und Meßgeräten, die die Kulturgeschichte schon zu anderen Zwecken noch vor dem historischen Beginn der modernen Naturwissenschaften hervorgebracht haben, die in der naturwissenschaftlichen Instrumententechnik auf die jeweiligen Zwecke hin weiterentwickelt wurden. Ob es sich um Fernrohr und Mikroskop, um Waage, Uhr oder Thermometer, oder um Experimentiervorrichtungen handelt, die zu Forschungszwecken eingesetzte, umgedeutete oder weiterentwickelte, ingenieursmäßig konstruierte Maschinen sind, – der Naturforscher ist immer ein Techniker und Ingenieur, der sich damit am zweckrationalsten Unternehmen beteiligt, das die Menschheit überhaupt hervorgebracht hat. Technik ist durchgängig nichts anderes als das handelnde Bereitstellen von Mitteln für konstruktive Zwecke.

Auch der Unterschied im Interesse zwischen dem Ingenieur und dem Naturforscher ist wieder durch das Setzen von Zwecken in die Welt gekommen: Wo der Techniker oder der Ingenieur an der Verfügung über Maschinen wie Pumpen, Motoren, Fahrzeugen usw. interessiert ist, beachtet der Naturforscher eine Methodologie, die in der Gestalt expliziter oder impliziter Regeln für das sprachliche wie nicht-sprachliche Handeln des Wissenschaftlers Zwecke zur Sicherung von Wissenschaftlichkeit beinhalten: Von Beobachtungen oder Experimenten wird Wiederholbarkeit verlangt, von Meßdaten eine Abschätzung der Streuung relativ zur Reproduzierbarkeit von Meßgeräteeigenschaften usw. Mit anderen Worten, wo es dem Techniker und Ingenieur um den praktischen Nutzen gehe, gehe es dem Naturforscher um ›Erkenntnis‹.

So erweisen sich beide Charakteristika naturwissenschaftlicher Erkenntnis, so wie es das Selbstverständnis der Naturwissenschaftler gerne sieht, als nicht haltbar: Gegenstand der Naturwissenschaft ist nicht die vom Menschen ungestörte Natur, das aus der Distanz betrachtete Gegebene, sondern die technische Intervention und ihr Gelingen selbst. Und ›Erkenntnis‹ ist nicht das Zutreffen der distanzierten Beschreibung, sondern das technische Gelingen des Verfügens über künstlich erzwungene Eigenschaften von Geräten für Beobachtungen, Messungen und Experimente. Die im Wort ›Erkenntnis‹ mitschwingende Bedeutung, etwas als das zu erkennen, was es ist, erweist sich tatsächlich als das Herbeiführen von Eigenschaften künstlicher Systeme durch technischen Witz. Alle naturwissenschaftliche Laborforschung führt zu *know-how*, zu technischem Verfügungswissen, dessen Wahrheit oder Geltung durch nichts anderes als durch das Gelingen der technischen Verfügung bestimmt ist.

Welchen Status haben dann naturwissenschaftliche Theorien, vor allem wo sie Objekte und Ereignisse betreffen, die nicht vom Menschen erzeugt sind, wie z. B. in der Astronomie?

Auch die Beobachtung und Vermessung von natürlichen (im Sinne von, nicht vom Menschen hergestellten) Phänomenen stülpt ihnen die an den verwendeten Geräten etablierten Beschreibungskriterien des Raumes, der Zeit, der Energie und, sofern experimentell bewährte Modelle zur Erklärung und Prognose herangezogen werden, auch der Kausalität im Sinne des technischen Bewirkenkönnens über. Erkannte Natur ist für den Naturwissenschaftler immer technisch erzeugtes oder technisch simuliertes Phänomen. Damit gilt nicht nur die triviale Feststellung, daß das Treiben von Naturwissenschaft selbst eine Kulturleistung ist, sondern auch der Gegenstand der Naturwissenschaften, erkannte Natur, ein Kulturprodukt.

Die Rede von ›Naturerkenntnis‹ läßt sich im Anschluß an diese Einsicht folgendermaßen explizieren: Wo das Handlungsvermögen vorliegt, Zwecke jederzeit neu mit technischen Mitteln zu erreichen, spricht man von einem ›*know-how*‹. Der praktizierende Mechaniker, der Ingenieur und der ›angewandte‹ Naturwissenschaftler verfügen darüber, wissen, ›wie etwas geht‹. Im Extremfall kann jemand über *know-how* verfügen, indem er es bei Bedarf praktisch demonstriert – sprachfrei sozusagen.

Schließt man sich nicht der Vernachlässigung der Poiesis durch die erkenntnistheoretische Tradition der Philosophen an, so spricht nichts dagegen, *know-how* als Wissen zu interpretieren. Andererseits verlangt der übliche Gebrauch von ›Wissen‹ seine sprachliche Darstellbarkeit. Wissen schließt also ein, sagen zu können, ›wie etwas geht‹ – das heißt, *know-how* sprachlich vermitteln zu können. In der Praxis umfaßt dies den gesamten Bereich von der sprachlichen Begleitung einer praktischen Unterweisung im Handwerk bis zur naturwissenschaftlichen Theorie, die in einer speziellen, historisch gewachsenen Form technisch erfolgversprechende Rezepte für Konstruktion und Bau von Maschinen formulieren. (Bei Theorien über Natürliches, z. B. zur Prognose astronomischer Konstellationen, ist dies das *know-how* astronomischer Beobachtungen und Berechnungen sowie der Simulation durch technische Modelle, d. h. durch Gegenstände des Labor-*know-hows.*)

›*Erkenntnis*‹ kann dann handlungstheoretisch reserviert bleiben für Reflexion auf Wissen: Erkenntnisse hat z. B. der Naturwissenschaftler, der angeben kann, welchen erkenntnistheoretischen Status (etwa empirische Behauptung oder Definition?) das Trägheitsprinzip in Newtons Mechanik, das Prinzip der konstanten Vakuumlichtgeschwindigkeit in der speziellen Relativitätstheorie oder die Hauptsätze der Thermodynamik, Mutation und Selektion in der Evolutionstheorie, das Gesetz der konstanten Proportionen für den chemischen Elementbegriff usw. haben.

›*Naturerkenntnis*‹ ergibt sich demnach aus Reflexion auf das Gelingen und Mißlingen der Handlungen, die der Naturforscher bei seinen technischen Eingriffen in das vorhandene Natürliche unternimmt, und auf die Kriterien, nach denen die sprachliche Fassung sowohl der Bedingungen wie der Resultate dieser Handlungen zustimmungsfähig sind oder nicht. Naturerkenntnis betrifft, mit anderen Worten, die nichtsprachlichen wie sprachlichen Aspekte des Erfolgs menschlicher Eingriffe in das Vorgefundene.

Grenzen menschlichen Wissens von der Natur erweisen sich demnach als (empirische) Grenzen technischer Machbarkeit, wohingegen *Grenzen der Naturerkenntnis* im menschlichen Handeln selbst, im poietischen wie praktischen, zu suchen sind. Die Einbettung allen menschlichen Handelns in die Grenzen, die gemeinschaftliches Handeln unter historischen Bedingungen dem einzelnen Akteur setzen, und die Grenzen der Verfügbarkeit über das Wechselspiel von Zweck und Mittel sind die Grenzen der Naturerkenntnis, innerhalb derer die Verantwortung der Naturwissenschaften wahrzunehmen ist.

3. Biologischer versus physikalischer Naturbegriff

I.

Das Wort »Natur« ist kein terminus technicus der Naturwissenschaften Physik oder Biologie. Diese Fächer kennen keinen *explizit normierten* Sprachgebrauch von »Natur« und verfügen deshalb auch nicht über einen durch dieses Wort dargestellten Naturbegriff. Aber auch ein *impliziter Naturbegriff*, wonach etwa »Natur« als ein undefinierter Ausdruck nach dem Vorbild sogenannter »theoretischer Terme« (undefinierter Grundbegriff in mathematischen oder physikalischen Theorien) gebraucht würde, ist nicht auszumachen. Ersichtlich benötigen Naturwissenschaften auch keinen »Naturbegriff« – weder auf der Ebene ihrer objektsprachlichen noch auf der Ebene programmatischer Gegenstandsbestimmung. Die Natur als Ganzes ist kein Gegenstand naturwissenschaftlicher Fachdisziplinen.

II.

Den Naturbegriff einzelner Fächer zu beschreiben und zu klären ist deshalb immer eine *Interpretationsleistung*, die außerhalb des unmittelbaren Fachwissens zu erbringen ist, gleich, ob durch Fachvertreter oder Philosophen. Sie liegt nicht auf dem sprachlichen Niveau der objektsprachlichen Aussagen physikalischer oder biologischer Theorien, sondern betrifft u. a. Prinzipien, Methoden und Geschichte, mithin die Fächer Physik und Biologie als Kulturleistung.

Um solche Interpretationen nach besser oder schlechter, nach angemessen und weniger angemessen *beurteilen* zu können, bedarf es eines expliziten Beurteilungskriteriums. Dies ergibt sich aus dem *Ziel* der Frage, welches Naturverständnis oder welchen Naturbegriff Physik und Biologie hätten. Das heißt, die bessere Interpretation wird von der weniger guten dadurch unterschieden, daß sie einen besseren Dienst leistet für eine »Anwendung«

des ermittelten Naturbegriffs, z. B. auf erkenntnistheoretische oder ökologische Probleme.

III.

Mein Interpretationsziel ist ein *erkenntnistheoretisches*. Fragt man philosophisch, was der Mensch durch Wissenschaft über Natur in Erfahrung bringen kann, so muß das Naturabhängige seiner Erfahrung unterschieden werden können vom Menschenabhängigen, von seinen Setzungen, seinen methodischen Mitteln. Schon dieses erkenntnistheoretische Interesse macht »Natur« in erster Näherung zu dem vom Menschen nicht Gemachten, zum Gegensatz von Handlung, Technik, Zivilisation und Kultur, und steht damit in einer aristotelischen Tradition.

IV.

Wo es aber um *Wissen* von der Natur geht (wie bei Physik und Biologie), wo es damit um sprachlich explizierbare, nach gültig und ungültig unterscheidbare Resultate von Erkenntnisbemühungen geht, muß der Mensch aktiv in die Natur eingreifend *Erfahrungen »machen«*. Handlungstheoretisch sind »Erfahrungen« Widerfahrnisse, die uns als technischer Erfolg oder Mißerfolg an unseren Handlungen (des Beobachtens und Experimentierens) zustoßen. Da Erfolg und Mißerfolg von Handlungen als Erreichen und Verfehlen ihrer Zwecke zu bestimmen sind, bleiben wissenschaftliche Erfahrungen über die Natur *abhängig von den Zwecken* der Forscherhandlungen.

Das heißt, wo es um explizites, wissenschaftliches *Wissen* von der Natur geht, wird auch eine *Natur*, die als das vom Menschen nicht Gemachte und Unabhängige definiert wird, erkenntnistheoretisch *ein Kulturprodukt*. Naturbegriffe als alles das, was sich unter gewissen Perspektiven von Natur wissen läßt, sind immer Kulturleistungen.

V.

Die *Physik* ist seit ihrem Umbruch von der aristotelischen zur klassischen im 17. Jahrhundert eine reine *Technikwissenschaft.* Während für Aristoteles Technik als das vom Menschen Gemachte gerade das Unnatürliche oder Naturwidrige war, wird mit Galilei Technik das Naturgemäße, das Befolgen und Ausnützen von Naturgesetzen. Beginnend mit dem Empirismus Newtons (in den »*Opticks*«) entwickelt die Physik eine *empiristische Doktrin*, wonach ihre Theorien vorhandene, menschenunabhängige *Naturgesetze abbildeten.*

In Wahrheit aber sind schon die *Gegenstände der Mechanik* wie Länge, Zeitdauer, träge und schwere Masse, Kraft, Impuls und Energie *keine Naturgegenstände*, sondern Kunstbegriffe, die ihren Wirklichkeitsbezug allein in der technischen Herstellung von Meß- und Experimentiergeräten haben. Der Gegenstandsbereich der Klassischen Mechanik ist ausschließlich künstlich.

Auch »die Anwendung der Galileischen Fallgesetze am Himmel« durch Newton, der die Keplerbewegungen der Planeten durch sein Gravitationsgesetz als Trägheitsbewegungen im Schwerefeld der Sonne erklärt, verlassen nicht den Rahmen des technischen Bewirkungswissens. Ablauf und Ursachen von Planetenbewegungen werden als erkannt eingestuft, weil irdische Labormechanik erfolgreiche technische Simulationen zu den ebenfalls technisch gewonnenen astronomischen Beobachtungsdaten liefert. Die Naturgegenstände des Planetensystems werden in physikalischer Beschreibung und Erklärung zu Gegenständen menschlicher Handwerkskunst, Technik und Mathematik.

Die experimentelle und messende Methode der Physik erzeugt diesen Charakter ihrer Gegenstände auch in allen anderen Bereichen außerhalb der Mechanik, also z. B. der Elektrodynamik, der Thermodynamik, der Atom- und Elementarteilchenphysik. Die erste methodenkritische Revision der Physik durch Relativitätstheorien und Quantenmechanik betont in der Operationalisierung von Raum, Zeit und Kausalität durch den physikalischen Beobachter den *künstlichen* Charakter der Gegenstände der Physik. Das Natürliche, das von der Physik in Kosmologie und Kosmogonie bearbeitet wird, wird nur nach Maßgabe der Laborphysik erkennbar. Konstitutiv bleibt das künstlich-technische Erzeugte.

Historisch parallel radikalisiert sich die empiristische Doktrin zur *realistischen*. Atome oder Elementarteilchen werden in unterschiedlichen Graden begrifflicher Naivität als das Wirkliche, Natürliche, von der Natur Gegebene und damit Menschenunabhängige betrachtet. Reduktionismus (als Rückführung lebensweltlicher und makroskopischer Phänomene auf den Mikrobereich) und der methodologische Kopfstand, aus den fälschlicherweise für Natur gehaltenen elementarsten Bausteinen allen Existierenden die unbelebte und belebte Welt wie mit einem fiktiven Baukasten »aufbauen« zu wollen, sind die Folge. Derselbe Fehler, den schon die klassische Physik mit der Verwechslung von Natur und Technik gemacht hat, wiederholt sich hier in der Physik unseres Jahrhunderts. Was allein als hypothetischer Träger zwischen »Präparier-« und »Registrierapparatur« (G. Ludwig) im Labor von Menschen erzeugt wird, wird für Natur gehalten. Daß es sich dabei lediglich um eine von der tatsächlichen Forschungspraxis abgehobene Doktrin handelt, vermag auch der physikalische Laie zu erkennen daran, daß auch für den realistischen Mikrophysiker im Bereich der statistischen Physik die Prognose technisch reproduzierbarer Phänomene das entscheidende Kriterium für Annahme oder Verwerfen physikalischer Theorien bleibt.
Die der Physik zugängliche Natur bleibt also wegen ihres experimental-wissenschaftlichen Paradigmas immer die durch Geräte manipulierte, künstlich veränderte, technisch reproduzierte Natur – kurz Technik.
Wenn Laborphysik überhaupt einen Schluß auf »Natur« als Menschenunabhängiges erlauben soll, dann nur in Form der Aussage, daß am Erfolg einer Technik (ohne Naturkenntnis) erkannt werden kann, welche Technik »naturgesetzlich möglich« ist.

VI.

Die *Biologie* unterscheidet sich historisch von der Physik schon dadurch, daß sie nicht von Anfang an unter einem einheitlichen Paradigma (wie dem mechanischen Experiment) entwickelt wurde. Vielmehr ist sie ein Konglomerat verschiedener historischer Herkünfte nach Zwecken und Methoden. Medizin, Gewinnung von Lebensgrundlagen durch Ackerbau, Viehzucht und Jagd, ästhetisierende und moralisierende Naturbetrachtung einschließlich einer Naturgeschichtsschreibung markieren höchst *verschiedene Erkenntnisziele und Forschungsmethoden*. Als »Biowissenschaften« haben sie eine gemeinsame begriffliche Klammer, die primär nur im *lebensweltlichen Verständnis vom Lebendigen* im Unterschied z. B. zu den toten Planeten liegt. Sie hat es, auf dem Niveau dieser vor- und außerwissenschaftlichen Zusammenfassung des Wissens vom Lebendigen, sehr viel direkter als die Physik (die seit der »Mechanik« – also der menschlichen List – ihre Fachbezeichnung »Physik« – also Wissenschaft vom Wachsenden – nicht mehr verdient) mit »Natur« als dem, was geboren wird und wächst, zu tun. Die Bestimmung des biologischen Naturbegriffs allein aus der Fachbezeichnung und dem historischen Zusammenfassen von Fächern zu einer Biowissenschaft erlaubt jedoch noch keine erkenntnistechnische Unterscheidung von Erfahrungswissen und menschlicher Setzung und Praxis, d. h. von »Natur« und der Kultur naturwissenschaftlicher Forschung.

Biowissenschaft, sofern sie keine Naturgeschichtsschreibung ist, kann im selben Sinne *instrumentalistisch* betrieben werden wie Physik. Das heißt, ihre Theorien sind nicht im empiristischen oder realistischen Mißverständnis als Abbilder einer menschenunabhängigen Natur zu interpretieren, sondern als *biologisches Bewirkungswissen* in Medizin, Tier- und Pflanzenzucht und Ökologie. Tatsächlich wird man – immer außerhalb der Naturgeschichtsschreibung – keine heute anerkannte biologische Theorie finden, die nicht nach Geltungskriterien ausgezeichnet wäre, die sich analog dem instrumentalistischen Theorienverständnis in der Physik verstehen ließe: als erfolgreiche Instruktion an den Ingenieur.

Daß wir zögern mögen, den Arzt, der auf Selbstheilungskräfte des Kranken zu setzen hat, oder den Landschaftsökologen, der auf Selbstheilungskräfte eines zurückgebauten Flusses setzt, als Ingenieur zu bezeichnen, ist methodologisch unerheblich. Denn jedes *experimentell gewonnene Kausalwissen* ist immer ein technisches *Verfügungswissen über Verläufe*, die der Mensch durch künstliche Intervention zwar in Gang setzen, dann aber sich selbst überlassen muß. Und die Bewertung oder Legitimation von therapeutischen Zielen ist eine andere Aufgabe als die Bereitstellung technischen Mittelwissens. Dieses verdankt sich auch in den Biowissenschaften allein zweckrationaler menschlicher Handlung und ist deshalb als Erfahrungswissen von der Natur primär ein know-how. Der

Sprung von der Physik zur Biologie besteht also *nicht* darin, daß das Organische im Unterschied zum Anorganischen bloß betrachtend beschrieben würde, wo letzteres technisch beherrscht oder gar künstlich erzeugt wird. Beide Disziplinen verdanken vielmehr ihr Kausalwissen menschlich-technischer Intervention in natürlich Vorgegebenes.

Auch in der *Naturgeschichtsschreibung* unterscheidet sich eine Evolutionsbiologie nicht prinzipiell von einer physikalischen Kosmogonie. Aktuelles Kausal- und Laborwissen ist das unverzichtbare Mittel im ersten Schritt für die Beschreibung des natürlich Vorfindlichen und im zweiten Schritt für die Formulierung von Hypothesen, als Produkt welchen Entstehungsgeschehens dieses betrachtet werden kann. Naturgeschichtsschreibung verläßt also nicht den Bereich einer Kausalerklärung, die auf dem Bewirkungswissen, dem know-how des heutigen Forschers beruht.

VII.

Ein wesentlicher *Unterschied zwischen Physik und Biologie* als Bereiche expliziten und kontrollierbaren Wissens resultiert aus deren verschiedenen Formen von etwas, das die Theologen »den Sitz im Leben« nennen würden. Nicht theologisch, sondern weiterhin erkenntnistheoretisch ist nämlich darauf zu verweisen, daß Wissenschaften, auch die sogenannten Exakten Erfahrungswissenschaften, ein »*lebensweltliches Apriori*« haben. Dieses stellt sich für Physik und Biologie verschieden dar und betrifft in Konsequenz verschiedene Naturbegriffe.

Wissenschaften sind heute institutionalisierte Bemühungen um Wissen, die von Menschen betrieben werden, deren Leben wie das der Nichtwissenschaftler auch aus einer sogenannten »Lebenswelt« (E. Husserl) besteht. Es ist z. B. zu fragen, an welche Bereiche seiner biographischen Lebenspraxis ein Lehrling, sprich Student, der Physik oder der Biologie anknüpft, um die Hochstilisierungen des Redens und des Handelns zu erlernen, die man dann »forschen« und »Wissenschaft treiben« nennt. »Lebensweltliches Apriori« heißt also einerseits, daß jeder Wissenschaftler »immer schon« lebensweltliche, also außerwissenschaftliche, alltägliche *Fähigkeiten* und Wissensbestände mitbringen muß, um überhaupt Wissenschaftler werden zu können. Die Lehrbarkeit von Wissenschaft und die Nachvollziehbarkeit ihrer Forschungswege und Resultate sowohl für den Forscher selbst als auch für den Abnehmer wissenschaftlicher Erkenntnisse muß also Rückführung auf lebensweltliche Unterscheidungen und Fähigkeiten in Anspruch nehmen. Lebenswelt geht Wissenschaft methodisch voraus. Die Lebenswelt ist andererseits auch das Feld, aus dem – im Sinne eines allgemeinen Kulturbetriebes einschließlich Politik und Wirtschaft – *zwecksetzende* Einflüsse auf die Wissenschaften ausgehen. Wissenschaftssoziologischer Kontroversen über Autonomie versus Fremdbestimmung naturwissenschaftlicher Forschung ungeachtet, ist die tatsächlich getroffene Entscheidung des Naturwissenschaftlers für oder gegen die Wahl bestimmter Forschungsaufgaben jedenfalls selbst kein naturwissenschaftlich erkannter Sachverhalt, sondern eine praktische Entscheidung und damit immer auch eine lebensweltliche.

Das lebensweltliche Apriori der Naturwissenschaften Physik und Biologie betrifft also die *Erkenntnisbedingungen als methodischen Anfang* wie auch die *Forschungszwecke als methodisches Ziel*. Und in beidem unterscheiden sich Physik und Biologie wesentlich.

Physik (neuzeitlich verstanden als Experimentalwissenschaft) hätte jedenfalls *keinen Gegenstand*, wenn es nicht die Hochstilisierung des *poietischen (herstellenden) Handelns* zu Handwerkskunst und Technik gäbe. Um sich dies vor Augen zu führen, braucht man nur ein physikalisches Labor zu besuchen oder etwa, unter historischer Perspektive, E. Machs Buch »Die Mechanik, historisch kritisch dargestellt« zu lesen. Sieht man davon ab, daß es in der Physik arbeitsteilig auch Theoretiker gibt, die (als die besseren Mathematiker) über die Forschungspraxis ihrer Physik-Kollegen aus der experimentellen und angewandten Physik reden, so erwirbt der Mensch lebensweltlich die für Physik erforderlichen Fähigkeiten, indem er poietisches Handeln lernt – vom Zeichnen und Werken, vom Basteln bis zur vollständigen Handwerkerausbildung. Bekanntlich bringen es darin verschiedene Menschen verschieden weit, aber daß es einige weit genug bis zur Feinmechanik gebracht haben, ist eine unverzichtbare Bedingung für die historische Existenz der neuzeitlichen Physik. Pointiert gesagt, die Menschheit hätte keine Physik, wäre der Mensch nicht ein *homo faber*, der sich die technische Zivilisation geschaffen hat.

Niemand kann sich heute, zumal in Mitteleuropa, außerhalb dieser Zivilisation stellen, aber prinzipiell ist ein, sogar kulturell hochstehendes, Leben mit wesentlich weniger Zivilisation denkbar, sogar ohne eine auf Naturwissenschaften angewiesene Zivilisation. Ich behaupte dies nicht, um für einen solchen Ausstieg zu plädieren, sondern um auf einen erkenntnistheoretischen Unterschied zur Biologie hinzuweisen:
Zwar wurde oben schon dafür argumentiert, daß auch Biologie konsequent instrumentalistisch betrieben werden kann, also etwa als lebensweltliches Apriori den Zweck der Heilkunst, der Tier- und Pflanzenzüchtung und der technischen Aufrechterhaltung ökologisch zuträglicher Bedingungen verfolgen kann und konsequent als methodischen Anfang die erfolgreiche technische Intervention in Natürliches benötigt. Aber während für die Physik die technische Funktionsfähigkeit eines eigenen Produkts, eines Geräts oder einer Maschine Ziel und Resultat ist, und die Lehr- und Lernsituation auf das handwerkliche Vor- und Nachmachen beschränkt bleibt, verhält es sich in der Biologie anders.
Fragt man analog zur Physik, unter welchen Bedingungen die *Biologie* keinen *Gegenstand* hätte, so ist dies das *lebensweltliche Verständnis* von Leben und Tod, von Schmerz und Lust, von Bedürfnis und Befriedigung, von Empfindung, Wahrnehmung und Erkenntnis, von Nahrung und Paarung, von Krankheit und Vitalität, von Ähnlichkeit und Verschiedenheit von Menschen, zumal, wenn sie direkte Verwandte sind. Wo der Mensch keine Physik hätte, wäre er nicht ein homo faber, doch hätte der Mensch keine Biologie, wäre er nicht ein *animal rationale*.
Diese Behauptung scheint nicht recht zu passen auf das Verständnis der Biologie, wie es in Lehrbüchern von Anatomie über Physiologie zur zoologischen und botanischen Systematik und zur Evolutionstheorie entwickelt wird. Aber die methodischen und begrifflichen Grundlagen von Medizin und Biowissenschaften liegen ja auch bedenklich im argen. Ich greife deshalb zur Erläuterung drei Beispiele auf:

1) Seit es Biologie im Sinne einer neuzeitlichen Wissenschaft gibt, bemüht sie sich um *Definition von »Leben«*. Ganz gleich, welche Antworten dafür historisch vorgeschlagen wurden (jeweils in Kenntnis resultierender Probleme etwa für Übergangsformen, Grenzfälle oder die Frage der Entstehung des Lebens auf der

Erde), es ist bei solchen Definitionsbemühungen immer auch ein *Adäquatheitsproblem* zu lösen, das sich auf unser alltägliches Verständnis von lebendig und tot bezieht. Selbst wer sich von einer konsequent materialistischen Naturwissenschaft eine Uminterpretation seines lebensweltlichen Verständnisses von »lebendig« einreden läßt, kann diese Umorientierung nur relativ zu einem Vorverständnis vornehmen.

2) Wenn die *Sinnesphysiologie* die Funktion von Sinnesorganen untersucht und dies z. B. an »einfacheren« Leistungen sogenannter »niedrigerer« Tiere tut, hat sie vor aller Erfindung eines Leib-Seele-Problems oder eines Körper-Kognitions-Problems ein *Verständnis von Sinneswahrnehmung* des Menschen, das sogar als gelingende, zu Konsens in Wahrnehmungsurteilen führende menschliche Praxis in Anspruch genommen werden muß, um überhaupt Sinnesphysiologie treiben zu können. Jeder Reduktionismus ist a priori hinsichtlich der eigenen Bedingungen naiv.

3) Der *Evolutionstheoretiker*, der den Menschen als das komplexeste Evolutionsprodukt durch Anpassung seiner kognitiven Leistungen an natürliche Lebensbedingungen erklären möchte, hat nur das lebensweltliche Apriori seines eigenen Handlungsvermögens und Weltwissens, ohne das er kein evolutionärer Erkenntnistheoretiker geworden wäre, schlicht vergessen. Er nimmt es aber in Anspruch, wenn er in seiner Theorie ein Wissen von der Welt, an die sich Lebewesen evolutiv anzupassen hätten, in seine Theorie einführt, und sei es auf dem Umweg einer physikalischen Umweltbeschreibung (wie bei G. Vollmer).

Jede begrifflich hinreichend vollständige Biologie muß deshalb einerseits die lebensweltliche Grundlage ihrer Forschungsziele und andererseits die methodischen Anfänge in unserem menschlichen Selbstverständnis zur Kenntnis nehmen. Wer nicht so viel Lebenserfahrung und Bildung hat, daß er kompetent an alltägliche Unterscheidung von Leben und Tod, Lust und Schmerz, Aktivität und Widerfahrnis usw. anknüpfen kann, verfehlt den Gegenstand der Biowissenschaften.

Pointiert gesagt, *Physik* führt zu einer *Natur*, die wir im Sinne gelingender technischer Herstellung und davon abhängiger begrifflicher Beherrschung *erzeugen*. *Biologie* führt zu einer *Natur*, die wir im Sinne unserer Bedürftigkeit und ihrer Erfüllung, unserer Konstitution als Lebewesen, *sind*.

Literatur

Zitierte Autoren in der Reihenfolge ihres Auftretens

Newton, I.: *Opticks* (1704).

Ludwig, G.: *Die Grundstrukturen einer physikalischen Theorie*. 2. Auflage, Berlin–Heidelberg–New York 1990.

Husserl, E.: *Die Krisis der europäischen Wissenschaften und die transzendentale Phänomenologie*, Haag 1962.

Vollmer, G.: *Evolutionäre Erkenntnistheorie*. 2. unveränderte Auflage, Stuttgart 1980.

Weiterführende Literatur des Autors

– »Philosophische Beiträge zu einem kulturalistischen Naturverständnis«, in: *Zeitschrift für Wissenschaftsforschung*, Bd. 3 (1986), S. 35-46.

– »Naturgeschichte und Naturgesetz«, in: O. Schwemmer (Hrsg.): *Über Natur. Philosophische Beiträge zum Naturverständnis*. 2. Auflage, Frankfurt 1991, S. 105-122.

– »Evolution der Erkenntnis oder Erkenntnis der Evolution?«, in: W. Lütterfels (Hrsg.): *Transzendentale oder evolutionäre Erkenntnistheorie?*, Darmstadt 1987, S. 210-226.

– *Grenzen der Naturwissenschaft. Erkennen als Handeln*, München 1992.

4. Visuelle und taktile Wahrnehmung in der Naturerkenntnis

Einleitung

Wer an der Philipps-Universität Philosophie lehrt, trifft wegen des Marburger Standorts der Deutschen Blindenstudienanstalt gelegentlich auf blinde Studenten. Für mich war es ein Schlüsselerlebnis, als ich zum erstenmal in einer Logikvorlesung zwei blinde Hörer hatte. Eine Logikvorlesung ähnelt einer Mathematikstunde an der höheren Schule insofern, als dabei Formeln an die Tafel geschrieben und diskutiert werden. Zu den Selbstverständlichkeiten für einen Sehenden zählt es, daß man dabei mit dem Finger auf Formelteile deutet, z. B. von der linken Hälfte des Ausdrucks in der dritten Zeile spricht, durch Unterstreichung etwas hervorhebt usw., kurz, eine Weise des Darstellens und Diskutierens wählt, die nur der Sehende verständig verfolgen kann. Meine Bemühungen, meine Logikvorlesung konsequent auf die Bedürfnisse meiner blinden Hörer abzustellen, führten zu der vielleicht größten Herausforderung meiner akademischen Lehrtätigkeit – vor einem Publikum von blinden Pädagogen vermutlich nicht überraschend – und zugleich zu den lehrreichsten Erfahrungen.

Logik und Mathematik sind die unanschaulichsten Fächer überhaupt, und doch haben für ihre Vermittlung wir Sehenden uns angewöhnt, ganze fächerspezifische Stile der visuellen Vermittlung zu entwickeln. Das ist, kulturhistorisch gesehen, nicht zwingend. Die antiken und mittelalterlichen Logiker waren nicht schlechter als die heutigen, und sie behalfen sich sehr wirksam mit anderen Techniken, z. B. mit Merkversen und Merkgedichten, in denen das gesamte Wissen von gültigen Schlußformen besser gelernt und behalten werden konnte als anhand einer modernen graphischen Formeldarstellung.

Der konsequente Versuch, sich in den blinden Hörer hineinzudenken, kann zudem die philosophische Tugend mobilisieren, stillschweigende Voraussetzungen und, wie fast immer, deren erheblichen Folgen aus dem Dunkel zu holen. Bis in Sprachgebräuche hinein – wir reden z. B. von anschaulich, wo es um Darstellung von Wissen geht, und vom Beobachter, wo es um

Gewinnen von Wissen geht – bilden wir eine Kulturgemeinschaft mit einer Dominanz des Sehens gegenüber den anderen Sinnen.
Was durch die Schwierigkeiten einer Logikvorlesung angestoßen wurde, hat mich wegen meiner Herkunft aus der Experimentalphysik und meines philosophischen Forschungsschwerpunktes Philosophie der Naturwissenschaften auf das weit umfassendere Problem geführt, welche stillschweigenden Vorentscheidungen unser Verhältnis zur Natur betrifft, wie es von den mehrheitlich Sehenden bestimmt wird.

Diverse Naturbegriffe

Spricht man in der Alltagssprache von Natur, denkt man wohl zuerst an schöne Landschaft, an geschützte Pflanzen oder die Beobachtung seltener Wildtiere. Unter dem ökologischen Druck unserer technischen Zivilisation wird Natur gleich als Reservat, als heile Natur gedacht, und sie ist als solche immer gesehene Natur. Der Alltagsbegriff von Natur beruht auf ästhetisierender, visueller Erfahrung.
Wo es um funktionelle Fragen, etwa ökologische Wirkungszusammenhänge, geht, bewegt man sich – hoffentlich – im Bereich naturwissenschaftlicher Erkenntnisse. Das landläufige und nicht unbedingt sorgfältig bedachte Verständnis von Natur durch Naturwissenschaftler – zu ihrer Entschuldigung sei hinzugefügt, daß »Natur« schließlich kein Fachausdruck irgendeiner Naturwissenschaft ist – sieht in Natur das, was der naturwissenschaftliche Beobachter im Rahmen seiner Methoden empirisch feststellt. Auch hier haben wir es mit einer unbeschränkten Dominanz des Sehens zu tun: Ob der Biologe am Mikroskop, der Astronom am Fernrohr, der Chemiker, der einen Farbumschlag beobachtet, oder der Physiker, der Zeigerstellungen abliest, der naturwissenschaftliche Beobachter ist ein Sehender. Zwar ließen sich prinzipiell für jede visuelle Beobachtung durch einen Naturwissenschaftler technische Hilfsmittel konstruieren, die das optische Ereignis übersetzen in eine dem Blinden zugängliche Sinnesmodalität. Aber dies immer nur nachträglich zu einer für den Sehenden bereits erfolgreichen Naturwissenschaft. Doch im üblichen Verständnis reicht die Dominanz des Sehens in den Naturwissenschaften noch weiter:

Zur größeren Klarheit sei nachfolgend das lateinische Wortpaar visuell/taktil für Sinne reserviert, wonach also das Sehen visuelle, das Tasten taktile Wahrnehmung ist, während das entsprechende griechische Wortpaar optisch/haptisch für die wahrzunehmenden Gegenstände reserviert wird, wonach z. B. eine Kerzenflamme ein optisches, eine Nadelspitze ein haptisches Phänomen ist. Die Physik nun hat den optischen vor den haptischen Phänomenen generell den Vorzug gegeben, als sie im 19. Jahrhundert bei Entdeckung einer Unverträglichkeit von klassischer Mechanik und Elektrodynamik letztere zur umfassenderen Theorie erklärten. Die Anerkennung der relativistischen Physik Albert Einsteins ist der äußere, wissenschaftshistorische Ausdruck dafür.

Es ließen sich viele weitere Belege dafür anführen, daß das Naturverständnis sowohl des Alltagslebens als auch der Naturwissenschaften ein durchgängig optisches ist. Natur erschließt sich dem Betrachter, ob nun beim schönen Sonnenuntergang oder im naturwissenschaftlichen Labor, über das Auge. So jedenfalls wird es, wie selbstverständlich, ganz allgemein »gesehen«. Aufgabe des Philosophen ist es, zu fragen, ob solche Selbstverständlichkeiten nicht nur allgemein, sondern auch zu Recht bestehen. Oder, um die Metaphorik der Sehenden ein weiteres Mal zu benützen: Hat das vorherrschende Naturverständnis nicht einen blinden Fleck?

Der Mensch, von Natur ein Kulturwesen

Was bestimmt in der allgemeinsten Weise, d. h. über kulturelle und historische Unterschiede hinweg, das Verhältnis des Menschen zur Natur? Biologen und von Biologie beeinflußte Anthropologen bezeichnen den Menschen als »Mängelwesen«, das im Vergleich zum Tier nur dadurch leben kann, daß es durch manuelle Eingriffe, also durch Handwerk und Technik, für Nahrung, Kleidung und Behausung sorgt – und dieses Geschäft arbeitsteilig durch Sprache und soziale Institutionen möglich oder effizient macht. Dem Menschen bleibt keine Wahl, ob er Technik oder Kultur will oder nicht, er ist von Natur aus ein Kulturwesen. Dabei ist nicht zu vergessen, daß sich das Wort Kultur vom Lateinischen cultura, Ackerbau, ableitet. Kultur ist demnach primär menschlicher Eingriff in vorhandene Natur nach seinen Zwecken und Bedürfnissen.

Unser Naturverhältnis definiert sich also nicht dadurch, daß wir als ihre Beobachter in der Bandbreite vom Romantiker bis zum Kernchemiker schöne oder wahre Beschreibungen der Natur produzieren, sondern durch einen Umgang mit ihr, der unser Leben ermöglicht. In diesem Zusammenhang begegnet man häufig Auffassungen, die, in der Regel aus ökologischem Engagement, für die möglichst naturbelassene Natur plädieren. Nach dieser Auffassung ist im Extremfall die Natur ohne den Menschen die beste Natur. Tatsächlich ist ja wahr, daß der Mensch als stoffwechselnder Organismus schon durch sein schlichtes Vorhandensein, durch Atmung, Ernährung und Ausscheidung usw. Natur verändert. Freilich wäre es töricht, dies als Störung unberührter Natur zu definieren, weil damit auch alle Tiere und Pflanzen, ebenfalls Stoffwechsler, unter die Definition der Naturstörung fielen. Diese radikale Bestimmung unseres Naturverhältnisses ist ebenso abwegig wie die dazu entgegengesetzte, alles, was der Mensch als Eingriff in die Natur technisch bewirkt, als »natürlich« zu qualifizieren, eben weil der Mensch von Natur aus ein Kulturwesen und ein Techniker ist.
Zwischen diesen beiden – übrigens naturalistischen – Extremen führt nur ein vernünftiger Weg hindurch, wenn unser Umgang mit der Natur nach seinen Zwecken und Zielen bedacht und gerechtfertigt wird, und selbstverständlich, wenn dieser Umgang so weit wie möglich auf verläßlichen Erkenntnissen beruht. Damit bin ich wieder bei meinem Thema, worauf denn verläßliche, und das ist weithin wissenschaftliche, Naturerkenntnis beruht, vor allem im Hinblick auf seine Anteile an visueller und taktiler Erfahrung.

Naturerkenntnis durch Wissenschaft

Die neuzeitliche, im 17. Jahrhundert mit Galilei und Newton beginnende Naturwissenschaft verdankt ihren technischen, erklärenden und prognostischen Erfolg der Ausbildung eines neuen Typs von Erfahrung: Der Naturwissenschaftler, gleich welchen Faches, gewinnt seine Erfahrungen mit Hilfe von Instrumenten, die eigens für diesen Zweck erdacht, gebaut und weiterentwickelt werden. Ob man dabei an Mikroskop und Fernrohr, von den einfachsten historischen Anfängen bis zur modernsten High-tech-Version, ob an Meßgeräte vom Bandmaß bis zum Laser-Echolot,

Uhren, Waagen, Thermometer usw. oder an die Experimentiervorrichtungen moderner Laboratorien aller Disziplinen denkt, die Resultate moderner Naturwissenschaft, ja sogar die Bedeutung der Wörter, in denen diese Resultate formuliert sind, hängen unverzichtbar von der Verwendung solcher Instrumente ab. Der besondere Erfolg wissenschaftlicher Naturerkenntnis ist das technische Gelingen von Beobachtungen, Messungen und Experimenten in einem ingenieurmäßigen Sinne. Generell lassen naturwissenschaftliche Resultate als know-how verstehen, d. h. als Wissen, wie etwa technisch zu bewerkstelligen ist – und dies sogar für diejenigen Phänomenbereiche wie etwa in der Astronomie, die vom Menschen nicht hergestellt, sondern nur vorgefunden werden.

Keiner besonderen Aufmerksamkeit erfreut sich dabei ein, wenn auch nirgends bestrittener, Umstand: Was auch immer sonst die von Fachleuten erwünschten und herbeigeführten Eigenschaften wissenschaftlicher Instrumente sein mögen, sie sind vor allem anderen dadurch vorhanden, daß der Mensch natürlich vorfindliche Materialien räumlich, d. h. in Lage, Größe und Form verändert. Es läßt sich wissenschaftstheoretisch nachweisen, daß es nicht eine einzige naturwissenschaftliche Maßgröße gibt, für deren Definition und Messung nicht die technische Reproduzierbarkeit der räumlichen Abmessungen am Instrument erforderlich wäre. Man übertreibt also nicht, wenn man behauptet, naturwissenschaftliche Erfahrung sei generell nur dadurch möglich, daß der Mensch ein Handwerker ist, der Geräte durch Herbeiführen räumlicher – und dann selbstverständlich auch noch anderer – Eigenschaften erzeugt. Damit wird aber die Wissenschaft vom Räumlichen, die Geometrie, die unverzichtbare Grundlagendisziplin für jede wissenschaftliche Naturerkenntnis. Unsere Frage nach dem Verhältnis von visueller und taktiler Wahrnehmung für die Naturerkenntnis hat sich damit auf das Gebiet der Geometrie verschoben: Worauf beruht nun die Geometrie, und welche Rolle spielen dabei visuelle und taktile Wahrnehmung? Ist Geometrie eine Wissenschaft von optischen oder haptischen Phänomenen?

Geometrie – historisch und systematisch

Geometrie ist für den modernen Mathematiker und Physiker nicht prinzipiell verschieden von anderen mathematischen Teildisziplinen wie Algebra, Analysis, Topologie usw. Historisch hat dies vor allem seinen Grund in der zweifelhaften Erfindung der analytischen Geometrie durch Descartes. Descartes hatte den genialen Einfall, geometrische Figuren in Koordinatensysteme einzuzeichnen, dabei die Lage von Punkten, z. B. den Ecken eines Dreiecks, durch Abmessungen zu Koordinatenachsen zu bestimmen und damit geometrische Probleme arithmetisch, d. h. also durch Rechnungen lösbar zu machen. »Zweifelhaft« wurde diese geniale Errungenschaft der Übersetzung geometrischer Probleme in die Sprache der Zahlen und des Rechnens deshalb genannt, weil dabei etwas übersehen wurde: Koordinatensysteme muß man erst einmal haben, d. h. zum Beispiel die gerade Form der Koordinatenachsen oder die Winkel zwischen Koordinatenachsen festlegen. Bevor ich der Frage nachgehe, wie das geschehen kann, verweise ich darauf, daß es jedenfalls geschehen muß, wenn der Naturwissenschaftler Ereignisse in Raum und Zeit mit analytischer Geometrie beschreiben möchte. Ob man etwa die Lage der Planeten unseres Sonnensystems oder eines Flugzeugs über dem Atlantik, von Galileis rollender Kugel oder den Bruchstücken eines Atomkerns nach seiner Spaltung angeben möchte, immer muß Mathematik auf Wirklichkeit angewandt, d. h. Koordinatenachsen in Form und Lage auf aufweisbare Gegenstände bezogen werden.

Die Geometrie, die Descartes in die Sprache von Zahlen und Rechnungen übersetzt hat, hatte bereits eine mehr als zweitausendjährige Geschichte hinter sich und stammt von den alten Griechen. Aber was ist die antike Geometrie des Euklid, die in etwa die ist, die Sie alle in der Schule gelernt haben dürften, im Hinblick auf die Frage, ob für die Grundlagen der Geometrie visuelle oder taktile Wahrnehmung eine Rolle spielen? Hier begegnen wir einem weiteren historischen Unglück: Euklid beginnt die Geometrie als Planimetrie, d. h. als Geometrie der Ebene. Mit Zirkel und Lineal werden geometrische Konstruktionen vorgenommen, daran Fragen beantwortet und Beweise geführt. Aber welcher Art sind die Gegenstände, von denen da gesprochen wird?

Einen Hinweis geben die griechischen Originalbezeichnungen. So ist etwa das griechische Wort für Linie »gramme«, das sich vom Verbum graphein für »schreiben, zeichnen« ableitet. Das heißt, die Geometrie der Ebene ist bei Euklid eine Theorie zu einer Praxis des Zeichnens. Das Unglück, das dabei geschehen ist, liegt darin, daß die antiken Geometer etwas Wichtiges vergessen haben. Man braucht nämlich, um zu zeichnen, erst einmal eine geeignete Fläche, auf die gezeichnet werden kann, und wenn dies mit einem übrigens ebenfalls erst einmal herzustellenden Lineal geschehen soll, muß die Zeichenfläche sogar eben sein. Mit anderen Worten, so wie Descartes vergessen hat, wie denn die geraden, paarweise aufeinander senkrecht stehenden Koordinatenachsen zustande kommen, so haben die antiken Geometer vergessen, woher sie denn ihre Zeichenebene und ihr Lineal haben.

Schlimmer noch, Euklid kommt mit dem Rückgriff auf die Zeichenpraxis nicht bei allen Beweisen aus. Für manche Beweise, z. B. an nicht deckungsgleichen, aber gespiegelten Dreiecken muß er für seinen Beweis das Dreieck aus der Zeichenebene herausklappen, so, wie wenn wir es aus Papier ausschneiden würden und dann umgekehrt wieder auf die Zeichenebene legen.

Und wenn er über räumliche Figuren wie Kugel, Kegel und Zylinder spricht, geht er von rotierenden Halbkreisen, Dreiecken und Rechtecken aus, verläßt also die Zeichenkunst als Grundlage der Geometrie und wendet sich der Praxis der Steinmetze zu, die auf diese Weise mit Schablonen aus Stein ihre Kugeln, Kegel und Zylinder fertigen.

Wo die Zeichenkunst selbstverständlich noch die Kunst des Sehenden ist, gibt die Inkonsequenz Euklids, nämlich der unvermeidliche Sprung von der Zeichen- zur Steinmetzkunst, einen entscheidenden Hinweis: Die geometrischen Gegenstände haben ihren historischen und systematischen Anfang im Haptischen, im Bereich der Formung von Körpern, die gerade in der technischen Beherrschung des dem Tastsinn Zugänglichen besteht. Man sagt dafür in der Wissenschaftstheorie, Geometrie habe ein operatives Fundament. Dies zu erläutern, die Rolle der taktilen Wahrnehmung zu klären und zu zeigen, daß wir als Laien auch Teile eines Vorverständnisses des Räumlichen und der Naturerkenntnis haben, die nicht allein in den Vorurteilen der Sehenden begründet sind, wird den Schluß meines Vortrags bilden.

Haptisch und taktil in der Kultur der Naturerkenntnis

Naturerkenntnis, das ist oben begründet worden, gewinnen die Wissenschaften durch technischen Eingriff in die Natur mit Hilfe ihrer Instrumente. Die räumlichen Eigenschaften dieser Instrumente müssen technisch beherrscht, d.h. reproduzierbar sein. Was aber leistet die Reproduzierbarkeit z. B. der ebenen Oberflächenform an einem Spiegel in einem astronomischen Instrument? Wie ist die Ebene definiert? Und diese Frage ist so gemeint, daß ihre Antwort z. B. auch einem Robinson nützen würde, der auf seiner menschenleeren Insel erneut Geometrie und Naturwissenschaft etablieren wollte.

Wir Menschen in unserer aktuellen technischen Zivilisation sind normalerweise mit dieser Frage nicht konfrontiert, weil wir uns die Gegenstände der Geometrie (wie Zeichendreiecke) oder der Naturwissenschaft (wie Spiegel, Linsen, Meßgeräte aller Art) einfach fertig von der Industrie kaufen. Dort stehen wiederum Maschinen, an denen räumliche Formen wie gerade Kanten, rechte Winkel und eben oder sphärisch geschliffene Oberflächen bereits vorhanden sind. Wie aber ist die Menschheit überhaupt dazu gekommen, und wie kann sie immer neu dazu kommen, räumliche Formen technisch reproduzierbar zu machen?

Die Antwort lautet, daß es Herstellungsverfahren für räumliche Formen gibt, die die technische Verfügung über eben diese räumliche Formen nicht voraussetzt, also in diesem Sinne methodisch zum erstenmal erfolgen. So kann man z. B. durch das Abschleifen zweier Körper aneinander so lange, bis Teile ihrer Oberflächen aufeinander passen, eine Kugelfläche erhalten. Die Kugel ist diejenige Fläche, für die gilt, daß sie auch bei Verschiebung und Drehung passend in Berührung bleiben, wie es bei jedem Kugelgelenk der Fall ist.

Nimmt man nun drei, grob vorgeebnete Steinplatten und schleift sie wechselnd paarweise aneinander ab, bis schließlich jede der drei Platten auf jede andere paßt, so erhält man Ebenen. Diesem Herstellungsverfahren entspricht ein Kontrollverfahren. Will man etwa wissen, ob eine Glasplatte eben ist, so kann man zwei Gipsabdrücke von ihr nehmen und prüfen, ob diese Abdrücke auch untereinander, und zwar verschiebbar und drehbar, aufeinander passen. Auf entsprechende Weise lassen sich Rechtwinkligkeit –

zwei rechtwinklige Keile lassen sich so aneinander legen, daß ihre freien Flächen eine Ebene bilden – und parallele Flächen erzeugen. Dies ist in Ansätzen der Protophysik bis hin zu einer die Standards der Mathematiker erfüllenden geometrischen Theorie bereits ausgeführt.

Für unser Thema ist von Bedeutung, daß die geometrischen Grundformen haptisch bestimmt werden, d. h. Berühreigenschaften von Körpern zueinander betreffen, und daß die Kontrolle solcher Eigenschaften wiederum taktil und haptisch erfolgt – gerade so, wie man sich beim Wackeln eines Tisches und beim Verrücken, bis er nicht mehr wackelt, nicht auf seinen Gesichts-, sondern auf seinen Tastsinn verläßt.

Darüber hinaus hat auch jeder Laie ein Verständnis vom Räumlichen, das sich nicht durch Bezugnahme auf den Gesichtssinn erklären läßt. So gehen wir z. B. im Alltag davon aus, daß alle Ebenen, rechte Winkel und Parallelen gleich sind, in dem Sinne etwa, daß sie entsprechend aufeinander passen oder sich entsprechend ergänzen usw. Wir nehmen etwa an, daß jeder ebene Kochtopf auf jede ebene Herdplatte paßt. Das heißt, wir gehen mit diesen, vom Menschen künstlich erzeugten Formen so um, daß wir bestimmte Normen für erfüllt halten, die nichts anderes sind als die Normen der eindeutigen technischen Reproduzierbarkeit, die der Wissenschaftlichkeit der Naturwissenschaften tragend zugrunde liegen.

Damit ist der Diskussionsbogen geschlossen: Die Dominanz des Visuellen bei dem alltäglichen wie dem wissenschaftlichen Gemeinverständnis von Naturerkenntnis hat sich – metaphorisch gesprochen – als optische Täuschung herausgestellt. Unser Naturverhältnis ist durch unseren Umgang mit Natur bestimmt, den wir durch naturwissenschaftliches Wissen in allen Bereichen von Technik und Ökologie kontrollieren. Dieses Wissen verdankt sich aber dem technischen Eingriff des Menschen in die Natur, der seinerseits letztlich auf haptischen Phänomenen und seiner taktilen Kontrolle aufruht. Auch wenn unser tägliches Leben, sofern wir Sehende sind, zu einem erheblich höheren Anteil durch visuelle Wahrnehmung geleitet wird als durch taktile, so ist doch verläßliche Naturerkenntnis nur möglich, weil sich der Mensch mit Natur als Handwerker und Techniker auf der Grundlage des Haptischen und Taktilen auseinandersetzt.

Wer im Blick auf eine verantwortungsvolle Gestaltung der Zukunft in Bildung und Ausbildung das Ziel verfolgt, dazu die Fähigkeiten zu vermitteln, tut gut daran, sich von allen erkannten Mißverständnissen und Irrtümern freizuhalten. Ist für diese Bildungsaufgabe ein spezieller Adressatenkreis zu bedenken, wie Blinde und Sehbehinderte, und ist andererseits die besondere Bedeutung eines verantwortungsvollen Umgangs mit der Natur Gegenstand der Bildung und Ausbildung, so mag die hier vorgetragene philosophische Analyse eine Anregung für Erzieher bieten, die ungerechtfertigte Dominanz des Optischen und Visuellen in unserem Verhältnis zur Natur zu relativieren und einen Naturbegriff zu favorisieren, in dem Natur als erkannte Natur auch immer die vom Menschen gestaltete Natur ist. Sofern dies nicht im Sinne künstlerischer Abbildung oder Verfremdung von Kultur intendiert wird, sondern als wissenschaftlich gesicherter Bereich technischen und ökonomischen Handelns, so wird der Wahrnehmungssphäre der Blinden und Sehbehinderten ein erheblicher pädagogischer und aufklärerischer Wert zukommen. Die Sehenden haben von den Tastenden etwas zu lernen.

Kapitel IV
Konstruktive Wissenschaftstheorie

1. Protochemie

Programm einer konstruktiven Chemiebegründung*

Einleitung

Wo ein neues Wort in die Diskussion eingeführt wird, muß gesagt werden, was es bedeutet und wozu es benötigt wird. Das Wort »*Protochemie*« ist dem alten, in lateinischer Version schon im 17. Jahrhundert als »protophysica« auftauchenden Wort »*Protophysik*« (mit dem griechischen »protos«, erster) nachgebildet. Seit R. Lipsius (1927) und P. Lorenzen (1964) bezeichnet »Protophysik« die konstruktive Begründung der Physik, die dieser historisch nachfolgt, methodisch aber vorausgeht. Entsprechend soll »Protochemie« die Theorie heißen, die der empirischen Chemie methodisch vorausgeht. Was heißt das?

Dem vorherrschenden Verständnis nach beruhen die Ergebnisse der Physik ausschließlich auf Erfahrung, genauer auf messender, in Naturbeobachtung oder Experiment gefundener Erfahrung. Wo diese Auffassung zur These übertrieben wird, *alles* physikalische Wissen beruhe *ausschließlich* auf Erfahrung, spricht man von einem empiristischen (im Sinne von: die Empirie überbetonenden) Physikverständnis. Dieses ist das im 20. Jahrhundert vorherrschende, weil der Umbruch von der klassischen, Newtonschen Physik zur relativistischen, Einsteinschen, von einer empiristischen Philosophenschule (dem Wiener Kreis) so interpretiert wurde, daß die Grundbegriffe von Raum, Zeit, Masse und von Kausalität einer empirischen, d. h. durch Erfahrung erzwungenen Revision unterworfen wurden. Diesem vorherrschenden Empirismus zum Trotz läßt sich leicht einsehen, daß nicht das gesamte, von Physikern als solches anerkannte Wissen allein auf Erfahrung beruhen kann:

Unbestritten gäbe es keine Physik im modernen Sinne, wenn es

* Vortrag, gehalten beim Werkstattgespräch »Chemie zwischen Naturerkenntnis und know-how« in Bonn–Bad Godesberg (März 1993), veranstaltet vom Stifterverband für die Deutsche Wissenschaft und dem Fonds der chemischen Industrie, im Rahmen des Programms »Chemie und Geisteswissenschaften«.

keine Meßresultate, also keine gelungene Verwendung von *Meßgeräten* gäbe. Meßgeräte sind selbstverständlich *keine Naturgegenstände*, sondern von Menschen im Blick auf die erwünschten Funktionen zweckmäßig hergestellte Instrumente. Der Empirist neigt dazu, auch Instrumente als Teil einer Natur zu sehen, die den sogenannten »Naturgesetzen« unterworfen sei, und damit die Funktion der Meßgeräte mit naturwissenschaftlichen Sätzen, d. h. »naturalistisch zu erklären« – im einfachen Beispiel etwa den Gang einer astronomischen Pendeluhr durch die Gesetze der Pendelschwingung. Darin liegt jedoch ein Irrtum. Auch jeder Defekt und jede Störung eines Meßgeräts, das damit keine brauchbaren Meßdaten liefert, kann im selben Sinne mit »Naturgesetzen erklärt« werden; d. h., die Fehlfunktion eines Meßgeräts steht nicht im Konflikt zu Naturgesetzen, sondern *verfehlt* lediglich *eine menschliche Zwecksetzung*. Diese Zwecksetzung ist keineswegs von Philosophen erfunden, sondern wird in der tatsächlichen Forschungspraxis von Naturwissenschaftlern konsequent verfolgt, indem z. B. der kompetente Benützer stets unterscheidet, ob ihm seine Instrumente Daten über den vermessenen Gegenstand liefern oder lediglich eine Anzeige ihrer eigenen Fehlfunktion. Außerdem legt jeder Physiker generell physikalischen Meßresultaten mathematische Eigenschaften bei (z. B. in der Formulierung und Bearbeitung von Differentialgleichungen), die nicht Ergebnis messender Erfahrung sind, sondern als Funktionskriterien für Konstruktion, Bau und Verwendung von Meßgeräten postuliert und realisiert werden. Kurz, entgegen dem empiristischen Dogma hat die Physik ein *technisches Fundament*, das nicht auf messender Erfahrung, sondern technischer Zwecksetzung und gelungener Realisierung beruht.

Entsprechend ist die »Protophysik« die Theorie, die in *Normen*, also vorschreibenden Sätzen, die Funktionskriterien von Meßgeräten formuliert. Diese Sätze – weil keine Behauptungen, sondern Vorschriften – sind weder wahr noch falsch. Sie sind insbesondere nicht durch Messung falsifizierbar, unterliegen aber einem strengen Rationalitätspostulat, da sie nicht aus bloß verbalen oder formalen Definitionskunststücken bestehen, sondern Technikerhandlungen in einer tatsächlich befolgbaren Reihenfolge betreffen. Die Geometrie als Theorie der technisch zu erzeugenden räumlichen Formen von Körpern steht »methodisch« am Anfang, da jedes Meßgerät eines anderen Parameters auch zunächst einmal unvermeidlicherweise durch die Bearbeitung der räumlichen Gestalt natürlicher Körper erzeugt wird bzw. auf deren Beherrschung angewiesen ist. »*Methodisch*« (vom griechischen methodos, Weg) betont die (bei Strafe des Mißerfolgs) dabei *einzuhaltende Reihenfolge* einzelner Handlungsschritte. So kann es z. B. keine Massendefinition durch Angabe von Meßverfahren in der Physik geben, ohne daß nicht schon die eindeutige Reproduzierbarkeit räumlicher Formen an Geräten technisch und theoretisch beherrscht wird.

Die Gegenstände der Physik sind demnach nicht einfach in der Natur vorfindliche, sondern »konstruierte« in dem Sinne, als es erst die technischen und begrifflichen Konstruktionen von Geräten sind, die dem Naturwissenschaftler erlauben, spezifisch wissenschaftliche Erfahrungen zu gewinnen. Im einzelnen besteht die Protophysik aus der Theorie derjenigen Maßgrößen, die durch Meßgeräte-Funktionskriterien und Meßoperationen definiert sein müssen, damit eine messende Physik in Gang kommen kann. Dazu gehören neben der Geometrie die Chronometrie und Hylometrie, also die Theorien der Zeit- und der Massenmessung, an die sich Definitionen von Kraft, Feld, Ladung usw. anschließen. Sie sind in der Literatur nachzulesen und sollen hier nicht behandelt werden. Es mag aber damit erläutert sein, inwiefern von einer »*konstruktiven Begründung*« der Physik die Rede ist.

Was ist – analog – eine konstruktive Chemiebegründung?

1. Wovon ist die empirische Chemie eine Wissenschaft?

Keine Wissenschaft, auch keine Naturwissenschaft ist dadurch in die Welt gekommen, daß ein einsames Genie beschlossen hätte, sie zu erfinden und zu etablieren. Vielmehr haben sich alle Wissenschaften aus Bereichen des täglichen, außer- und vorwissenschaftlichen Lebens heraus entwickelt. Auch die oben angesprochenen Meßkünste von Raum, Zeit und Materie sind nicht von Naturwissenschaftlern oder zum Zweck der Physikermöglichung erfunden worden, sondern waren zu technisch-praktischen Zwecken schon längst hoch entwickelt, als sich Naturforscher daran machten, durch eine gewisse Zweckentfremdung dieser Meßkünste Laborforschung zu treiben oder quantitative Naturbeobachtungen (wie in der Astronomie) anzustellen. Auch die *Wissenschaft Chemie* ist nicht ohne *kulturhistorischen Vorlauf* entstanden. Wer deshalb etwa definiert, Chemie sei die Wissenschaft von den möglichen Kombinationen der bekannten 104 chemischen Elemente, gibt eine Fachdefinition »ex post«, die bei den historischen und methodischen Anfängen der Chemie weder verfügbar war noch hätte die Forscher anleiten können.

Mit anderen Worten, wer sich mit nachträglichen, den neuesten Wissensstand der Chemie voraussetzenden (und damit als gültig unterstellenden) Definitionen seines Faches begnügt, muß damit andere Zwecke verfolgen als denjenigen, begreifbar zu machen, was die Chemie zur Erfahrungswissenschaft macht; denn genau dies wird ja bereits vorausgesetzt. Die Suche nach einer konstruktiven oder methodischen Begründung der Chemie dagegen geht der (traditionell »erkenntnistheoretisch« genannten) Frage nach, ob die *Ergebnisse* der Chemiker tatsächlich ein *Wissen* und damit eine Wissenschaft sind, und wenn ja, in welchem Sinne, und nach welchen Kriterien die Chemie erfolgreich arbeitet.

Selbstverständlich darf für die Diskussion dieser Frage das Gesuchte nicht bereits als erreicht oder gegeben unterstellt werden, d. h., es dürfen keine chemischen, sondern nur außerchemische Argumente eine Rolle spielen. Darin liegt nichts Dramatisches, weil auch Chemiker, wie übrigens alle Naturwissenschaftler (und schlechthin alle Wissenschaftler), wo sie über ihr Fach sprechen, keine fachchemischen (oder fachwissenschaftlichen) Aussagen machen, die mit den etablierten chemischen (bzw. fachspezifischen) Methoden gewonnen oder kontrolliert wären – wer über sein Fach spricht, etwa darüber, ob Chemiker Naturgesetze erkennen, der philosophiert, »chemistriert« aber nicht. Und weil deshalb seine Chemiker-Regeln nicht einschlägig sind, unterwirft er sich damit anderen Regeln der Begriffsbildung und der Prüfung von Aussagen, die so wenig beliebig sind wie die Regeln des Treibens von Chemie.

Auf welche *vor- und außerwissenschaftlichen Anfänge und Grundlagen* geht also eine empirische Wissenschaft Chemie zurück? Wie allgemein bekannt, gab es schon Jahrtausende vor der Entstehung der Chemie als Naturwissenschaft eine Fülle alltäglicher Praxen, Zwecke und Wissensbestände im Sinne eines knowhows, z. B. in den Bereichen der Nahrungsmittelherstellung und -konservierung, der Heilmittel- und Arzneikunst, der Werkstoffbearbeitung und -verwendung, des Färbens und Gerbens usw., in denen (1) nach *Bedürfnissen des täglichen Lebens*, häufig (2) nach *tradierten Regeln* teilweise berufsspezifischer Künste und (3) nicht selten getragen von einer eigenen, regional benützten *Fachsprache*, stoffliche Eigenschaften von in der Natur vorfindlichen Dingen bearbeitet und verändert wurden. Es ist aber schon unsere heutige, moderne Zusammenfassung, wenn wir so unverbundene Bereiche wie die Kochkunst, die Heilkunst, die Färbekunst, die Kunst der Metallscheider und der Bauleute unter dem Aspekt »Beherrschung von Stoffeigenschaften« zusammenfassen. Was ist ein »Stoff«, d. h. wie wird dieses Wort in der Rede von »Stoffeigenschaften« *genau* verstanden? Tatsächlich läßt sich fast noch bis zum heutigen Tag nachweisen, daß es für die genannten Bereiche eigene, nur in ihnen selbst verwendete sprachliche Unterscheidungen sowie eigene Rezepte und Regeln gab, an denen erkennbar wird, was die Verwissenschaftlichung dieser Praxen (Techniken und Sprachgebräuche) zu einer Naturwissenschaft von den Stoffeigenschaften zu leisten hatte: Die Bildung einer *wissenschaftlichen*, d. h. dem Anspruch nach für jedermann ausdrücklich nachvollziehbaren *Terminologie* (anstelle der Spezialsprachen der Köche, Heilkundigen, Gerber, Metallscheider usw.) und *Verfahren*, die dem Anspruch auf personen- und situationsunabhängige Wiederholbarkeit zur Sicherung universeller technischer Reproduzierbarkeit von Stoffeigenschaften (anstelle der zünftigen, sich nur praktisch einspielenden Regeln und Rezepten der einzelnen Künste) zu genügen haben.

Die *protochemische Gretchenfrage* lautet also: Durch welche Methoden und Konstruktionen kann auf der Grundlage vor- und außerwissenschaftlicher Beherrschung von Stoffeigenschaften eine Wissenschaft Chemie in Gang kommen? Dies ist hier nicht als wissenschaftshistorische Frage zu verstehen, obgleich die *Chemiegeschichte* (»Geschichte« hier im Sinne von »Geschehen«, nicht im Sinne von »Geschichtsschreibung«) für eine Rekonstruktion der Schritte zur heutigen, technisch wie theoretisch leistungsfähigen, wissenschaftlichen Chemie stets eine unverzichtbare Lehrmeisterin bleibt.

In die Beantwortung dieser Gretchenfrage geht selbstverständlich ein, was man unter »*Wissenschaft*« verstehen möchte. Leider ist das Wort vieldeutig im Gebrauch. Es bezeichnet sowohl einen bestimmten *Betrieb* (»die Wissenschaft bringt mehr Geld, als sie kostet«) mit bestimmten institutionellen Formen (z. B. sanktionierte Anerkennung von Wissensbeständen durch Bindung akademischer, berufsqualifizierender Titel an Prüfungsinhalte) als auch einen besonderen *Geltungsanspruch* oder eine besondere Wissensform (vor allem in der adjektivistischen Form »wissenschaftlich« und dem davon abgeleiteten Substantiv »Wissenschaftlichkeit«).

Unter Wissenschaftsphilosophen gilt als definitiv geklärt, daß die Definition der *Wissenschaftlichkeit* von Naturwissenschaften als *zutreffendes Abbilden der Natur* lediglich auf begrifflichen Irrtümern beruht. Der in unserer technischen Zivilisation *tatsächlich* (auch von Naturwissenschaften) anerkannte Wissenschaftsbegriff für die Naturwissenschaften orientiert sich ganz und ausschließlich am *Ideal der technischen Reproduzierbarkeit* künstlicher und natürlicher Phänomene. Soll also philosophisch eine Einsicht in die Wissenschaftlichkeit der heute betriebenen chemischen Forschung gewonnen werden, so hat die *Protochemie* die Frage zu beantworten, *wodurch die technische Reproduzierbarkeit der* heute durch die Chemie beherrschten *Stoffeigenschaften zu leisten* ist.

2. Zur Definition von »Stoff« und anderen chemischen Grundbegriffen

In die *Fachsprache der Chemie* wächst der Chemiker hinein wie in seine Alltagssprache: Man findet sich plötzlich damit vor, daß man sie beherrscht – was nicht heißt, daß man auf Befragen für jedes Wort eine ausdrückliche Definition geben könnte. Was dadurch schon in der Alltagssprache zu Mißverständnissen und Streit führt, ist für eine Wissenschaft nicht akzeptabel – jedenfalls dann, wenn sie mit dem *Anspruch personenunabhängiger Nachvollziehbarkeit* (Verstehbarkeit und Kontrollierbarkeit) ihrer Aussagen auftritt. Das heißt, wo es um die Wissenschaftlichkeit der Chemie geht, ist eine Disziplin der Begriffsbildung unerläßlich.

Längst haben Logiker, Sprachphilosophen und Wissenschaftstheoretiker zusammengetragen, was hier leicht als »Blitzkurs im Definieren für Chemiker« angeboten werden könnte – würden sich nicht auf dem Gelände wissenschaftlicher Begriffs- und Theoriebildung heilige Kühe herumtreiben, deren Unantastbar-

keit um so höher zu sein scheint, je größer der Irrtum ist, den sie darstellen.
Da ist z. B. die heilige Kuh der für die Naturwissenschaften angeblich gebotenen *Flexibilität* der Sprache. Strenges, explizites Definieren und Normieren wissenschaftlicher Termini sei sklerotische Erstarrung, die fruchtbare Weiterentwicklung der Fachsprache für neu zu entdeckende Verhältnisse verhindere.
Wahr ist freilich das Gegenteil. Sieht man einmal von dem Mißverständnis ab, daß eine sorgfältig ausgearbeitete Definition sogleich deren ewige Unabänderlichkeit bedeute, so ist es immer gerade die sorgfältige Begriffsbildung, die die Einsicht ermöglicht, daß für neue Entdeckungen oder Theorien, für neue Verfahren oder Unterscheidungen ein Abgehen von der bisher anerkannten Definition erforderlich wird. Nur wo nicht im Begriffsnebel eines Jargons geredet wird, der es dann dem Wissenschaftshistoriker überläßt, nachträglich zu erklären, was eigentlich gemeint wurde und wie diese Meinungen sich verändert haben, sind *wissenschaftliche Aussagen* gerade in ihrer *empirisch erzwungenen Revision nachvollziehbar* (verstehbar und kontrollierbar). Kurz, explizites Normieren von Sprachgebräuchen behindert nicht, sondern fördert die flexible Anpassung der Fachsprache an Erkenntnisfortschritte.
Eine zweite heilige Kuh ist der *Holismus*. Nur das Wort- und Satzgeflecht einer Wissenschaft *als Ganzes* mache Sinn, habe Bedeutung, sei versteh- und kontrollierbar. Diese zur Jahrhundertwende vom großen Mathematiker David Hilbert erfundene, von den Philosophen des Wiener Kreises auf die Physik übertragene und heute von einer analytisch-empiristischen Wissenschaftstheorie propagierte Auffassung läuft darauf hinaus, daß jedes einzelne Wort nur im Geflecht aller Sätze oder Texte (wofür dann schlampig »Theorie« gesagt wird) eine Bedeutung habe – was aber nicht so gemeint ist, daß tatsächlich die Fachausdrücke einer Theorie durch definitorische Regelungen miteinander verknüpft sind, sondern daß *auf das Definieren* gänzlich *verzichtet* wird und an dessen Stelle das bloße (hypothetische, durch Erfahrung zu kontrollierende) Behaupten tritt. Im geometrischen Beispiel: Die Frage, was das Wort »Punkt« bedeutet, sei unwissenschaftlich, weil es nur im Zusammenhang einer (axiomatischen) Theorie auftritt, in der auch von Geraden und Ebenen, von Inzidenz und Parallelität usw. die Rede ist. Man müsse also Theorie als Ganze

(»Geben Sie mir Ihre Axiome, damit ich weiß, wovon Sie reden!«) zur Kenntnis geben oder nehmen, um ihre Wörter zu verstehen, was in den experimentellen Naturwissenschaften (im Unterschied zur Mathematik) zu der Auffassung führt, die Theorie besage, was das Experiment zeigt; mißlich daran ist nur, daß gleichzeitig das Experiment zeigen soll, ob die Theorie gilt.

Die heilige Kuh des Holismus ist, das wurde schon gesagt, nicht zu verwechseln mit der Herstellung eines definitorischen Regelwerks für eine fachwissenschaftliche Terminologie, und auch nicht als Gegensatz zu sehen zu dem in der klassischen Auffassung von »experimentum crucis« benannten Irrtum, daß empirische Hypothesen einzeln, d. h. isoliert von allen anderen Hypothesen der Theorie überprüft werden könnten. Vielmehr steht die heilige Kuh des Holismus, populär ausgedruckt, auf den Beinen der oft zu hörenden Bekenntnisse »mit irgendetwas muß man ja anfangen!«, »Definitionen brauchen definierende Wörter, führen also in einen unendlichen Regreß«, »jede Theorie hat nun einmal undefinierte Grundbegriffe« und »es ist unmöglich, ›erste‹ Wörter einer Theorie zu definieren«. Es sind, wie im folgenden zu zeigen, gerade diese wackligen Beine, an denen die heilige Kuh zu Fall kommt.

Die dritte heilige Kuh ist der Irrtum, daß zwar unweigerlich auch der Naturwissenschaftler bei seinem Geschäft *Sprache* benötige, diese aber letztlich *nicht ausschlaggebend* für seine Resultate sei. Ausschlaggebend seien vielmehr die Naturgesetze und das auf aller Welt trotz so vieler verschiedener Nationalsprachen immer gleiche Laborgeschehen, die harte Lehrmeisterin experimenteller Realität. (Das Kalb, daß Sprache nur für Geisteswissenschaften erheblich sei, weil ihnen das strenge Korrektiv der Erfahrung fehle, und mithin entsprechend vage, bleibe hier außer Betracht.)

Das philosophische Gegenargument, daß es nur *Aussagen*, also sprachliche Gegenstände sind, auf welche die Unterscheidung von wahr und falsch, von gültig und ungültig sinnvoll angewandt wird, ist zwar stichhaltig, mag aber vielleicht weniger imponieren als der Hinweis, daß es keine Karriere eines modernen Naturforschers geben könnte, würde er seine Resultate in erster Linie *verschweigen*; Publizität als Vorbedingung für Expertendiskussion und Kontrolle, für Wissenskumulation und Erkenntnisfortschritt sind, sogar mit den definitionstheoretisch erwünschten Zutaten von Prägnanz und Kürze, von Klarheit und Angemessenheit, praktisch von Experimentalwissenschaften längst anerkannt.

Also gibt es ohne normierte Fachsprache auch keine experimentelle Chemie.

Damit sind die wichtigsten Hindernisse gegen einen »Blitzkurs im Definieren« beseitigt.

Erste Wörter eines Sprachgebiets (in der Reihenfolge ihrer Festlegung) werden weder im Alltag noch in den Wissenschaften durch Ersetzungsdefinitionen des Typs »Dichte ist das Verhältnis von Masse und Volumen« erlernt, die tatsächlich Wörter immer nur durch schon verfügbare Wörter festlegen. Vielmehr lernen wir Wörter *an Beispielen und Gegenbeispielen* – von den Farbwörtern über Wörter für Tiere und Pflanzen, bis zu Alltagswörtern für Gegenstände wie Wasser, Metall, Zucker, Salz, süß und sauer, usw. Das heißt, wir lernen *»Prädikatoren« exemplarisch*, also an Beispielen und Gegenbeispielen, die im täglichen Leben eine Rolle spielen und selbstverständlich nicht alle in einer von Menschen nicht beeinflußten Natur vorgefunden, sondern von Menschen selbst hergestellt und verwendet werden. Wo solche exemplarische Bestimmung zu ungenau ist, etwa auf eine neue fragliche Situation nicht paßt, werden entweder neue Exemplare für zusätzliche Sprachnormierung eingeführt (z. B. »Caterpillar-gelb«), oder es werden *Regeln zur Verknüpfung schon exemplarisch bestimmter Prädikatoren* angegeben (»Soda ist ein Salz.«).

Exemplarisch bestimmte Prädikatoren werden aber nicht für »Dinge«, sondern auch für Handlungen und Vorgänge, die keine Handlungen sind, eingeführt (z. B. »Kochen« als eine menschliche Handlung, aber auch – in dadurch ausdrücklich unterschiedener Verwendung – für den Vorgang der Blasenbildung in brodelndem Wasser). Für wissenschaftliche Begriffsbildung ist dabei zweierlei erheblich, um die Leistungsfähigkeit dieser zwei Schritte (exemplarische Bestimmung; Prädikatorenregeln) einzusehen:

(1) Die Exemplare, an denen »erste« Wörter einer Fachsprache normiert werden, können selbst eigens zu diesem Zweck hochgradig standardisiert sein, d. h., man bezieht sich dabei auf Standardsituationen etwa des Laborbetriebs, in denen die Verfügbarkeit der Exemplare technisch erzwungen wird. Dies reicht von einfachen Bezeichnungen wie »Erlenmeierkolben« oder »Bunsenbrenner« für Geräte, über Handlungen wie »Ausfällen« oder »Titrieren« bis zu Stoffen wie »Kochsalz« oder »Schwefelblüte«.

(2) Die Reichweite einer nur mit diesen Mitteln aufgebauten Terminologie ist beträchtlich. So ist z. B. die Taxonomie, die Zoolo-

gen und Botaniker zur vollständigen Erfassung und Ordnung von Tieren und Pflanzen erarbeiten, logisch gesehen lediglich eine durch Prädikatorenregeln strukturierte Begriffspyramide.

(3) Ein drittes Verfahren, das in den Wissenschaften zu Abkürzungszwecken genutzt wird, ist dann die oben schon erwähnte *Ersetzungsdefinition* – die aber keine neuen Unterscheidungen, sondern *nur neue Wörter zur Abkürzung* alter Unterscheidungen bereitstellt. Diese Abkürzung kann in der Chemie z. B. das gesamte »Darstellungsverfahren« einer Verbindung umfassen, so daß ihr ersichtlich für eine effiziente Forscherkommunikation erhebliche Bedeutung zukommt.

Was von Naturwissenschaften weithin übersehen worden ist, betrifft die weiteren Definitionsverfahren: Denn auch *Naturwissenschaftler reden* nicht nur über Dinge und Vorgänge in Labor und freier Natur, sondern auch *über ihre eigenen (1) Wörter, (2) Sätze und (3) Handlungen* sowie deren *(4) Resultate* – und allen vier Bereichen verdanken geläufige und wichtige Wörter der Chemikersprache ihre Bedeutung.

Zu (1): Das in keinem Chemielehrbuch definierte Wort »Stoff« ist von dieser Art, d. h. entstammt der Rede über Wörter.

Dazu führe man sich zunächst vor Augen, daß es in der Chemie keine »prädikative«, auf Beispiel und Gegenbeispiel beruhende Verwendung des Wortes Stoff (oder des griechisch-lateinisch-englischen Imports »Substanz«) gibt. Es gibt nämlich in der Chemie (seit der Überwindung der Phlogiston-Theorie) keine relevanten Gegenbeispiele. Vielmehr ist *Stoff* ein *»Reflexionsterminus«*, mit dem eine auf Sprache bezogene Zusammenfassung zum Ausdruck gebracht werden soll. Man will mit dem Wort »Stoff« anzeigen, welche spezifischen Eigenschaften man zu den »stofflichen« rechnet, etwa Farbe, Konsistenz, Geruch oder Geschmack, auch Verwendungen und Wirkungen und schon im Alltag das Wissen über eine Zusammensetzung aufgrund menschlicher Herstellung. Das hier verwendete Definitionsverfahren ist simpel: Man gibt eine *Liste von Prädikatoren* an, denen man *metasprachlich* den Prädikator »stofflich« zuspricht. Alle Aussagen, in denen »über Stoffliches«, d. h. nichts anderes, als mit »stofflichen« Prädikatoren gesprochen wird, nennt man dann eleganter eine Rede (oder Wissenschaft) »über den Stoff«. (In diesem Punkt ist die Chemie noch metaphysikgefährdeter als die Physik: Wo Physiker über Raum, Zeit, Kausalität u. a. reden, haben sie es ebenfalls mit Reflexionstermini zu tun, die zum Ausdruck bringen, daß es um die Bedeutung und Geltung räumlicher, zeitlicher und kausaler Aussagen geht. Der Übergang auf die »Substantiva« Raum, Zeit usw. suggeriert nun irrigerweise, als gäbe es damit plötzlich neue »Substanzen«, nämlich »den« Raum oder »die« Zeit. Dabei kommt jedoch durch die Einführung solcher Substantiva keine einzige neue, durch die Physik zu kontrollierende Aussage hinzu, die nicht schon unter den räumlichen oder zeitlichen der Physiker wäre. Daß Raum und Zeit quasi »Naturgegenstände« seien, die man nun empirisch erforschen könne, ist also ein metaphysischer Irrtum, der sich nur mangelnder Aufklärung über die sprachlichen Mittel seiner Formulierung verdankt.

Bei den Wörtern Stoff bzw. Substanz ist diese Paradoxie quasi verdoppelt, weil die Versubstantivierung und damit unzulässige Verstofflichung nun gerade den Begriff des Stoffes selbst betrifft. Dennoch ist es leicht einzusehen, daß es keinen zusätzlichen Aussagebereich der Chemie über »den Stoff« gibt, sondern daß alle den Chemiker tatsächlich beschäftigenden Sätze lediglich mit »stofflich« genannten Wörtern gebildet sind – wofür man im philosophie-belasteten Alltagsdeutsch leider sagt, es gehe nur um Stoff-»Eigenschaften«; womit man schon wieder von schlechter Metaphysik eingeholt wird, die »das Bestehende« als Substanzen mit Akzidenzien (Eigenschaften) betrachtet.

Wenn »schlechte Metaphysik« darin besteht, in ungeklärten Wörtern unüberprüfbare Behauptungen zu formulieren, so kann und sollte sich der Chemiker dieser enthalten, indem er die Rede von »Stoff« und »Stoffeigenschaften« als ökonomische Abkürzungen für explizit nachvollziehbare Definitionsschritte im soeben erläuterten Sinne begreift.)

Die Definition von »Stoff« verdankt sich also einer (metasprachlichen) *Rede der Chemiker über ihre eigenen Wörter*, den stofflichen Prädikatoren.

Zu (2): Chemiker können auch nicht verzichten auf eine *Rede über ihre eigenen Sätze*. So sprechen sie z. B. von »Gesetzen«, »Regeln« und »Prinzipien«, von »Reaktionsgleichungen«, »Modellen« und »Strukturformeln«. Dies kann hier im einzelnen nicht behandelt werden. Wichtig ist der Hinweis, daß die Chemie ihre Resultate sprachlich nicht darstellen könnte, und zwar weder in Form von Lehrbuchwissen noch in der sprachlichen Kommunikation der Forscher oder der Anwender chemischen Wissens, wenn darin nicht *Klassifikationen von Sätzen* enthalten wären, die z. B. unterscheiden, ob es sich dabei um eine Behauptung, eine Handlungsvorschrift an die Adresse des Laborchemikers, eine definitorische Setzung, eine vorläufige Hypothese u. a. mehr handelt. Diese Unterscheidungen, die der Chemiker (wie auch andere Naturwissenschaftler) unverzichtbar benötigt, sind selbstverständlich keine »innerchemischen« in dem Sinne, als ihre begriffliche Bestimmung und die Angemessenheit ihrer Verwendung nun mit »chemischen« Methoden der Laborbeobachtung bewältigt werden könnten. Das heißt, der Chemiker verwendet solche wissenschaftstheoretischen Unterscheidungen entweder naiv und unscharf, oder er eignet sich wenigstens so viel rudimentäres Wissen aus Erkenntnis- und Wissenschaftstheorie an, daß es ihn in den Stand setzt, zu beurteilen, ob er es bei einem Satz gerade z. B. mit einer *Behauptung* zu tun habe, deren Überprüfung im Labor stattfindet, oder mit einer *Aufforderung*, über die er mit ganz anderen Mitteln zu befinden hat.

Daß er auf wissenschaftstheoretische Unterscheidungen für Satztypen nicht verzichten kann, ergibt sich u. a. daraus, daß er ohne diese nicht zu den Grundbegriffen chemischer Theorien wie Element, Verbindung, Lösung, Synthese, Analyse, Molekulargewicht usw. kommen kann. Er muß nämlich wissen, inwieweit sich die Verwendung dieser Termini auf *Definition*, auf *Laborverfahren* oder auf *Erfahrung*, und damit auf sprachliche Setzung, auf technische Erzeugung oder auf empirische Zwangsläufigkeit stützt. »Stoff ist (k)ein Naturgegenstand« ist das Beispiel einer Behauptung, die nur als Satz über Sätze verstehbar und entscheidbar ist.

Zu (3): Der Chemiker spricht auch unabweislich über seine eigenen *Handlungen*, wenn dies auch weniger offenbar ist als in den beiden vorangegangenen Fällen bei den Wörtern und Sätzen. Dies sei am Begriff des *»reinen Stoffes«* erläutert.

Vorweg ist allerdings anzudeuten, in welchem Sinne hier, in diesem Aufsatz, von »Handlungen« die Rede ist. Denn im Gefolge der Naturwissenschaften, vor allem einer naturwissenschaftlichen Psychologie, hat es sich eingebürgert, meistens von »Verhalten« zu sprechen und dabei zu unterstellen, es mache keinen bedeutsamen Unterschied, nach dem Verhalten einer Flüssigkeit bei Erhitzen oder nach dem Verhalten eines Menschen in wissenschaftlicher Forschung zu fragen. Dieser »Behaviorismus« oder auch »Naturalismus« ist unter Chemikern sehr verbreitet.

Dabei könnten wir weder unser Alltagsleben noch unser Forscherleben bestreiten, würden wir den hier gemeinten Unterschied nicht tatsächlich konsequent machen: Wer würde nicht unterscheiden, ob ein Mensch versehentlich über einen Hund stolpert oder ihn absichtlich tritt? Wer würde nicht unterscheiden zwischen dem versehentlichen Verschütten und dem absichtlichen Zusammengießen zweier Flüssigkeiten? Mühelos kann jeder Alltagssprecher Beispiele und Gegenbeispiele, also exemplarische Bestimmungen für Handlungsprädikatoren wie »Gehen«, »Behaupten«, »Gießen« und für Verhaltensprädikatoren wie »stolpern«, »nießen« oder »erschrecken« nennen. Die terminologische Verschärfung durch Prädikatorenregeln lautet dann etwa: Zu Handlungen kann man sinnvoll auffordern, zu Verhalten nicht. Handlungen können unterlassen werden, Verhalten nicht. Handlungen können ge- oder mißlingen, Verhalten nicht. Handlungen sind Mittel für Zwecke, Verhalten nicht. (Letzteres sogar in Übereinstimmung mit Darwinistischen Vorstellungen, nach denen es der wissenschaftliche Beobachter ist, der z. B. tierischem Verhalten einen selektionsgünstigen Anpassungszweck zuschreibt, und nicht etwa das Tier.)

Chemische Forschung besteht in *zweckgerichtetem Handeln*. Das heißt, sie läuft nicht ab wie die Vorgänge des Erschreckens, Stolperns oder Verdauens, sondern wie die Handlungen des Herstellens, Konstruierens, Zeichnens, Bauens usw. Ohne handelnden, und dies heißt primär immer mit den Händen vollzogenen Eingriff in das Vorfindliche, das früher für die Chemiker einmal das Natürliche war, heute immer schon das technisch zivilisatorisch erzeugte Künstliche ist, gibt es keine Chemie.

Die Chemie als Wissenschaft zur Entdeckung von, wie man traditionell sagt, Naturgesetzen, ist eine *Erfahrungswissenschaft* nur insofern, als *dem zweckmäßig handelnden* Chemiker etwas *widerfährt* – nämlich der Erfolg oder der Mißerfolg seiner Laborhandlungen. Die geläufigen Personifizierungen oder Mystifizierungen der Natur als einer Akteurin, die dem Forscher ihre Geheimnisse preisgibt, verbaut den klaren Blick darauf, daß der Chemiker erst einmal so gut wie gar nicht über *natürliche* Stoffe spricht. Mit Ausnahme einiger weniger Flüssigkeiten wie dem Regenwasser in industriefernen Gegenden kommen Stoffe nur sehr selten »homogen« vor. Es sind vielmehr bis in vorgeschichtliche Zeit zurück die Köche von Nahrungsmitteln und Metallen, die

Töpfer und Glasmacher, die Arznei- und Farbenmischer, die etwas *Homogenes herstellen.* »*Homogenität*« ist die Ununterscheidbarkeit von Teilen eines Körpers nach einem Merkmal oder Kriterium, das selbstverständlich wieder durch einen Prädikator benannt werden muß. Man kann also die handwerkliche Grundlage jeder Chemie vor allem anderen nach einem *universellen Homogenitätsprinzip* verfahrend rekonstruieren, nachdem es vor allem anderen darum ging, in der Natur Vorfindliches homogen zu machen, d. h. im beliebigen Teil ununterscheidbar nach einem Merkmal. (Daß der Verfolgung dieses Prinzips empirisch Grenzen gesetzt sein können, weil z. B. die Teile des Körpers nicht wirklich beliebig klein werden dürfen, kann erst »entdeckt« werden, wenn das Homogenitätsprinzip selbst als Handlungszweck anerkannt und verfolgt wird.)

Diese stoffliche Homogenität, deren technische und begriffliche Beherrschung bis heute als technische Aufgabe der Chemie einen hohen Stellenwert hat, betrifft sinnlich wahrnehmbare Qualitäten wie die Gleichfarbigkeit einer Tonschale nach dem Brennen genauso wie physikalische Parameter, z. B. die konstante Dichte eines Materials.

Das Know-how der Produktion homogener Stoffe wirft sofort ein weiteres, für die Chemie bis heute grundsätzliches und wichtiges Problem auf, das der (eindeutigen) Reproduktion. Das sei an einem Beispiel aus der Geometrie erläutert: Es gäbe keine Geometrie, wenn nicht als Rede über räumliche Formen wie Ebenen, Geraden und rechte Winkel, deren Bedeutung bei den künstlich erzeugten Formen von Zeichenebenen, Linealen usw. methodisch ihren Anfang hat. Ebene Oberflächen an Körpern können nicht nur produziert werden, sie sind auch »eindeutig reproduzierbar« in dem Sinne, als allein ein Handlungs- oder *Rezeptewissen* ausreicht, immer wieder »gleiche« Ebenen zu erzeugen. Man produziert Ebenen z. B. durch paarweises Abschleifen dreier Körper, weiß aber dann auch als Laie, daß auch solche Ebenen aufeinander passen, die aus verschiedenen Erzeugungsverfahren kommen – so wie alle Würfelecken z. B. an Paketen oder Backsteinen sich zu je acht zum vollen Raum ergänzen. Man kennt also nicht nur ein *Produktionsverfahren*, sondern ein *Reproduktionsverfahren*, d. h. man verfügt über ein Rezeptewissen, das garantiert, daß die Resultate bei korrekter Befolgung des Rezepts *immer gleich* (in den bezweckten Eigenschaften) sind.

Eine konstruktive Begründung der Chemie muß sich also dem Problem stellen, welche Verfahren, d. h. Handlungsweisen (griechisch: Methoden) die Chemie entwickelt hat, erwünschte *Stoffeigenschaften* zu *reproduzieren*. (Da eine handlungstheoretisch orientierte Philosophie der Chemie erst an ihrem Anfang steht, kann dies hier nicht als Ergebnis, sondern nur als Aufgabe vorgestellt werden.)

Daß die Homogenisierung von Stoffen durch menschlichen Eingriff gelingt, bestreitet niemand. Weniger klar ist aber, ob es *spezifisch »chemische« Homogenitäten* gibt, die sich z. B. von physikalischen (mechanischen, optischen, thermischen o. ä.) unterscheiden.

Die Physik taucht hier bereits als Hilfswissenschaft der Chemie auf, ohne etwa deren Grundlagenwissenschaft sein zu können. Sie hat es nämlich mit der Reproduktion raumzeitlicher, d. h. Bewegungsformen von Körpern in Kraftfeldern, und mit deren Unterscheidungen zu tun. Die chemische Praxis dagegen zielt auf die technische und begriffliche Beherrschung von Stoffeigenschaften im Blick auf erwünschte Wirkungen ab. Diese können Geruch und Geschmack, Heilwirkung oder Nahrhaftigkeit, Verhalten bei (»abbinden«) oder nach Verarbeitung (»kleben«), Ergiebigkeit und sonstige technische Eigenschaften eines Brennstoffs und vieles andere mehr sein. Es ist deshalb eine (für weitere empirische Forschung offene) Aufzählung stofflicher Eigenschaften anzugeben, deren homogene Reproduzierbarkeit für die Chemie erwünscht ist und technisch gelingt. Dann ist die chemische »*Reinheit*« eines Stoffes zunächst auf der lebensweltlich-phänomenalen Ebene nichts anderes als die Homogenität bezüglich solcher stofflichen, durch ihre Wirkung definierten Eigenschaften.

Zu (4): Chemiker sprechen nicht nur über ihre Wörter, Sätze und Handlungen, sondern auch über ihre Resultate. Es wurde schon ausgeführt, daß naturwissenschaftliche Erfahrungen Widerfahrnisse sind, die dem chemischen Forscher an seinen zweckgerichteten Handlungen als Erfolg und Mißerfolg zustoßen. Die Forderung der Reproduzierbarkeit verschärft den Charakter naturwissenschaftlicher Erfahrung dazu, anstelle der Zufälligkeit oder Einmaligkeit das *beliebig wiederholbare technische Provozieren solcher Widerfahrnisse* zu beherrschen und sprachlich *als Rezepte* formulieren zu können. Das heißt für die Reproduktion von Homogenitäten, daß sich im Wechselspiel von zweckgerichtetem Handeln und Erfahrung eine Fülle von *Methoden* des Trennens und des Mischens, des Verdampfens, Kristallisierens, Ausfällens usw. etablieren. Unverzichtbar ist dafür, daß solche Methoden nicht im Rückspiel heute anerkannter atomarer und subatomarer Modelle klassifiziert werden, sondern in *methodischer Reihenfolge*, d. h. ohne Vorgriff auf noch nicht verfügbares Wissen dargelegt werden. Dazu dürfen z. B. nicht die (definitorisch an dieser Stelle noch nicht verfügbaren) Unterscheidungen von Gemisch, Lösung und Verbindung benutzt werden. Vielmehr geht es darum, allein an explizit bestimmten Verfahren (also den Zwecken von Handlungsweisen) darzulegen, *warum* bestimmte homogene Stoffe »Lösungen« und andere »Verbindungen« *genannt* werden.

Dies bedeutet für den heutigen Chemiker die Zumutung, auf Fragen der Begriffs- und Theoriebildung wenigstens zeitweise anzuerkennen, daß er die *Gewißheit seiner* in Studium und Beruf erworbenen *Auffassungen* nicht mit *Wahrheit oder Geltung* verwechselt. Es geht der philosophischen Begründung ja gerade um die Frage, ob solche Gewißheiten *zu Recht* bestehen, d. h. zum Beispiel, ob die gelungene *Laborpraxis* die heutige chemische *Theorie* tatsächlich trägt oder nicht. Diese erkenntnistheoretische Infragestellung einer etablierten Naturwissenschaft wird verständlicherweise von ihren Vertretern als Zumutung empfunden, ist aber trotz des unbestrittenen technischen, medizinischen und sonstigen Erfolgs der Chemie unerläßlich, wenn begreifbar werden soll, was die heutige Chemie ist, d. h. welchen Zwecken mit welchen Mitteln sie sich verdankt und dienen kann.

So darf z. B. die Definition von »chemisch rein« nicht mit der theoretisch späten Vorstellung belastet werden, eine Stoffmenge, die nur aus *einer Atom- oder Molekülsorte* bestehe, sei »rein«. Denn methodisch gesehen ist selbstverständlich die Identifikation einer Atom- oder Molekülsorte nur über die Herstellung und Identifizierung einer chemisch reinen Substanz möglich. Das heißt aber, der Begriff der chemischen Reinheit muß (zunächst) »makroskopisch«, d. h. in Parametern der durch Herstellungs- und Kontrollinstrumente bestimmten Qualitäten definiert werden. Hier ist noch zu klären, ob nicht »rein« ein *ideativer Begriff* ist wie im Beispiel der Geometrie das Wort »eben«: Man kennt Verfahren, an Körpern Oberflächen »immer ebener« zu machen,

d. h. bei jeder beobachteten Abweichung von der Ebene eine weitere Verbesserung in Richtung auf den Herstellungszweck zu erreichen. Nicht dagegen heißt es, die »vollendete« oder »perfekte« Ebene technisch zu produzieren. Gleichwohl erlaubt die Geometrie, über »Ebenen« zu sprechen, *»als ob«* sie perfekt (»ideal«) realisiert wären. Genau dieser (in Sprache vollzogene) Sprung zum »als ob« ist der Sprung von der Rede über handwerklich-technische Gegenstände (wie Zeichenebene, Lineal, Zirkel usw.) zur »mathematischen« Geometrie. Auch der »reine Stoff« ist in diesem Sinne ein (ideativer) Grenzbegriff, der im Falle seiner operativen Bestimmung immer besser, aber nie vollkommen technisch realisiert werden kann. Aber noch immer nicht sind die für die moderne Chemie und ihren Erfolg so wichtigen Modellvorstellungen der Moleküle und Atome im Spiel. Dazu bedarf es außer der Reflexionsbegriffe wie »Stoff« und der ideativen Begriffe wie »rein« noch einer weiteren Kategorie: der »theoretischen Begriffe«.

Theoretische Begriffe sind Wörter, deren *Einführung aufgrund empirischer Erkenntnisse erforderlich* wird. Sie sind also nicht schon z. B. durch Meßverfahren oder durch die oben beschriebenen metasprachlichen Spracherweiterungen eines Faches definiert, sondern tauchen im Zusammenhang der Hypothesenbildung zu Beschreibung und Erklärung technisch beherrschter Vorgänge, also in der »eigentlichen« Theorie auf.

Als Beispiel betrachte man die »Gesetze der konstanten bzw. multiplen Proportionen«. Es kann selbstverständlich weder Sache der Definition noch apriorisch gültiger Aussagen sein, daß bestimmte Stoffe in einem reproduzierbaren Mengenverhältnis miteinander neue Stoffe bilden. Dies kann nur »die Erfahrung lehren«. Diese metaphorische Formulierung darf nicht verdecken, daß der Belehrung des Chemikers durch experimentelle Erfahrung unverzichtbar vorausgeht, die im Experiment zusammengeführten Stoffe *wiederholbar identifizieren* sowie deren *Mengen reproduzierbar messen* zu können. Das heißt, die »Lehrmeisterin Erfahrung« taucht erst auf, nachdem die Darstellung und Benennung der Ausgangsstoffe sowie eine Auswahl eines Meßverfahrens (Masse oder Volumen?) vom Chemiker erbracht worden sind. Ob z. B. bei Gasen das Volumen relativiert auf Druck und Temperatur, bei Flüssigkeiten das Volumen oder die Masse den hier angesetzten Parameter bilden, wird allein an dem Kriterium der Reproduzierbarkeit der Vorgänge entschieden, die aus (vom Chemiker bestimmten) Ausgangsmengen einen neuen Stoff ergeben (der dann selbstverständlich seinerseits wieder nach expliziten Kriterien identifizierbar sein muß).

Die Rede von einem »Gesetz« von konstanten bzw. multiplen Proportionen schließt logisch ein, daß diese Proportionen unabhängig von den »absoluten« Mengen sind, d. h., daß es hier tatsächlich nur auf Mengen*verhältnisse* ankommt – und dies selbstverständlich im Experiment nachgewiesen werden muß. Ist auf diese Weise das fragliche Gesetz etabliert genau dadurch, daß der in ihm besagte Sachverhalt beliebig technisch reproduzierbar ist, kann hypothetisch nach Erklärungen gesucht werden, wie sie in den bekannten Atom-Molekül-Modellen gegeben werden: Man »erklärt« sich den empirisch bekannten Sachverhalt der reproduzierbaren Proportionalität daraus, daß man sie bei *hypothetischen kleinsten Bausteinen* als Mechanismus annimmt, der – nach irgendeinem geeigneten Modell – schon dort die entsprechende Proportionalität als Passung von Teilen zu einem kleinsten Baustein des neuen Stoffes aufweist.

Diese, den Chemiker vielleicht befremdlich anmutende Beschreibung soll nicht dazu dienen, längst bewährtes chemisches Wissen gleichsam noch einmal nachzuerfinden, sondern Schrittfolge sowie *unterschiedliche Gründe und Zwecke der Terminologiebildung* aufzeigen: Erst auf der Grundlage operationaler Definitionen einer präparativen Laborchemie wird es möglich, empirische, d. h. experimentell beherrschte Sachverhalte zunächst phänomenal als künstlich herbeigeführte Stoffumwandlungen zu beschreiben, um überhaupt einen Anlaß für hypothetische Erklärungen und Modellbildungen zu finden. In deren theoretischer Formulierung verwendet man dann Wörter wie »Molekül«, »Atom« und schließlich »Element«. Diese »theoretischen Begriffe« verdanken ihre Einführung in die Chemie also – in methodisch korrekter Reihenfolge gesehen – der experimentellen Beherrschung von Stoffeigenschaften nach dem Gesetz der konstanten bzw. multiplen Proportionen und dienen zu deren hypothetischer Erklärung. Sie sind damit angewiesen auf »Resultate« chemischer Laborhandlungen, also dem Erreichen des Ziels ihrer technischen Reproduzierbarkeit. Auch hier sind die wichtigsten wissenschaftstheoretischen Details erst auszuarbeiten, insbesondere, wie weit die Chemie leisten mußte, Stoffe zu produzieren, an denen dann später die Physik Untersuchungen zum Aufbau von Atomen beginnen konnte. Es ist also insbesondere, methodisch gesehen, nicht die Physik, die zuerst eine Beschreibung von Atomen und Atomsorten und damit die Grundlage des Periodensystems der Elemente liefern würde, aus der heraus dann der Chemiker eine Theorie möglicher chemischer Reaktionen aufstellen könnte, sondern umgekehrt der Chemiker, der die Stoffe liefert, die den Physiker veranlassen, verschiedene Atomsorten zu unterscheiden.

Damit mag die Aufzählung abgeschlossen sein, programmatisch die Begriffs- und Theoriebildung im Sinne einer konstruktiven Chemiebegründung als zweckrationales Handeln des Chemikers darzustellen.

3. Chemie – Abbildung von Naturgesetzen oder theoriegestütztes Know-how?

Die Experimentalwissenschaft Chemie hat unverzichtbar ein Fundament von Reden und (handwerklichem) Handeln, das sich selbst einer experimentalwissenschaftlichen Beschreibung und Erklärung entzieht. Zu sagen, was Chemie ist, ist kein chemisches, sondern ein philosophisches Problem. Der spezifisch philosophische Aspekt liegt in der Klärung der Frage, was die heutige Chemie, ausgehend von ihrem technischen Bewirkungswissen, an sprachlichen und nicht-sprachlichen Setzungen und Postulaten in Anspruch nehmen muß, um genau diese technische Leistungsfähigkeit als Ergebnis chemischer Forschung und damit menschlicher Handlungen zu begreifen. Dies ist *das Problem* der Geltung oder *der Wissenschaftlichkeit der Chemie*.

Die programmatische Darstellung einer Protochemie als Theorie der begrifflichen und nicht-sprachlichen Grundlagen der experimentellen und theoretischen Chemie kann zeigen, wie die Chemie, damit von historischen Zufälligkeiten in ihrem Geltungsanspruch unabhängig werdend, schrittweise zu ihren Methoden, Grundbegriffen und Resultaten kommt. Diese »Rekonstruktion« nach dem Prinzip der methodischen Ordnung, also nach der Reihenfolge der Schritte, die eingehalten werden muß, um die heutigen technischen Erfolge der Chemie tatsächlich zu erreichen, ist eine »Chemiebegründung«. Diese zu erarbeiten, bleibt eine philosophische Aufgabe, für die sowohl wissenschaftstheoretische wie Chemiker-Kompetenzen erforderlich sind.

Aber bereits das Programm der Protochemie gibt zweierlei zu erkennen:

(1) Ein »Rückblick« auf die Chemie unter Voraussetzung der heute modernsten Theorien und mit der Unterstellung ihrer Gültigkeit kann keinen Beitrag zum Ausweis dieser Gültigkeit leisten. Ein solcher Rückblick kann nicht verständlich machen, worin die Wissenschaftlichkeit der Chemie, ihrer Methoden, Begriffe und Theorien besteht – u. a. etwa im Unterschied zur Wissenschaftlichkeit der Physik oder der Biologie, zu denen sie wichtige sachliche Bezüge hat, ohne in deren Methoden, Begriffen und Theorien aufzugehen. Jeder *Rückblick* auf die Chemie von der Unterstellung der Gültigkeit ihrer heutigen Theorien aus ist *prinzipiell affirmativ* und unkritisch. Er vermag außerdem nicht zu leisten, dem moralisch und politisch verantwortungsbewußten Chemiker zu raten, was er denn als Forscher konkret tun soll, wenn er seine Verantwortung ernst nehmen und ausüben will. Dazu bedarf es einer *terminologisch geklärten Rede* über *Handlungen, Folgen und Wirkungen*.

(2) Die Chemie als Naturwissenschaft zu bezeichnen kann nicht bedeuten, der Chemiker habe eine vorgegebene Natur in seine Formelsprache oder Theorie »abzubilden«. Die Abbild-Metapher verkennt nämlich, daß die *Gegenstände der Chemie* ausnahmslos *durch menschliches Handeln* und damit durch dessen Zwecke *konstituiert* sind. Eingebettet in vor- und außerwissenschaftliche Alltagswelt haben sich vorchemische Praxen der Erfüllung anerkannter Bedürfnisse etabliert, die ihrerseits auf Grundlage technischen Verfügungswissens zu einer historischen Entwicklung und Differenzierung dieser Bedürfnisse beitragen. Im Rahmen einer solchen wechselseitigen Entwicklung von Bedürfnissen und Verfügungswissen zu ihrer Erfüllung haben sich – wiederum höchst zweckmäßig – Universalisierungsmethoden zur Verwissenschaftlichung dieser chemischen Praxen etabliert. Dies führt systematisch (und hat historisch geführt) zu immer universelleren Methoden der Beschreibung und Erklärung und der technischen Beherrschung von Stoffeigenschaften. Im Rahmen solcher dem Anspruch nach immer umfassenderen Erklärungen haben sich hypothetische Modellvorstellungen von Atomen, Molekülen, Reaktionen, Verbindungen usw. herausgebildet, die hochgradig em-

pirisch bewährt und allen bekannten Konkurrenzentwürfen überlegen sind. Handlungstheoretisch kann ein solches Know-how nicht nur als *Verfügungswissen*, sondern auch als *Grenze des technisch Machbaren* gesehen werden, so daß eine philosophische Chemiebegründung durch Protochemie nicht das Mißverständnis provozieren darf, als gäbe es in einer so verstandenen Chemie keine strikte empirische Kontrolle oder keine Begrenzung des technisch Projektierbaren.

Ob man die alte, auf säkularisierte Formen der Rede vom christlich-göttlichen Schöpferwillen zurückgehende Sprechweise von den »Naturgesetzen« und ihrer Entdeckung durch die Chemie beibehalten möchte, ist nur noch eine Geschmacksfrage, solange sie keine methodologischen Mißverständnisse mehr transportiert.

(3) Die Vernachlässigung der Chemie durch Philosophie und Wissenschaftstheorie ist ungerechtfertigt. Die Chemie ist sowohl von ihren historischen und systematischen lebensweltlichen Anfängen her als auch von ihren fachspezifischen Methoden zur Beherrschung von Stoffeigenschaften her eine eigenständige Naturwissenschaft. Der im wesentlichen historische Umstand, daß die Anfänge abendländischer Wissenschaft in der griechischen Antike bei Geometrie und mit geometrischen Mitteln arbeitender Astronomie lagen und damit Vorbilder für eine naturwissenschaftliche Physik wirksam wurden, und daß Chemie im modernen Sinne Wissenschaft wurde erst mit der Einführung von Meßverfahren, die zu dieser Zeit in der Physik bereits etabliert waren, rechtfertigen nicht die Subsumtion der Chemie unter die Physik. Auch das Vergessen aller systematischen Begründungszusammenhänge beim Versuch, aus der Sicht anerkannter Quantenphysik Chemie im theoretischen System der Physik aufgehen zu lassen, sind erkenntnistheoretisch unbegründet. Die Vermutung schließlich, Chemie habe es nicht zu einer eigenen Philosophie gebracht, weil sie etwa im Unterschied zur Physik und Biologie für ein naturwissenschaftlich mitgeprägtes Weltbild keinen Beitrag zu leisten hätte, ist ebenfalls unzutreffend: Der moderne naturwissenschaftliche Materialismus, der etwa in der aktuellen Diskussion zum Körper-Geist-Problem und zur Hirnforschung eine nachgerade stillschweigend gemachte Unterstellung bildet, spricht dagegen. Daß dabei Modellvorstellungen von Materie eine tragende Rolle spielen, für die wissenschaftstheoretisch noch

längst nicht geklärt ist, mit welchen Begriffs-, Theorie- und handwerklich-technischen Methoden zu verfahren ist, macht eine Protochemie zu einer wichtigen wissenschaftstheoretischen Aufgabe.

2. Hirnforschung als philosophisches Problem*

Einleitung

Als der amerikanische Präsident George Bush unser Jahrzehnt zur »decade of the brain« erklärte[1], forschungspraktisch hat er auf eine Situation reagiert, für die drei Aspekte kennzeichnend sind:
(1) Die *Erkrankungen des Hirns* spielen sozialpolitisch eine immer wichtigere Rolle. Ob es um Infarkte, die Alzheimer Krankheit, Tumore oder Unfallfolgen geht, oder um Ursachen und Wirkungen cerebraler Insuffizienz, die durch gestiegene Lebenserwartung an Verbreitung zunimmt, medizinische Grundlagenforschung über das Hirn ist ein immer dringenderes Desiderat.
(2) In den letzten zwanzig, dreißig Jahren hat eine Fülle neuer bzw. verbesserter *Beobachtungsverfahren des lebenden Hirns* zu einer rasch anwachsenden Fülle von Daten und Beobachtungswissen geführt. Ob es verschiedene Formen der Tomographie, der radioaktiven Markierung zum Nachweis von Stoffwechselaktivitäten, verbesserte EEG-Verfahren oder, im Tierversuch, Multielektrodenableitungen sind, die technisch-experimentelle Seite der Hirnforschung hat neuroanatomischen, neurophysiologischen und neurobiologischen Erkenntnissen einen ungeahnten Auftrieb beschert.
(3) Ebenfalls in den letzten Jahrzehnten sind die *Mittel der Modellierung* von Hirntätigkeit wesentlich leistungsfähiger geworden. Versuche, Reizleitung oder Informationsverarbeitung im Hirn zu erklären, ist historisch durchgängig immer an den jeweils neuesten technisch-physikalischen Erkenntnissen orientiert gewesen, vom mechanischen Modell der Reizleitung durch Druck in Nervenkanälchen bei Descartes, über das Telefonnetz-Modell der Relais-ähnlichen neuronalen »Verschaltung« der Kybernetiker in den 50er und 60er Jahren bis zum Vorbild moderner Parallelrechner, die (in einer definitionstheoretischen Verkehrung von Modell und Modelliertem) von den KI-Forschern »Neuronale Netze« genannt werden.

* Referat auf der 89. Versammlung der Anatomischen Gesellschaft in Marburg, 20. bis 23. März 1994.

1 Vgl. *Nature vol 346* (26 July 1990) S. 304.

Bedarf und Erwartungsdruck an medizinische Hirnforschung, rasch anwachsende Leistungsfähigkeit empirischer Methoden und Durchbrüche in theoretischer Modellierung sind also die Kennzeichen gegenwärtiger Hirnforschung, die nicht nur bei Laien, sondern auch profilierten Hirnforschern selbst einen Durchbruch im Verständnis der Funktion des menschlichen Hirns als möglich erscheinen lassen. Wenn etwa kürzlich bei einem Kolloquium des Schwerpunktprogramms »Gehirn und Kognition« der Deutschen Forschungsgemeinschaft ein anerkannter Hirnforscher die Einschätzung vertrat, physiologisch seien funktionelle Abläufe im Hirn im großen und ganzen bekannt, es fehle nur der Newton der Hirnforschung, um eine Theorie dazu zu liefern, so ist damit die Erwartung benannt, die Leistungen, vor allem die kognitiven oder *»geistigen« Leistungen des Hirns auf naturwissenschaftlicher Grundlage erklären* zu können.

Dies ist der Zusammenhang, an dem der Philosoph gefragt scheint. Was ist Erkennen, Bewußtsein, Sprachverstehen, Denken? Wie attribuiert das Hirn Wahrnehmungen einen Inhalt oder eine Bedeutung? Welche Leistungen haben die Neurowissenschaften überhaupt zu erklären?

(Daß hier auch die naturwissenschaftliche Psychologie ins Spiel kommt, sei weder verschwiegen noch diskutiert, weil diese ihrerseits bei der Definition ihrer Aufgaben und Gegenstände auf philosophische, nicht mit naturwissenschaftlichen Mitteln zu bearbeitende Fragen führt.)

Leider ist noch in der Einleitung dieses Vortrags zu vermerken, daß die unter großer öffentlicher Beachtung angekündigte Zusammenarbeit von Naturwissenschaften und Philosophie im erwähnten Schwerpunktprogramm der DFG[2] – gleichsam in einer ersten Runde – nicht sonderlich erfolgreich verlaufen ist. Dies hat nach meiner Einschätzung folgende Gründe:

– Naturwissenschaftler sind (zu Recht) gewohnt, Wissen aus anderen Fächern, etwa Mathematik, Physik, Chemie oder Spezialfächern, als fertige und nicht weiter zu problematisierende Versatzstücke zu übernehmen und in ihre eigene Forschung einzubauen. Ganz nach diesem Muster erwarten viele Naturwissenschaftler von der Philosophie, solche »fertigen Lösun-

2 DIE ZEIT hat die Interdisziplinarität dieses Programms seinerzeit mit der Überschrift »Ein Rejkjawik der Wissenschaften« gewürdigt.

gen« brauchbar für die Erklärung von Hirnfunktionen anzubieten. Darin zeigt sich jedoch ein Mißverständnis der Philosophie, der es von ihren Aufgaben und von ihrem Selbstverständnis her nicht darum geht, unter Vorgabe fester Zwecke und methodischer Mittel kanonische Lehrstücke zu erarbeiten. Sie ist vielmehr eine Reflexionsdisziplin, die sich kritisch mit bestehender Praxis, hier vor allem der Praxis naturwissenschaftlicher Forschung, auseinanderzusetzen hat. Was sie anzubieten hat, paßt also meist nicht unter naturwissenschaftliche Forschungszwecke.

- Die Philosophen im deutschsprachigen Raum hingegen sind, wie soeben in einem Hauptartikel der Zeitschrift »Information Philosophie« beklagt wurde[3], heute zu über 90 Prozent mit der Geschichtsschreibung ihrer eigenen Disziplin befaßt. Sie fühlen sich in der Vergangenheit wohl und scheuen eher die Herausforderung, einen Beitrag zu aktuellen Problemen der Forschung in den Fachwissenschaften zu leisten.
- Der verbleibende Rest der Philosophen, die z. B. die aktuelle Hirnforschung durchaus für einen bedenkenswerten Gegenstand ihrer eigenen Bemühungen halten, hängen wieder zu über 90 Prozent einer deskriptivistischen oder analytischen Tradition an, die unter der Bezeichnung »Analytische Philosophie des Geistes« vor allem sprachanalytische Formen des Körper-Geist-Problems, der Bewußtseinsphilosophie usw. diskutieren. Hintergrund dafür bildet ein naturalistisches oder realistisches Verständnis der Naturwissenschaften, dem die besonderen Aufgaben der Hirnforschung verschlossen sind. Diese Philosophie nimmt den Naturwissenschaften gegenüber eine bloß beschreibende oder analysierende Haltung ein und bleibt deshalb für die naturwissenschaftliche Forschung folgenlos.

Damit ist de facto die Zusammenarbeit von Naturwissenschaftlern und Philosophen auf dem Niveau der additiven oder Kongreß-Interdisziplinarität geblieben: Mit großer Begeisterung werden Themen wie z. B. »Räumliche Orientierungsleistungen im Hirn« diskutiert, zu denen vom Mathematiker und Physiker bis zum Neurophysiologen und Philosophen jeder sein unter diese

3 Vgl. Lorenz B. Puntel, »Zur Situation der deutschen Philosophie der Gegenwart«, in: *Information Philosophie*, Heft 1 (Februar 1994), S. 20-30.

Überschrift passendes Wissen vorträgt und bei allen beteiligten Disziplinen alles beim alten läßt.
Die bisher wenig produktive Zusammenarbeit von Naturwissenschaft und Philosophie läßt aber deutlich erkennen, daß nur eine »transdisziplinäre« Zusammenarbeit überhaupt verändernd wirken kann, in der stillschweigende Prämissen, Zielsetzungen, Denk- und Arbeitsstile der jeweils anderen Disziplin in Frage gestellt werden, und in der die eigenen Fachkompetenzen auf die Probleme der jeweils anderen Disziplinen im Selbstverständnis von Arbeitsteilung angewandt werden. Risiken dieser Form von Zusammenarbeit, nämlich der Einmischungsverdacht, eine Unbeliebtheitsgefahr oder die Störung der disziplinären Schrebergartenperspektive, müssen dabei in Kauf genommen werden. In diesem Sinne gehe ich ein Risiko ein, wenn ich im folgenden exemplarisch einige wissenschaftstheoretische Probleme der Hirnforschung konstruktiv diskutiere.
In einem ersten Schritt soll an einem Grundlagenproblem der Sinnesphysiologie der *quasi-reflexive Charakter der Hirnforschung* angesprochen werden. Im zweiten Schritt wird die Komplizierung dieser Situation durch die *Spannung von Naturgesetz und Einzelfallanwendung* verschärft. Im dritten Schritt soll das so zutage getretene *Leib-Seele-Problem* als Methodenproblem naturwissenschaftlicher Forschung reformuliert werden, das dann im vierten und abschließenden Schritt Argumente dafür liefert, Hirnforschung als *medizinisch therapie-orientiertes Forschungsparadigma* zu kennzeichnen.

Ein Grundlagenproblem der Sinnesphysiologie

Die Physiologie ist, wie die Anatomie, eine ebenso respektierte wie etablierte Fachwissenschaft. Sie bedarf in ihrer praktischen Arbeit kaum der wissenschaftstheoretischen Hilfe, weil sie, so weit wir sehen können, bisher niemals in prinzipielle oder Grundlagenkrisen geraten ist, wie dies z. B. im Falle der Physik die Physiker selbst in wissenschaftstheoretische Diskussionen getrieben hat, als in der zweiten Hälfte des 19. Jahrhunderts Grundlagenprobleme der Elektrodynamik über wissenschaftstheoretische Reflexionen von Raum, Zeit und Kausalität zu den Umbrüchen der relativistischen und der Quantenphysik geführt haben.

Eine gewisse Ausnahme bildet das Teilgebiet der *Sinnesphysiologie*, das insofern einen *quasi-reflexiven Charakter* hat, als ihr Forschungsgegenstand »Sinneswahrnehmung« zugleich unverzichtbares Forschungs*mittel* ist. Schließlich könnte kein Sinnesphysiologe etwa die Funktion von Organen (gemeint ist immer: unter Einschluß betroffener Teile des zentralen Nervensystems) der visuellen Wahrnehmung erforschen, ohne selbst

– als Forscher visuelle Wahrnehmungen zu haben, und
– ohne aus seinen eigenen Wahrnehmungen »immer schon« zu wissen, wovon er spricht.

Selbstverständlich wird dies von keinem Physiologen bestritten, aber sicher auch nicht von allen Physiologen in den Folgen überblickt (was zu sagen mir in Marburg eher leicht fällt, weil die Marburger Physiologie in ihrem früheren Direktor Herbert Hensel ein prominentes und anerkanntes Gegenbeispiel aufzubieten hat)[4]. Solche Folgen sind:

(1) Die Sinnesphysiologie hätte *keinen Gegenstand*, wenn ihr Explanandum nicht schon vor- und außerwissenschaftlich gegeben und verstanden wäre.

(2) Die Sinnesphysiologie hätte *keine Methode* und keine Resultate, wenn nicht bereits vor- und außerwissenschaftlich das Gelingen, der Erfolg von Sinneswahrnehmung gesichert wäre. Das heißt, Sinneswahrnehmungen müssen immer schon verläßlich, zutreffend, und in dieser Eigenschaft interpersonal kontrollierbar sein, sonst könnte sinnesphysiologische Forschung gar nicht erst beginnen. Es ist deshalb z. B. unmöglich, mit einer sinnesphysiologischen Theorie Kriterien angeben zu wollen, wann Wahrnehmungen zutreffen, weil die Entscheidung darüber immer schon getroffen sein muß, bevor eine solche Theorie formuliert und empirisch geprüft werden kann.

(3) Möchte man mit Sinnesphysiologie die *kognitiven Leistungen des Wahrnehmens erklären*, so muß – anschaulich gesprochen – gewußt werden, was es überhaupt wahrzunehmen gibt. Sobald also die Richtigkeit oder das Gelingen von Wahrnehmung durch einen Passungs- oder Abbildcharakter der Wahrnehmungsinhalte

4 Vgl. P. Janich: »Physiology and Language. Epistemological Questions About Scientific Theories of Perception«, in: J. Bligh, K. Voigt (Eds.): *Thermoreception and Temperature Regulation.* Springer, Berlin–Heidelberg–New York 1990, S. 151-162.

gekennzeichnet werden soll, muß das Wahrzunehmende, mit welchen naturwissenschaftlichen Hilfsmitteln auch immer, erkannt, und zwar über Wahrnehmungen bekannt sein. (Diesem Zirkelproblem sieht sich vor allem die sogenannte »evolutionäre Erkenntnistheorie« gegenüber.)
Die prinzipielle Forschungssituation der Sinnesphysiologie kann damit exemplarisch auf ein Problem aufmerksam machen, das sich in der Hirnforschung erneut stellt: Wenn kognitive Leistungen wie die der Sinneswahrnehmung erklärt werden sollen, muß das zu Erklärende vor aller naturwissenschaftlichen Erfahrung und Theorie gegeben, ausdrücklich beschrieben und verstanden sein. Dabei stößt der naturwissenschaftliche Forscher unausweichlich auf den Aspekt der *Sprachlichkeit* aller Urteile über Wahrnehmungen, ihre Inhalte, ihr Zustandekommen und ihre Erklärung durch Organfunktionen. Kognitive Leistungen sind, wie auch immer physiologisch zu erklären, *nicht ohne einen Anteil kommunikativen Handelns zwischen Menschen in tatsächlicher Lebenspraxis* zu sehen. Diese Einsicht verweist auf einen zweiten Problemkomplex:

Gesetz und Einzelfall
Was wollen die Naturwissenschaften?

Naturwissenschaftliche Forschung ist generell aus auf Beschreibung und Erklärung natürlicher Vorgänge oder Sachverhalte in einer so weit wie möglich *naturgesetzlichen Form*. Dabei artikulieren Vertreter aller naturwissenschaftlichen Fächer ihr Selbstverständnis ohne besondere Aufmerksamkeit für den Unterschied zwischen dem Natürlichen und dem Technisch-Künstlichen. Üblicherweise sieht der Naturforscher auch in den von ihm kunstvoll erzeugten Laborphänomenen die Natur wirken.
»Naturgesetze«, für die jeder Vertreter einer naturwissenschaftlichen Fachdisziplin aus dem eigenen Bereich Beispiele anzugeben weiß, sind jedoch sicher *keine Naturgegenstände* wie der Mond oder ein Wasserfall. Vielmehr lassen sich keine Beispiele von Naturgesetzen angeben, die nicht als *sprachliche Sätze einer speziellen Art* auftreten, Sätze, die einer Naturwissenschaft angehören, fachterminologischer Sprache bedürfen, bestimmte Kontrollverfahren erfolgreich bestanden haben, bestimmte Einbettungen in

theoretische Zusammenhänge kennen und von fachkompetenten Menschen erdacht, gefunden, formuliert und überprüft wären.

Eine nähere Analyse fördert zutage, daß die nun besser »naturwissenschaftliche« Gesetze benannten Sätze in ihrer *Gesetzesartigkeit* oder Allgemeinheit auf der technischen *Reproduzierbarkeit ihrer Gegenstände* bzw. ihrer Überprüfungsverfahren beruhen. Naturwissenschaftliche Beobachtungen und Experimente bestehen darin, daß unabhängig von der individuellen Person, die sie anstellt, situationsunabhängig reproduzierbar in einem technisch-praktischen wie einem begrifflich-theoretischen Sinne »dasselbe« von Menschen hergestellt werden kann. Objekte naturwissenschaftlicher Beschreibung und Kausalerklärung werden damit zu Prototypen, d. h. zu (mit großem technischen Aufwand) *typisch gemachten* Vertretern hypothetisch gleichartiger, naturgesetzlicher Objekte. In diesem Sinne wird dann von *dem* Elektron, *dem* Kohlenstoffatom, *der* Nervenzelle usw. gesprochen.

Nun kennt mit Sicherheit jeder *Arzt* das Problem, ein derart naturgesetzliches Wissen z. B. über Aufbau und Funktion des menschlichen Organismus und gesetzesartige Verläufe von Krankheiten auf den einzelnen Patienten »anzuwenden«. Jedes Stellen einer Diagnose, jede Therapie ist ein Beispiel für dieses Spannungsverhältnis von Naturgesetz und Einzelfall.

Dabei handelt es sich nicht um die Anwendung eines gesetzmäßigen Wissens auf den Einzelfall, wie sie etwa ein *Automechaniker* zu leisten hat, der sich ja auch einem individuellen Gegenstand gegenüber sieht und herausfinden muß, welcher Defekt und welche Reparaturmöglichkeit im Lichte seines gesetzesartigen technischen Wissens vorliegen. Denn die zu diagnostizierende und zu reparierende *Maschine* ist durch die einschlägigen naturwissenschaftlichen Gesetze *vollständig definiert*. Jedenfalls schätzen – programmatisch – die Mitglieder einer technisch zivilisierten Gesellschaft an ihren Maschinen keine Individualität, die sie zu lebewesen-ähnlichen Ausnahmen aus der vollständigen Definiertheit der Funktionskriterien durch naturwissenschaftliche Gesetze machte.

Der Arzt hat vielmehr nach dem *Vorbild des Richters*, der es nach Gerechtigkeitsprinzipien ebenfalls mit personenunabhängigen Gesetzen zu tun hat, d. h. eine Subsumption des individuellen Falles unter das Gesetz zu leisten. Dabei muß er gerade die Besonderheiten des individuellen Falls, des individuellen Patienten und der individuellen Umstände würdigen.

Diese Beispiele bilden den Hintergrund für die Frage, ob eine auf Gesetzessuche gegangene Hirnforschung nicht in *Konflikt* gerät zwischen den beiden Formen der Bewältigung des Gesetz-Einzelfall-Problems nach dem Vorbild des Automechanikers oder des Arztes. Selbstverständlich wird prima facie auch der Hirnforscher das *zentrale Nervensystem als Prototypen* beschreiben und kausal in seinen Funktionen erklären wollen, und deshalb hält er auch technisch reproduzierbare Modelle etwa modernster Computertechnologie für zulässig und verheißungsvoll. Aber sind nicht die mit naturwissenschaftlichen Mitteln zu erklärenden *Kognitionsleistungen* immer Leistungen von Individuen unter Rahmenbedingungen individueller Biographien, Lerngeschichten, kultureller Umstände usw., wie sie auch jedem Arzt beim Stellen der Diagnose begegnen? Sind, mit anderen Worten, die bewährten Instrumente naturwissenschaftlicher Hirnforschung wegen des besonderen Charakters der zu erklärenden Gegenstände, nämlich menschlicher geistiger Leistungen, vielleicht nur eingeschränkt tauglich? Ist vielleicht das Dilemma, daß der unbestrittenen Fülle naturwissenschaftlichen Wissens über Aufbau und Funktion des Gehirns so wenig wirklich Überzeugendes gegenübersteht, das erklärt, wie Denken, Sprachverstehen, Bewußtsein, Erkennen usw. »funktioniert«, in der Orientierung am falschen technischen Modell begründet?
Diese Fragen sollen durch eine Interpretation des Leib-Seele-Problems als naturwissenschaftliches Methodenproblem einer Beantwortung näher gebracht werden.

Das Leib-Seele-Problem als Methodenproblem der Naturwissenschaften

Wo sich Hirnforschung nicht selbst um die Aufgabe verkürzt, »geistige« Leistungen des Menschen erklären zu wollen, indem sie sich strikt auf eine inner-naturwissenschaftliche Terminologie beschränkt und dabei alle Wörter vermeidet, die es mit Vorstellen, Erkennen, Verstehen, Erinnern, Planen usw. zu tun haben, ist sie einem *»Leib-Seele-Problem«* oder einem *»Körper-Geist-Problem«* konfrontiert. In der allgemeinsten und zustimmungsfähigsten Form besteht dieses darin, daß *ein und dasselbe Referenzobjekt* mit *zwei verschiedenen Sprachen* beschrieben werden kann, dessen Verhältnis zueinander problematisch erscheint. Diese Kennzeichnung des Leib-Seele- oder Körper-Geist-Problems sei an einem einfachen Beispiel erläutert:[5]

Ein Ölgemälde kann sowohl naturwissenschaftlich wie lebensweltlich-künstlerisch beschrieben werden. In einem Falle wird für jeden Ort der Leinwand die chemische Zusammensetzung der dort versammelten Farbpartikel angegeben – eine Beschreibung, die in Vollständigkeit und Geltung ein klares Kriterium darin hat, daß die vollständige, gültige Beschreibung die Herstellung einer perfekten Kopie des Gemäldes erlaubt.

Andererseits kann beschrieben werden, was das Gemälde darstellt, welcher Kunstrichtung es angehört usw. – mit Vollständigkeits- und Geltungskriterien, die vom Alltagsleben bis zum kunsthistorischen Sachverstand reichen.

Das »Körper-Geist-Problem« hinsichtlich des Gemäldes besteht dann darin, welchen Zusammenhang die beiden Beschreibungen haben. Niemand wird nämlich behaupten, er könne aus der naturwissenschaftlichen Beschreibung des Gemäldes etwa logisch oder definitorisch ableiten, was dieses darstelle, ob es schön sei usw.

In Analogie dazu schreiben wir einerseits dem zentralen Nervensystem im Rahmen naturwissenschaftlicher Forschung vieles zu, von dem die Wissenschaft gerne wüßte, wie sich daraus die anderen Zuschreibungen, nämlich der geistigen Leistungen, gewinnen lassen. Versuche, die beiden Beschreibungen in einen strikten *logisch-definitorischen Ableitungszusammenhang* zu bringen, gelten heute mit guten Gründen als abwegig. *Kausale* Beschreibungen derart, daß empirische naturwissenschaftliche Befunde theoretisch zu Modellen für die Erklärung geistiger Leistungen organisiert werden, wären erwünscht, verlaufen bisher aber nicht sonderlich erfolgreich. So haben Philosophen und Theoretiker der Fachwissenschaften häufig bereits Zuflucht zu Unwissenheits-Kompensationstheorien genommen. Sie sprechen von »Fulguration« oder »Emergenz« der geistigen Leistungen aus den naturwissenschaftlich beschriebenen Vorgängen und bemühen dazu in

5 Eine ausführliche Darstellung und Diskussion dieser Fragen findet sich in: P. Janich, »Das Leib-Seele-Problem als Methodenproblem der Naturwissenschaften«, in: A. Elepfandt, G. Wolters (Hrsg.): *Denkmaschinen? Interdisziplinäre Perspektiven zum Thema Gehirn und Geist*, Konstanz 1993 (Universitätsverlag), S. 39-54.

der Regel Metaphern zur Erläuterung der These, daß das Ganze mehr sei als die Summe seiner Teile, oder daß komplexere Systeme neue oder höhere Systemeigenschaften aufwiesen als ihre Subsysteme.

So nimmt sich heute die naturwissenschaftlich-philosophische Debatte des Leib-Seele- oder Körper-Geist-Problems hinsichtlich der Hirnforschung in erster Linie als Unwissenheits-Verschleierungsbemühung aus, obwohl sich wissenschaftstheoretisch Gründe angeben lassen, warum und inwiefern die angebotenen Lösungen zu kurz greifen und ungenügend sind: Sie verdanken sich nämlich der Beschränkung des Repertoires, aus dem sie genommen sind. Nur logisch-definitorische Beziehungen oder empirische Kausalverhältnisse werden als Mittel ins Auge gefaßt, das Verhältnis der Beschreibungen körperlich naturwissenschaftlicher und geistiger Art in Verbindung zu bringen. Darin spiegelt sich das Dogma der Philosophie des Wiener Kreises, der als »Logischer Empirismus« die wissenschaftsfähigen Wahrheiten auf Logik und Empirie beschränkt wissen wollte.

Demgegenüber ist zu betonen, daß ja jede Form der Beschreibung, gehe es nun um ein Ölgemälde oder um ein menschliches Hirn, von Menschen nach frei gesetzten Zwecken handelnd erzeugt wird. Die Frage nach dem Wozu, und insbesondere, die Frage nach dem Wozu zweier Beschreibungsebenen kann und soll also gestellt werden. Das heißt, bei den genannten Beispielen des Körper-Geist-Problems handelt es sich *nicht* um *ein Rätsel der natürlichen Welt* (»Stellt die Natur den Gleichgang oder den Zusammenhang zwischen naturgesetzlich kausalen und geistigen Ereignissen her?«), sondern um ein von Menschen erzeugtes Problem, um eine Frage nach dem Verhältnis zweier seiner eigenen Produkte. Diese Frage ist mithin eine, die im Rahmen einer Zweck-Mittel-Rationalität zu betrachten und, wie an einem weiteren Beispiel gezeigt werden soll, auch zu beantworten ist. Wir betrachten dazu einen Taschenrechner.

Ein Taschenrechner kennt, wie das Ölgemälde, zwei Beschreibungsweisen, nämlich einmal die des Konstrukteurs und Herstellers, der mit der Sprache der Physik und der Elektrotechnik Konstruktion, Aufbau und Funktion *als elektrische Maschine* mit Energiespeicher und Systemzuständen beschreibt, die durch Tastendruck verändert werden können. Zum anderen wird der Rechner *mathematisch* oder *informationstheoretisch* beschrieben

durch seine *Rechenleistungen*, d. h. durch das Verhältnis der Input- und Outputstellungen des Systems, wenn es zum Rechnen von einem Menschen benutzt wird.
Nun versteht es sich von selbst, daß die beiden Beschreibungen in einem Zweck-Mittel-Verhältnis stehen. Denn selbstverständlich dienen die einzelnen Komponenten des Rechners genau den Zwecken, die der rechnende menschliche Benützer als Rechenfunktionen von seinem Gerät erwartet. Das heißt, Struktur und *elektrotechnische Funktion* des Rechners sind *als Mittel für den Zweck des Rechnens* festgelegt. Dies liefert einen Zusammenhang der beiden Beschreibungen. Allerdings ist, im Unterschied zu einem logisch-definitorischen Ableitungsverhältnis der einen Beschreibung aus der anderen, bei Zweck-Mittel-Verhältnissen die Beziehung nicht eineindeutig. Schließlich kann ein und derselbe Zweck häufig durch verschiedene Mittel erreicht werden (wie z. B. außer durch einen elektronischen Rechner auch durch eine Zahnrad-Rechenmaschine), und andererseits können bestimmte Mittel für verschiedene Zwecke benützt werden (wie z. B. ein Zahnradgetriebe zur Kraftersparnis oder zum Rechnen). Es sollte also keine eineindeutige Abbildung der einen Beschreibung auf die andere erwartet werden.
Allerdings kann die Mittel-Zweck-Relation nur der erste Teil der Antwort sein, denn die beiden Beschreibungen der technischen und der mathematischen Eigenschaften des Rechners sind auch noch in anderer Hinsicht hierarchisch ungleichwertig: Bekanntlich können alle *Geräte* auch *defekt* sein, d. h. nicht die erwünschte Leistung zeigen. Nehmen wir an, der Rechner würde wegen eines defekten Bauteils falsche Ergebnisse liefern. Davon ist die technisch-physikalische Beschreibung nicht im selben Sinne betroffen wie die mathematisch-informationstheoretische, denn der Defekt des Rechners schließt ihn ja nicht aus der Welt der kausal bestimmten natürlichen und technischen Welt aus. Der Defekt setzt kein Naturgesetz außer Kraft, sondern verfehlt lediglich den in mathematisch-informationstheoretischer Sprache bestimmten Zweck des richtigen Rechnens. Der technische Defekt dagegen wird mit derselben Sprache, mit denselben Mitteln beschrieben wie das störungsfrei funktionierende Gerät, sonst könnte ein Reparateur keine Ursachenvermutungen über den Defekt anstellen und diese, durch Beheben des Defektes, als richtig bestätigen.

Damit hat das Körper-Geist-Problem im Sinne der Aufgabe, das Verhältnis zweier Beschreibungen zu klären, und seine Lösung durch Rückgang auf die Zweck-Mittel-Rationalität einen spezifischen Zusatz erhalten: Die »geistige« Beschreibung hat einen normativen Überschuß über die »körperliche« Beschreibung derart, daß

- der Konstrukteur, Erbauer und Reparateur des körperlichen Systems *methodisch zuerst* wissen muß, was die Maschine mathematisch zu leisten hat, um sie als Mittel technisch konzipieren und herstellen zu können;
- die »körperliche« Beschreibung in ihren *Geltungskriterien* denen der »geistigen« Beschreibung unterliegt. Das heißt, dieselbe naturwissenschaftlich-technische Theorie erfaßt sowohl das mathematisch richtig wie das mathematisch falsch rechnende Gerät. Der Techniker, der uns die brauchbaren Geräte liefert, hat also ein Störungsvermeidungs- oder Störungsbeseitigungswissen nur bezogen auf die mathematischen Geltungskriterien für die gewünschten Rechenleistungen.

Damit sind bisher drei große Hindernisse auf dem Weg zu einer philosophischen Aufgabenbestimmung der Hirnforschung besprochen: Der quasi-reflexive Charakter der Erklärung kognitiver Leistungen durch physiologische Theorien, die Subsumptionsprobleme geistiger Leistungen unter naturgesetzlich beschriebene Organfunktionen und die Überwindung der Körper-Geist-Spaltung durch zweckrationalen Bezug zweier Beschreibungssprachen aufeinander. Leider enthält die zuletzt gegebene Antwort aber noch einen Mangel: sie betraf technisch vom Menschen hergestellte Systeme, die, wie bei Ölgemälde und Taschenrechner, die Zweck-Mittel-Verhältnisse unproblematisch auf den menschlichen Hersteller beziehbar machen. Was aber sind analog die Zwecke des Hirns, wer setzt sie, und wer wählt für sie die geeigneten Mittel?

Bei unseren Maschinen oder Kunstprodukten gehen wir ja so vor, daß wir nach einem *Baukastenprinzip* verfahren, wonach im Blick auf den Zweck des ganzen Produkts die einzelnen *Komponenten* konstruiert, hergestellt und zusammengesetzt werden. Diesem im technisch-künstlichen Bereich völlig unproblematischen Baukastenprinzip scheinen nun die Naturwissenschaften auch im Bereich der Erforschung des Natürlichen zu folgen, wenn z. B. der große Erfolg der Chemie dem Atom-Molekül-Modell und der

Erklärung stofflicher Eigenschaften durch Zusammensetzung aus Teilen zugeschrieben wird. Entsprechend werden Organe aus Zellen und Organismen aus Organen zusammengesetzt gedacht. Auch das Hirn bzw. das zentrale Nervensystem wird, nach dem Baukastenprinzip zusammengesetzt, aus den individuell erforschten Neuronen beschrieben.

Die Übertragung des Baukastenprinzips von technischen auf natürliche Systeme birgt jedoch eine konsequenzenreiche Schwierigkeit: Zwar behauptet in den Naturwissenschaften niemand, das Baukastenprinzip sei derart radikal anzuwenden, daß z. B. Kenntnis der chemischen Zusammensetzung des menschlichen Körpers erlaubte, nun aus den entsprechenden Mengen chemisch reiner Elemente diese Zusammensetzung auch technisch-praktisch tatsächlich durchführen zu können. Aber das Baukastenprinzip wird doch weitgehend für so tragfähig gehalten, daß die Eigenschaften des höheren Systems (Mensch oder Hirn) aus denen der niedrigeren Systeme (chemische Elemente, Großmoleküle, Zellen, Organe) vollständig erklärt werden können. (Wo diese Vollständigkeit angezweifelt wird, benötigt man die schon erwähnten metaphysischen Zusatzhypothesen wie die von Fulguration oder Emergenz.)

Diese liberale, metaphysikfreie Auffassung des Baukastenprinzips enthält aber als entscheidenden Denkfehler die mangelnde Unterscheidung von natürlich und künstlich. Im Bereich des menschlich Hergestellten ist das Baukastenprinzip höchst erfolgreich, weil in *methodischer Reihenfolge zuerst* der Herstellungszweck und dann die konstruktiven Mittel zu seiner Erreichung angegeben werden können. Im Bereich des Natürlichen, etwa der Funktion des menschlichen Hirns, müßte zur Anwendung des Baukastenprinzips ein Konstruktionszweck hypostasiert werden, der zusätzlich dem Problem konfrontiert wäre, wie denn die durch die Fachwissenschaften im Rahmen ihrer Methoden identifizierten »Teile« dazu ins Verhältnis gesetzt werden können. Diese Frage scheint um so unbeantwortbarer, als ja »*Teile*« (als Produkte des Teilens, also etwa der Forschungsverfahren der Chemiker, die zu Molekülen und Atomen führen) im Unterschied zu den »Komponenten« (die als solche immer schon Mittel zu einem bereits vorgegebenen Zweck sind) ja gerade *nicht unter der Zwecksetzung gewonnen*, gefunden oder definiert sind, nachher *als Komponenten* für das Gesamtsystem zu dienen.

Mit anderen Worten, Naturwissenschaften haben (verknüpft mit der irreführenden Rede von »Bausteinen«) zu Teilen wie Organen, Zellen, Molekülen oder Atomen geführt, die im Teilungsprozeß gerade nicht den Zweck im Auge haben, diese Teile nun als Komponenten für ganz bestimmte, zu erklärende Funktionen auszuzeichnen.
Was kann aus diesem Dilemma herausführen, wenn das Baukastenprinzip einerseits die technischen Modelle für die Erklärung natürlicher Systeme liefert, andererseits diese in ihren Teilen gerade auf solche Erklärungen nicht abgestellt sind? Wir riskieren, in Ermangelung einer brauchbaren Antwort in der einschlägigen Literatur, dafür einen eigenen Vorschlag:

Problemlösung und Schluß: Hirnforschung für Therapiewissen

Bisher haben wir uns der üblichen, aber unscharfen Formulierung bedient, »die Funktion des Hirns« sei zu erklären. Diese Formulierung enthält einen falschen Totalitätsanspruch, analog dem, »die Natur« zu beschreiben und zu erklären – immer gemeint im Sinne der ganzen Natur, der Menge aller Naturerscheinungen oder ähnliches.
Es spricht aber viel dafür, daß »die Funktion des Gehirns« eine Chimäre, ein Begriffsmonstrum ist, dem keine rational nachvollziehbare Aufgabe entspricht, weil es *keine Kriterien für die Vollständigkeit* der Beschreibung von Hirnleistungen gibt. Hier hat sich ein naives Verständnis der Physik oder der Naturwissenschaften gegenüber dem Kosmos und naive Totalitätsansprüche naturwissenschaftlicher Beschreibungen auf die Hirnforschung übertragen. »Das Hirn« ist in »seiner Funktion« danach verstanden, wenn es in Modelle oder Theorien abgebildet sei.
Tatsächlich kennen aber die Naturwissenschaften als letztes und *tatsächlich wirkendes Geltungskriterium* nur den technischen Erfolg an Laborgerät (einschließlich deren Anwendung auf die technische Simulation natürlicher Vorgänge wie in der Astronomie). Das heißt, tatsächlich und historisch wirksam für die Unterscheidung gültiger und ungültiger Naturwissenschaft ist nur, was handelnd als *technisches Störungsvermeidungs- bzw. Störungsbeseitigungswissen* beherrscht wird.[6]

Das heißt, schon in Physik und Chemie haben wir es mit Verhältnissen zu tun, wo der Mensch Zwecke des technischen Herstellens oder Beherrschens setzt, um dann an seinen technischen Realisierungsversuchen zu erfahren, wie weit er sie im Labor erreichen kann – oder nicht. Was er im Laufe dieses Forschungsprozesses an theoriegestütztem technischen Vermögen zusammenträgt, wird aus geistesgeschichtlichen Gründen, obgleich ein Störungsvermeidungs- oder Störungsbeseitigungswissen, von ihm dann als »gültige Beschreibung der natürlichen Welt« eingestuft: De facto gibt es aber hier kein Beschreibungswissen als eben das erfahrungsbewährte technische Können.

Diese (dem populären Verständnis der Naturwissenschaften zuwiderlaufende) Beschreibung soll eine *Analogie* zu unserem üblichen Verständnis von *Gesundheit und Krankheit* nahelegen. So wenig, wie wir »Natur« definieren können, um sie als »erkannte Natur« anders als über unsere erfolgreichen technischen Handlungen zu beherrschen, so wenig können wir »Gesundheit« anders als über Fehlen, Vermeiden oder Beseitigen von Störungen, nämlich Krankheiten definieren. Deshalb liegt es nahe, für eine naturwissenschaftliche Hirnforschung die bis jetzt zusammengetragenen Einsichten zu dem Programm zu bündeln, nicht »die Funktion des Gehirns zu erklären«, sondern das *Hirn unter der Perspektive medizinischen Prophylaxe- und Therapiewissens* zu erforschen.

Das heißt, daß die oben angesprochenen Probleme des Explanandums der Hirnforschung, also der zu erklärenden geistigen Leistungen, weder abstrakt noch versehen mit irgendwelchen Vollständigkeitsansprüchen gelingen muß, sondern der Krankheitsfall, also *der Ausfall von Fähigkeiten das Definiens der Gehirnleistung* darstellt. Darüber brauchen keine allgemeinen, erkenntnistheoretischen oder empirisch-psychologischen Abgrenzungen vorweg gesetzt zu werden. Vielmehr diagnostizieren im ersten Schritt Patienten oder ihre Mitmenschen den Ausfall von Leistungen, den zu therapieren (oder im günstigeren Falle, erst

6 Die instrumentalistische Sicht, die naturwissenschaftliches Wissen nicht als Beschreibung einer in ihren Strukturen naturgesetzlich vorgegebenen Welt interpretiert, sondern als technisches know-how, ist für mehrere Disziplinen ausgeführt, in: P. Janich; *Grenzen der Naturwissenschaft. Erkennen als Handeln.* München 1993 (C. H. Beck).

gar nicht entstehen zu lassen) dann ein medizinisches Wissen erfordert.

Dieses Wissen hätte nicht nur eine geradezu großartige sittliche Rechtfertigung, sondern erkenntnis- und wissenschaftstheoretisch auch klare Kriterien: Statt der Beschreibungstreue der Theorie gegenüber einem mit metaphysisch verstandenen Naturgesetzlichkeiten behafteten Gegenstand würde der prophylaktische oder therapeutische Erfolg aufgrund einer Beschreibung deren Geltung stiften. Das Wissen über das menschliche Hirn wäre nicht mehr im Stil des menschlichen Nachschöpfers göttlicher Schöpfung, sondern im Stil des aufgeklärten Menschen betrieben, Instrumente für seine (medizinischen) Zwecke mit den Mitteln der Wissenschaft bereitzustellen. Dazu müßte die Hirnforschung den Anspruch meiden, das Wesen des Menschen und seiner kulturellen oder geistigen Errungenschaften naturwissenschaftlich erklären zu wollen, und sich statt dessen auf Hirnforschung als Teil der Medizin verstehen.

3. Das Experiment in der Psychologie

1. Einleitung

Seit Francis Bacon, der Propagandist der neuzeitlichen experimentellen Naturwissenschaften, in seinem »novum organum« (1620) das Experiment als Quelle eines technischen Verfügungswissens hervorgehoben hat, und seit, ebenfalls in der ersten Hälfte des 17. Jahrhunderts, die Italiener Galilei und Torricelli begonnen haben, in der Physik systematisch zu experimentieren, hat das Experiment in Physik und Chemie einen unaufhaltsamen Siegeszug angetreten. Für die modernen Naturwissenschaften gibt es so gut wie keine bedeutenden empirischen Resultate, die nicht experimentell gewonnen wären.

Daß das Experiment seit W. Wundt eine vergleichbar wichtige Rolle für die Psychologie zu spielen begann, darf an dieser Stelle als bekannt vorausgesetzt werden.

Um so verblüffender ist es, daß weder Physik und Chemie als die erfolgreichsten Experimentalwissenschaften noch die Wissenschaftstheorie dieser Fächer eine explizite Theorie des Experiments entwickelt haben, sieht man von einer Ausnahme ab, die sogleich zu besprechen sein wird. Auf seiten der Naturwissenschaft mag der Grund dafür in der Tatsache liegen, daß diese einer ausführlichen Diskussion und Klärung ihrer methodischen Hilfsmittel traditionell wenig, wenn nicht zu wenig Aufmerksamkeit widmen. Auf seiten der Wissenschaftstheorie jedoch, die für eine solche Diskussion professionell zuständig ist, hat sich vor allem die Philosophie des Wiener Kreises einschließlich seines Umfeldes und seiner Tradition ausgewirkt: Durch den dominanten Einfluß von G. Frege, L. Wittgenstein und B. Russell hat sich (z. B. gegenüber der hohen Kompetenz E. Machs oder H. v. Helmholtz' in experimenteller Technik) eine Sprachfixierung der Wissenschaftstheorie durchgesetzt, die über drei Generationen von Forschern hinweg Naturwissenschaften primär oder ausschließlich als theoretisches und sprachliches Phänomen analysiert haben. Hinzu kommt die geisteswissenschaftlich-historische Tradition der Philosophie, die, von sehr wenigen und höchst exklusiven Ausnahmen abgesehen, gegenüber Technik eher feindlich, mindestens aber ignorant war.

Eine explizite Ausnahme macht hier die methodische Philosophie, die seit dem Entstehen der Erlanger Schule auch (»Methodischer«, im Unterschied zum »Radikalen«) Konstruktivismus genannt wird. 1928 erscheint Hugo Dinglers Buch »Das Experiment, sein Wesen und seine Geschichte«, und als vorläufig letzte Buchpublikation entsteht, als eine in Marburg angefertigte Habilitationsarbeit, das Buch »Experimentelle Erfahrung« von H. Tetens (1987), eine wissenschaftstheoretische Studie über die Rolle des Experiments für die Begriffs- und Theoriebildung der Physik. Wegen ausdrücklicher Berücksichtigung der Psychologie ist hier auch das klärende Buch meines Schülers D. Hartmann (1993) zu erwähnen. Dieser philosophischen Richtung ist aber auch ein Buch zuzurechnen, das so unbekannt geblieben ist, wie sein Autor bekannt geworden ist, zumal in der Psychologie: 1967 erscheint »Wissenschaft als Handlung. Versuch einer neuen Grundlegung der Wissenschaftslehre« von Klaus Holzkamp. Dort wird im dritten Teil des Buches unter dem Titel »Das Experiment« eine Weiterentwicklung der Dinglerschen Philosophie betrieben, die höchst lesenswert ist, aber vielleicht deshalb bisher keinerlei Beachtung gefunden hat – selbst H. Tetens läßt sie völlig unerwähnt –, weil Holzkamp in seiner Wendung zur »Kritischen Psychologie« von seinen eigenen Ergebnissen so gut wie keinen Gebrauch macht, ja dieses Buch insgesamt von der Holzkamp-Tradition wohl eher als bürgerlich-»vorkritisch« eingeschätzt und ignoriert wird.

Ein erheblicher Unterschied zwischen Physik und Chemie einerseits, Psychologie andererseits ist darin zu sehen, daß das Experiment in der Psychologie von ihren eigenen Vertretern ins Gerede gebracht wurde, während Physik und Chemie im Experiment uneingeschränkt ihr erkenntnistheoretisches Heil suchen und zu finden glauben.

Hier ist nicht zuletzt die Arbeit von Lothar Tent zu erwähnen, die, 1992 erschienen, unter dem Titel »Über den Ursprung des neuerlichen Unbehagens an der Experimentellen Psychologie oder: die Skrupel des Prometheus?« die »neuen Kritiker« W. Traxel, K. Holzkamp und P. Kline diskutiert. Tent resümiert dort nach einer Prüfung der Argumente dieser Kritiker: »Die Argumente werden auf ihre Stichhaltigkeit untersucht. Dabei wird u. a. Traxels Thesen vom Aberglauben in der Psychologie (falsche Analogie, Zahlenzauber) sowie vom Epilog-Charakter der Nach-

kriegsentwicklung in Deutschland widersprochen. Spekulativ betrachtet, erscheint die neuerliche Kritik als Folge einer kollektiven narzißtischen Kränkung der Psychologen (durch die Öffentlichkeit); ihre quasi-religiösen Komponenten verweisen auf latente archaische Ängste. Ohne einen Monopolanspruch damit zu verknüpfen, plädiert der Verfasser nachdrücklich für die Beibehaltung und qualitative Verbesserung der experimentellen Forschungsmethodik in der Psychologie« (S. 224).
Diese ganze Debatte wird jedoch ohne eine »Theorie« oder »Wissenschaftstheorie des Experiments« geführt, wo geklärt sein sollte, in welchen Situationen oder für welche Gegenstände Experimente überhaupt sinnvoll sind und wie es anzustellen sei, daß Experimente empiriehaltige, transsubjektiv gültige Aussagen über Kausalzusammenhänge zu gewinnen erlauben und technisches Verfügungswissen bereitstellen.

2. Experimentieren als zweckgerichtetes Handeln

Im folgenden möchte ich versuchen, eine wissenschaftstheoretische Skizze des Experiments zu entwerfen, die weit genug trägt, das Experiment in der Psychologie unter erkenntnistheoretischen und ethischen Perspektiven zu diskutieren. Der kurzen und übersichtlichen Darstellbarkeit halber wähle ich dazu als ehrwürdiges und klassisches Beispiel die Galileischen Fallversuche. An ihnen zeigen sich vier Charakteristika des Experimentierens:

(1) *Im Experiment muß poietisch gehandelt werden*, d.h. Galilei (oder ein handwerklicher Helfer) stellt die Fallrinne, die polierte Messingkugel, einen Meßstab für Längenmessung sowie eine simple Vorrichtung für Kurzzeitmessungen her. (Ursprünglich hat Galilei Zeiten durch Zählen seines Pulses gemessen, was immerhin auf kühles Blut bei den Beobachtungen schließen läßt. Später hat er eine schlichte Wasseruhr, genauer ein flaches Auslaufgefäß verwendet, deren Öffnung er mit dem Finger verschloß, und mit der er Zeitverhältnisse durch Wägen des ausgelaufenen Wassers bestimmte.) An der handwerklich-technischen Seite des Experimentierens soll hier unterschieden werden zwischen Präparation, Start und Registration. Präparation ist die Herstellung und Vorbereitung der

gesamten Experimentierapparatur bis zu einem Stadium, in dem der einzelne experimentelle Durchgang beginnen kann. Dann wird durch ein menschliches Eingreifen mit der Hand das Experiment gestartet, etwa, indem Galilei zugleich die auf der Rinne liegende Kugel und die Auslauföffnung der Wasseruhr freigab. Der »Start« markiert genau das Ereignis, das für ein naturwissenschaftliches Experiment wesentlich wird, nämlich gleichsam die Schnittstelle zwischen dem durch menschliche Handlungen, also letztlich sogar Eingriffen mit der Hand, herbeigeführten Sachverhalt, und einem Verlauf, der weder eine menschliche Handlung ist noch durch eine solche beeinflußt oder gestört wird. In der »Registration« werden durch Beobachtung Daten gewonnen, etwa, wenn die rollende Kugel eine bestimmte Wegmarke passiert, die Auslauföffnung der Wasseruhr verschlossen. Der Rest ist dann wieder in Sprache stattfindende Denkarbeit.

(2) *Experimente werden wiederholt und variiert.* Zum Beispiel veränderte Galilei die Neigung der Fallrinne, oder (um vom historischen Vorbild abzuweichen) hätte er verschieden große Kugeln verschiedenen Materials für seine Untersuchungen wählen können. Zweck von Wiederholung und Variation ist es, die funktionale Abhängigkeit von experimentell untersuchten Parametern sicherzustellen und quantitativ zu erfassen.

(3) *Jedes Experiment hat theoretische Vorgaben*, aus denen die experimentell zu beantwortende oder zu entscheidende Frage erwächst. (Wenn Physiker üblicherweise sagen, die »Theorie entscheide, was das Experiment zeigt«, so ist dieser Sachverhalt damit gemeint.) Ein Experimentator könnte kein experimentelles Design entwickeln und Präparation, Start und Registration leisten, wenn nicht im Lichte eines Vorwissens und einer durch dieses Vorwissen aufgeworfenen Frage. Bei Galilei war dies der schon lange währende Streit der Impetus-Theorie, aus dem sich die beiden Auffassungen entwickelt hatten, die Fallgeschwindigkeit wachse proportional zum Fallweg oder zur Fallzeit. (Man beachte, daß schon diese Alternative einen Begriff von physikalischer Zeit erfordert, der ausschließt, daß ein Anwachsen der Fallgeschwindigkeit proportional zum Weg nicht einfach zugleich proportional der Fallzeit ist. Mit anderen Worten, die Fragestellung Galileis wäre sinnlos, würde nicht dem Experiment als theoretische

Vorgabe ein durch ein Meßverfahren operationalisierbarer Zeitbegriff vorausgehen.)

(4) *Experimentelle Daten müssen zu einem Resultat zusammengefaßt werden*, das Wiederholungen und Variationen des Experiments berücksichtigt. In moderner Formulierung wäre dies das Resultat, daß die Geschwindigkeit proportional zur Zeit ist mit einer Proportionalitätskonstanten, die wir »Beschleunigung« nennen, und die abhängt von der Neigung der Fallebene, wobei die Reibung zu berücksichtigen ist usw.

Von besonderer Wichtigkeit sind, überblickt man diese vier Charakteristika des Experiments, zwei Folgerungen:

Eine vollständige Beschreibung des Experiments liegt nur vor in einer Wenn-dann-Form, in der der Wenn-Teil die Beschreibung von Präparation und Start enthält, und der Dann-Teil das Resultat, also etwa »Geschwindigkeit ist proportional zur Zeit«, oder »Strecke ist proportional dem Quadrat der Zeit«. Wo dagegen lediglich die Resultate, jedoch nicht die sie ermöglichenden und vom Experimentator herzustellenden Bedingungen genannt werden, ist nicht zu beurteilen, worüber ein Wissen und mit welchem Geltungsanspruch durch das Experiment gewonnen ist.

Der Schnitt zwischen der technischen Reproduzierbarkeit der Experimentierbedingungen durch die Handlungen des Experimentators und dem Verlauf, soll – metaphorisch gesprochen – etwas »Naturgesetzliches« gerade dadurch zeigen, daß er keine Handlung eines Menschen ist. Das heißt, gerade durch eine differenzierte Beschreibung und Unterscheidung läßt sich am Experiment ersehen, daß ein Wissen über den untersuchten Gegenstandsbereich zwar immer relativ zu den Veranstaltungen des Experimentators, aber darüber hinaus eben doch ein Wissen »von der Welt« ist, insofern es gerade nicht die Handlung des Experimentators selbst, sondern deren Folgen und Widerfahrnischarakter betrifft.

Hier sind nun schon handlungstheoretische Termini verwendet worden, für die im nächsten Schritt Klärungen nachgereicht werden sollen, die für die Beurteilung des spezifischen Unterschiedes von Experimenten in Physik und in Psychologie benötigt werden.

3. Zweckgerichtetes Handeln und der Unterschied zwischen Physik und Psychologie

Für die Physik ist eine Theorie des Experiments vor allem dort erheblich, wo naturalistische Mißverständnisse abzuwehren sind. Sie bestehen darin, daß es »die Naturgesetze selbst« seien, die unabhängig von Ort, Zeit und Person die Wiederholung von Experimenten ermöglichten. Diese Auffassung ist ersichtlich zumindest zirkulär und damit ungültig, wo zugleich Naturgesetze durch Experimente gefunden oder überprüft werden sollen. Für die Physik ist deshalb z. B. in Theorien des Messens darzustellen, daß »Naturgesetze« – wenn hier diese metaphorische Sprechweise der Kürze halber verwendet werden darf – nicht zwischen brauchbaren und defekten Geräten zu unterscheiden erlauben, und deshalb menschliche Zwecksetzungen für Konstruktion und Verwendung die Funktionskriterien von Meßgeräten normativ vorgeben.

In der Psychologie treten zu diesen, ebenfalls die Reproduzierbarkeit der Experimentierbedingungen (Präparation und Start) betreffenden Fragen zusätzliche Probleme auf, wo nämlich Gegenstand des Experiments selbst wieder Handlungen von Menschen sind, wo also nicht nur die Handlungen des Experimentators oder Versuchsleiters, sondern auch diejenigen der Versuchsperson zu berücksichtigen sind. Um dies näher zu erklären, hier nun ein kleiner Exkurs in philosophische Handlungstheorie:

In methodischer Philosophie werden (menschliche) »Handlungen« terminologisch von Nichthandlungen (bloßem Verhalten, im folgenden »behaviour« genannt, und Widerfahrnissen) im ersten Schritt exemplarisch unterschieden, d. h., rekurrierend auf das Wissen eines jeden Erwachsenen werden Beispiele für Handlungen (ein Gedicht vortragen, einen Kuchen backen, einen Brief schreiben, ein Experiment machen) und behaviour (erschrecken, stolpern, niesen) genannt. (Ich verwende hier »behaviour«, um nicht mit dem üblichen Sprachgebrauch zu kollidieren, daß heute allgemein »Verhalten« als Oberbegriff für Handlungen und behaviour verwendet wird.) Für Handlungen wird dann, terminologisch präzisierend, festgelegt, daß (1) zu Handlungen aufgefordert werden kann, daß (2) Handlungen auch unterlassen werden können, und daß (3) Handlungen ge- und mißlingen können. All dies sagen wir üblicherweise von behaviour und von anderen Widerfahrnissen (z. B. von einem Stein getroffen werden) nicht.

In der Zusammenarbeit zwischen Philosophie und Psychologie in Marburg verbindet mich nun aus den gemeinsamen Seminaren mit den Psychologieprofessoren Lothar Tent und Ferdinand Merz mit letzterem eine herzliche Kontroverse: Herr Merz kokettiert damit, meine Unterscheidung von Handlung und behaviour nicht verstehen zu können. Der derzeitige Stand dieser Kontroverse ist dadurch zu kennzeichnen, daß wir beide – wir besitzen beide einen Hund – darin übereinstimmen, daß unsere Hunde unterscheiden könnten, ob man versehentlich über sie stolpert oder sie absichtlich mit dem Fuß tritt. Mit dieser List glaube ich aber, in unserer Kontroverse bereits gewonnen zu haben, denn schon das Zugeständnis, daß der Hund von Herrn Merz Handeln und behaviour unterscheiden kann, beinhaltet die Verfügbarkeit dieser Unterscheidung auch für den den Hund beschreibenden Psychologen.

Hier geht es selbstverständlich mehr um das Unterscheidenwollen als um das Unterscheidenkönnen, so daß ich kurz dafür argumentieren möchte, warum vor allem auch Psychologen diese Unterscheidung machen wollen sollten.

Zunächst einmal würden wir keinen Zeitgenossen als sozial hinreichend kompetent akzeptieren, der nicht als Kind gelernt hat, zu handeln. Durch Vormachen und Nachahmen, begleitet von Aufforderungen, Korrekturen und Sanktionen erwerben wir Handlungsfähigkeiten nichtsprachlicher wie sprachlicher Art, vom Gebrauch von Besteck, Schere, Streichhölzern usw. bis zu Fertigkeiten des Heimwerkers, von ersten Einwortsätzen bis zum Schreiben eines »Besinnungsaufsatzes« in der höheren Schule.

Dagegen lernen wir nicht zu stolpern, zu erschrecken, hinzufallen, zu niesen usw., obgleich dies alles immer wieder im Laufe einer Kindheit und des weiteren Lebens geschieht. Das heißt, es ist nicht kontrovers, daß jeder normalsinnige Erwachsene Handlungskompetenzen vielfältiger Art unterscheiden kann, die z. B. in Anspruch genommen werden, wenn Psychologie studiert und dann getrieben wird.

Handlungen sind zweck- oder zielgerichtet (mit einem synonymen Gebrauch von Zweck und Ziel). Zwecke sind keine metaphysischen Entitäten oder durch naturwissenschaftliche Forschungsprogramme tabuisierte Gegenstände, sondern schlicht und einfach die durch Handlungen herbeizuführenden Sachverhalte wie z. B. das Brennen des Streichholzes als Zweck der Handlung,

es anzuzünden, oder die Verfügbarkeit des Kuchens als Zweck der Handlung, ihn zu backen. Sachverhalte werden durch Aussagen dargestellt.
Handlungen heißen gelungen, wenn der bezweckte Sachverhalt herbeigeführt, und mißlungen, wenn er verfehlt wird.
Ob und unter welchen Bedingungen Handlungen gelingen bzw. mißlingen, stößt uns an unseren eigenen Handlungen zu. Erfolg bzw. Mißerfolg sind Widerfahrnisse, die aber stets nur dem Handelnden widerfahren und damit immer auf eine Handlung (und ihren Zweck) bezogen sind. Dafür sagt man üblicherweise, man »mache eine Erfahrung«. (Die aktivistische Formulierung im Deutschen weist zu Recht auf die Handlungsabhängigkeit jeglicher Erfahrung hin. Wer als Gegenbeispiel Widerfahrnisse wie das unvermutete Getroffenwerden von einem Dachziegel ins Feld führen möchte, übersieht, daß durch solche Unglücksfälle noch kein Wissen entsteht – es sei denn, man denkt nach und faßt Entschlüsse, künftig so zu handeln, daß unangenehme unvermutete Widerfahrnisse tunlichst vermieden, angenehme unvermutete Widerfahrnisse tunlichst herbeigeführt oder ermöglicht werden.)
In diesem handlungstheoretischen Sinne ist das Experiment ein Prototyp des Machens von Erfahrungen. Ob Galilei durch bestimmte Maßnahmen der Präparation und des Starts für die Fallbewegung der Kugel eine Proportionalität der Fallgeschwindigkeit zur Fallzeit oder zum Fallweg technisch reproduzieren kann, stößt ihm an seinen Bemühungen zu. Generell gilt, daß das gesamte laborwissenschaftliche Wissen der traditionellen Naturwissenschaften ein technisches know-how zur Reproduktion solcher Widerfahrnisse, oder eben Erfahrungen, ist.
Widerfahrnischarakter hat aber nicht nur der Erfolg bzw. der Mißerfolg einer Handlung, sondern auch behaviour. Wir verfügen nicht handelnd darüber. Wir können zwar, wie bei den unvermuteten Widerfahrnissen soeben ausgeführt, durch Handlungen bemüht sein, behaviour zu vermeiden oder zu befördern, z. B. durch aufmerksames Gehen ein Stolpern zu vermeiden oder durch Aufsuchen geeigneter Situationen ein Verlieben zu befördern. Wir gehen also sinnvollerweise mit behaviour, sogar mit unserem eigenen behaviour um wie mit den Verläufen im Experiment, indem wir Veranstaltungen treffen, sie möglichst zuverlässig und wiederholbar provozieren zu können.
Es sind keine handlungstheoretischen oder methodologischen

Schwierigkeiten zu sehen, Experimente mit behaviour anzustellen. Wenn aber in der Psychologie Experimente mit behaviour als »möglich« behauptet werden, so ist damit selbstverständlich gemeint, daß sie sinnvoll sind und empirische Resultate liefern. Eine Möglichkeit im Sinne einer tatsächlichen Durchführbarkeit – es tun sich keine naturgesetzlichen oder kultürlichen Verhinderungen auf – ist so wenig ein brauchbares Kriterium wie für das empirische Nachzählen einer Multiplikation mit Hilfe von Erbsen, oder das »Experiment«, ob sauberes Wasser bei 760 bar Luftdruck bei 100° Celsius kocht. Experimente sind vielmehr nur dort sinnvoll, wo ihre Resultate nicht schon z. B. durch Rechenregeln oder Definitionen festgelegt, sondern durch das Experiment tatsächlich geprüft werden, d. h. bei anderem Verlauf auch widerlegt werden können.

Mit dieser Klärung der Rede von der Möglichkeit von Experimenten kann nun behauptet werden, psychologische Experimente mit behaviour sind im selben Sinne »möglich« wie physikalische Experimente mit fallenden Kugeln.

Sind Experimente aber auch möglich mit Handlungen – gemeint ist selbstverständlich, mit Handlungen der Versuchspersonen? Mit Blick auf psychologische Lehrbücher ist zunächst einmal festzustellen, daß solche Experimente »wirklich« sind, d. h. tatsächlich gemacht werden. Handlungstheoretisch sind dabei zwei Typen zu unterscheiden, die entweder ohne oder mit Instruktion der Versuchsperson durch den Versuchsleiter ablaufen.

Als Prototyp eines Experiments ohne Instruktion könnte schon die Alltagspraxis des Verkaufsleiters eines Supermarkts angesehen werden: Er »experimentiert« durch Variation der Anordnung und Präsentation von Waren mit Kunden, für die unterstellt wird, daß sie bei ihren Einkäufen handeln.

Das Beispiel, das ja selbst noch kein wissenschaftliches Experiment ist, sich aber auf solche übertragen läßt, ist hier wegen eines geläufigen Einwandes genannt: Man sagt gerne, hier werde die Autonomie des untersuchten Subjekts nicht respektiert. Tatsächlich ist, um dafür Aspekte der Diskursethik von J. Habermas, (1983) heranzuziehen, der genannte Umgang mit den Kunden weder herrschaftsfrei noch nicht-persuasiv; aber der Kritiker, der hier die Verletzung der Selbstbestimmung von Personen sieht, muß zumindest das Dilemma bewältigen, das die Versuchsperson in ihrer Autonomie ernst zu nehmen einschließt, daß sie einer

Verführung widerstehen kann. Mit anderen Worten, wer psychologische Experimente ohne Instruktionen durch den Versuchsleiter moralisch kritisiert, muß zumindest vorher abklären, ob die Anlage des Experiments für Versuchsperson eine echte Wahl- oder Handlungsfreiheit offenläßt. (Zur Ethik des psychologischen Experiments siehe unten.)

Experimente mit Handlungen von Versuchspersonen ohne Instruktion durch den Versuchsleiter sind möglich und sinnvoll, obwohl oben bei der Darstellung des Experiments in der Physik darauf verwiesen wurde, daß nach dem »Schnitt« zwischen Präparation und Start einerseits, Verlauf andererseits keine weitere Handlung stattfindet – aber dies war selbstverständlich die Handlung des Experimentators. Experimente mit Handlungen von Versuchspersonen sind also genau deshalb und in dem Sinne möglich und sinnvoll, als für den Versuchsleiter die Handlung einer Versuchsperson provoziert werden kann, als ob sie ein Naturvorgang oder Verlauf wäre. Das heißt, die Rollentrennung von Versuchsleiter und Versuchsperson begründet, warum in Experimenten ohne Instruktion empirisches Wissen gewonnen werden kann.

Die psychologische Literatur läßt aber leicht erkennen, daß Experimente mit Instruktion weitaus wichtiger, häufiger und wohl für die heutige Psychologie unverzichtbar sind. Als Beispiel diskutiere ich eine schöne Experimentalreihe von Rösler, Heil & Henninghausen (im Druck), der in EEG-Messungen einen Vergleich von Lernen an Farben mit Lernen an der räumlichen Lage von Karten eines Memory-Spiels durchgeführt hat. Selbstverständlich muß die Versuchsperson dafür Anweisungen erhalten, das Memory-Spiel in einer bestimmten Weise zu spielen. Und handlungstheoretisch eindeutig ist, daß die Versuchsperson handelt, wenn sie den Aufforderungen des Versuchsleiters folgt.

Methodologisch ergeben sich hier zwei Probleme:

(1) Betrachtet man die Präparation dieses Experiments, so stellt sich die Frage, ob die Reproduzierbarkeit der Experimentierbedingungen möglich und zweifelsfrei entscheidbar ist. Denn zu ihr zählt ja die Instruktion der Versuchsperson durch den Versuchsleiter. Das heißt, die Versuchsperson ist für jeden neuen Start des Experiments – metaphorisch gesprochen – in dieselbe Ausgangslage zu versetzen. Bekanntlich haben Psy-

chologen Instrumentarien entwickelt, dies so weit wie möglich sicherzustellen. Aber es führt wohl prinzipiell kein Weg daran vorbei, daß der Versuchsleiter schlicht und einfach glauben muß, daß die Versuchsperson seine Instruktionen befolgt. Fingieren wir den Fall, daß sich alle Versuchspersonen der Experimentalreihe verabredet hätten, den Versuchsleiter zu täuschen, indem sie z. B. instruktionswidrig die Lage von Karten gerade nicht nach Farbe, sondern räumlichen Kriterien lernen, so dürfte es schwerfallen, dies zu entdecken. Mit anderen Worten, wie immer das Resultat des Experiments ausfällt, es enthält in der vollständigen Beschreibung im Wenn-Teil die Unterstellung, daß die Versuchspersonen die Aufforderung des Versuchsleiters tatsächlich befolgen.

(2) Was wird in Experimenten mit Instruktionen gesucht? Ersichtlich kann dies nicht eine Kontrolle der Frage sein, ob die Versuchsperson die Instruktionen des Versuchsleiters tatsächlich befolgt. (Es sind Fälle denkbar, wo auch diese Frage empirisch zu beantworten ist, etwa bei klinischen Tests zu Medikamentenwirkungen, wo gewußt werden muß, ob die Medikamente von den Patienten tatsächlich eingenommen werden.)

Da unverzichtbar zu den Präparationen solcher Experimente die Befolgung von Aufforderungen des Versuchsleiters durch die Versuchsperson zählen, dürfen die in solchen Experimenten gesuchten Resultate nicht als »Naturgesetze« bezeichnet werden. Denn – im Unterschied zu Experimenten ohne die Instruktion – ist die Hypostasierung eines quasi naturgesetzlichen Verlaufs in der Handlung der Versuchsperson unzulässig, da das Experiment nur gelingt, wenn die Handlungen der Versuchsperson auch für den Versuchsleiter Handlungen, nämlich Befolgung von Aufforderungen sind. Andernfalls ergibt das Experiment überhaupt keine Resultate.

Daraus folgt, daß – ich vermute, entgegen dem Selbstverständnis der in dieser Weise arbeitenden Psychologen – solche Experimente keine Naturgesetze analog zu physikalischen Gesetzen zutage fördern, sondern ein technisches Verfügungswissen über Menschen, die selbstbestimmt handeln und sich dabei zugleich verhalten (im Sinne von behaviour). Denn selbstverständlich verfügt die Versuchsperson, die instruktionsgemäß ihr Memory-Spiel spielt, nicht darüber, welche Erregungsmuster das EEG zeigt.

Nun zeigt sich, daß die oben zuerst genannten Experimente mit behaviour keine eigene Klasse neben denen mit Handlungen (instruiert oder nicht) bilden, sondern immer solche mit Handlungen von Versuchspersonen sein müssen. Denn weder für die Versuchsperson noch den Versuchsleiter gäbe es eine Zugänglichkeit von behaviour sozusagen außerhalb jeden Handlungskontextes der Versuchsperson. Man denke etwa an experimentelle Schlaf- und Traumforschung. Deshalb wird im folgenden nur noch von Experimenten mit Handlungen ohne und mit Instruktion zu reden sein. Für Verstehen und Begreifen von Resultaten der experimentellen Psychologie zeigt der Versuch von Experimenten ohne und mit Instruktion der Versuchsperson, daß eine oberflächliche Übernahme experimenteller Verfahren etwa aus der Physik in die Psychologie zu falschen oder lückenhaften Interpretationen führt. Während nämlich die vollständige technische Reproduzierbarkeit physikalischer Experimentierbedingungen zur Reproduktion von Verläufen gerade die Naturgesetzlichkeit oder Universalität physikalischer Aussagen begründet, ist dies im Falle psychologischer Experimente mit Instruktion die Kulturleistung eines fest etablierten Konsenses zwischen Versuchsleiter und Versuchsperson, gewisse Spielregeln einzuhalten.

4. Psychologisches Experiment und Moral

Unter allen Aspekten ist unstrittig, daß Experimentieren immer ein Handeln eines Versuchsleiters ist. Diese triviale Feststellung ist deshalb nicht überflüssig, weil in einer gängigen Unterscheidung von Grundlagenforschung und angewandter Forschung bzw. von reiner Forschung und Anwendung die Zweckfreiheit jeweils der ersteren behauptet wird. Sofern – was gelegentlich der Fall ist – damit nicht etwas anderes, nämlich eine interessenabhängige Auswahl von Forschungsgegenständen oder gar Fälschung von Forschungsresultaten gemeint ist, ist diese Behauptung der Zweckfreiheit falsch. Schon die Erfindung und Veranstaltung von Experimenten ist wegen des prinzipiellen Anspruchs auf Wiederholbarkeit zweckgerichtetes Handeln und besteht in der Psychologie unvermeidbar in der Bereitstellung von Verfügungswissen über handelnde Menschen. Andernfalls fänden Experimente nicht statt.

Daraus ergibt sich die Möglichkeit und die Verpflichtung, Handlungsfolgen – wohlgemerkt der Handlungen des Versuchsleiters – zu beurteilen, und zwar in erkenntnistheoretischer und ethischer Hinsicht.

In erkenntnistheoretischer Hinsicht sollte durch die vorgetragenen Überlegungen begründet sein, daß Experimente in der Psychologie sinnvoll sind, wenn es auch unterschiedlich schwierig und in den Resultaten unterschiedlich weitreichend ist, Experimente mit Handlungen einer Versuchsperson ohne Instruktionen und ohne Bereitschaftserklärung der Versuchsperson, und mit Handlungen einer Versuchsperson durchzuführen, die instruiert ist und ihre Bereitschaft zur Mitwirkung am Experiment erklärt hat. Bleibt also die Frage, ob psychologische Experimente eventuell moralisch verboten sind, weil sie im ersten Falle die Autonomie der Versuchsperson in dem Sinne ignorieren, in dem Kant es verwerflich nannte, einen anderen zum bloßen Mittel für die eigenen Zwecke zu degradieren. Für Experimente des zweiten Typs entfällt zwar der Vorwurf, daß im Experiment selbst die Autonomie der Versuchsperson ignoriert oder verletzt würde, da sie ja explizit und positiv in Anspruch genommen wird. Dennoch ist nicht zu bestreiten, daß das Verfügungswissen, das auf diese Weise gewonnen wird, immerhin ein Verfügungswissen über autonome (d. h. als autonom zu postulierende) Personen ist, so daß sich die Frage ergibt, ob ein solches Verfügungswissen bzw. seine Bereitstellung nicht generell verwerflich sei.

In der hier gebotenen Kürze kann eine prinzipielle Antwort bzw. Rechtfertigung nicht gegeben werden. Selbstverständlich ist aber, daß in einem Gemeinwesen generell die Autonomie des Subjekts seine Grenzen in der Autonomie der anderen Subjekte findet, d. h., daß auch psychologische Experimente nicht mit unzulässigen Idealisierungen bezüglich der Versuchsperson diskutiert werden dürfen.

Ein gerechtes Gemeinwesen kann nicht darauf verzichten, daß über Arbeitsteilung, Organisation und Hierarchisierung Verfügung von Menschen über Menschen stattfindet, und erlaubt moralisch gerechtfertigte Formen solcher Verfügung. Generell ist damit nur festzustellen, daß psychologische Experimente mit Menschen, und nun für beide Typen des Experiments, von Fall zu Fall gerechtfertigt werden müssen, d. h. daß die Zwecke, denen das so gewonnene Verfügungswissen ein effizientes Mittel sein soll, gerechtfertigt werden. Eine solche Rechtfertigung kann weder generell durch den Wunsch von Forschern, zu forschen, geleistet noch generell durch eine praxis-, geschichts- und lebensfremde Idealisierung des Individuums ausgeschlossen werden.

Literatur

Bacon, F. (1665). novum organum. In: J. B. Schoenwetter, *opera omnia quae extant, philosophica, moralia, politica, historica.* Frankfurt; deutsch M. Buhr (Hrsg.) (1962). *Das neue Organon (novum organon).* Berlin: Akdademie-Verlag.

Carnap, R. (1969). *Einführung in die Philosophie der Naturwissenschaft.* München: Nymphenburger.

Dingler, H. (1928). *Das Experiment. Sein Wesen und seine Geschichte.* München: Eidos.

Galilei, Galileo: Unterredungen und mathematische Demonstrationen über zwei neue Wissenszweige, die Mechanik und die Fallgesetze betreffend, Arcetri, 6. März 1638, herausgegeben und übersetzt von A. v. Oettingen, Leipzig 1890-1991. *Ostwald's Klassiker der exakten Wissenschaften 11, 24. 25.*

Habermas, J. (1983). *Moralbewußtsein und kommunikatives Handeln.* Frankfurt: Suhrkamp.

Hartmann, D. (1993). *Naturwissenschaftliche Theorien. Wissenschaftstheoretische Grundlagen am Beispiel der Psychologie.* Mannheim: Wissenschaftsverlag.

Helmholtz, H. von (1971). *Philosophische Vorträge und Aufsätze*, herausgegeben von H. Hörz und S. Wollgast, Berlin: Akademie-Verlag.

Holzkamp, K. (1968). *Wissenschaft als Handlung.* Berlin: de Gruyter.

Janich, P. (1981). »Natur und Handlung. Über die methodischen Grundlagen naturwissenschaftlicher Erfahrung«. In: O. Schwemmer (Hrsg.), *Vernunft, Handlung und Erfahrung* (S. 69-84). München: C. H. Beck.

Janich, P. (1992). *Grenzen der Naturwissenschaft. Erkennen als Handeln.* München: C. H. Beck.

Mach, E. (1883). *Die Mechanik in ihrer Entwicklung. Historisch-kritisch dargestellt.* Leipzig. Nachdruck Darmstadt: Wissenschaftliche Buchgemeinschaft 1976.

Rösler, F., Heil, M. & E. Hennighausen, Distinct cortical activation patterns during long-term memory retreaval of verbal, spatial and colour-information. *Journal of Cognitive Neuroscience.*

Tent, L. (1992). »Über den Ursprung des neuerlichen Unbehagens an der experimentellen Psychologie, oder: Die Skrupel des Prometheus?« In: H. Gundlach (Hrsg.), *Philosophische Forschung und Methode. Das Ver-*

sprechen des Experiments (S. 205-226). Passau: Passavia Universitätsverlag.
Tetens, H. (1987). *Experimentelle Erfahrung*, Hamburg: Meiner.

4. Der Informationsbegriff in der Morphologie

Einleitung

»Information« ist ein in praktisch allen Wissenschaften auftauchendes Wort. Zusätzlich gibt es sogar eine eigene »Informationswissenschaft« oder Informatik, die sich unter vielerlei Aspekten mit »Information« befaßt. Die dadurch nahegelegte Erwartung, eine brauchbare Definition vorzufinden (eventuell aufgefächert nach Anwendungsbereichen), sieht sich allerdings enttäuscht.
Im folgenden soll deshalb (in einem Durchgang vom allgemeinen über die Naturwissenschaften und über die Biologie bis zur Morphologie im besonderen) eine Kritik an stillschweigenden problematischen Annahmen oder an Definitionsmängeln vorgetragen werden, um in einem zweiten Teil einen konstruktiven Reparaturversuch zu skizzieren, der im dritten Teil erlaubt, Bedingungen eines sinnvollen Informationsbegriffs für die Morphologie und darüber hinaus zu formulieren.

Kritik am Informationsbegriff

Der naturwissenschaftliche Status der Information

In allgemein anerkannten, natur- und technikwissenschaftlichen Lehrbuchdarstellungen werden »technische Systeme« als »Systeme für Transformation oder Transport von Stoff, Energie und Information« definiert. Dabei wird Information analog zu Stoff und Energie betrachtet. Zuständig sind traditionell die Naturwissenschaften Chemie, Physik, Biologie und Ingenieurswissenschaften.
In dieselbe Richtung weist das oft zitierte Diktum Norbert Wieners »Information ist Information, nicht Materie oder Energie«.[1] Information wird demnach zwar von Stoff und Energie unter-

1 N. Wiener, *Cybernetics, or Control and Communication in the Animal and the Machine*, New York 1948, S. 155.

schieden, hat aber einen analogen Status. Sie wird behandelt, als sei sie von Natur aus vorhanden und könne, wie Stoff und Energie, in Maschinen transformiert oder transportiert werden (auch Aufbewahrung oder Speicherung ist ein Transport, nämlich durch die Zeit). Entsprechend diesem Status der Information bleiben die Natur- und Ingenieurswissenschaften, wie üblich unterstützt durch Mathematik, als die Wissenschaften für die Funktion der Informationsträger zuständig.

Diese durchgängig anerkannte Auffassung deckt sich jedoch nicht mit der ursprünglichen Intention der Begründer der modernen mathematischen Informationstheorie, C. Shannon und W. Weaver. Diese betonen nachdrücklich die Abhängigkeit des Informationsbegriffs von menschlicher Kommunikation[2], den Kontext der Definition eines Informations-Maßes als technische Aufgabe, die Kapazität eines Übertragungskanals zu quantifizieren[3], und die kontraintuitive Interpretation des Informationsbegriffs in naturwissenschaftlichen, z. B. thermodynamischen Anwendungen.[4]

Der Informationsbegriff in Natur- und Technikwissenschaften

Bekanntlich geben die Naturwissenschaften Physik, Chemie und Biologie sowie die »kleinen« Spezialwissenschaften wie Mineralogie, Geologie, Astronomie usw. *Kausalerklärungen* für Vorgänge und Zustände. Dazu werden, in der Regel mit Bezug auf experimentelle Untersuchungen, *technische Modelle* für den Umsatz von Stoff und Energie benützt.

Seit dem Einzug der Computer in naturwissenschaftliche Forschung spätestens kommen zu den üblichen Kausalerklärungen *informationstheoretische Beschreibungen* von Vorgängen und Zuständen hinzu. Das werden z. B. chemische Reaktionen so beschrieben, als würden Moleküle ihre Reaktionspartner suchen oder erkennen, da werden (mechanische und elektrische) Strö-

2 C. Shannon, W. Weaver, *The mathematical theory of Communication*, Urbane, Chicago, London 1972; dt.: *Die mathematische Theorie der Kommunikation*, München 1976, S. 12.

3 A.a.O., S. 17.

4 A.a.O., S. 18, 22.

mungen in Leitungen als Suchen und Finden von Wegen beschrieben, und Wechselwirkungen von Organismen mit ihrer Umwelt werden als Kommunikation gefaßt.
Dem massiven Einsatz von Computern im naturwissenschaftlichen Forschungsprozeß ist, was ebenfalls für die Verbreitung informationstheoretischer Beschreibungen erheblich sein dürfte, die Denkfigur des *Regelkreises* bzw. der *Rückkopplung* als naturwissenschaftlich hilfreich vorausgegangen. Überall, wo »in der Natur« Rückkopplungen vorkommen, orientiert man sich dabei an technischen Modellen wie der thermostatischen Steuerung einer Heizung oder dem Konstanthalten der Leerlaufdrehzahl eines Motors. Selbstverständlich sind derartige Rückkopplungsprozesse im Schema kausaler Erklärungen voll erfaßbar, ohne daß man dazu einer informationstheoretischen Beschreibung bedürfte. Aber ebenso selbstverständlich sind diese möglich, und ihre Verbreitung nimmt weiterhin zu. Die dabei auftretenden philosophischen Probleme werden allerdings kaum gesehen.
Unterstellt man, daß heute nicht einfach naiv im Geiste von Descartes ein *Substanzdualismus* von Materie und Information vertreten wird, so hat man es beim Auftreten kausaler und informationstheoretischer Beschreibungen derselben Vorgänge oder Zustände mit einem *Aspektedualismus* zu tun, der unter Naturwissenschaftlern wie unter Philosophen einer analytischen und empiristischen Provenienz zu einer Art des Körper-Geist-Problems geführt hat. Diesem ist hier nachzugehen.
Als Beispiel sei ein Ölgemälde betrachtet, das einerseits durch Angabe von Ort und chemischer Zusammensetzung aller Farbpartikel auf der Leinwand *naturwissenschaftlich beschrieben*, andererseits durch eine alltagssprachliche oder kunsthistorische Angabe dessen, was das Bild darstellt, informationstheoretisch oder *kognitiv beschrieben* wird. Es herrscht Einigkeit darin, daß aus der chemisch-physikalischen Beschreibung des stofflichen Objekts Ölgemälde weder logisch folgt noch kausal erklärt werden kann, was das Gemälde darstellt. Man erfindet dafür, meist unter Inanspruchnahme systemtheoretischer Mittel, Hilfsbegriffe wie »Emergenz« oder, sofern es sich um natürliche, lebende Systeme handelt, »Fulguration«, die besagen sollen, daß unerklärliche Sprünge in Systemeigenschaften beim Übergang von »einfachen« (hier z. B. die Menge der Farbpartikel) zu »komplexen« Systemen (hier das Ölgemälde) auftreten. Entsprechend seien die Verhältnisse bei

natürlichen Systemen, etwa bei der chemisch beschriebenen Rekombination eines Genoms bei der zweigeschlechtlichen Fortpflanzung zur Erbinformation für das neue Lebewesen.

Zur Auflösung des Problems betrachten wir zunächst ein anderes Beispiel, nämlich den Taschenrechner. Auch hier gibt es zwei Beschreibungsebenen, einmal die technisch-physikalische von Konstruktion, Aufbau und (physikalischer) Funktion des Rechners, und andererseits die informationstheoretische oder mathematische Beschreibung seiner Rechenleistungen. Auch hier folgt nicht einfach die »kognitive« Beschreibung aus der »materiellen«. Andererseits bestreitet niemand, daß jede *Komponente des Rechners* und ihre Zusammenstellung zur funktionsfähigen Maschine genau auf einen *Zweck* im Sinne der *Rechenleistungen* abgestellt ist. Das heißt, eine Verknüpfung der beiden Beschreibungsebenen eröffnet sich auf dem Weg der *Mittel-Zweck-Relation*, sofern nur berücksichtigt wird, daß für die Herstellung von Artefakten wie Rechenmaschinen unabweislich eine bestimmte methodische Reihenfolge einzuhalten ist: *zuerst* muß ein menschlicher Erfinder, Konstrukteur und Erbauer einer Rechenmaschine wissen, was diese kognitiv leisten soll. Das heißt, zuerst müssen die *Konstruktionszwecke explizit bekannt* sein. *Dann* kann in einem zweiten Schritt überlegt werden, mit welchen *technischen Mitteln* diese Zwecke zu erreichen sind, was ersichtlich nicht nur eine einzige Lösung zuläßt. Rechenmaschinen können z. B. mechanisch oder elektronisch arbeiten.

Dieses Problem der *Reihenfolge von menschlichen Handlungen* bei der Herstellung künstlicher Systeme wird in empiristischer Tradition durchweg übersehen, weil die Rolle des zweckrational handelnden Wissenschaftlers in der Forschung ignoriert wird. Dies gilt nicht nur für Naturwissenschaftler, sondern auch für empiristische Philosophen. Dadurch kommen dort nur die beiden Möglichkeiten einer »analytischen« Erklärung des Verhältnisses der beiden Beschreibungsebenen (Folgt die eine logisch oder definitorisch aus der anderen?) oder einer »empiristischen« Erklärung (Verursachen erfahrungsgemäß Phänomene der einen Beschreibungsebene die der anderen?) in Betracht. Die Zweck-Mittel-Rationalität dagegen ist im Bereich menschlichen Handelns anzusiedeln und damit nicht sogleich im Objektbereich von Natur- und Technikwissenschaften, sondern auf der Seite des handelnden Forschers oder Ingenieurs.

Bevor die Folgen dieses *pragmatischen Defizits* empiristischer Auffassungen zu klären sind, sei auch das Verhältnis der Beschreibungen des Ölgemäldes zweckrational erklärt: Ein Maler verteilt ja nicht nach chemisch-physikalischen Kriterien im Koordinatensystem einer Leinwand Farbpartikel, sondern er malt, was er zu malen intendiert und darstellen möchte, oder, bei nicht-gegenständlicher Kunst, doch wenigstens während des Produktionsprozesses als Betrachter verfolgt. Die *naturwissenschaftliche* Beschreibungsebene ist also *sekundär* zu diesem Herstellungsprozeß. Fragt man darüber hinaus, *wozu* eine solche Beschreibung überhaupt benötigt würde und unter welchen Bedingungen sie als *zutreffend* zu gelten hätte, so ließe sich die Vollständigkeit der naturwissenschaftlichen Beschreibung dadurch bestimmen, daß sie erlaubt, eine perfekte Kopie eines Ölgemäldes herzustellen – was wiederum der kompetente Betrachter in nicht-naturwissenschaftlicher Beschreibung zu beurteilen hätte.
Die Lösung des Problems, wie materielle und kognitive Beschreibungsebenen durch die Zweck-Mittel-Relation bei künstlich-technischen Systemen aufeinander bezogen sind, wirft zwei Fragen auf: Wie ist dieser Vorschlag auf *natürliche*, d. h. nicht vom Menschen hergestellte Systeme zu übertragen, wo nicht einfach von Konstrukteurszwecken gesprochen werden kann? Und in welchen Fällen ist eine informationstheoretische oder kognitive Beschreibung überhaupt *sinnvoll* oder geboten und nicht nur eine redundante Verdoppelung der Kausalerklärungen?
Aus der Diskussion der technischen Systeme hat sich ergeben, daß eine explizite kognitive oder informationstheoretische Beschreibung eines Systems als bezweckte Leistungen jeder technischen Realisierung vorausgehen muß, sonst hätte der Konstrukteur keine angebbare Aufgabe. Dem wird ein Naturwissenschaftler der üblichen empiristischen oder naturalistischen Grundhaltung entgegensetzen, daß ja der Naturforscher die natürlichen Systeme mit ihren Komponenten, Strukturen und Funktionen bereits vorfindet und deren Leistung auch in informationstheoretischer Hinsicht erst aufzusuchen hätte – sozusagen also die Umkehrung des heuristischen Weges. (Daß dieser Weg bisher wenig erfolgreich war, zeigen die immer wieder mit Nachdruck und unklarem Ziel geführten Reduktionismusdebatten zum Verhältnis von Physik, Chemie und Biologie.)
Hierbei wird freilich übersehen, daß die Komponenten eines tech-

nischen Systems, etwa die Räder, Achsen, Rahmen usw. einer Uhr, »*Komponenten*« im Wortsinne sind, nämlich zusammenzusetzende Teile eines Ganzen, die im Blick auf die Zusammensetzbarkeit und das Zusammenwirken für die vorgegebene, bezweckte Funktion hergestellt sind. Demgegenüber sind die »*Teile*« eines »*natürlichen Systems*«, etwa die Atome oder Bausteine eines Moleküls, die Neurone eines Gehirns oder die Zellen eines Organismus, nicht im selben Sinne Komponenten. Vielmehr ergeben sie sich, und das nicht nur dem Wortsinne nach, als Teile dadurch, daß sie *Produkte des Teilens* durch den Laborwissenschaftler nach ganz bestimmten Kriterien und Zielen sind. Hierbei spielen im historischen Gang der Naturwissenschaften die *technischen Möglichkeiten des Teilens* und Nachweisens von der physikalischen Identifizierung von Elementarteilchen über die chemische Identifizierung von Elementen und Verbindungen bis zu den Färbemethoden von Nervenzellen eine wichtigere Rolle als der Aspekt, *Komponente für die Realisierung* eines Systems zu sein, dessen kognitiv oder informationstheoretisch beschriebenen Leistungen *vorher bekannt* und expliziert wären.

Generell ist festzustellen, daß überall dort, wo in Natur- und Technikwissenschaften informationstheoretische Beschreibungen nicht lediglich eine redundante Verdoppelung von Kausalbeschreibungen sind, zwar eine Überfülle von Explanans-Angeboten gemacht werden, das Explanandum aber weitgehend im Dunkeln bleibt. Ob dies das Dilemma der gegenwärtigen Hirnforschung ist, die bis in die chemisch-physikalischen Prozesse in Synapsen ein hervorragendes naturwissenschaftliches Wissen bereitstellt, aber nicht über eine brauchbare Beschreibung von Kognitionsleistungen des Menschen verfügt, oder analoge Fälle, immer wieder ist übersehen, daß Naturwissenschaften wegen ihres experimentellen Charakters letztlich auf technische Funktionsmodelle angewiesen sind, die ihrerseits die methodische Ordnung von den Zwecken zu den Mitteln nicht zu vertauschen gestatten – bei Strafe des technischen Mißerfolgs.

Es ist also kein Einwand, wenn empiristisch oder naturalistisch auf die Gegebenheit der natürlichen Systeme verwiesen wird, weil ja das Zutreffen einer »materiellen« Kausalbeschreibung von Struktur und Funktion vorgefundener Systeme abhängig bleibt von dem zusätzlichen Nachweis, daß sie ein *Mittel genau für die Leistungen* sind, deren Zustandekommen erklärt werden soll.

Kurz, auch für natürliche Systeme kehrt sich die methodische Reihenfolge der Beschreibung der Mittel *nach* der Beschreibung der Zwecke, hier die Beschreibung der materiellen und kausalen Verhältnisse nach einer Beschreibung der kognitiven Leistungen, nicht um.

Daß dies in den Naturwissenschaften meistens übersehen wird, hängt mit dem Mangel eines Unterscheidungskriteriums zusammen, in welchen Fällen die informationstheoretischen oder kognitiven Beschreibungen nur eine *redundante Verdoppelung* der Kausalbeschreibungen sind, und in welchen nicht. Hierzu wieder ein Beispiel.

Ein Zahnradgetriebe kann etwa technisch als Maschine zur Transformation des Weg-Kraft-Verhältnisses unter Rahmenbedingungen wie der Energieerhaltung beschrieben werden. Dasselbe Getriebe kann aber auch als Rechenmaschine zur Multiplikation oder Division mit einem konstanten Faktor informationstheoretisch beschrieben werden. Ob die zweite Beschreibung nur eine redundante Verdoppelung der ersten ist, hängt allein davon ab, ob die *Beschreibungszwecke verschieden* sind. Wird etwa, worauf bei der Morphologie noch einmal zurückzukommen sein wird, die räumliche Gestalt einer Flüssigkeitsmenge in Abhängigkeit des sie aufnehmenden Gefäßes kausal durch Bezug auf Gravitation beschrieben und dann informationstheoretisch verdoppelt durch den Hinweis, daß das Gefäß die Flüssigkeit formt und in diesem Sinne »informiert«, so liegt der Fall vor, daß weder zusätzliche Vorgänge oder Zustände noch zusätzliche Erklärungen oder Prognosen noch zusätzliche Erklärungszwecke im Spiel sind, die neue Erklärungsmittel erforderlich machten. Die informationstheoretische Beschreibung ist also schlicht überflüssig.

Daß sie bei dem als Rechenmaschine verwendeten Getriebe nicht überflüssig ist, und analog bei der Beschreibung aller kognitiven Leistungen etwa im Bereich der Biologie, liegt daran, daß die Zwecke und damit die *Kriterien für das Gelingen von Beschreibungen* verschieden sind: Die Rechenleistungen werden nämlich, im Unterschied zu den Transformationsleistungen des Verhältnisses von Kraft und Weg, noch einmal einer *Beurteilung nach wahr und falsch* unterworfen. Dies zeigt das Beispiel der defekten Rechenmaschine. Auch in ihr gelten strikt alle Kausalverhältnisse der materiellen Beschreibung, aber die Rechenergebnisse werden falsch. Das heißt, der menschliche Konstrukteur oder Verwender verfolgt mit der informationstheoretischen Beschreibung den Zweck, zu wahren oder richtigen Rechenergebnissen zu kommen. Damit ist das Unterscheidungskriterium von redundanten und nicht-redundanten Beschreibungen angegeben: informationstheoretische oder kognitive Beschreibungen haben immer dort ihren Sinn, wo sie wahrheitsfähige Resultate betreffen. Wo solche nicht als Leistungen bezweckt werden, genügen stoffliche und energetische Kausalerklärungen.

Information in der Biologie

Auch die gegenwärtige Biologie ist voll von informationstheoretischen Beschreibungen von Organismen, ihren Strukturen, Funktionen und Leistungen. Man kann darin eine Folge der *Kybernetik* sehen, wie sie von Norbert Wiener begründet wurde, und wie sie auf einem radikalen Dogmatismus in Form der beiden Sätze beruht, wonach Tiere Maschinen und Menschen Tiere seien.[5] Die Biologie leidet insofern an einem kartesischen Erbe, als Descartes die neuzeitliche, von ihm propagierte Naturwissenschaft mit der christlichen Religion und ihrer Annahme einer unsterblichen Seele kompatibel halten wollte. Wird dagegen modern die unsterbliche Seele aus den Naturwissenschaften ausgeschlossen, so bleibt als cartesisches Erbe die genannte, materialistisch beschränkte Auffassung, wonach Tiere Maschinen und Menschen Tiere seien.

Aus logischer Sicht ist daran zu beanstanden, daß ein *Forschungsprogramm*, zu bestimmten Zwecken Tiere wie Maschinen oder Menschen wie Tiere zu beschreiben, durch ein logisches Mißverständnis des Verbums »sein« zu einer *ontologischen Interpretation* führt. Diese formuliert man landläufig dann so, daß Tiere *nichts anderes als* Maschinen und Menschen nichts anderes als Tiere seien. Aber in einem subsumtiven Sinne, indem man etwa in der Biologie die Aussage »Delphine sind Säugetiere« anerkennt, also »Säugetier« ein Oberbegriff zu »Delphin« ist, sind die Aussagen »Tiere sind Maschinen« oder »Menschen sind Tiere« schlichtweg falsch. Vielmehr bringen, eben als Forschungsprogramme, diese Sätze nur Aspekte von Beschreibungen zum Ausdruck.

5 Vgl. N. Wiener, a.a.O.

Man beschreibt etwa den Menschen *unter einem physikalischen Aspekt* – man sagt dann dafür, als »Körper« im physikalischen Sinne –, wenn man ihn z. B. auf eine Waage stellt, seine Gehgeschwindigkeit mißt und dergleichen. Man beschreibt ihn *unter biologischem Aspekt*, wenn man ihn als Leib betrachtet und damit z. B. seinen Stoffwechsel, seine Verletzbarkeit o. ä. meint. Unter einem »Körper« im physikalischen Sinne versteht man etwas, dessen Teile wiederum Körper sind, während man unter einem »Leib« im biologischen Sinne etwas versteht, dessen Teile nicht wieder Leiber, sondern eben nur Teile eines Leibes sind.

Beide Aspekte, einen Menschen als Körper bzw. als Leib zu betrachten, sind gleicherweise legitim und bestimmten Zwecken bestimmter Fachwissenschaften verpflichtet. Aber daran ist auch zu sehen, daß es abwegig wäre, die Aussagen »Ein Mensch ist ein Körper« bzw. »Ein Mensch ist ein Leib« im subsumtiven Sinne zu verstehen und nicht im Sinne der Angabe eines Beschreibungsaspektes.

Für den *Informationsbegriff in der Biologie* heißt dies, daß *zu bestimmten Zwecken* auch informationstheoretische, kognitive, kommunikative oder sogar erkenntnistheoretische Beschreibungen des Menschen als Aspekt möglich und sinnvoll sind. Es darf und soll auch erforscht werden, wie z. B. kognitive Leistungen organismisch bewerkstelligt werden – nach Analogie der Aufgabe, erwünschte Rechenleistungen als Zwecke durch eine Rechenmaschine zu realisieren. Es ist aber hier zu berücksichtigen – und die evolutionären Erkenntnistheorien verstoßen regelmäßig dagegen –, daß dazu methodisch *vorgängig* eine Beschreibung der kognitiven oder geistigen Leistungen, und zwar vor und unabhängig von physikalischen, chemischen oder biologischen Beschreibungen des Organismus, zu geben ist. Dabei wird es eine erhebliche Rolle spielen, daß solche Leistungen *nicht ohne Bezug auf Sprache und zweckgerichtetes Handeln* von Menschen in Kommunikations- und Handlungsgemeinschaften beschrieben werden können. Die evolutionären Erkenntnistheorien leiden, wie übrigens auch praktisch die gesamte moderne Hirnforschung, am Defizit einer sorgfältigen Klärung des Explanandums, d. h. also des zu Erklärenden der kognitiven Leistungen, und versuchen in einem methodischen Fehler, dieses aus dem historisch vorfindlichen Explanans neurobiologischen Wissens abzuleiten. Ein solches Vorgehen läßt sich schon als Forschungsprogramm kritisieren und, unabhängig von der Frage seiner Realisierungschancen, als methodisch verfehlt erkennen.

Information in der Morphologie

Es ist nicht nur in der Biologie, sondern weit darüber hinaus für jeden interessierten und gebildeten Laien üblich geworden, den *Informationsbegriff für morphologische Zusammenhänge* zu nutzen und damit evolutive Anpassung erklären zu wollen. So sei, wie dies höchst anschaulich z. B. bei Konrad Lorenz geschieht, die Gestalt der Flosse oder des Fisches durch Anpassung an den Lebensraum Wasser bestimmt, d. h., die Gestalt der Flosse trage »eine Information« über die Strömungsgesetze im Wasser.

Hier soll es nicht um eine Kritik an altdarwinistischen Selektionstheorien ohne Berücksichtigung des inneren Aufbaus von Organismen gehen, wie sie von der Konstruktionsmorphologie Frankfurter Provenienz vorgetragen wird, sondern um einen elementareren Aspekt: In den Redeweisen, wonach morphologisch *Anpassung als Informationstransfer* von der Umwelt auf den Organismus beschrieben wird, wird genau die Aufdoppelung einer Kausalerklärung von stofflichen und energetischen Umsetzungen vorgenommen, die oben wegen Verstoßes gegen die methodische Ordnung der Abfolge von Beschreibungen und als redundant kritisiert wurde.

Selbstverständlich läßt sich schon für den simplen Sachverhalt, daß eine in ein Gefäß gegossene Flüssigkeit sich der Form des Gefäßes anpaßt, auch eine informationstheoretische Beschreibung geben, wonach das Gefäß die Flüssigkeit »informiere«, welche räumliche Gestalt sie unter dem Einfluß der Schwerkraft anzunehmen habe. Aber eine solche aufgedoppelte Beschreibung ist ersichtlich ohne Wert, weil völlig redundant. Sie ist sinnlos, weil sich aus ihr keine neuen Einsichten in Kausalverhältnisse oder neue Prognosen gewinnen ließen. Und sie ignoriert, daß hypothetische Kausalwirkungen der Umwelt auf den Organismus *methodisch zuerst* eine informationstheoretische Beschreibung des Evolutionsresultats erfordern. Letztlich verdankt sich die Gleichbehandlung von kausaler und informationstheoretischer Beschreibung nur der Absicht, eine Gleichartigkeit materieller und energetischer mit informationstheoretischen Zusammenhängen als Grund für eine naturalistische Auffassung von Kognition und Kommunikation annehmen zu können.

Konstruktive Informationstheorie

Im folgenden sind die wichtigsten Definitionsschritte in *methodischer Reihenfolge* anzugeben, die einen für die Biologie brauchbaren Informationsbegriff bereitstellen. (Für eine ausführliche Behandlung muß auf andere Literatur verwiesen werden.[6]) Anspruch der vorgestellten Definitionskette ist es, die begrifflich ungeklärte Praxis des Umgangs mit dem Informationsbegriff sowohl in der Informatik wie in allen fachwissenschaftlichen Anwendungen ohne Verluste, jedoch mit einem Gewinn begrifflicher Schärfe zu rekonstruieren.

Wie bei fast allen Substantiven für abstrakte Gegenstände ist auch bei »Information« zu fragen, auf welche menschlichen Handlungen und damit auf welche Handlungsverben oder auch Adjektiva sie zurückzuführen sind. Für die methodische Reihenfolge des definitorischen Aufbaus ist entscheidend, zu sehen, daß ein *Beginn* bei einem hypothetischen Naturgegenstand »Information« aussichtslos ist, weil ja auch in naturalistischen Erklärungen das Ziel nicht aufgegeben wird, am Ende doch erklären zu können, was wir als einen menschlichen, in Kommunikation stattfindenden Austausch von Information verstehen. Mit anderen Worten, auch ein *naturalistischer Versuch* der Informations-Definition hätte insgesamt *keinen Gegenstand*, wenn er nicht ein alltägliches Vorverständnis von Information, Informieren o. ä. investierte.

Andererseits finden wir ohne Verwendung eines Terminus »Information« die *Praxis* des Redens, Zuhörens und Verstehens, des Austausches von Nachrichten, *des Kommunizierens* vor. Damit kann als Beginn der Definitionskette eine exemplarische Bestimmung eines *Handlungsprädikats »Informieren«* durch Beispiele gegeben werden, wonach »A informiert B, daß s« heißt, ein menschlicher Sprecher A äußert zu einem menschlichen Zuhörer B den sprachlichen Ausdruck s, der im Falle einer Behauptung

6 Vgl. P. Janich, »Zur Konstitution der Informatik als Wissenschaft«, in: P. Schefe u. a. (Hrsg.), *Informatik und Philosophie*, Mannheim, Leipzig, Wien, Zürich 1993, S. 53-68.

eine Aussage ist, die einen Sachverhalt darstellt, im Falle einer Aufforderung ein Aufforderungssatz usw. »Informieren« bringt eine klare *Rollenverteilung von Sprecher und Hörer* zum Ausdruck.

Wenn *technische Hilfsmittel* für Kommunikation ins Spiel kommen – etwa zur Überbrückung von Raum oder Zeit –, sprechen wir (wie bei einer Korrespondenz) von *Sender und Empfänger*. Schon die Verschriftlichung des gesprochenen Wortes ist ein solches technisches Hilfsmittel des Kommunizierens, an dem Anforderungen an die *technische Substitution* des gesprochenen Wortes erläutert werden können: das geschriebene Wort muß *leistungsgleich* mit dem gesprochenen Wort sein – wenigstens in einer besonderen Hinsicht. (Daß mit technischen Substituten auch immer etwas an der menschlichen Kommunikation verlorengeht, muß dabei nicht vergessen werden.)

Lebenspraktische Beispiele in großer Zahl belegen, daß wir *an Informationshandlungen unter gewissen Invarianzen* interessiert sind, d. h., daß es dabei entweder nicht auf den Sprecher oder nicht auf den Hörer oder nicht auf die spezielle Darstellungsform ankommen soll. Man denke etwa an Rechtsauskünfte, die für alle Empfänger gleich, unabhängig von der Auskunft gebenden Institution und nicht an die zufällige Form der Erläuterung gebunden sein sollen. Invarianzen dieser Art erlauben, eine Relation *»informationsgleich«* zu definieren.

Daraus läßt sich nach dem logischen »Abstraktionsverfahren«[7] das Substantiv »Information« als »Abstraktor« bestimmen. Man spricht von *Information*, wenn man *über Informationshandlungen invariant bezüglich Informationsgleichheit* redet. Informationen werden also durch Informationshandlungen, genauer durch deren Beschreibungen, dargestellt.

Für menschliche Kommunikation ist spezifisch, daß dabei immer wieder ein *Rollenwechsel* von Hörer und Sprecher stattfindet. Man denke daran, daß A eine Person B nach dem Weg zum Bahnhof fragt (eine Informationshandlung), worauf B den Weg beschreibt (eine zweite Informationshandlung). Der Rollenwechsel von B vom Hörer zum Sprecher möge als operationale Bestimmung für *»Informationsverarbeitung«* genommen werden. Das

7 Vgl. W. Kamlah, P. Lorenzen, *Logische Propädeutik*, Mannheim, Wien, Zürich 1973.

heißt, zwischen Informationsempfang und Informationsaussendung liegt per definitionem Informationsverarbeitung. Auch diese kann wieder, wie bei einem Automaten für Auskünfte über Zugverbindungen, technisch substituiert werden. Und wieder ist das Kriterium einer *gelungenen Substitution* die *Leistungsgleichheit* mit einem menschlichen Informationsverarbeiter, einer Auskunftsperson. Für diese gilt, daß »Informationsverarbeitung« zwischen der Informationshandlung der fragenden Person A und dem Informationsempfang derselben Person A anhand der Auskunft durch B liegt. Mit anderen Worten, was oben als Rollenwechsel von B beschrieben würde, ist im Falle technischer Substitution genauer der *Wechsel der Handlungen von A*, Information mit einer bestimmten Absicht *abzugeben* oder auszusenden und danach, an dieser Absicht orientiert, eine Information *entgegenzunehmen*. Dies bedeutet insbesondere, daß *ohne* eine *menschliche Instanz*, wie sie im Beispiel durch Person A gegeben ist, *keine Informationsverarbeitung* stattfindet.
Damit ist eine hinreichende terminologische Erläuterung für die Verwendung des Informationsbegriffs in der Biologie gegeben.

Information in Biologie und Morphologie

Die *Unverzichtbarkeit des Handlungsbezuges* für jede methodisch einwandfreie und hinreichend vollständige Definition für einen Informationsbegriff schließt keineswegs aus, diesen dann auf *natürliche* Vorgänge, Zustände oder Gegenstände anzuwenden. Daß solche Anwendungen auf künstliche Gegenstände wie Rechenmaschinen sinnvoll sind, ergibt sich aus den Definitionsvorschlägen von selbst. In ihnen war ja unverzichtbar von technischen Substituten die Rede.
Da Biologie generell und zu Recht nicht auf eine phänomenologische Oberflächenbeschreibung von Lebendigem beschränkt ist, sondern mit Kausalerklärungen und Funktionsmodellen arbeitet, ist zu fragen, welche Mittel begrifflicher und experimentell-technischer Art dabei verwendet werden. Eine generelle Antwort lautet, daß wieder unter Bezug auf menschliche Handlungen verfahren wird und dabei häufig genug, z. B. für Organismusmodelle, auch ein technisches Verlaufs- und Bewirkungswissen für Modellbildung eingesetzt wird. Ob natürliche Selektion nach dem

Vorbild des Züchterhandelns verstanden wird, oder ob die Funktion des Bewegungsapparates eines Regenwurms nur durch ein technisches Modell, an dem das Zusammenwirken einer nur zur Kontraktion fähigen Muskulatur mit der inkompressiblen Körperflüssigkeit zur passiven Dehnung von Muskeln erklärt wird, es ist immer entscheidbar, ob der an Kommunikationshandlungen definierte Informationsbegriff anwendbar und sinnvoll ist.

Anwendbar ist der Informationsbegriff überall dort, wo biologische Beschreibungen und Erklärungen *auf menschliche Handlungen zurückführen*, die ihrerseits als *Handlungen des Informationsaustausches* bzw. *der Informationsverarbeitung* interpretiert werden können. Dies ist z. B. insbesondere dort der Fall, wo tierisches *Verhalten* nach Analogie menschlicher Kommunikation verstanden wird, etwa wenn ethologisch das Balzverhalten von Stockenten oder der Aufflugreflex eines Krähenschwarmes diskutiert wird. Bewußt muß sich allerdings der Ethologe sein, daß er dabei eine Modellbildung vornimmt, d. h., daß er beobachtetes tierisches Verhalten am Modell menschlicher Kommunikation beschreibt und erklärt.

Zu unterscheiden ist allerdings, ob die Anwendung des Informationsbegriffs in der Biologie *möglich*, und ob sie *sinnvoll* ist. Sie verliert nämlich ihren Sinn, wo sie, anschaulich gesprochen, »nichts Neues« über eine Kausalbeschreibung hinaus darstellt. Sollen also z. B. morphologische Aussagen entweder im Sinne konstruktionsmorphologischer Modellbildung oder, wo dies seinerseits sinnvoll ist, durch Umwelt-Organismus-Wechselwirkungen gewonnen und kausal erklärt werden, so ist eine metaphorische Interpretation solcher Kausalwirkungen als Kommunikation entweder innerhalb des Organismus oder zwischen Organismus und Umwelt zwar möglich, jedoch als redundante Aufdoppelung sinnlos. Denn es ergeben sich daraus weder über Kausalbehauptungen hinausreichend Erklärungen noch neue Prognosen. Tatsächlich werden sie auch nur gemacht, weil in naturalistischer Manier einerseits die Abhängigkeit der Naturwissenschaft von menschlichen Handlungen und ihren Zwecken ignoriert und andererseits der Natur (im Gewande von Kausalerklärungen) die Vorgaben von Zweck und Ziel aller Entwicklung zugeschrieben werden sollen.

Wo die Unterscheidung sinnvoller und sinnloser Anwendungen des Informationsbegriffs in Biologie und Morphologie nicht mehr gemacht wird, hat sich Naturwissenschaft vom Hilfsmittel der Metapher weg zum Mythos bewegt.

Drucknachweise

Kapitel I: Aspekte des Methodischen Konstruktivismus

1. »Voluntarismus, Operationalismus, Konstruktivismus. Epistemologien im pragmatischen Paradigma«, in: H. Stachowiak (Hg.), *Pragmatik, Handbuch pragmatischen Denkens, Bd. II. Der Aufstieg pragmatischen Denkens im 19. und 20. Jahrhundert*, Hamburg (Felix Meiner) 1987, S. 233-256. (Mit freundlicher Genehmigung des Felix-Meiner-Verlags).
2. »Konstitution, Konstruktion, Reflexion. Zum Begriff der ›methodischen Rekonstruktion‹ in der Wissenschaftstheorie«, in: Chr. Demmerling, G. Gabriel, Th. Rentsch (Hg.), *Vernunft und Lebenspraxis. Philosophische Studien zu den Bedingungen einer rationalen Kultur*, Frankfurt 1995 (stw 1206).
3. »Dialog und Naturwissenschaft« (unveröffentlicht).
4. »Ist der (philosophische) Konstruktivismus ein Forschungsprogramm?«, in: R. Inhetveen, R. Kötter (Hg.), *Forschung nach Programm? Zur Entstehung, Struktur und Wirkung wissenschaftlicher Forschungsprogramme*, München 1994, S. 9-23.

Kapitel II: Verhältnis zu anderen Ansätzen

1. »Die methodische Ordnung von Konstruktionen. Der Radikale aus der Sicht des Erlanger Konstruktivismus«, in: S. J. Schmidt (Hg.), *Kognition und Gesellschaft. Der Diskurs des Radikalen Konstruktivismus II*, Frankfurt 1992, S. 24-41.
2. »Erlanger Schule und konstruktiver Realismus«, Wien, im Druck.
3. »Evolution der Erkenntnis oder Erkenntnis der Evolution? Konstruktivismus und evolutionäre Erkenntnistheorie«, in: W. Lütterfelds (Hg.), *Transzendentale oder evolutionäre Erkenntnistheorie?* Darmstadt 1987, S. 210-226.
4. »Gestaltung und Sensibilität. Zum Verhältnis von Konstruktivismus und Neuer Phänomenologie«, in: M. Großheim, H. J. Waschkies (Hg.), *Rehabilitierung des Subjektiven. Festschrift für Hermann Schmitz*, Bonn 1993, S. 23-43.

Kapitel III: Natur, Naturalismus und Konstruktivismus

1. »Naturgeschichte und Naturgesetz«, in: O. Schwemmer (Hg.), *Über Natur. Philosophische Beiträge zum Naturverständnis*, Frankfurt 1987, S. 105-122.
2. »Grenzen der Naturerkenntnis«, in: *Dialektik 3* (1993), *Natur, Naturwissenschaften, Kulturbegriffe*, S. 9-21.
3. »Biologischer versus physikalischer Naturbegriff«, in: G. Bien, Th. Gil,

J. Wilke (Hg.), *»Natur« im Umbruch? Zur Diskussion des Naturbegriffs in Philosophie, Naturwissenschaft und Kunsttheorie*, Stuttgart 1994, S. 165-176.

4. »Visuelle und taktile Wahrnehmung in der Naturerkenntnis«, in: Verband der Blinden- und Gehbehindertenpädagogen e. V. (Hg.), Ganzheitlich bilden – Zukunft gestalten. Kongreßbericht von 1993 Hannover 1994, S. 4-8.

Kapitel IV: Konstruktive Wissenschaftstheorie

1. »Protochemie. Programm einer konstruktiven Chemiebegründung«, in: *Journal for General Philosophy of Science*, 25 (1994), S. 71-87. (Mit freundlicher Genehmigung des Hauses Kluwer Academic Publishers)
2. »Hirnforschung als philosophisches Problem«, in: *Annals of Anatomy 176* (1994), S. 497-503.
3. »Das Experiment in der Psychologie«, in: H. P. Lengfeldt (Hg.), *Sein, Sollen und Handeln. Beiträge zur Pädagogischen Psychologie und ihren Grundlagen*, Göttingen, Bern, Toronto, Seattle 1995, S. 41-51.
4. »Der Informationsbegriff in der Morphologie«, in: *Aufsätze und Reden der Senckenbergischen Naturforschenden Gesellschaft*, Frankfurt 1994, S. 39-52.

suhrkamp taschenbücher wissenschaft
Philosophie

201/1/8.92

suhrkamp taschenbücher wissenschaft
Philosophie

– Bd. 3: Geist der Utopie. Zweite Fassung. stw 552
– Bd. 4: Erbschaft dieser Zeit. stw 553
– Bd. 5: Das Prinzip Hoffnung. 3 Bde. stw 554
– Bd. 6: Naturrecht und menschliche Würde. stw 555
– Bd. 7: Das Materialismusproblem. stw 556
– Bd. 8: Subjekt-Objekt. stw 557
– Bd. 9: Literarische Aufsätze. stw 558
– Bd. 10: Philosophische Aufsätze. stw 559
– Bd. 11: Politische Messungen, Pestzeit, Vormärz. stw 560
– Bd. 12: Zwischenwelten in der Philosophiegeschichte. stw 561
– Bd. 13: Tübinger Einleitung in die Philosophie. stw 562
– Bd. 14: Atheismus im Christentum. stw 563
– Bd. 15: Experimentum Mundi. stw 564
– Bd. 16: Geist der Utopie. Faksimile der Ausgabe von 1918. stw 565
– Bd. 17: Tendenz – Latenz – Utopie. stw 566
– Leipziger Vorlesungen zur Geschichte der Philosophie. 4 Bde. stw 567- 570
– Bd. 1: Antike Philosophie. stw 567
– Bd. 2: Philosophie des Mittelalters. stw 568
– Bd. 3: Neuzeitliche Philosophie 1. stw 569
– Bd. 4: Neuzeitliche Philosophie 2. stw 570
– Vorlesungen zur Philosophie der Renaissance. stw 252
Materialien zu Ernst Blochs »Prinzip Hoffnung«. Hg. v. B. Schmidt. stw 111
Zur Philosophie Ernst Blochs. Hg. von B. Schmidt. stw 268
Blumenberg: Die Genesis der kopernikanischen Welt. 3 Bde. stw 352
– Das Lachen der Thrakerin. stw 652
– Die Lesbarkeit der Welt. stw 592
– Der Prozeß der theoretischen Neugierde. (Die Legitimität der Neuzeit. 3. Teil) stw 24
– Schiffbruch mit Zuschauer. stw 289
Böhler/Nordenstam/Skirbekk (Hg.): Die pragmatische Wende. stw 631
Böhme, G.: Philosophieren mit Kant. stw 642
– Der Typ Sokrates. stw 1016
Böhme, H./Böhme, G.: Das Andere der Vernunft. stw 542
Braun/Holzhey/Orth (Hg.): Über Ernst Cassirers Philosophie der symbolischen Formen. stw 705
Bubner: Antike Themen und ihre moderne Verwandlung. stw 998
– Geschichtsprozesse und Handlungsnormen. stw 463
– Handlung, Sprache und Vernunft. stw 382

201/2/8.92

suhrkamp taschenbücher wissenschaft
Philosophie

– Kants transzendentale Deduktion und die Möglichkeit von Transzendentalphilosophie. stw 723
– Martin Heidegger: Innen- und Außenansichten. stw 779
– Philosophie und Begründung. stw 673
– Realismus und Antirealismus. stw 976
– Zeiterfahrung und Personalität. stw 986
– Zerstörung des moralischen Selbstbewußtseins – Chance oder Gefährdung? stw 752

Foucault: Archäologie des Wissens. stw 356
– Die Ordnung der Dinge. stw 96
– Sexualität und Wahrheit 1. Der Wille zum Wissen. stw 716
– Sexualität und Wahrheit 2. Der Gebrauch der Lüste. stw 717
– Sexualität und Wahrheit 3. Die Sorge um sich. stw 718
– Überwachen und Strafen. stw 184
– Wahnsinn und Gesellschaft. stw 39

Frank, M.: Eine Einführung in Schellings Philosophie. stw 520

Frank, M. (Hg.): Selbstbewußtseinstheorien von Fichte bis Sartre. stw 964

Frank, M./Kurz (Hg.): Materialien zu Schellings philosophischen Anfängen. stw 139

Frank, Ph.: Das Kausalgesetz und seine Grenzen. stw 734

Friedeburg: *siehe Adorno-Konferenz*

Frisby: Georg Simmel. stw 926

Fulda/Horstmann/Theunissen: Kritische Darstellung der Metaphysik. stw 315

Furth: Intelligenz und Erkennen. Die Grundlagen der genetischen Erkenntnistheorie Piagets. stw 160

Gert: Die moralischen Regeln. stw 405

Gethmann (Hg.): Logik und Pragmatik. stw 399

Gethmann-Siefert/Pöggeler (Hg.): Heidegger und die praktische Philosophie. stw 694

Goodman: Tatsache, Fiktion, Voraussage. stw 732
– Weisen der Welterzeugung. stw 863

Goodman/Elgin: Revisionen. Philosophie und andere Künste und Wissenschaften. stw 1050

Haag: Der Fortschritt in der Philosophie. stw 579

Habermas: Erkenntnis und Interesse. stw 1
– Erläuterungen zur Diskursethik. stw 975
– Moralbewußtsein und kommunikatives Handeln. stw 422
– Nachmetaphysisches Denken. stw 1004
– Philosophisch-politische Profile. stw 659
– Der philosophische Diskurs der Moderne. stw 749
– Strukturwandel der Öffentlichkeit. stw 891

201/4/8.92

suhrkamp taschenbücher wissenschaft
Philosophie

– Texte und Kontexte. stw 944
– Theorie und Praxis. stw 243
– Zur Logik der Sozialwissenschaften. stw 517
– Zur Rekonstruktion des Historischen Materialismus. stw 154
– *siehe auch Honneth/Joas*
– *siehe auch McCarthy*
Hahn: Empirismus, Logik, Mathematik. stw 645
Hampe/Maaßen (Hg.): Prozeß, Gefühl und Raum-Zeit. stw 920
– Die Gifford Lectures und ihre Deutung. stw 921
Hare: Freiheit und Vernunft. stw 457
– Die Sprache der Moral. stw 412
Harman: Das Wesen der Moral. stw 324
Hausen/Nowotny (Hg.): Wie männlich ist die Wissenschaft. stw 590
Haussmann: Erklären und Verstehen: Zur Theorie und Praxis der Geschichtswissenschaft. stw 918
Hegel: Werke in 20 Bänden. stw 601-621
– Bd. 1: Frühe Schriften. stw 601
– Bd. 2: Jenaer Schriften. stw 602
– Bd. 3: Phänomenologie des Geistes. stw 603
– Bd. 4: Nürnberger und Heidelberger Schriften. stw 604
– Bd. 5: Wissenschaft der Logik I. stw 605
– Bd. 6: Wissenschaft der Logik II. stw 606
– Bd. 7: Grundlinien der Philosophie des Rechts. stw 607
– Bd. 8: Enzyklopädie der philosophischen Wissenschaften I. stw 608
– Bd. 9: Enzyklopädie der philosophischen Wissenschaften II. stw 609
– Bd. 10: Enzyklopädie der philosophischen Wissenschaften I-II. stw 610
– Bd. 11: Berliner Schriften. stw 611
– Bd. 12: Philosophie der Geschichte. stw 612
– Bd. 13: Ästhetik I. stw 613
– Bd. 14: Ästhetik II. stw 614
– Bd. 15: Ästhetik III. stw 615
– Bd. 16: Philosophie der Religion I. stw 616
– Bd. 17: Philosophie der Religion II. stw 617
– Bd. 18: Geschichte der Philosophie I. stw 618
– Bd. 19: Geschichte der Philosophie II. stw 619
– Bd. 20: Geschichte der Philosophie III. stw 620
– Bd. 21: Registerband von H. Reinicke. stw 621
Materialien zu Hegels ›Phänomenologie des Geistes‹. stw 9
Materialien zu Hegels Rechtsphilosophie. Bd. 1/2. stw 88/89
– *siehe auch Horstmann*
– *siehe auch Jakobson/Gadamer/Holenstein*
– *siehe auch Jamme/Schneider*

201/5/8.92

suhrkamp taschenbücher wissenschaft
Philosophie

201/6/8.92

– Band V: Schriften zur Metaphysik und Logik 1. stw 188
– Band VI: Schriften zur Metaphysik und Logik 2. stw 189
– Band VII: Kritik der praktischen Vernunft. stw 56
– Band VIII: Die Metaphysik der Sitten. stw 190
– Band IX: Schriften zur Naturphilosophie. stw 191
– Band X: Kritik der Urteilskraft. stw 57
– Band XI: Schriften zur Anthropologie, Geschichtsphilosophie, Politik und Pädagogik 1. stw 192
– Band XII: Schriften zur Anthropologie, Geschichtsphilosophie, Politik und Pädagogik 2. Register. stw 193
Kopper/Malter (Hg.): Immanuel Kant zu ehren. stw 61
Materialien zu Kants Rechtsphilosophie. stw 171
– siehe auch Batscha/Saage
– siehe auch Böhme
Kempski: Schriften 1-3. stw 922-924
– Brechungen. stw 922
– Recht und Politik. stw 923
– Prinzipien der Wirklichkeit. stw 924
Kenny: Wittgenstein. stw 69
Kienzle/Pape (Hg.): Dimensionen des Selbst. stw 942
Kierkegaard: *siehe Theunissen/Greve*
– siehe Adorno
Klibansky/Panofsky/Saxl: Saturn und Melancholie. stw 1010
Kojève: Hegel. Eine Vergegenwärtigung seines Denkens. stw 97
Koppe (Hg.): Perspektiven der Kunstphilosophie. stw 951
Koselleck: Kritik und Krise. stw 36
Kosík: Die Dialektik des Konkreten. stw 632
Kracauer: Geschichte – Vor den letzten Dingen. stw 11
Kripke: Name und Notwendigkeit. stw 1056
Kuhlmann/Böhler (Hg.): Kommunikation und Reflexion. Zur Diskussion der Transzendentalpragmatik. stw 408
Lange: Geschichte des Materialismus. 2 Bde. stw 70
Leist (Hg.): Um Leben und Tod. stw 846
Lenk: Philosophie und Interpretation. stw 1060
– Zur Sozialphilosophie der Technik. stw 414
– Zwischen Sozialpsychologie und Sozialphilosophie. stw 708
– Zwischen Wissenschaft und Ethik. stw 980
– Zwischen Wissenschaftstheorie und Sozialwissenschaft. stw 637
– siehe auch Bungard/Lenk
Locke: Zwei Abhandlungen über die Regierung. stw 213

201/7/8.92

suhrkamp taschenbücher wissenschaft
Philosophie

– siehe auch Frank/Kurz
– siehe auch Sandkühler
Schleiermacher: Hermeneutik und Kritik. stw 211
Schlick: Allgemeine Erkenntnislehre. stw 269
– Fragen der Ethik. stw 477
– Philosophische Logik. stw 598
– Die Probleme der Philosophie in ihrem Zusammenhang. stw 580
Schmidt, S. J. (Hg.): Der Diskurs des Radikalen Konstruktivismus. stw 636
– Gedächtnis. stw 900
– Kognition und Gesellschaft. Der Diskurs des Radikalen Konstruktivismus 2. stw 950
Schmidt-Biggemann: Theodizee und Tatsachen. stw 722
Schnädelbach: Philosophie in Deutschland 1831-1933. stw 401
– Vernunft und Geschichte. stw 683
– Zur Rehabilitierung des animal rationale. stw 1043
Scholtz: Zwischen Wissenschaftsanspruch und Orientierungsbedürfnis. stw 966
Schopenhauer: Sämtliche Werke in 5 Bänden. stw 661-665
– Bd. 1: Die Welt als Wille und Vorstellung I. stw 661
– Bd. 2: Die Welt als Wille und Vorstellung II. stw 662
– Bd. 3: Kleinere Schriften. stw 663
– Bd. 4: Parerga und Paralipomena I. stw 664
– Bd. 5: Parerga und Paralipomena II. stw 665
Materialien zu Schopenhauers ›Die Welt als Wille und Vorstellung‹. Hg. v. V. Spierling. stw 444
Schulte: Chor und Gesetz. stw 899
Schulte (Hg.): Texte zum Tractatus. stw 771
Schwemmer: Ethische Untersuchungen. stw 599
– Handlung und Struktur. stw 669
– Philosophie der Praxis. stw 331
– Die Philosophie und die Wissenschaften. stw 869
Searle: Ausdruck und Bedeutung. stw 349
– Geist, Hirn und Wissenschaft. stw 591
– Intentionalität. stw 956
– Sprechakte. stw 458
Serres: Der Parasit. stw 677
Siep: Praktische Philosophie im Deutschen Idealismus. stw 1035
Simmel: Aufsätze 1887-1890. Über sociale Differenzierung (1890). Die Probleme der Geschichtsphilosophie (1892). stw 802
– Einleitung in die Moralwissenschaft I. stw 803
– Einleitung in die Moralwissenschaft II. stw 804
– Aufsätze und Abhandlungen 1894-1900. stw 805
– Philosophie des Geldes. stw 806

201/10/8.92

suhrkamp taschenbücher wissenschaft
Philosophie

- Aufsätze und Abhandlungen 1901-1908. Band II. stw 808
- Das individuelle Gesetz. stw 660
- *siehe auch Frisby*

Skirbekk (Hg.): Wahrheitstheorien. stw 210

Sommer: Lebenswelt und Zeitbewußtsein. stw 851
- Identität im Übergang: Kant. stw 751

Sorel: Über die Gewalt. stw 360

Spierling: *siehe Schopenhauer*

Spinner: Pluralismus als Erkenntnismodell. stw 32

Strauss: Naturrecht und Geschichte. stw 216

Taylor: Hegel. stw 416
- Negative Freiheit. stw 1027

Theorie der Subjektivität. Hg. v. K. Cramer, H. F. Fulda, R.- P. Horstmann, U. Pothast. stw 862

Theunissen: Negative Theologie der Zeit. stw 938
- Sein und Schein. stw 314
- *siehe auch Angehrn*

Theunissen/Greve(Hg.): Materialien zur Philosophie Sören Kierkegaards. stw 241

Tiedemann: Dialektik im Stillstand. stw 445

Toulmin: Kritik der kollektiven Vernunft. stw 437
- Voraussicht und Verstehen. stw 358

Tugendhat: Philosophische Aufsätze. stw 1017
- Selbstbewußtsein und Selbstbestimmung. stw 221
- Vorlesungen zur Einführung in die sprachanalytische Philosophie. stw 45

Turgot: Über die Fortschritte des menschlichen Geistes. stw 657

Varela: Kognitionswissenschaft - Kognitionstechnik. stw 882

Vranicki: Geschichte des Marxismus. stw 406

Wahl (Hg.): Einführung in den Strukturalismus. stw 10

Waldenfels: In den Netzen der Lebenswelt. stw 545
- Phänomenologie in Frankreich. stw 644
- Der Spielraum des Verhaltens. stw 311
- Der Stachel des Fremden. stw 868

Waldenfels/Broekman/Pažanin (Hg.): Phänomenologie und Marxismus. Bd. 1. stw 195
- Phänomenologie und Marxismus. Bd. 2. stw 196
- Phänomenologie und Marxismus. Bd. 3. stw 232
- Phänomenologie und Marxismus. Bd. 4. stw 273

Wellmer: Ethik und Dialog. stw 578
- Zur Dialektik von Moderne und Postmoderne. stw 532

Whitehead: Prozeß und Realität. stw 690
- Wie entsteht Religion? stw 847
- Wissenschaft und moderne Welt. stw 753

Whitehead/Russell: Principia Mathematica. stw 593
- *siehe auch Holzhey/Rust/Wiehl*

201/11/8.92

suhrkamp taschenbücher wissenschaft
Philosophie

– *siehe auch Hampe/Maaßen*

Winch: Die Idee der Sozialwissenschaft und ihr Verhältnis zur Philosophie. stw 95

Wittgenstein: Werkausgabe in 8 Bänden. stw 501-508

– Bd. 1: Tractatus logico-philosophicus. Tagebücher 1914-1916. Philosophische Untersuchungen. stw 501

– Bd. 2: Philosophische Bemerkungen. stw 502

– Bd. 3: Ludwig Wittgenstein und der Wiener Kreis. stw 503

– Bd. 4: Philosophische Grammatik. stw 504

– Bd. 5: Das Blaue Buch. Eine Philosophische Betrachtung (Das Braune Buch). stw 505

– Bd. 6: Bemerkungen über die Grundlagen der Mathematik. stw 506

– Bd. 7: Bemerkungen über die Philosophie der Psychologie. Letzte Schriften über die Philosophie der Psychologie. stw 507

– Bd. 8: Bemerkungen über die Farben. Über Gewißheit. Zettel. Vermischte Bemerkungen. stw 508

– Philosophische Bemerkungen. stw 336

– Vorlesungen 1930-1935. stw 865

– Vortrag über Ethik und andere kleine Schriften. stw 770

»Der Löwe spricht … und wir können ihn nicht verstehen.« Ein Symposion an der Universität Frankfurt anläßlich des 100. Geburtstages von Ludwig Wittgenstein. stw 866

Ludwig Wittgenstein: Porträts und Gespräche. Hg. v. R. Rhees. stw 985

Texte zum Tractatus. Hg. v. J. Schulte. stw 771

– *siehe auch Kenny*

– *siehe auch McGuinness*

– *siehe auch Wright*

Wolf (Hg.): Eigennamen. stw 1057

Wright: Wittgenstein. stw 887

Über sämtliche bis Mai 1992 erschienenen suhrkamp taschenbücher wissenschaft (stw) informiert Sie das Verzeichnis der Bände 1 – 1000 (stw 1000) ausführlich. Sie erhalten es in Ihrer Buchhandlung.

201/12/8.92